厚德博學
經濟匡時

应用型本科建设项目资助（项目编号 C82831700706）

匡时 管理学系列

能源管理学

刘平阔　侯建朝　谢品杰　编著

上海财经大学出版社

图书在版编目(CIP)数据

能源管理学/刘平阔,侯建朝,谢品杰编著. —上海:上海财经大学出版社,2019.7
(匡时·管理学系列)
ISBN 978-7-5642-3285-6/F·3285

Ⅰ.①能… Ⅱ.①刘…②侯…③谢… Ⅲ.①能源管理-研究 Ⅳ.①F206

中国版本图书馆 CIP 数据核字(2019)第 118050 号

策划编辑:王永长
责任编辑:施春杰
封面设计:张克瑶
版式设计:朱静怡

能源管理学

著 作 者:刘平阔 侯建朝 谢品杰 编著
出版发行:上海财经大学出版社有限公司
地　　址:上海市中山北一路 369 号(邮编 200083)
网　　址:http://www.sufep.com
经　　销:全国新华书店
印刷装订:上海华业装璜印刷厂
开　　本:787mm×1092mm 1/16
印　　张:21
字　　数:410 千字
版　　次:2019 年 7 月第 1 版
印　　次:2019 年 7 月第 1 次印刷
定　　价:53.00 元

前言

《能源管理学》教材的定位是立足于"新时代中国特色社会主义思想"框架下"中国特色社会主义经济理论体系"中的"能源经济与管理"模块，强调：(1)理论体系构建，注重理论体系的逻辑框架；(2)对能源管理技术和方法进行归纳；(3)通过能源管理实践总结一般性规律，用于指导实践。

基于以上，编著者强调：本教材不是"能源行业"或"能源市场"的分析报告，除教学内容中所举"案例"有近年来国内外能源管理学领域的客观性资料以外，有关一次能源产业和电力工业的行业统计数据或分析结果，读者可自行查找国家统计局网站中的相关信息。《能源管理学》教材对能源管理原理、一般性规律以及管理技术的总结归纳，于 2016～2018 年已经在上海电力大学(原上海电力学院)的经济与管理学院范围内进行了试讲。

《能源管理学》教材所注重的是"知识""智慧"以及"精神"；教材在编写过程中，遵循科学性、人文性、代表性(课程标准)、主导性(主流规律)等原则。根据作者本人前期的科研成果，对于"能源管理学"体系，提出了自己的看法，并加入对于当今能源管理领域中热点问题的讨论(如"能源贫困"问题、"互联网＋"智慧能源、"绿色建筑"、"能源互联网"等)。在构建"能源经济与管理"学科知识体系时，明确教育目的，界定概念、重视理论、强调思维，既保证教师教学课程内容的逻辑性和完整性，又符合本科生及研究生的认知特点。据此，本教材分为五大模块：基础篇、宏观篇、中观篇、微观篇与展望篇。教师和学生可根据自身专业特点以及兴趣方向，对不同章节的内容进行重点学习。

囿于个人能力和水平，本教材难免不足之处。如果读者在学习本书的过程中发现错误，恳请提出您宝贵的意见和建议。

刘平阔

2018 年 6 月于上海

目　录

中观篇

微观篇

展望篇

基础篇

第一章　绪　论

第一节　能源管理的背景知识

一、节能减排

节能减排就是节约能源、降低能源消耗、减少污染物排放。节能减排包括节能和减排两大技术领域，两者存在联系，但又有所区别。节能[①]项目是指加强用能管理，采取技术上可行、经济上合理以及环境和社会可以承受的措施，从能源生产到消费的各个环节，降低消耗、减少损失和污染物排放，制止浪费，有效、合理地利用能源。减排项目必须加强节能技术的应用，以避免因片面追求减排结果而造成的能耗激增，注重社会效益和环境效益均衡。

【广义】是指节约物质资源和能量资源，减少废弃物和环境有害物（包括"废气、废水、固体废弃物"三废和噪声等）排放。

【狭义】是指节约能源和减少环境有害物排放。

我国经济快速增长，各项建设取得了巨大成就，但也付出了巨大的资源和环境被破坏的代价，这两者之间的矛盾日趋尖锐，群众对环境污染问题反应强烈。这种状况与经济结构不合理、增长方式粗放直接相关。不加快调整经济结构、转变增长方式，资源支撑不住，环境容纳不下，社会承受不起，经济发展难以为继。只有坚持节约发展、清洁发展、安全发展，才能实现经济又好又快发展。同时，温室气体排放引起全球气候变暖，备受国际社会广泛关注。进一步加强节能减排工作，也是应对全球气候变化的迫切需要。

---

① 《中华人民共和国节约能源法》。

［例 1-1］

节电与发电

合理用电、节约用电，以及将一些废弃能源转化为电能已经成为节能减排工作的重中之重。

工业节电：很多工矿企业的大型机电设备因为工艺生产的原因存在着严重的耗能现象，其节电率在经过专业节能改造后不影响正常生产的情况下大多在20%以上，综合国家众多的工矿企业这将是一笔巨大的能源财富。

余热发电：我国有着最大的煤焦化产业，有着在数量和产量上都占世界前列的冶金钢铁行业、水泥行业。这些行业在生产过程中所产生的大量余热、烟气、尾气，排放到空气中不但是对能源的重大浪费，也是对环境的重大污染。如合理采集利用将其转化为电能，既可以减少环境污染，也可获得大量的电能促进能源的再利用。

目前国内一些专业的节能服务公司，在节电与余热发电领域通过对用能企业宣传节能知识，提供节能技术，投资项目资金、设备等方式来不断促进节电与余热发电的发展。

二、可持续发展

可持续发展是关于自然、科学技术、经济、社会协调发展的理论和战略。最早出现于1980年国际自然保护同盟的《世界自然资源保护大纲》(The World Conservation Strategy)[①]。1981年，美国 Lester R. Brown 出版《建设一个可持续发展的社会》(*Building Sustainable Society*)，提出以控制人口增长、保护资源基础和开发再生能源来实现可持续发展。1987年，世界环境与发展委员会出版《我们共同的未来》(*Our Common Future*)报告，系统阐述了可持续发展的定义："既能满足当代人的需要，又不对后代人满足其需要的能力构成危害的发展。"1992年6月，联合国在里约热内卢召开的"环境与发展大会"，通过了以可持续发展为核心的《里约环境与发展宣言》(Rio Declaration)、《21世纪议程》(21st Century Agenda)等文件。随后，中国政府编制了《中国21世纪人口、资源、环境与发展白皮书》，首次把可持续发展战略纳入我国经济和社会发展的长远规划。1997年的中共十五大把可持续发展战略确定为我国"现代化建设中必须实施"的战略。2002年，中共十六大把"可持续发展能力不断增强"作为全面建设小康社会的目标之一。

【广泛性定义】既满足当代人的需求，又不对后代人满足其需求的能力构成危害

① "必须研究自然的、社会的、生态的、经济的以及利用自然资源过程中的基本关系，以确保全球的可持续发展。"

的发展。它们是一个密不可分的系统，既要达到发展经济的目的，又要保护好人类赖以生存的大气、淡水、海洋、土地和森林等自然资源和环境，使子孙后代能够永续发展和安居乐业。可持续发展与环境保护既有联系，又不等同。生态环境保护是可持续发展的重要方面。可持续发展的核心是发展，但要求在严格控制人口、提高人口素质和保护环境、资源永续利用的前提下进行经济和社会的发展。发展是可持续发展的前提，人是可持续发展的中心体，可持续长久的发展才是真正的发展。

【科学性定义】(1)自然方面：自然资源及其开发利用程序间的平衡，称为“生态持续性”。(2)社会方面：在不超出维持生态系统涵容能力的情况下，改善人类的生活品质。(3)经济方面：在保持自然资源的质量及其所提供服务的前提下，使经济发展的净利益增加到最大限度。(4)科技方面：转向更清洁、更有效的技术——尽可能接近“零排放”或“密封式”，工艺方法——尽可能减少能源和其他自然资源的消耗。

【综合性定义】可持续发展就是建立在社会、经济、人口、资源、环境相互协调和共同发展的基础上的一种发展，其宗旨是既能相对满足当代人的需求，又不能对后代人的发展构成危害；注重社会、经济、文化、资源、环境、生活等各方面协调“发展”，要求各个方面的各项指标组成的向量的变化呈现单调增态势(强可持续性发展)，至少其总的变化趋势不是单调减态势(弱可持续性发展)。

第二节 能源管理学的相关概念

一、基本概念

(一)能源

能源也称能量资源或能源资源①。

【物理与技术层面】能源是指可产生各种能量(如热量、电能、光能和机械能等)或可做功的物质的统称。能源可以直接取得或者通过加工、转换而取得有用能的各种资源，包括煤炭、原油、天然气、煤层气、水能、核能、风能、太阳能、地热能、生物质能等一次能源和电力、热力、成品油等二次能源，以及其他新能源和可再生能源。

【经济与制度层面】能源是国民经济的重要物质基础，未来国家命运取决于对能源的掌控。能源的开发和有效利用程度以及人均消费量是生产技术和生活水平的重要标志。《中华人民共和国节约能源法》(2016 年 7 月修订)中，能源是指煤炭、原油、

---

① 自然界所提供能量转化的物质(矿物质能源、核物理能源、大气环流能源、地理性能源)。

天然气、电力、焦炭、煤气、热力、成品油、燃料油、液化石油气、可再生能源和其他直接或者通过加工、转换而取得有用能的各种资源。

能源不是一个单纯的物理概念，即，必须是技术经济上合理的、那些可以得到能量的资源才能称为能源。能源的分类方法很多，主要分类有：

1. 按能量的原始来源划分

(1)来自地球以外天体的能量，其中最主要的是太阳辐射能，并为风能、水能、生物能和矿物能源等的产生提供基础。

(2)来自地球自身的能量。一种是以热能形式储藏于地球内部的热能和重力能，包括火山、地震、地下蒸汽、热岩层、地下热水等；另一种是海洋和地壳中储藏的核燃料所包含的原子能。

(3)来自地球及其他天体的相互作用所产生的能量，地球—月亮—太阳系统由于相互引力的作用，使海水涨落所形成的潮汐能。

2. 按能源的成因划分

(1)一次能源(亦称天然能源)，是指自然界中以现成形式存在、不经任何改变或转换的天然能源资源，即从自然界直接取得并不改变其形态和品位的能源，主要有原煤、原油、油页岩、天然气、核燃料、植物燃料、水能、风能、太阳能、地热能、海洋能、潮汐能等。

(2)二次能源[①](亦称人工能源)，是指一次能源经过加工转换成另一种形态的能源，主要有电力、焦炭、煤气、蒸汽、热水以及成品油、燃料油、液化石油。在生产过程中排出的余能、余热，如高温烟气、可燃气、蒸汽、热水、排放的有压流体等也属于二次能源。

3. 按能源的储存和输送性质划分

(1)含能体能源，是指包含能量的物质，如化石燃料、草木燃料、核燃料等。这种含能体可以直接储存运送。

(2)过程性能源，是指能量比较集中的物质运动过程，或称能量过程，是在流动过程中产生的能量，如流水、海流、潮汐、风、地震、直接的太阳辐射、电能等。

4. 按能源使用性质划分

(1)燃料性能源，是指用于直接燃烧而发生能量的物质，包括矿物燃料，如煤炭、石油、天然气等；生物燃料，如柴草、农作物秸秆、薪材、沼气等；核燃料，如铀、钍等；化工燃料，如甲醇、酒精、火药等。

(2)非燃料性能源，是指不能直接燃烧的能源，如水能、电、蒸汽、热水、太阳能、风

---

① 一次能源无论经过几次转换所得到的另一种能源，都称为“二次能源”。

能、潮汐能、地热能等。

5．按能源的形成和再生性划分

（1）再生能源，是指在生态循环中能重复产生的自然资源，它能够循环使用，不断得到补充，不会随人类的开发利用而日益减少，具有天然的自我再生功能，可以源源不断地从自然界中得到补充，是人类取之不尽、用之不竭的能源，如水力、潮汐、太阳辐射、风力、海洋能、草木燃料、地震、火山活动、地下热水、地热蒸汽、温泉、热岩层以及从有机物质及其废物中提取的燃料，如酒精、沼气等。

（2）非再生能源，是指经过亿万年漫长地质年代形成，随着人类的不断开发利用而日益减少，终究要消耗殆尽，不能在短期内重复再生的能源，如煤炭、原油、天然气、油页岩、页岩气、核燃料等。

6．按能源的技术开发程度划分

（1）常规能源，也称传统能源，是指以往利用多年，目前在科学技术条件已成熟，经济上比较合理，已被人类大规模生产和广泛使用的能源，如煤炭、原油、天然气、电、水能、柴草等。

（2）新能源，是指人类新近才开发利用或正在研究开发，今后可以广泛利用的能源，如太阳能、风能、地热能、海洋能等。新能源是人类未来能源的开发重点领域。目前的新能源随着科学技术的不断提高，今后会广泛被使用，也会成为常规能源，如原子核能在某些工业发达国家中已广泛使用，被列入常规能源之中。

7．按能源的实物形态划分

（1）固体能源，是指物质形态为固体（具有一定的硬度和形状）的可燃性物质，大多是碳物质或碳氢化合物。天然的有原煤、石煤、油页岩、木柴等；经过加工有洗煤、焦炭、型煤等。

（2）液体能源，是指物质形态为液态（具有体积，但其形状不固定）的可燃性物质，主要是碳氢化合物或其混合物。天然的有原油；经过加工的有汽油、柴油、煤油、燃料油等。

（3）气体能源，是指物质形态为气态（没有固定的体积和形状）的可燃性物质，一般含有低分子的碳氢化合物、氢和一氧化碳等可燃气体，并常含有二氧化碳、氮等不可燃气体。主要有天然气、液化石油气、焦炉煤气、炼厂干气等。

8．按能源的商品性划分

（1）商品能源，是指作为商品经流通领域，在国内或国际市场上买卖的能源，如煤炭、石油、焦炭、核燃料、电等。

（2）非商品能源，是指未进入商品流通领域，一般是农民自产自用的能源，如柴草、农作物秸秆、人畜粪便等就地利用的能源。非商品能源在发展中国家农村中广泛使用。

9. 按能源对环境的污染程度划分

(1)清洁能源,是指在使用中对环境无污染或污染小的能源,如太阳能、风能、海洋能、水能、气体能源以及核能等。

(2)非清洁能源,是指在使用中对环境污染较大的能源,如煤炭、石油等。

清洁能源和非清洁能源的划分是相对的。

这些分类方法有助于从不同角度认识能源,但也是相对的,不是绝对的,而且相互之间有一定交叉关系。

(二)能源管理

能源管理是指为实现能源资源的有效开发、高效配置和合理利用,保障社会的能源供给,实现社会的能源合理消费,对能源的勘探、开采、加工、转换、储运、消费等各个环节进行科学合理的动态管理(计划、组织、领导、协调和控制)的过程。

总目标:以尽可能少的能源投入和消费,满足经济社会发展的最大需求。

【广义】 从流程角度,是指对能源生产过程的管理和消费过程的管理。从层次角度,是指在宏观层面、中观(产业或区域)层面和微观层面,针对能源开发、配置及利用等工作的管理活动。

【狭义】 从流程角度,是指对能源消费过程的管理。从层次角度,是指在微观层面,企业对能源消费过程的计划、组织、控制和监督等一系列工作。

总结能源管理科学性的特点:①科学管理的基础——分析过程“定量化”;②科学管理的要求——解决问题“系统化”;③科学管理的保障——技术操作“标准化”;④科学管理的目标——行为绩效“制度化”。

(三)能源管理学

运用经典经济学和现代管理学的理论、方法和技术手段,考虑能源管理在时间和空间上的分布特点,综合利用人力、物力、财力和信息等资源,研究能源开发、生产、加工、配置和利用等过程中的计划、组织、领导、协调和控制问题,为各个层面的能源管理活动提供必要的理论支撑、技术支持和实践参考。

学科领域中,将能源管理的本质定位为:运用各种有效的管理手段,协调能源供需与经济社会发展之间的关系,实现经济社会系统的健康、科学、可持续发展。

二、扩展概念

(一)能源管理体系

能源管理体系,是从体系的全过程出发,遵循系统管理原理,通过实施一套完整的标准、规范,在组织内建立起一个完整有效的、形成文件的能源管理体系,注重建立和实施过程的控制,使组织的活动、过程及其要素不断优化,通过例行节能监测、能源审计、能效对标、内部审核、组织能耗计量与测试、组织能量平衡统计、管理评审、自我评价、节能技改、节能考核等措施，不断提高能源管理体系持续改进的有效性，实现能源管理方针和承诺，并达到预期的能源消耗或利用目标。

学科领域中，将能源管理体系的本质定位为：用于建立能源方针、能源目标、过程和程序以实现能源绩效目标的一系列相互关联、相互作用的要素的集合。

（二）能源管理系统

能源管理系统，是指以帮助进行工业生产的经济主体在扩大生产的同时，合理计划和利用能源，降低单位产品能源消耗，提高经济效益，降低 CO_2 排放量为目的的信息化管控系统。

通过能源计划、能源监控、能源统计、能源消费分析、重点能耗设备管理、能源计量设备管理等多种手段，使企业管理者对企业的能源成本比重、发展趋势有准确的掌握，并将企业的能源消费计划任务分解到各个生产部门车间，使节能工作责任明确，促进企业健康稳定发展。

第二章　中国能源管理发展历程概述

中国能源管理体制几经变迁，从能源管理体制演变进程看，可以分为两个阶段：

【第一阶段】在改革开放之前，以能源部门为基本单位多次分合，但保持“政企合一、高度集中”的特质。

【第二阶段】在市场改革进程中，政企逐步分开，能源管理职能随着市场调整。

在计划经济时期，能源管理体制改革主要集中在能源部门之间的分合、中央与地方间的放权与集权。1949～1955 年，国家设立燃料工业部，下设煤炭管理总局、电业管理总局、水力发电工程局、石油管理总局。随着经济发展，“一五”之后，国内能源需求旺盛，煤炭、石油、电力分家的诉求强烈。中共十一届三中全会以来，国家逐步对“政企合一、垄断经营、高度集中”的计划经济体制进行改革，能源管理体制开始寻求与市场化相适应。

[例 2-1]

1955 年，一届人大二次会议撤销燃料工业部，分别成立煤炭部、石油工业部和电力工业部。

1958 年，国家开始尝试下放管理权，撤销各大区煤炭管理局，撤销地质部石油地质局；将水利部与电力工业部合并，成立水利电力部，将电力工业企业全部下放省级政府。但此次改革出现“一放就乱”的问题，随后煤炭、石油、电力管理权限上收。

1970 年，能源管理第二次放权，中央撤销石油部、煤炭工业部、化学工业部，合并为燃料化学工业部。1970 年 6 月，将原煤炭工业部与地方双重领导的中央企业下放地方。到 1971 年，几乎所有的生产、建设单位全部下放。

1975 年开始，国家逐步上收管理权限，重塑中央部门垂直管理体制。撤销燃料化学工业部，重新成立煤炭工业部，并组建石油化学工业部。

1978 年 3 月，五届人大一次会议撤销石油化学工业部，分别设立化学工业部和石油工业部。电力工业管理体制重新回归以中央管理为主、大区电业管理局分片管理的体制。

1979年,国务院撤销水利水电部,成立电力部和水利部,电力供应由国家统一分配。

1980年,成立国家能源委员会,负责管理石油、煤炭、电力三个部。由于国家能源委员会与国家纪委职能交叉,1982年能源委员会取消。此后,国内能源企业轮廓开始出现。

1982年2月,石油工业部所属海洋石油业务独立,成立中国海洋石油总公司;1983年7月,石油工业部下属炼油厂分离,与化工部和纺织部的部分石化、化纤企业合并,组建中国石油化工总公司。

1982年3月,水利部与电力部再次合并为水利电力部。1979～1982年,电力工业管理出现反复重组合并与拆分;这一阶段,同步进行投资体制改革,打破独家办电的格局。

1988年4月,中国进行第四次行政体制改革,撤销煤炭、石油、水利电力、核工业部,组建中国第一个能源部,统管国家能源工业。煤炭部撤销后,成立中国统配煤矿总公司和东北内蒙煤炭工业联合公司;石油部取消后成立中国石油天然气总公司;电力工业在省级层面实现政企分开。

1993年,由于政企不分,再加上不掌握价格和投资职能,能源部撤销,重新组建煤炭工业部和电力部。

1996年年底,组建国家电力公司,与电力部两套牌子、两个班子运行,前者负责国有电力资产经营,后者负责电力工业行政管理。

1998年,新一届政府推进机构改革,撤销煤炭部、电力部等专业能源部门。撤销煤炭部改组为国家煤炭工业局;在国家经贸委下组建国家石油和化学工业局,重组国有石油天然气企业,组建中石油、中石化、中海油三大集团。

2001年,煤炭工业局、国家石油和化学工业局撤销,煤炭、油气工业由国家经贸委和国家计委管理。电力部撤销后,电力行政管理职能移交国家经贸委,行业管理交由中国电力企业联合会。

2002年,国家启动新一轮电力体制改革,撤销国家电力公司,组建五大电力集团。

2003年,国务院机构改革,撤销国家经贸委,能源行业管理转到发改委能源局。同期组建国家电监会,负责电力行业监管。

2005年5月,在煤荒、油荒、电荒肆虐的背景下,国务院成立国家能源领导小组,作为能源工作最高层议事协调机构。

2008年,国务院推动“大部制改革”,国家发改委能源局、国家能源领导小组和原国防科工委的核电管理职能合并,成立国家能源局。但是,在价格上仍然只有建议权。

2010年,国务院成立国家能源委员会,负责研究拟订国家能源发展战略,审议能源安全和能源发展中的重大问题，统筹协调国内能源开发和能源国际合作的重大事项。

2013 年，在本轮机构改革中，国家能源局、电监会的职责整合，重新组建国家能源局，完善能源监督管理体制，不再保留电监会。改革后，国家能源局继续由发改委管理。

2015 年，时隔 12 年，电力体制改革再次重启；同年 3 月 15 日，中共中央国务院《关于进一步深化电力体制改革的若干意见》（中发〔2015〕9 号）正式发布，第二轮电力体制改革正式启动。

第一节 中国能源战略的阶段划分

一、中国宏观能源战略的探索期：1949～1978 年

“文化大革命”期间及之前，在战略层面中国尚未关注能源发展问题。其时的逻辑是：根据重工业及具体生活的“大概”需要而确定能源产量的额度。类似这种，“全方位地依赖能源供应拉动经济社会进步”的思路也是一种战略，即“开源战略”。不仅中国，当时世界上绝大多数国家均如此：当石油的价位较低时，各国均根据具体需求数量来确定供应量及进口量。当时中国对能源的开发多以直接开发为主，对能源的开采和使用毫无节制，并未意识到能源短缺的问题。

二、中国宏观能源战略的发展期：1978～1994 年

中共十二大（1982 年）的召开明确了“翻两番”的经济发展目标。政府意识到：能源发展制约了经济发展目标的顺利实现。因此，当时出现了一种能源战略，即“综合能源战略”，该战略的关键是：强化能源应用成效的提升。同时，催生了系列相关举措：“成立国家能源委员会”“建设山西能源基地”等。随后，中国逐渐探索、落实更为新颖的思路和方向，从而出现了“综合能源效率战略”。此后，在能源方面中国不仅关注“开源”，同时也逐渐提升了对“节约能源”的重视力度，中国第一次将“节能”纳入了第六个“五年发展规划”。新战略有四大特点：①在供应方面强化对“开源”的宽泛理解，极力强调“广泛开源”的重要性；②强化对宽泛层面能源节约理念的理解及落实，扬弃过往单纯思考减少耗费数量；③对“能源价格合理化”的思路给予较大的重视，逐步意识到高层强制性定价、脱离市场机制及能源本身属性等一系列做法的弊端；④提升了对“能源结构合理化”的强化、关注及坚持，逐步关注到“生态环境的恶化”等问题。

三、中国宏观能源战略的合作期(国际接轨期):1994年至今

1997年《京都议定书》(Kyoto Protocol)通过,将降低全球温室气体排放数量作为关键事项及诉求。在"十一五"时期以来,中国在能源领域出现了两个较为严峻的挑战:①中国经济发展对石油的依赖度不断提高,进而形成了对海外能源较高依赖度的态势[①];②中国能源利用率较低,从而导致严重的能源浪费,且导致诸如温室气体排放等多方面的严重环境问题。2001年中国加入WTO后,对国际形势和国内情况有了新的判断,发现"自给自足"模式的发展局限性,适当借助国际能源资源将有助于中国能源的长期发展。其时,中国制定了"多元互补的能源发展战略",其目的是围绕经济建设为中心,逐步将能源工业从东北、华北等地向西北、西南等地转移,并进一步开辟了能源进出口贸易。2015年,在巴黎气候变化大会上通过了《巴黎气候变化协定》(Paris Agreement);2016年9月3日,全国人大常委会批准中国加入《巴黎气候变化协定》,成为第23个批准协定的缔约方。中国同步调整优化了能源方面的发展战略,将节能列入优先考虑的目标之中,同时强化多维度的推进工作,重视与世界其他国家的能源合作,逐步构建稳健、高效、绿色的能源系统。此时的能源战略定位,一方面可有效地缓解能源方面的具体冲突,另一方面体现中国的"大国担当"。

第二节 中国能源规划的阶段划分

一、中国能源产业的幼稚期(恢复与开发时期):1949~1978年

中华人民共和国成立后,成立了燃料工业部,管理全国煤炭、电力、石油工业,统一领导全国燃料工业的生产和基本建设,其职能相当于中国第一个实质意义上的"能源部",设立初衷是为尽快提升中国工业水平。在第一个"五年"(1953~1957年)计划后,中国能源工业规模发展相对迅速[②];在1957~1978年,中国一直坚持发展能源产业,其中火电行业发展迅速。在1978年前,中国对能源的规划定位为"恢复与开发"。

---

① 需要注意的是,1993年中国跻身于石油净进口国家行列中,进口量度增速较大,对外界的依赖程度同样持续提升。

② "一五"期间,开发中大型发电工程有92项,输变电项目有15项,5年内增加煤炭生产能力5 385万吨。在1951年发现克拉玛依油田,1955年发现青海油田,1959年发现大庆油田与扶余油田(现吉林油田),1960年发现大港油田,1961年在黄河三角洲地带发现胜利油田。

二、中国能源产业的转型期:1978～2006 年

在 1974 年,中国测算的能源利用效率仅为 22%,其余 78%的能源以余热的形式被浪费;1978 年,中国的综合能源效率为 364 元/吨标准煤,是全世界总值能耗最高的国家之一。在 1978 年中共十一届三中全会上正式提出了"节能"的概念[①],中国正式将能源行业的规划从"量"的发展改为"质"的提高,从规划层面设定能源产业升级转型的发展目标。尤其是在提出"可持续发展"后,中国能源行业开始重视"能源使用效率";当时还提出产值的翻番不能以能源的翻番作为代价、发展要以节约能源为前提、能源总是与经济挂钩等观点。

三、中国能源规划的成长期:2006 年至今

一方面,2005～2015 年,中国的 GDP 平均增长速率为 7.9%,相应地,石油消费增长速率为 4.2%,天然气消费增长速率为 12.4%,石油消费弹性系数是 0.54%,天然气消费弹性系数是 2.92%。但在 2005～2015 年,中国能源对外依存度从 5%上升到了 16.3%;2016 年,中国的能源对外依存度不断上升,石油的进口依存度已经超过 60%,严重影响了中国国内的能源安全。另一方面,中国政府向世界承诺:到 2020 年,实现单位国内生产总值二氧化碳排放比 2005 年下降 40%～45%[②]。此外,当前中国各行业出现了严重的"产能过剩",这成为中国经济运行中很多矛盾和问题的根源。2017 年 3 月,国务院总理李克强在政府工作报告中确定了 2017 年"去产能"目标,并提出了化解产能过剩的要求。

第三节　中国能源监管的阶段划分

一、国家能源部门的强制性集中管控时期:1949～1978 年

中华人民共和国成立时,负责中央政务处理的组织是政务院,负责能源方面的部委是燃料工业部。1950 年 4 月,燃料工业部增设石油管理总局,成立了当时国内石油产业的负责机构;1950 年 6 月,重工业部下属增设负责化工产业的化学工业局,3 年后

---

① 在"广义节能"的概念中,虽然目前国内外对于"能源节约"的概念还没有标准的、统一的定义,但对于任何用能部门而言,其核心应为:采纳技术容易操作、具备较好效益、公司没有接受度方面的问题、顺应环保方面需要的所有举措,提升既有能源的使用成效。

② 由于世界各国对全球气候极为重视,温室气体减排问题和发展中国家有效气候政策支持问题成为现阶段的关注焦点。

化学工业局改名为化学工业管理局，成为工业部的渊源所在。在计划经济时期，国家对能源的管控相对严格，所有的能源活动都要在国家部门的领导下进行。20世纪70年代初，相关部委合并，重组后的机构被命名为燃料化学工业部（燃化部）。虽然部委进行了合并重组，但也都只是因国务院制度转变而改动产生的制度变化，本质依旧。法规体系构建方面，承办能源产业的基调是计划经济：借助政府的行政手段催动，行政指令是具体制造、配拨及管控等事项的基础；涉及的相关法规基本上都隶属于政令等行政命令。

二、国家能源部门的探索调整期（能源企业形成初期）：1978～2012年

改革开放后中国认识到了市场的重要性，意识到了能源不能一味地由国家意志来管理，而是要与市场接轨、与国际接轨。此后，中国海洋石油总公司、中国石油化工总公司、中国石油天然气总公司等集团公司陆续成立，原部委及厅局的设置也逐渐消失。经过多次改革，这些公司基本上都实现了与国务院的直属关联。管理机构方面，也经历了从“能源委员会”到“能源部”（1988～1993年）的演变。2008年，国家能源局肇建，其下设置的局级单位共11个。2010年后，基于能源战略的更好规划及落实，重新设置能源委员会，其负责人是国务院总理，处理日常事务的常务负责人则是第一副总理。法律体系构建方面，1986年出台并生效的《矿产资源法》是中国能源相关方面的基本法，另外还有诸如条令等相关法律规范。1978～1999年，能源投资主体多元化，国民经济进入快速发展时期，长期以来能源短缺的问题得到了缓解。在能源产业发展方面，计划经济的管控色彩逐渐消失，市场经济特征越来越浓重，在20世纪90年代陆续出台了诸如《电力法》等法律。

三、国家能源部门的资本开放期（民间资本活跃时期）：2012年至今

2012年，国家能源局发布了《关于鼓励和引导民间资本进一步扩大能源领域投资的实施意见》，明确对于民间资本涉入新能源行业的趋向，持续秉持鼓励及激励态度，推动其在诸如太阳能等方面的投资额度提升，风能、太阳能被列为未来发展的重中之重。具体到项目层面，只要不涉及违规违法，基本上都允许甚至鼓励私人资本涉入，对民企涉入部分项目持鼓励态度。目前，在煤炭方面民营资本支撑的产量占比多达四成，在水电方面的占比超过了1/4，在风电方面的占比超过了1/5，在炼油方面的占比也接近两成。中国能源行业已出现相对重要的民营资本公司，甚至在新能源领域（如太阳能利用）民营资本已然成为主导力量。

第四节 中国能源政策的阶段划分

一、节能政策与减排政策并行的政策形成阶段:1978～1988 年

1978 年中国修订《宪法》,其中增加了“国家保护环境和自然资源,防治污染和其他公害”的规定;1982 年又修订《宪法》,明确规定,“国家保护和改善生活环境和生态环境,防止污染和其他公害”。两相比较,后者在具体范围方面的阐释更为明确,在内容方面也有细致化的趋势,强化了保护生态环境的重要性。基于对《宪法》相关规定的配合,1979 年 9 月通过的《中华人民共和国环境保护法(试行)》[①]在能源利用方面总结确定了涵括 32 个字的方针:全面规划、合理布局、综合利用、化害为利、依靠群众、大家动手、保护环境、造福人民。

在经济增速显著提升、能源紧缺问题突出的情况下,20 世纪 80 年代初颁发的《关于加强节约能源工作的报告》等相关文件,突出并提升了“节能减排”的地位及重要性,认为这方面事项与国民经济的发展及整个社会的进步休戚相关,确立了“资源开发与节约并举,把节约放在首位”的政策方针。而后将该项工作列入宏观调控的范围及视野中,进而明确了其在国家战略方面的位置。基于推动相关技术研发及普及的需要,而后陆续出台了《关于按省、市、自治区实行计划用电包干的暂行管理办法》《节约能源管理暂行条例》等,在较深层次系统化地健全了与这方面技术相关的政策;而且明确了一个关键原则,即要求第二产业的竞争主体践行耗能适当、布局科学。《节约能源管理暂行条例》提升了技术研发及普及的地位,对这方面事项明确秉持支持倾向,把关键技术融入国家层级的研究规划重点项目的行列中;加快节能法规、标准和规范的制定,有效促进了中国能源的合理开发和使用。

基于推动污染物质排放数量的降低,及提升生态保护力度的需要,1983 年《中华人民共和国环境保护标准管理办法》就生态环境要素的质量情况,厘定了比较细致而规范的标准。1984 年《中华人民共和国水污染防治法》的颁布,弥补了过去国内缺乏水污染治理专门法律的空白,全方位地确定了这方面系列事项的管控机制及基础层面的制度规范。1985 年《工业企业环境保护考核制度实施办法(试行)》的实施,在认可第二产业竞争主体需要追求经济效益的同时,强调环境效益也是他们的追求之一,应该尽可能地借助既有资源,最大化地采纳避免污染的技术,以尽量高效地降低污染物

① 该法律是我国首部与环保相关的法律。

质具体排放的数量。

二、"节能减排"上升为基本国策的政策发展阶段:1989～1999 年

20 世纪 80 年代末，修订后的《中华人民共和国环境保护法》在总结过往经验的基础上，明确了"环保和发展并重而相协调"的准则，实现了单行环境法律文件的推陈出新，是国内环保事宜步入法治时期的标志。90 年代伊始，国务院《关于进一步加强环境保护工作的决定》横空出世，明确规定"保护和改善生产环境与生态环境、防治污染和其他公害，是我国的一项基本国策"，并提出强化对系列城市执行落实环境变化态势的监控工作，重拳治理第二产业导致的污染事宜。1991 年 5 月出台的《中华人民共和国大气污染防治法实施细则》就大气污染方面的系列事宜，进行了较为细致到位的规范，明确了范围，并提出更高的要求和目标，要求各层级政府灵活借助系列方式为大气质量提供保障。1996 年 8 月出台的《关于环境保护若干问题的决定》要求各层级政府加快构建关键污染物质排放总体数量对应的系列指标，要求严格实施定期披露机制，落实行政领导责任机制。

鉴于新能源及可再生资源本身的关键意义和价值，已经获得世界范围内的公认，1995 年，国家发布了《关于新能源和可再生能源发展报告》等重要文件，不仅打开系列新能源的发展空间，而且明确给予积极鼓励态度，使新能源得到了跨越式的发展。1997 年 11 月出台了《中华人民共和国节约能源法》[①]，将"节约"列为相关战略布局及思路汇总的首要位置，同时厘定具体的标准数据，倡导把耗能较高的产品予以彻底淘汰，强化耗能大户的有效管控，优化相关政策并推动落实，要求各层级政府及企业从产业、竞争主体及产品等方面出发，推动结构的优化调整，尽量降低单位 GDP 及特定单个产品耗费能源的数量，构建以节能为特色的社会。20 世纪 90 年代末出台的《重点用能单位节能管理办法》，对耗能大户年度耗能数量进行了明确规定，同时在技术层面提出了新的要求，意在提升应用能源的具体成效，催动成本耗费的下降，进而降低对生态环境的破坏。

三、经济增长方式转变的政策修正阶段:2000～2008 年

中国在经济实现飞速发展的同时，环保等方面遭遇到的压力日益增加，能源节约的关键意义也不断提高。2000 年《国民经济和社会发展第十一个五年规划纲要》明确要求加速增长方式的转型升级，将节约能源纳入基本国策的内容中，激励或者鼓励循

---

① 该法明确了节能在中国社会进步过程中的具体位置，使该项工作有了明确的法律依据，为相关工作在法律层面给予更到位的保证，卓有成效地推进该项工作的落实及进展。

环经济的发展，加速构建以能源节约及生态友好为特征的新型社会，促进实现经济和生态等协同和谐进步。2000 年出台的《民用建筑节能管理规定》等文件便是此项目的关键体现。2004 年公布的《能源中长期发展规划纲要（2004—2020 年）（草案）》提及秉持和落实节能优先的策略，确定和落实一致、和谐的促进能源节约的相关政策；在产业方面确定促进结构优化的政策，同步出台以节能为特征的激励政策，强化落实管控的具体力度；在技术层面提升研发力度，实施立足于市场机制的能源节约新型机制。2005 年《关于做好建设节约型社会近期重点工作的通知》指出，以提升能源应用成效为关键点，强化提升对循环经济的支持力度，强化节能等事项的落地实施，加速构建以节约为关键特征的新型社会。2007 年《国务院批转节能减排统计监测及考核实施方案和办法的通知》提出构建涵括监测等三方面内容的系统体系，是节能减排目标问责机制在国内启动贯彻的表征。

四、生态文明发展的政策融合阶段：2009 年至今

2009 年 12 月 7～18 日在丹麦哥本哈根召开的世界气候大会上，中国政府作出了降低单位国内生产总值二氧化碳排放量的承诺：到 2020 年，中国单位国内生产总值二氧化碳排放量将比 2005 年下降 40%～45%，低碳经济与绿色生活方式引起人们的重视。随后，中国在节能减排政策的设计及规范文件说明方面，增添了与温室气体排放相关的内容。在“十二五”规划纲要的指导下，主动应对世界性的气候变化，强化资源节约等方面的工作，提升循环经济的发展壮大力度，强化环保工作的落实，促进生态保护工作水准的提升。2011 年《“十二五”控制温室气体排放工作方案》提出了整体性要求，且确定了各方面的任务重心，明确要提升产业结构优化速度，加大能源节约及耗能降低的幅度，加速构建污染物质排放统计机制及对应的核算体系建设，在社会发展的整体布局中融入生态文明方面的事项。中国首次将“生态文明”提升到战略高度，具有里程碑式的意义。从“绿色发展、循环发展、低碳发展”的理念到“创新、协调、绿色、开放、共享”的理念，旨在形成大力促进资源节约，尽力开拓环保空间，优化产业结构，促进生活方式的健康转型[①]。随后修订了《中华人民共和国大气污染防治法》，出台了《2014—2015 年节能减排低碳发展行动方案》《工业节能管理办法》等法规，均体现其理念精神。2016 年《中华人民共和国国民经济和社会发展第十三个五年规划纲要》强调，“必须坚持节约资源和保护环境的基本国策”，要求加快建设资源节约型、环境友好型社会，形成人与自然和谐发展的现代化建设新格局；“节约集约利用资源，推动资源

① 中共十八大（2012 年 11 月 8 日）报告中首次提出“推进绿色发展、循环发展、低碳发展”；十八届五中全会（2015 年 10 月 26～29 日）提出“创新、协调、绿色、开放、共享”的发展理念；十九大（2017 年 10 月 18 日）再次强调“创新、协调、绿色、开放、共享”五大发展理念。

利用方式根本转变”,“创新环境治理理念和方式,实行最严格的环境保护制度,强化排污者主体责任,形成政府、企业、公众共治的环境治理体系”。这些要求将直接影响下一阶段节能减排政策的走向。

宏观篇

第三章　能源管理体制

第一节　能源管理体制概述

一、能源管理体制的概念及定位

【概念】 能源管理体制是指国家以法律形式所确定的能源管理行政机构及相应的职能配置、组织结构和运行方式等的稳定模式；能源管理体制是能源管理制度的具体体现；能源立法是能源管理体制的基础，能源管理体制是能源立法的核心；能源管理行政机关是能源管理体制的基本构成要素。

【定位】 能源管理体制是一个国家能源领域的组织管理形式和管理制度的集中体现。其功能和作用主要表现为：对能源发展进行宏观调控，对能源市场运行进行行政监管，对国家能源安全进行保障；发展能源产业，保证全社会的基本能源供给和需求。能源管理体制是行政管理体制的一部分，是一个建立在能源管理基础上的组织制度，是有利于更好、更有效地对能源产业及能源市场进行管理，从而促进国家能源向着更清洁、更快速、更安全发展的一系列法律法规、市场准则。

[**例 3－1**]

中国从 1949 年设立燃料工业部开始，能源管理体制已经存在了 60 多年，并且进行了多次改革。例如：在 1988 年成立能源部；1997 年成立国家电力公司；2002 年成立国家电网监管公司。在 2008 年，中国进行了第六次政府机构改革。能源领域的主要变革是：成立了国家能源局和能源委员会，撤销国家能源领导小组以及其办事机构，将国家环境保护总局改为环境保护部。中国现行的能源管理行政机关如图 3—1 所示。

行政机关职能举例：

(1)国家能源委员会。负责研究拟订国家能源发展战略，审议能源安全和能源发

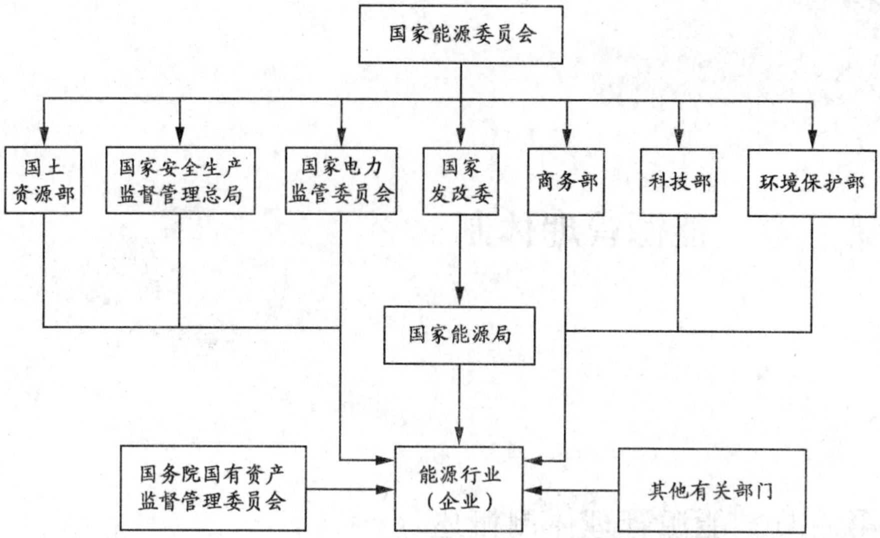

图 3—1　中国能源管理行政机关组织结构

展中的重大问题，统筹协调国内能源开发和能源国际合作的重大事项。国家能源委员会的成立，对构筑稳定、经济、清洁、安全的能源供应体系将发挥积极作用。

（2）国家能源局。研究提出能源发展战略的建议，拟订能源发展规划，协调能源发展和改革中的重大问题；负责煤炭、石油、天然气、电力（含核电）、新能源和可再生能源等能源的行业管理；负责能源行业节能和资源综合利用；负责能源预测预警，发布能源信息；负责核电管理，拟订核电发展规划、准入条件、技术标准并组织实施，提出核电布局和重大项目审核意见；牵头开展能源国际合作，与外国能源主管部门和国际能源组织谈判并签订协议，协调境外能源开发利用工作。

（3）国家电力监管委员会。简称中国电监会，负责全国电力监管工作，建立统一的电力监管体系；研究提出电力监管法律法规的制定或修改建议，参与国家电力发展规划的制定，监管电力市场运行，规范电力市场秩序，维护公平竞争；参与电力技术、安全、定额和质量标准的制定并监督检查，颁发和管理电力业务许可证，协同环保部门对电力行业执行环保政策、法规和标准进行监督检查；依法对电力市场、电力企业的违法违规行为进行调查，处理电力市场纠纷。

二、能源管理体制的影响因素

管制，又称规制，即政府设置规定进行限制，是政府对经济行为的强制性制约；监管，主要针对经济行为进行规范，具有普遍性的监督管理，是相关权力机关对市场行为进行有效的指导。政策和市场共同影响能源体制演进；能源管理主要从政府角度对能

源产业及能源市场进行规划管理。因此,能源管理体制的影响因素主要分为两个层面:

(一)市场化程度和市场自我调节能力

市场化程度是指市场在资源配置中所起作用的程度,显示国家由传统计划经济体制向市场经济体制转变的进程,其实质在很大程度上是指经济决策的权力从中央计划部门逐渐转移到分散的经济主体手中的程度。对于能源经济与管理领域,市场化程度也可理解为市场自由化程度。通常,用市场化指数来表示地区市场化发展水平。市场化指数由五个方面的指数组成,每个方面指数各自反映市场化的某一特定方面:①政府与市场的关系;②非国有经济的发展;③产品市场的发育程度;④要素市场的发育程度;⑤市场中介组织发育程度和法律制度环境。

市场调节是指由价格理论和价值规律自发地调节经济的运行,即由供求变化引起价格涨落,调节生产要素在各个部门的流动和分配,从而调节生产和流通;符合商品经济的客观要求,能够较为合理地进行资源配置,使企业的生产经营与市场直接联系起来,从而促进竞争。但市场调节具有盲目性,可能会造成"市场失灵"①。因此,为了实现国家对经济的有效监管和指导,有必要加强宏观调控。

就能源管理体制而言,当市场化程度较低时,政府的影响力占主导地位;随着"放松管制、加强监管"的推进,市场调节机制逐渐发挥重要作用,政策的行政干预能力逐渐降低。值得注意的是,市场自由化程度和政府干预能力的增减,均与不同阶段能源管理体制的特点和目标相关,也是能源管理体制作用的体现。

(二)能源管理机构设置的适应性效率和合理性

宏观能源管理流程中,首要工作就是争取最高能源管理机构的同意,并在所设定目标的指导下,建立相应的能源管理组织。因此,政府能源管理机构的管理效率在一定程度上决定了能源生产消费对国民经济的贡献效率。能源管理机构设置是一种制度,而制度本身与能源管理规则、能源配置效率等息息相关。因此,在能源管理体制中,能源管理机构设置的"适应性效率"和"合理性"问题极为重要。

适应性效率属于新制度经济学的概念范畴。能源管理机构设置的适用性效率考虑的是一个能源经济管理动态演进方式的各种规则,主要特点包括能源管理组织机构的创新能力、持续学习能力、制度变迁的有效性。因此,就能源管理机构设置而言,主要包含如下要点:①适应性,是指能源管理的规则对经济社会动态发展方式的适应匹配程度;②效果与功效,是指促进能源系统健康发展、淘汰落后产能,通过激励相容性政策进行鼓励和引导;③能源管理的规则标准,应由国家制定,政府的任务就是建立一

① 市场失灵是指市场无法有效率地分配商品和劳务的情况。

套能源管理的“游戏规则”，并在组织实施的过程中加强监管。

合理性主要是指能源管理过程中管理形式的有效性和分权—集权关系。权力过于分散的能源管理机构不利于能源战略实施的统一性和能源管理行动的有序性；权力过于集中的能源管理机构不利于节约治理成本和管理费用。因此，如何体现能源管理机构设置的合理性、协调部门之间的关系、发挥中央与地方的积极性，是能源管理体制中较为重要且基础的问题之一。

三、能源管理体制的意义

（一）制度层面的意义

1. 加强监管能力建设的必要性

制度上，必须健全监管组织体系，根据油、气、电、煤各行业发展变化以及多能互补等新模式、新业态的要求，及时调整各方面的监管人员配置，加强人员监管能力培训和交流，丰富技术和经济监管手段，强化监管手段创新，规范监管工作流程，形成闭环监管工作机制。提升监管信息化水平，建立专业的监管信息系统，确保监管方式方法公平公正和监管信息透明公开。完善对监管机构本身的监督和约束机制。

2. 完善政府独立监管机制的必要性

能源政策制定和监督执行适当分离，减少利益冲突，形成适当制衡的机制。将分散在各部门的能源战略、能源规划和基础性能源政策的谋划与制定职能进行集中，理顺能源领域的宏观综合管理职能，加强能源领域各种规划的协调，做好能源规划与经济金融发展、土地利用、基础设施建设、环境保护、安全生产、交通运输和科技创新等规划的统筹衔接。把能源战略、能源规划和基础性能源政策的具体贯彻落实、能源行业运行与协调、竞争秩序维护、成本监审、价格管理、项目稽查、安全监管等方面的监管职责进行归并，强化能源监管机构的功能和权威性，创造统一、公平、公正、公开的监管环境。

3. 推进能源法规废改立的必要性

按照市场在资源配置中起决定性作用的根本要求，废止或修改不适应形势的法律或法规条文，加快能源行业基础性法规的制定。尽快完成能源监管条例的制定，研究考虑提高法律效力层级，明确监管机构地位和作用，界定监管机构职责范围，确立监管工作程序和决策机制，规范信息披露要求和争议解决机制，细化监管违规的处罚条款。既使监管有章可依，也使监管权威可靠，同时也要避免监管滥权，从法律法规层面支撑建设“政监相对独立、分段分级监管、部门分工明确、监管权责清晰”的能源监管体系。

（二）经济层面的意义

1. 促进国家经济增长的必要性

能源是国民经济发展的命脉，是必不可少的生产要素之一；能源消费的增长速度是判断经济形势的一个重要指标。目前，能源资源的存量和供给的紧张情况已成为制约我国经济发展的一个重要因素。现阶段，我国能源工作的总方针是：开发与节约并重，节约放在优先地位，对国民经济实行以“节能减排”为中心的技术改造和结构改革。因此，必须建立一个有效的能源管理体制，加强能源的宏观管理，大力开展节能降耗工作。这是一项对国民经济具有重要战略意义的长期任务。

2. 保证国家能源安全的必要性

传统意义上，能源安全是指以可支付得起的价格获得的充足的能源供应。新形势下，能源安全涉及六个方面：能源种类、能源获取能力、能源供应稳定性、能源投资、能源设施及路线、气候变化及环境。能源供应暂时中断、严重不足或价格暴涨对一个国家经济的损害，主要取决于：经济对能源的依赖程度，能源价格，国际能源市场，以及应变能力（包括战略储备、备用产能、替代能源、能源效率、技术力量等）。因此，必须建立一个有效的能源管理体制，保证能源市场与能源安全政策的协调统一和构建实施。

3. 理顺政企关系的必要性

根据中央深化国有企业改革意见的要求，适应国有资产管理体制从“管资产”向“管资本”转变，减少对能源企业生产经营决策的干预。随着部分寡头垄断能源领域市场主体逐渐多元化，不宜再单纯依靠少数企业参与制定行业发展规划，代为履行部分政府职责。政府有关部门要积极承担和履行公共职能，在政策制定上要广泛吸取各类企业和各级企业的意见和建议，综合考虑各利益相关企业和社会公众诉求。监管机构要做到公平监管，杜绝所有制歧视。在国际交往中也要理顺政企关系，不能为配合政治和外交成果需要而匆忙达成商业交易，牺牲企业经济利益；同时，企业也不能寄希望于政治背书而盲目作为，忽视各种风险评估和风险防范。

（三）社会层面的意义

1. 促进能源可持续发展的必要性

能源可持续发展是指各种能源在当代得到有效的开发与利用，同时又能够为后代创造持续利用各种能源条件的一种发展过程。以石油、天然气、煤炭、电力、水力及新能源为组成部分的能源行业充当着动力支持的角色，在某种程度上能源决定着我国强国梦的实现。目前，我国能源消费结构不合理、利用效率低、环境污染严重等问题对能源可持续发展提出了重大挑战。因此，在建设国家能源管理体制时，必须注意：能源安全是可持续能源的核心内容；经济竞争力为可持续能源提供有力保障；环境可持续性是可持续能源的基本前提。建立科学合理的能源管理体制，保证能源在当代得到有效的开发和利用，并且还要为后代创造可持续开发和利用的条件。

2. 实现能源公共服务制度绩效的必要性

能源制度绩效主要体现在两个方面:经济效率和社会公平稳定。以可承受的合理能源价格向能源用户提供有质量保证的能源服务,保证公民获得基本能源供应,是国家基本公共服务内容之一。能源服务作为一类公共服务,在其实现均等化的过程中,必须保证政府为社会公众提供基本的、在不同阶段具有不同标准的、最终大致均等的能源。但目前由于利益驱动和市场失灵等问题,使得能源供应商无法对农村地区、边远山区或其他高服务成本区域提供有效的能源服务。因此,需要政府的能源管理体制发挥作用,通过行政法规、经济激励和服务监管等手段,保证能源用户基本的能源需求。

3. 改变环境问题外部性的必要性

能源的生产和消费也是一种经济活动,也会产生外部性[①]:一是石化燃料大量使用造成气候和生态环境的损害;二是传统石化能源包括石油、煤炭、天然气等正在消耗殆尽且不可再生。能源外部不经济性主要体现为环境污染和资源耗竭。能源在生产、运输、消费各个环节会不同程度地损害环境,产生外部环境费用,这些费用常常不能完全进入企业成本。污染和稀缺有很强的经济外部性,但它们的外部性影响往往被低估。伴随着经济社会的快速发展和居民生活水平的迅速提高,人类社会在创造巨大物质财富和精神财富的同时,也付出了能源资源短缺和能源环境污染等方面的沉重代价。正是这种外部性以及对它的漠视才在一定程度上加剧了当今的能源问题。

(四)技术层面的意义

1. 保障能源领域科技开发的必要性

能源科技创新具有战略性、公共性、前瞻性、系统性、对基础设施要求高、研发投入周期长以及商业示范是创新链条中重要环节等特点,这些特点决定了强化政府的引领与企业的主体作用、持续高水平投入以及超前部署是能源科技创新的关键。为了克服能源宏观管理中的发展障碍[②],必须建立健全能源管理体制。在相对完善的能源管理体制架构中,各种能源技术才可共同起作用,能源技术才可在研发、示范、应用中螺旋式发展。

2. 促进先进能源技术应用的必要性

科学技术是第一生产力。积极应用先进的能源技术,不仅可以提高能源的利用率,还可以提高经济效益和经济增长质量,更有利于保护环境。为了促进先进的能源技术发展和应用,不仅要加大能源技术开发的投入力度,还要改进能源技术开发利用

---

① 外部性又称溢出效应、外部影响、外差效应或外部效应、外部经济,是指一个经济主体(一个人或一群人)的行动和决策使另一个经济主体产生的成本收益附加(受损或受益)的情况。

② 例如,能源科技创新管理体制“散、乱、差”;能源科技创新投入不足,投入机制不健全;政府战略主导作用缺失,企业主体地位不突出;缺乏战略性、前瞻性、持续性规划和部署;等等。

的规划与组织实施体系，提高研究开发投入的效率。由于新能源技术、替代能源技术、节能技术及减排技术的开发利用存在技术溢出效应，此时便会出现企业“搭便车”[①]的现象。而这种现象会导致产业（企业）不愿去开发新的能源技术，此时必须通过建立有效的能源管理体制，对企业的经济行为进行干预。

（五）其他

1. 划分中央与地方权责的必要性

中央对全局性能源战略及跨部门、跨地区能源事务进行协调，地方政府及各相关部门分解落实国家能源战略和政策，对本地区能源规划和政策提出意见，协调当地能源事务和工作。中央权力下放必须确保地方有足够承接能力。在能源监管事务上要明晰中央和地方的权力、责任和义务，做到权责匹配，调动积极性。优化中央能源监管派出机构的布局和设置，避免与各省监管机构职能重复交叉。在确保全国统一能源政策目标得到贯彻和落实的前提下，给予地方适当监管灵活性。按照政策制定监督与管理适当分离的原则，合理归并或调整地方各部门的能源行业管理职能。

2. 推进能源外交与国际合作的必要性

能源外交是指一国政府、企业及个人围绕能源战略目标而进行的一系列对外行动，包括制定对外能源战略和政策，以及具体的对外交往活动。能源领域的国际合作是国际互动的一种基本形式，是指国际行为主体之间基于相互利益的基本一致或部分一致，而在能源问题领域中所进行的政策协调行为。在全球能源稀缺的当下，世界上主要的能源需求国家和能源供给国家相继制定各自的能源战略，以期在国际能源博弈中为本国争取最大化的利益。而国际关系的处理，能源外交和国际合作的目的实现背后，必须有强有力的组织机构，即完善的能源管理体制。

第二节　能源管理体制的类型

一个国家能源管理体制的组织架构设置主要受到历史情况、发展进程、政治体制、法律体系、地域范围、资源条件、能源市场、产业组织、企业行为及用户需求等因素的影响。

[例 3－2]

1. 北美地区

北美地区的能源生产量和消费量都很高，且都实行“三权分立”的政治体制，因此

① “搭便车”问题是指经济中某个个体消费的资源超出他的公允份额，或承担的生产成本少于他应承担的公允份额。一些人需要某种公共财产，但事先宣称自己并无需要，在别人付出代价去取得后，他们就可不劳而获地享受成果。

其能源管理体制也实行“政监分离”的模式，分别设立能源主管部门和监管部门；同时，其市场机制健全，非常注重发挥市场的调节作用。

美国的联邦政府和州政府在油气能源管理上相互独立，各有分工。同时，在油气资源管理上，政府十分注重发挥市场的作用，鼓励公众和行业协会参与管理协作。加拿大也实行“政监分离”的能源管理体制，管理部门按联邦和省进行分权，分工协作，分别按各自的法律法规所规定的管理权限行使职责。

2. 南美地区

随着南美地区经济发展，南美在世界石油市场中扮演的角色越来越重要，成为主要的石油生产和消费地区。南美地区的大部分国家设立能源矿产部管理本国的能源矿产工业，有《石油法》等专门的法律法规作为油气资源管理的主要法律依据。开展能源开发国际合作，不断地争取国际能源市场话语权，通过税费政策、国有化措施来控制外来资本，保护本国能源安全。

巴西矿产和能源部是油气行业的管理部门；能源政策委员会负责制订能源发展和进出口计划等；石油管理局是巴西石油行业的具体监督管理部门。巴西石油公司是一家垄断公司，从事石油管理和经营。委内瑞拉能源矿产部是国家所有能源和矿产资源的管理机构，国家石油公司是拉美最大的工业公司，由能源矿产部全权指导。阿根廷油气管理由阿根廷投资、服务和计划部下设的能源局负责，阿根廷石油公司、YPF 公司、管道公司等负责油气相关活动，这些国有石油公司已被私有化。

3. 欧洲地区

欧洲地区以发达国家为主，能源消费量大但产量小，能源对外依存度高。其油气资源主要分布在北海及其沿岸，主要油气生产国为英国、挪威、荷兰和罗马尼亚。欧洲国家政局稳定、市场机制健全，在油气管理体制中政府与市场所发挥的作用各国稍有差别，但总体还是政府与市场共同作用。

英国的能源管理部门为能源与气候变化部，其主要管理目标是将英国建成一个蓬勃发展的具有全球竞争力的低碳经济国家。挪威的能源部门主要由议会、石油能源部和石油理事会负责管理，石油基金发挥重要作用，在监管与信息公开方面值得他国借鉴。荷兰经济事务部负责制定油气勘探生产的政策和法规，发放勘探许可证，经济事务部下属的国家采矿局负责监督荷兰的全部油气勘探和生产活动。罗马尼亚国家矿产资源局负责监管油气行业的所有业务，代表政府掌管国家油气资源。

4. 俄罗斯和中亚国家

俄罗斯和中亚国家油气资源丰富，是主要油气输出地区。它们大多实行“三权分立”的政治体制，由于油气资源是国家的经济命脉，所以在能源管理方面总统起决定性作用，“大总统、小议会”，监管部门逐步独立，但还是听命于总统。国家石油公司参与油气管理,分担部分政府职责。

5. 中东地区

中东是世界上常规油气资源最丰富的地区,是世界上主要的油气输出地区,普遍实施开放政策、鼓励吸引外资。虽然各国均有专门机构进行油气资源管理,但相关法规政策不健全、宗教色彩浓厚。

沙特阿拉伯的油气管理部门为最高石油委员会,负责促进私营企业和外国投资者参与沙特石油工业;石油工业主要由阿拉伯美国石油公司控制。阿联酋各酋长国油气业务相对独立,各自拥有颁发许可证的权力;由最高石油委员会、石油部、石油委员会等机构管理石油工业。伊朗能源领域的一切事务归伊朗最高能源委员会管理;伊朗石油公司负责管理石油和天然气勘探、生产、炼油和原油运输。

6. 非洲地区

非洲地区石油产量增长较快,而消费量相对较少,因此非洲地区逐渐成为世界重要的石油出口地区。非洲国家大多政局不稳,市场不健全,能源管理体制变革较多,政府致力于引进外资,扩大对外贸易。

南非的能源管理体制经历了多次改革,而每一次改革其能源战略、能源政策及能源管理机构设置都随着内外部环境因素的变化而调整。其油气资源的主要管理部门是能源部。埃及主管全国油气工业的是埃及石油部,从计划、监督保证等方面进行宏观管理。利比亚政局不稳,其主要油气管理部门为石油和天然气事务理事会,负责与外商签订产量分成协议。

7. 亚太地区

亚洲地区(除中亚外)以发展中国家为主,能源需求旺盛,地区能源供给难以满足需求。在能源管理体制中,普遍实行集中管理,国有独资或控股公司在体制中扮演重要角色。管理职能重叠,效率低下。

印度能源消耗巨大,对外依存度高,在国家部门设置中,每一项能源都单独成部。与能源管理相关的部级机构有中央煤炭矿山联合部、商业和工业部、矿业部、新能源和可再生能源部、印度海外事务部、石油和天然气部、电力部、原子能部。

一、划分标准 1:机构特点及专门化程度

一个国家的能源管理体制一般是由政府来主导的,而政府管理机构的设置也能反映出该国的能源管理体制特点。按照能源管理部门和油气管理部门级别的高低以及职能的专门化情况,将全球主要国家的能源管理机构特点进行归纳。

表 3—1　　理论上能源管理机构划分

		部门级别	
		高	低
专门化程度	高	高级别、高专门化	低级别、高专门化
	低	高级别、低专门化	低级别、低专门化

表 3—2　　按能源管理机构划分的能源管理特点

分　类	特　点	典型国家
高级别、高专门化	政府直接下设部级能源管理部门;部门职能的专门化程度高,分工明确,各司其职,政企分开,管理效率高	美国、挪威、澳大利亚等
低级别、高专门化	能源管理部门从属于一个部级机构;部门职能的专门化程度高,分工明确,各司其职,政企分开,管理效率高	日本、德国等
高级别、低专门化	政府直接下设部级能源管理部门;部门职能的专门化程度低,分工不明确,职能有重叠,政企不分,管理效率相对较低	印度、巴西、中国等

资料来源:安海忠，钟维琼，何波等．全球能源管理体制分析[J]. 资源与产业，2013，15(6):1—6.

二、划分标准 2:政府干预及市场化程度

根据在能源管理中的影响作用,特别是油气管理中市场所发挥的作用,可以把能源管理体制分为高市场低政府、市场与政府并举、低市场高政府、低市场低政府四类。

表 3—3　　理论上市场化程度划分

		市场作用	
		高	低
政府作用	高	高市场、高政府	低市场、高政府
	低	高市场、低政府	低市场、低政府

表 3—4　　按市场化程度划分的能源管理特点

分　类	特　点	典型国家	
高市场、低政府	油气开发投入、价格形成等问题由市场调节,政府只进行宏观调控和限制垄断,政府重点放在战略、能效和环保等方面。所有的石油公司都是私营的	高度工业化且市场机制完善的北美及西欧等国家	美国、加拿大、澳大利亚、英国等

续表

分　类	特　点	典型国家	
市场与政府并举	在一定程度上利用市场机制，但政府的控制力度相对较大，管制范围较广。石油公司由国家资本和私人资本联合经营，且国家所占股份比例不会太低	既实行市场经济但又强调国有化的国家	俄罗斯、挪威、巴西等
低市场、高政府	市场所起的作用很小，政府在油气方面采取完全控制的手段。有国家完全控股的国家石油公司	财政依靠石油的输出国	沙特、委内瑞拉等

资料来源：同表3—2。

三、划分标准3：资源禀赋及能源消费情况

按照资源状况，将全球主要国家分为三类：纯生产国、生产与消费国、纯消费国。这些国家按照其资源的实际状况，在能源，尤其是油气资源管理体制上会有不同的侧重点。另外，中东及中亚地区许多主要产油国的管理体制不健全，因此仅分析体制完善的部分发达国家。

表3—5　　按资源状况划分的能源管理特点

分　类	特　点	典型国家
纯生产国	本国资源丰富，产量远大于消费，主要出口。能源管理机构的级别高，管理上侧重上游产业，在勘探、开采、环保、劳工保护等方面监管严格	加拿大、挪威等
生产与消费国	本国资源产量大，但消费量也大。管理机构设置较全，对整个产业链的监管十分严格，但为了保障本国能源安全，也非常注重油气资源的勘探以及新能源的开发	美国等
纯消费国	本国资源少，消费大，主要依靠进口。管理机构小巧而简单，战略以保障本国能源安全为主，侧重石油化工、能源消费及环境保护	日本、韩国等

资料来源：同表3—2。

第三节 能源管理体制的模式

一、能源宏观管理的一般性理论

能源宏观管理必须通过政府作用和市场影响共同完成，两者共同构成能源管理体制的影响力。从这一角度，可把政府作用和市场影响作为一个能源管理系统的两个部分。基于自组织理论，政府对能源管理的影响力与市场能源管理的影响力将随着市场化程度的不同，在整个能源管理影响力中的分布曲线基本服从 Logistic 曲线（见图 3—2）。当市场化程度较低时，政府的影响力可占据主要地位；随着能源产业市场化程度的不断提高，市场影响力不断增强，政府影响力就应该相应降低，反之应该增加。而这种政府影响力的增加和降低是与能源管理体制密不可分的，是能源管理体制作用的体现。因此，市场化程度不同，能源管理体制的选择就不一样。

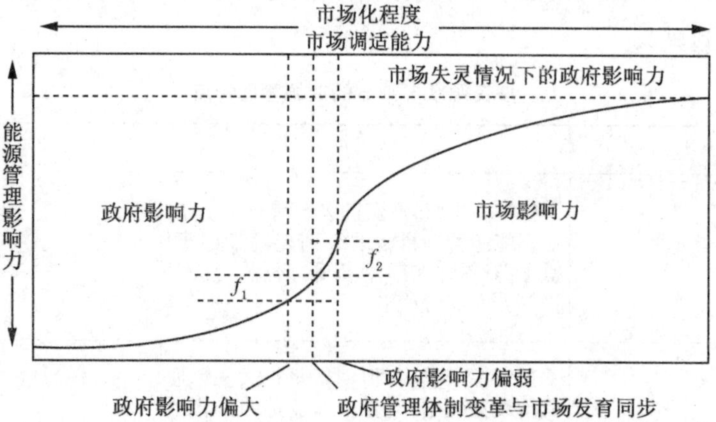

图 3—2 能源管理影响力组合曲线

在能源管理的实际工作中，由于市场功能的演化与政府管理功能的转换通常并不合拍，其组合与图 3—2 所示曲线不一样。通常表现为两种情况：一是政府影响力偏大，即政府影响力与市场影响力存在一定的重叠，如图 3—2 中的 f_1，即政府影响力要冲减部分市场影响力，在市场发育中形成超出正常状态的规制。这种超出正常状态的规制通常表现为行政垄断，对市场的发育造成障碍。二是政府影响力偏弱，即政府影响力与市场影响力之间存在一定的真空，如图 3—2 中的 f_2，产生的后果通常是能源管理的部分环节处于无政府的混乱状态。对于这种在相同的市场化程度下，管理体制却不同的现象，将其归结为一种微观环境下的"市场调适能力"的结果。市场调适能力强，某个市场化水平下就可以容忍具有微量差异的能源管理体制的存在；市场调适能力弱，某个市场化水平下能源管理体制的差异性就小。这里需要指出一种极端情况，即"市场失灵"，如图 3—2 所示虚线以上部分。对于市场失灵，一般是指市场无法影响到的领域，事实上当能源市场发育到极致，市场影响力在能源管理中占有比重将会很大，能源管理中市场不能影响而依靠政府影响的比重将会很小。在这种情况下，政府影响作用的功能将趋于单一，加上此阶段市场调适能力很大，能源管理体制在此范围内如何选择就显得不太重要了。对于市场不作为，就是指在完全实行计划经济的情况下，无论采取何种能源管理体制，其效果都是政府行为，合理性取决于政府的行政能力。

过于分散的政府管理不利于统一的能源战略的实施，过分集中的政府管理存在增加管理成本的问题。政府影响力效果通过两部分来体现：一是法律法规所赋予的某一政府部门所具有的职能，称为"基本影响力"；二是由政府部门之间职能协调程度决定的影响能源生产效率的力量，称为"协调影响力"。能源宏观管理中，并非是集中度越高，能源管理效率越高。因此，政府在能源管理中的集中度必须适当，应根据集中度与收益、风险及政府管理效果的关系进行具体分析，如图 3—3 所示。

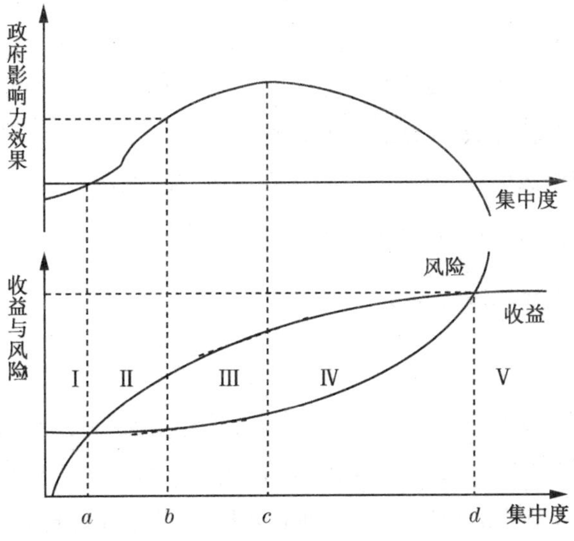

图 3—3　集中度与收益、风险及政府影响力效果的关系

从图 3—3 中可知：

(1)集中度—收益曲线为开口向右的抛物线的上半部分。随着集中度提高，收益相应提高，但提高幅度呈递减趋势。这是由于政府管理部门的减少，降低了能源管理部门间的损耗，提高了能源管理的效率，有利于能源使用效率的最优化。

(2)集中度—风险曲线为开口向上的抛物线。随着集中度提高，风险先呈下降趋势，然后不断提高。这主要是因为政府管理部门的减少，使得多头的能源无效管理变为相对集中的有效管理，从而使整体能源管理的风险降低；但随着政府管理部门的减少，带来的是管理成本的增加、能源领域国有资本的经营风险也相应增加，且集中度越高增加的幅度越大。

(3)集中度—收益曲线与集中度—风险曲线的叠加，形成了集中度—政府影响力效果曲线。随着集中度从零不断增加，政府影响力效果由负值逐渐变为正值，到达一个峰值后降低，并最终又降为负值。究其原因：过度分散的能源管理体制不仅没有很好地发挥能源管理的政府效用，相反却因其带来的无序管理使部分能源生产固有的效用变为无效(木桶效应)，相当于在能源管理中产生了负效用，因此政府影响力效果为负值(这属于一种极端情况)，能源管理应适当归口到一定数量的政府部门。

图 3—3 中所示当集中度为 a，其集中管理的效应开始显现，此时政府影响力效果为正值，并呈现快速增长的态势；当集中度为 b，风险降至最低，此时边际政府影响力效果最大；当集中度进一步增加至 c，此时集中度的边际收益与边际风险相等，政府影响力效果最大；此后，集中度再增加，所导致的是风险增加幅度大于收益增加幅度，政府影响力效果开始降低，当集中度为 d 时，收益与风险相等，政府影响力效果为 0，此时再提高政府管理集中度，所带来的是一种无效的能源管理。

图 3—3 显示了 5 个集中度选择区域。显然，区域Ⅰ和Ⅴ不符合要求；区域Ⅱ为政府影响力效果快速增长区域；区域Ⅳ为政府影响力效果衰退区域，也不是进行能源管理集中度选择的理想数值；只有区域Ⅲ为成熟区域，政府影响力效果最佳。因此，在设置能源管理的政府部门时，应以此集中度区域为参考区域。

二、能源管理体制的模式分类

国际社会能源监管机构的设置、监管内容、监管依据、监管者制衡机制等方面，主要受各自的能源市场模式、引入竞争的范围和程度、能源行业结构和特点、国家政治体制、法律制度、国家的地域面积等因素的影响，也与能源产业历史状况有关。因此，各国能源管理体制并不相同。综观世界各国的能源管理现状，其能源管理体制大致可分为如下四种：①高级别的集中管理模式；②高级别的分散管理模式；③低级别的集中管理模式；④低级别的分散管理模式。从发展趋势上看，很多原来采取“政监合一”或由政府部门“直接监管”的国家，纷纷分离政监职能，建立独立的专业性管理和监管机构。

表 3—6　能源管理模式划分维度

		管理层次	
		高级别	低级别
集中程度	集中	高级别的集中管理	低级别的集中管理
	分散	高级别的分散管理	低级别的分散管理

表 3—7　能源管理模式的设置及典型代表

典型模式	模式设置	代表性国家
高级别的集中管理模式	设有国家统一的能源管理部门和监管部门	美国、加拿大、澳大利亚、俄罗斯、韩国
高级别的分散管理模式	设有统一的国家能源管理部门，但在地方能源管理上的职能比较分散	印度
低级别的集中管理模式	在国家经济部门中统一设立能源管理部门，统一管理国家能源问题	日本、德国
低级别的分散管理模式	在国家发展改革委员会等政府部门中设立不同类别的能源管理部门，管理职能比较分散	中国

第四节　能源监管机构的设置

一、能源监管的必要性

（一）监管是能源行业发展和管理的有效方式

比较成熟的市场经济国家普遍认为，只有市场机制才是社会资源优化配置的最佳途径，因此政府必须尽可能减少对市场和企业的过多干预。但是，对于某些国家重要资源性和自然垄断性行业、公用事业部门，如果仅仅依靠市场调节并不能实现公平竞争和社会资源的有效利用，从而导致“市场失灵”。因此，国家必须设立专门的机构对其实施监管，特别是对市场准入、价格和服务实施监管，以保证公众利益的实现和市场更为有效地运作。国外在能源部门（含电力、管道运输）、通信交通部门（含航空、铁路）、金融部门（含银行、保险、证券）一般都设立专门的监管机构。

（二）监管是政府转变职能的关键

从国际上来看，监管机构是确保贯彻执行政府相关政策的专业监督机构，是政府转变职能的有效工具。工业化国家在现代化进程中出现了两次分离：一次是立法机构和行政机构的分离，另一次是行政决策与行政执行的分离。在特定的部门和行业，政府部门制定政策，监管机构执行政策，已成为国际普遍认同的一种模式。在能源行业中，监管机构与政府部门之间政事分开，形成了一种制约和互动的关系。监管机构的业务范围覆盖了电力、石油、天然气行业整个业务过程，融专业性、技术性、服务性于一体。这种管理避免了政府管理的粗放性，适应了成熟市场经济国家对经济活动精细科学管理的要求。

（三）监管是建设服务型政府的重要途径

现代国家普遍认识到，现代政府应该是一个服务型政府，而设立监管机构是适应建设服务型政府的重要途径。政府改革向制定政策和执行职能分开的目标迈进，而监管机构能够在政府确定的目标和政策框架内独立运作，并不依靠对市场的过度干预来实现目标。它借助市场的资源配置机制来实现目标，在公共服务领域引进竞争，推行市场化，使政府更加注意效率和成本，工作人员更加富有创新精神和发展动力，同时也在满足社会需要的前提下压缩政府规模。20 世纪 90 年代，英国有近 2/3 的公务员转到类似的机构工作，美国、加拿大、荷兰、丹麦、澳大利亚等国均有类似的实践，监管发展是政府转型和服务型政府建设的体制基础。

二、高级别的集中管理模式

能源监管机构的主要职能包括：制定能源监管的政策目标和具体的监管政策；防止垄断和不正当竞争，维护公平有序的市场环境；进行市场准入的控制和价格管制；依法对市场参与各方进行有效监管。

能源监管主要分为经济性监管和社会性监管。①经济性监管，是指通过制定特定产业的进入、定价、融资以及信息发布等政策，对主体行为进行有效调整，以达到避免出现竞争主体过多或不足而引起无效竞争，造成资源浪费或配置低效，妨碍社会生产效率和服务供给的公正、稳定；经济性管制主要包括价格管制、进入和退出管制、投资管制、质量管制、信息管制等。②社会性监管，主要针对外部不经济和内部不经济，前者是市场供需双方在交易时会产生一种由第三方或社会全体支付的成本；后者是供需双方在交易过程中，一方控制信息但不向另一方完全公开，由此造成的非合约成本，由信息不足的一方承担。随着市场化程度的不断提高，可预见对能源产业的经济性监管在垄断性特征比较明显的行业将日益突出，而社会性监管将贯穿能源产业发展始终，最终成为政府监管的主要方面。

从职权分工的角度来看，监管职能专业化体现在监管机构与政策部门的职能相互分离，即通常所谓的“政监分离”。政策部门包括两类：①宏观调控部门，调控的目标是为了保持经济整体运行的稳定，调控对象是经济增长率、通胀率、就业率、国际收支平衡等总量目标,调控手段主要是货币政策和财政政策①,宏观调控仅改变企业和个人作出经济决策的环境参数,区别于微观层面对企业和个人的政府监管行为。②能源政策部门,主要负责能源政策的制定,包括制定能源发展战略、能源产业政策;确定能源产品及相关服务的定价原则;制定与产品和服务的质量以及安全、环境、资源合理利用等有关的政府监管法律规范。

就能源政策部门与监管机构的相互独立性而言,各国采取的做法各有不同,主要表现为两种模式:

一是独立能源监管机构,同时赋予具体的监管权②。独立能源监管机构又可根据其设置区分为两种:一种是在能源政策部门之外设立的监管机构③,这一模式在监管机构的独立性方面具有较强的优点,但是由于受长期历史传统的影响,这种模式可能会在能源监管机构与能源政策部门之间造成很强的不是"一家人"的疏离感,使监管机构无法得到部门的政策支持。另一种是隶属于能源政策部门的能源监管机构,法律给予它们很大的独立权力,在一定的范围内可以相对独立地决定监管政策。正如有学者所指出的,这种"隶属",应该只是"靠行、挂单"的性质,政策部门的首长不应行使行政的指挥与监督权④。这种部内设置的独立监管机构模式的优点在于位于行政系统内,有利于行政协调统一,确保能源政策部门行政首长能够对整体能源政策负责。

二是相对独立型机构,即在政策部门中保留监管权,同时将某些监管职能委托给部级机构或者咨询机构行使,这些机构的运作方式类似于独立监管机构,但并不具有最终的监管权。这种模式尽管不具有法律上的独立性,但是它在特定时期和特定国家出现仍然有其内在理由。有的国家政府部门之所以愿意保护居民能源消费者的利益,是因为他们同时也是重要的选民群体。这种取悦选民的心理并不利于建立独立的监管机构。通常各国能源产业重组之前,价格往往会低于成本,并且存在交叉补贴,而人们本来也希望监管机构的设立能够让价格回归合理区间,以保证投资者收回成本。但

---

① 根据凯恩斯的经济学说逐步形成的间接干预经济活动的政府实践。

② 在政策部门与监管机构相互独立,尤其是监管机构设立于政策部门之外的情况下,政策部门的宏观政策职能与监管机构的微观监管职能之间的界限有可能会出现交叉或者重叠。监管机构也会对政策制定产生积极的影响,而政策部门也会希望参与价格的制定,以迎合作为消费者的"选民"的需要。而且,政策部门过多地干预监管机构的价格制定权,这一点在各国也是屡见不鲜。这一点对于新成立的监管机构来说,可能会带来长期的负面效果。因此,需要在保持监管权独立行使的前提下,通过一定的渠道加强两者之间的沟通,可以考虑设立政策部门与监管机构之间的一定沟通机制,如信息互享、人员流动、协商咨询等。

③ 如:我国的国家电力监管委员会作为国务院直属事业单位,与能源政策部门——国家发展改革委相互独立,就属于这种模式。

④ 这种模式以美国能源部内设的联邦能源监管委员会(Federal Energy Regulatory Commission,FERC)为典型。根据美国法律,FERC 的活动不受能源部部长或其他官员、雇员的任何进一步审查。

这种努力常常会遭到政府部门的抵制。在这类国家,也许更适合设立这种仅承担咨询职能而不具有决策权的机构。如果机构可以向公众公开建议的内容,并将建议提交给立法机关、受监管企业等,他们就可能相比虽然在法律上具有独立性但是在决策过程中遭遇政府干预的监管机构更具有事实上的独立性①。

三、国际能源监管发展的特点

(一)能源监管机构一般具有相当的独立性

从国际监管经验看,能源监管机构并不属于政府序列,具有较强的独立性,尤其是司法独立性。虽然有的也被政府相关部门管理,但它是依法设立的具有独立行政职能的公法人。能源监管机构的首席官员由政府首脑直接任命,实行任期制。首席官员要向主管部长报告工作,但主管部长一般不干预其行使职责,这使得首席官员享有很高的自主性。监管机构有法定的经费来源,但主要不是来自财政开支,且透明度很高。它是政府意志的代表,兼顾了政府、生产者和消费者三者的利益,具有调控和服务的双重职能,可以依法行使仲裁权,采取强制和处罚措施来贯彻落实国家政策法规,确保国家和公众利益。这样可以有效地保证监管效果,当然监管机构也受到法律的严格约束。

(二)能源监管随着市场发育的程度逐步改革

从国际经验看,一个国家实施能源监管的范围和力度与其市场发育程度紧密相关。一般而言,在市场发育初期,监管的范围和力度相应要大一些,而随着市场的不断发育和完善,监管的范围和方式会有一些变化。例如,美国随着市场化程度的发展,已放开或放松对那些主要由市场进行调节的部门的监管,如对电力的监管已经从生产到输配电的全程监管过渡到放松对发电的监管,主要对输配电实施监督。而市场发展程度还不太高的国家,其监管的范围和力度可能要大一些。

(三)监管效果取决于监管机制和监管体系是否完善

从国际能源业监管经验看,能源监管机构较好监管成果的取得主要依赖科学的监管机制和完善的监管体系。监管是一个系统工程,如果不能协调好各部门和利益相关者之间的关系,就无法建立完善的能源监管体系。要想取得好的监管效果,首先,要处理好政府主管部门与能源工业不同监管部门的关系,推进政府的政策制定与政策执行和监督的分离,由专业的监管部门实施能源领域的专业化监管,保证政策的有效实施。其次,必须建设组织上独立、运行上专业、责任主体明确的监管机构,如美国的联邦能源监管委员会、英国的能源监管机构(Office of Gas and Electricity Markets,Ofgem),

① 事实也确实证明,与公众建立有效的沟通,可以有效帮助涉及价格合理化的争议性决定获得接受。

同时完善组织机构和职能定位。最后,必须在不同的监管机构之间合理分配和划分监管权力,鼓励地方政府设立地方公用事业监管机构,对城市能源运输系统进行有效监管;加强不同监管机构之间的分工协调,注意上下游能源领域监管的协调、经济性监管与社会性监管的协调。

第四章　能源战略管理

第一节　能源战略管理概述

一、能源战略与能源战略管理

（一）能源战略

【概念】 能源战略是国家（或地区）综合运用政治、经济、军事、文化、外交、科技等手段来保障稳定可靠的能源生产、供应和需求，保持平稳合理的能源价格，以及重视环保的能源生产和消费的总体方略。

【定位】 能源战略是世界各国国家战略的重要组成部分，是对能源发展全局性的筹划和指导。能源战略是对能源总体发展的部署、谋划和设计，包括能源发展的指导思想、依据、目的和目标、重点和步骤、政策和措施，具有长期性、根本性、综合性的特点，对能源领域相关工作和能源发展具有重要的导向作用；同时，能源战略又为经济社会发展战略服务，对经济和社会的发展起着重要作用。

（二）能源战略管理

【概念】 能源战略管理是一个国家（或地区）在一定时期内，为实现能源战略目标，所采取的方针和政策、所选择的发展路径和步骤等。

【定位】 宏观的能源战略管理是国家确定发展目标和使命，根据国内外环境条件设定阶段性的能源战略目标，为保证目标的正确落实和实现进行规划，并依靠国家内部能力将规划和决策付诸实施，以及在实施过程中进行控制的一个动态过程。根据实践过程的不同发展目标，以能源战略管理的阶段为主线，可将能源战略管理的思想分为四种：①开源战略理论；②安全战略理论；③效率战略理论；④可持续战略理论。

二、能源战略类型

能源战略问题涉及政治、经济、社会、环境、资源、技术等多个层面，因此其分类的标准主要有三种：

(一)实施边界维度

按照实施边界的不同，能源战略可分为国内能源战略和国际能源战略。尤其是国际能源战略，是一个国家能源战略中的国际战略部分，既有双边形式，又有多边形式。

(二)内容目标维度

按照内容目标的不同，能源战略可分为能源开发战略、能源发展战略、能源节约战略、能源革命战略、能源—环境保护战略和能源安全战略。尤其是能源革命战略，既涉及生产、消费、技术、体制、合作等环节，又涉及化石能源、非化石能源(清洁能源)等技术领域。

[例 4-1]

自 2010 年党的十七届五中全会提出“推进能源生产和利用方式变革”，到 2012 年党的十八大提出“推动能源生产和消费革命”，由“变革”到“革命”是党中央站在全球视野和历史高度对能源发展问题的认识不断深化的结果。2015 年 6 月，习近平总书记在中央财经领导小组的第六次会议上精辟提出我国能源安全发展的“四个革命”和“一个合作”战略思想，明确了能源革命的发展方向，深化了能源革命的内涵。2016 年 12 月 29 日，国家能源委员会通过的我国《能源生产和消费革命战略(2016—2030)》(以下简称《战略》)对今后 15 年我国能源革命作出了全面的战略部署，具有重要的现实意义和长远意义。

1. 能源发展：进入提质增效新阶段

《战略》指出，我国能源发展正进入从总量扩张向提质增效转变的全新阶段。这是我国供给侧结构性改革、提升经济发展质量的需要，是破解资源环境约束、治理大气和水污染、推进生态文明建设的需要，是积极应对气候变化、实现长期可持续发展的需要，更是增加能源公共服务、惠及全体人民、加快国家现代化建设的需要。

此前发布的《能源发展“十三五”规划》，提出对能源消费总量和能耗强度实施“双控”，根本扭转能源消费粗放增长方式，要求 2020 年煤炭消费在一次能源中的比重降至 58%以下，非化石能源与天然气等低碳能源的联合占比达到 25%。在此基础上，《战略》提出了进一步的能源革命目标：2030 年，“可再生能源、天然气和核能利用持续增长，高碳化石能源利用大幅减少”，非化石能源占能源消费总量比重达到 20%左右，天然气占比达到 15%以上，即低碳能源联合占比达到 35%，新增能源需求主要依靠清洁低碳能源满足；推动化石能源清洁高效利用，二氧化碳排放 2030 年左右达到峰值并争取尽早达峰;单位 GDP 能耗达到目前世界平均水平(2015 年我国单位 GDP 的能耗是世界平均水平的 1.5 倍);能源科技水平位居世界前列。展望 2050 年,"能源消费总量基本稳定,非化石能源占比超过一半",建成绿色、低碳、高效的现代化的能源体系。

2. 能源消费革命:节约高效

《战略》把能源消费革命概括为"开创节约高效新局面",提出:①实施能源消费总量和强度"双控"行动,把双控作为约束性指标,推动形成经济转型升级的倒逼机制。《战略》提出,2020 年"能源消费总量控制在 50 亿吨标准煤以内",2030 年"控制在 60 亿吨标准煤以内",需要重点控制煤炭消费总量和石油消费增量,鼓励可再生能源消费。②调整产业结构,推进节能和减排。推动工业部门能耗尽早达峰,推进工业绿色制造和循环式生产。对钢铁、建材等高耗能行业实施严格的能效和排放标准,提高建筑节能标准,遏制不合理的"大拆大建",构建绿色低碳交通运输体系。建立健全排污权、碳排放权初始分配制度,培育和发展全国碳排放权交易市场。③推动城乡新型电气化、低碳城镇化,以电代煤、以电代油(随着电源结构的优化,这将不是以煤代油)。淘汰煤炭在建筑终端的直接燃烧,增加可再生电力供电和供热(冷)。提升农村电力普遍服务水平,推进农业生产电气化,实施光伏(热)扶贫工程,大力发展太阳能、地热能、生物质能、农林固废资源化利用,使农村成为新能源发展的"沃土"。通过信息化手段,全面提升终端能源消费智能化、高效化水平。④大力倡导合理用能的生活方式和消费模式,以政策鼓励合理的生活住房和小排量、新能源车,引导公众有序参与能源消费各环节的监督。

3. 能源生产革命:清洁低碳

《战略》把能源供给革命概括为"构建清洁低碳新体系"。首先,立足现实优化存量,推进煤炭清洁高效开发、集中利用。以多种优质能源替代民用散煤,推广煤改气、煤改电工程。建设高效、超低排放煤电机组,实现燃煤电厂污染物排放达到燃气电厂水平,防止煤电出现新的产能过剩。推动化石能源外部环境成本内部化,合理确定煤炭税费水平。其次,实现能源增量需求主要依靠清洁新能源,开启低碳能源供应新时代。推动可再生能源高比例发展,提高水能、风能、太阳能并网率,降低发电成本。因地制宜开发多种形式的生物质能、地热能、海洋能。采用最新安全标准,安全高效发展核电,加强核电全产业链的协调配套发展。积极推动天然气(含非常规天然气)倍增发展,力争 2030 年天然气供应能力比 2015 年增加两倍。推动分布式天然气和分布式可再生能源成为重要的能源利用方式。再次,全面建设"互联网+"智慧能源网络,促进能源与现代信息技术深度融合。加强电力系统的智能化建设。集中式的智能电网与分布式能源网络相互结合互动,建设基于用户侧的分布式储能设备,依托新能源、储能、柔性网络和微网等技术,实现分布式能源的高效、灵活接入及生产、消费一体化,建设“源—网—荷—储—用”协调发展、集成互补的能源互联网。

4. 能源科技革命：能源转型的战略保障

能源科技革命是能源生产与消费革命的支撑，也是抢占科技发展制高点、确保我国能源长远安全的战略保障。当前，全球能源技术创新进入高度活跃期，有力推动着世界能源向绿色、低碳、高效转型。我国能源必须大力推进技术创新、产业创新和商业模式创新，将技术优势转化为经济优势，培育能源技术及相关产业升级的新的增长点，在这场能源转型的国际竞赛中抢占先机。我国需要特别关注的是：高效节能技术；能源清洁开发、利用技术；智慧能源技术，包括互联网与分布式能源技术、智能电网技术与储能技术（含物理储能和化学储能）的深度融合；加强能源科技基础研究，大力开展前沿性创新研究，特别是与材料科学、信息技术等的交叉学科创新和颠覆性技术创新；强化与深化能源科技与管理的国际交流与合作，并推动我国能源体制革命取得新的实质性的突破。

为落实各项战略目标和任务，《战略》提出了“全民节能行动”“农村新能源行动”等十几项重大战略行动，这些行动体现了主要的战略思想，也使《战略》的落地具有可操作性。《巴黎气候变化协定》的实施将加速全球能源绿色、低碳化的进程，随着社会的进步，我国对碧水、青山、蓝天也会有更强、更高的诉求。在“创新、协调、绿色、开放、共享”新发展理念的引领下，中国经济将加速向绿色低碳的经济模式转型升级，绿色、低碳、高效也将成为中国能源转型的必然选择。需要清醒地认识到，能源转型具有长期性、复杂性和艰巨性，但方向和路径是清晰的，需要全国上下付出坚持不懈的努力。重塑能源，创造一条“经济—环境双赢”的新型中国道路，是当代中国人的历史使命。

（三）管理层次维度

按照管理层次的不同，能源战略可分为国家能源战略、区域能源战略、企业能源战略。尤其是区域能源战略，既要符合国家能源战略的总体布局，又要强调区域之间、区域与产业之间的协调有序。

三、能源战略的思维

（一）能源战略的制定原则

在制定宏观能源发展战略时，必须遵守如下原则：

（1）适应性原则：基于能源现状和发展基础，从而使能源系统具有一定的生存能力。

（2）前瞻性原则：预测未来规划期内诸多方面的重大变化的影响，考虑对应政策。

（3）综合性原则：全面考虑制度、经济、社会、技术、环境等方面的因素。

（4）兼容性原则：参考国外成功战略模式，结合国内自身条件，师夷长技。

(5)特色性原则:针对不同时期、阶段和情况,扬长避短,营造新的优势资源。

(6)效益性原则:能源战略应同时兼顾经济效益、社会效益和环境效益。

(7)系统性原则:"系统"统领能源战略制定的全局。其包括:

①指导性子原则:能源体系的系统性原则之一,避免出现发展导向模糊的现象。

②持久性子原则:能源体系的系统性原则之一,避免出现长、短期效果不兼容的现象。

③一贯性子原则:能源体系的系统性原则之一,避免出现否定前期发展成果的现象。

④严肃性子原则:能源体系的系统性原则之一,避免出现"朝令夕改"的现象。

(8)创新性原则:"创新"决定能源战略的内涵与分量,体现于理念、工具和方法。

(二)能源战略的影响因素

能源战略制定的影响因素主要有以下五个层面:

(1)政策层面:能源政策是保证能源制度安排的工具措施,能源战略应为政策框架构建提供指导;但反过来,能源领域的相关政策要求能源战略必须保证"系统性原则"。

(2)经济层面:能源资源禀赋、经济发展情况是能源战略制定时必须考虑的因素,经济因素将会对能源供需均衡产生重要影响。

(3)社会层面:根据区域性能源特点,实现能源方式在结构上的合理配比,考虑城市化进程与能源部门的协调、有序发展。

(4)技术层面:能源战略不仅需要考虑对战略性新能源技术的鼓励与支持,而且要考虑对现有能源技术的冲击和挤压;综合权衡技术因素才能实现能源有效开发、配置和利用。

(5)环境层面:在能源资源有效开发、配置和利用过程中,必须做到科学、合理,避免环境污染和生态破坏。

第二节 能源战略管理的方法与过程

能源战略管理分为五个阶段:准备、分析、规划、实施和监督评估。其中,分析阶段要进行"诊断"。

一、能源战略的管理工具

管理学中,常见的战略管理工具有 27 种,包括:波士顿三四规则矩阵(BCG 三四规则矩阵)、四象限分析矩阵(又称 BCG 矩阵、市场增长率—相对市场份额矩阵、波士顿咨询集团法、产品系列结构管理法)、行业吸引力矩阵(又称 Mckinsey/GE 矩阵、九盒矩阵)、销售回报和相对市场份额矩阵(ROS/RMS 矩阵)、PDCA 循环(PDCA Cycle)、PEST 分析模型(PEST Analysis)、SWOT 分析模型(SWOT Analysis)、SCP 分析模型(Structure-Conduct-Performance Model)、安索夫矩阵(Ansoff Matrix)、标杆分析法(Benchmarking)、波特价值链分析模型(Michael Porter's Value Chain Model)、波特五力分析模型(Michael Porter's Five Forces Model)、大战略矩阵(Grand Strategy Matrix)、定量战略计划矩阵(Quantitative Strategic Planning Matrix)、盖洛普路径(Gallup Path)、竞争态势矩阵(CPM 矩阵)、竞争战略三角模型(Triangle Model)、雷达图分析法(Radar Chart)、利益相关者分析(Stakeholder Analysis)、麦肯锡 7S 模型(Mckinsey 7S Model)、麦肯锡七步分析法(Mckinsey-Problem-solving-7steps)、内部—外部矩阵(Internal-External Matrix,简称 IE 矩阵)、外部因素评价矩阵(EFE 矩阵)、鱼骨图分析法(Fishbone Diagram,又称因果图分析法、石川图分析法)、战略地位与行动评价矩阵(SPACE 矩阵)、战略实施模型(Strategy Implementation Model)、战略钟模型(Strategic Clock Model,简称 SCM)。本书不逐一展开。

与宏观能源战略制度相关的主要战略管理工具有两种方法:PEST 分析和 SWOT 分析。

(一)PEST 分析

PEST 分析,是用来帮助分析能源体系外部环境的一种方法,属于宏观环境的分析。宏观环境又称一般环境,是指影响一切行业和企业的各种宏观力量。对宏观环境因素作分析,不同国家(或地区)根据自身能源发展特点,分析的具体内容会有差异,但一般都应对政治(Political)、经济(Economic)、社会(social)和技术(Technological)四大类主要外部环境因素进行分析(见图 4—1)。

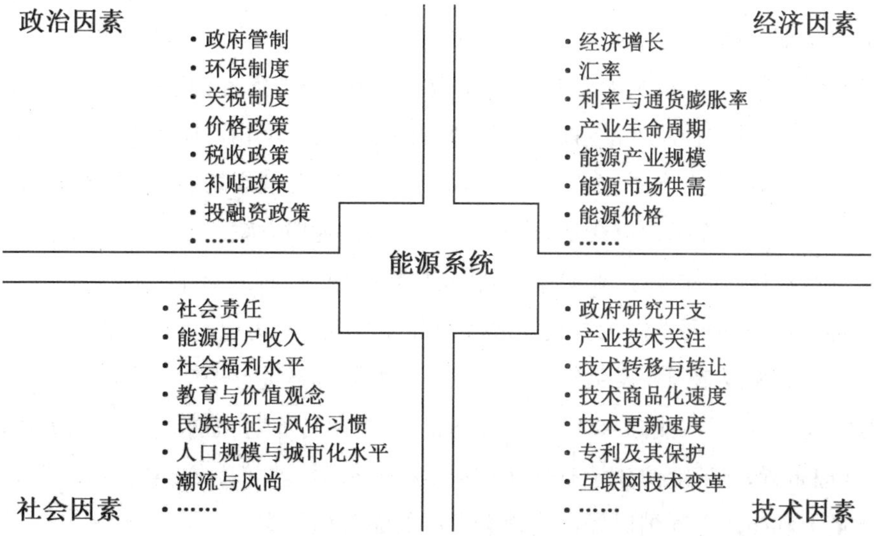

图 4—1　能源战略制定的 PEST 分析架构

(二)SWOT 分析

SWOT 分析,即态势分析,其中:S(strengths)是优势,W(weaknesses)是劣势,O(opportunities)是机会,T(threats)是挑战。SWOT 分析是将与国家(或地区)能源发展和安全密切相关的各种主要内部优势、劣势和外部的机会、挑战,通过调查进行列举,依照矩阵形式排列,然后用系统分析的方法,把各种因素相互匹配起来加以解释并形成四种战略形态(增长型、扭转型、防御型和多元化),从中得出一系列相应的结论,其结论通常带有一定的决策性(见图 4—2)。

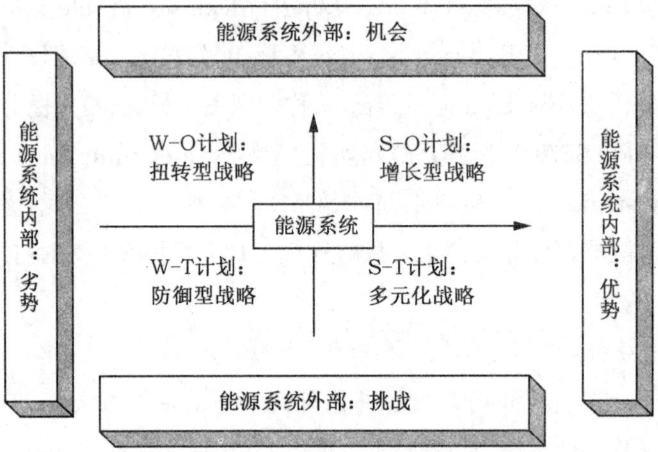

图 4—2 能源战略制定的 SWOT 分析架构

二、能源战略管理的过程

能源规划的程序一般是:

(1)从宏观国民经济发展出发,经过科学的分析,在考虑各种直接和间接节能措施的情况下,采用各种预测方法,计算出与经济社会发展方案相适应的能源需求量。

(2)以能源现有生产能力和探明能源储量为基础,合理规划能源开发建设;综合分析能源生产供应与需求预测相适应的可能性和各种规划方案。规划内容包括:工作指导思想、阶段目标与任务、产业政策、量化指标与措施等。

(3)提出与各种开发供应方案相适应的资金、物资、人力、技术等的需要数量;经过分析比较将有关限制因素反馈给宏观国民经济发展方案进行平衡。在能源规划中,要正确处理能源与经济、能源与环境、局部与整体、近期与远期、需求与可能的关系,统筹兼顾,合理布置,保证能源建设有秩序、有步骤地同国民经济发展相协调,保证各种能源在数量上和构成上同国民经济和社会发展的需要相适应。

(4)经过多次循环,求得能源与国民经济发展相互匹配的、经济效益最佳的能源规划方案。

能源战略管理过程，主要是指对能源战略进行管理的全过程，包括三个主要环节：

(1)战略制定：是指确定能源管理任务，认定国家(或地区)的外部机会与威胁，认定国家内部优势与弱点，建立长期目标，制定供选择战略，以及选择特定的实施战略。战略制定是能源战略规划的形成过程。能源战略的制定并非一劳永逸，到一个阶段要随需要而调整。基于系统优化、通用可比、实用性等原则，能源战略制定包含了“愿景蓝图”“目标体系”“路线与措施”“项目选择”和“能源管理策略”等子项。

(2)战略实施：即战略执行，是为实现能源战略目标而对战略规划的实施与执行，是一个“自上而下”的动态管理过程。国家(或地区)在明晰了自己的战略目标后，就必须专注于如何将其落实转化为实际的行为并确保实现，如树立年度目标、制定政策和配置资源等，以便使能源战略得以贯彻执行。能源战略实施包含“战略发动阶段”“战略计划阶段”“战略运作阶段”“战略控制阶段”四个相互联系的阶段。

(3)战略评估：重新审视内外部因素；度量能源战略的作用效果，并采取纠偏措施。国家所处内外部环境是动态变化的，决定了要保证能源战略管理过程的顺利实现，必须通过战略评估体系对制定并实施的战略的效果进行评价，以便采取相应的完善措施。由此可见，战略评估决定着能源战略管理的成败。从战略评估贯穿于战略管理全过程的角度出发，从一致性、适合性、可行性、可接受性、优势性等标准的角度，大体上可把战略评估概括为“战略分析评估”“战略选择评估”和“战略绩效评估”三个模块。

[例 4-2]

能源战略评估的方法较多，本书将简单介绍“波特价值链分析模型”(Michael Porter’s Value Chain Model)技术。美国哈佛学院著名战略学家 Michael Porter 提出的“价值链分析法”(见图 4—3)，把企业内外价值增加的活动分为基本活动和支持性活动：基本活动涉及企业生产、销售、进料后勤、发货后勤、售后服务；支持性活动涉及人事、财务、计划、研究与开发、采购等。

针对能源战略领域，中国国家电网提出全球能源互联网方案，计划用 30 年时间实现物理层面的全球电网互联。全球能源互联网的提出，有力地促进了国家级能源互联网、区域级能源互联网、城市级能源互联网的建设。伴随着能源体制改革循序渐进，能源互联网成为实现能源四大革命的重要工具，将重构能源“生产—配送—消费—存储”价值链，行业生态将被颠覆。其他部委也会立即跟进发布支持政策，促进能源互联网的尽快落地，帮助企业向能源互联网方向转型。如何利用“波特价值链分析模型”评价“互联网+”能源价值链的战略绩效，也是一项非常重要的工作。

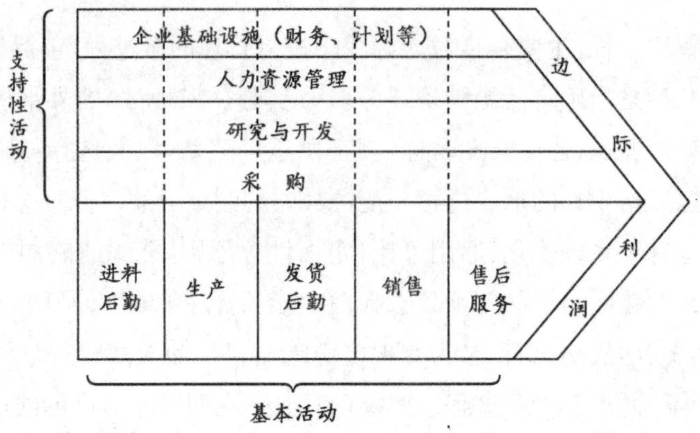

图4—3　波特价值链分析模型的概念图

第三节　能源战略管理的手段

战略管理手段，是具有重大的带有全局性、长远性和决定性的宏观措施，是政府决策机构根据战略需要，在政治、军事、外交、经济、科技和领导等方面所采取的各种切实可行的方法和步骤。国家层面的战略管理手段一般包括外交手段、军事手段、法律手段、行政手段等，因此，能源战略管理可借助的手段与方法通常包括：能源外交、能源规划、能源法律、能源政策。

一、能源外交

（一）能源外交的概念

能源外交是指一国政府、企业及个人围绕能源战略目标而进行的一系列对外行动，包括制定对外能源战略和政策，以及具体的对外交往活动。从能源外交的主体看，政府（包括国家领导人以及外交、经贸、能源等政府机构）承担了主要角色，其中外交部门通常是能源外交的先锋。企业、民间组织以及个人也是能源外交的重要参与者，官商结合是能源外交的典型特点。从能源外交的客体看，它涉及的范围很广，既包括政府间的重要访问及各种合作协议，也包括贸易、投资、勘探与开发、技术合作、交通运输（如通道外交）等内容；既有双边合作，也有多边合作。

（二）能源外交的分类

当今社会中，能源外交的表现形式可分为两大类：

(1)以能源为目标的外交，即运用政治、经济等手段进行的以能源资源的获得和安全为最终目的的外交政策和行为。外交实施者多为能源输出国。

(2)以能源为手段的外交,即将能源作为外交工具而实现其他政治或经济目标的外交政策和行为。外交实施者多为能源消费国。

(三)能源外交的方式

在国际能源格局中,能源外交的方式可分为两大类:

(1)冲突与斗争型,即通过直接动用武力,占领油气资源或资源所属国,实现对生产国的政治、军事与经济控制;建立生产或销售的垄断性同盟①以控制市场;占有或控制战略通道(包括重要运输路线、管道等)。

(2)合作与参与型,这是当今世界各国普遍接受的方式。最常见的形式包括:与进(出)口国家建立良好双边关系,签署双边或多边能源合作协议;联合勘探与开发,建立生产或进口联盟以维护市场稳定;联合建立石油战略储备、交通运输安全合作等。

(四)能源外交的目的

能源外交的目的可从三个角度进行分析:

(1)对能源消费国而言,能源外交主要表现为以外交促进能源安全和对外能源合作,保证国内能源的有效供给。

(2)对能源出口国而言,能源外交的目的是以外交拓展能源市场、巩固能源大国地位,推动能源乃至经济发展。

(3)对能源运输而言,确保通道安全,提防敌对国家和海盗的威胁,寻求其他国家军舰保护,确保海上运输线安全。

(五)能源外交的作用

基于上述三个目的,总结能源外交的作用如下:

(1)保证国家的能源安全。"能源安全"是一个总概念,其涵盖的内容较广(如能源来源和供应、能源运输通道、能源价格等),但侧重点因国别而异。当今的能源安全尤其又同外交事务密切相关;而外交是动态的,随着周边环境和国际形势的变化而存在不同形式,且又是在无声处运作。能源外交既要着眼于实务,更要放眼未来,政治经济相互交织在一起,运作起来难度相对较大,所谓"运筹于策,缜密于行"。处理好同周边的关系,审时度势积极地开展能源外交,认真落实能源战略,关系到各国能源安全,关系到国家和民族振兴能否顺利实现。

(2)有利于调整国际关系。能源外交是第二次世界大战后国际关系中的新生事物和重要内容,全球能源竞争发展态势将对国际关系和地缘政治产生深远影响。战后全球能源外交出现了两次活跃期,第一次是在 20 世纪 70 年代初石油危机后,第二次是

① 如最早的石油工业卡特尔"七姊妹"。

在2001年“9·11”恐怖事件之后。后者在性质和内容等方面都有了较大变化，能源外交的政治含义更加突出，在各国国家安全战略中的地位也不断上升。除美、日、中东产油国等传统能源外交活跃国家外，俄罗斯、中国和印度开始成为该领域的新主角。

(3)推动海外资源合作开发①。能源外交应实现能源进口的多元化，其主要包括进口来源多元化、进口方式多样化、进口品种多样化、供应渠道多样化；也应包括“走出去”战略，即一国直接参与能源的分配与共享，在能源生产国建立海外基地，直接投资、开发能源。这样可以为国家长期、稳定、经济合理地利用国外能源资源提供坚实的保障，并在国际市场出现波动时增强抗风险能力，也有利于提高国内石油公司的国际竞争力。当然，这需要国家强有力的外交和政策支持。

(六)能源外交的重点

长期以来，国家能源竞争主要集中于开采权和实际控制权，但自20世纪70年代石油危机以来，相应的资源类期货市场建立，各国能源战略的较量日益集中于能源的定价权和标价权，能源外交集中于能源产业与能源金融等方面：

(1)能源产业依然是能源外交的基础环节。在强化对上游油气资源控制的同时，国家能源(石油)公司还大力向下游延伸，建立、发展并强化成熟的一体化能源产业链，完成产业链从原料主导型向生产主导型和市场主导型的跃迁。国际石油公司利润空间则受到国家石油公司的挤压，迫使其更有动力去开发新能源，希望能够通过控制新能源来获取战略性优势。

(2)能源金融成为能源外交的关键环节。一方面，以石油为基础、美元为标的的“石油美元体制”是美国实现全球霸权目标中除了借助军事手段外最为重要的经济手段之一。另一方面，随着石油市场与金融市场的相互渗透与紧密结合，石油的金融属性不断强化，定价权成为各国和利益集团战略角逐的核心所在。如今，石油交易已演变成一种金融工具，规模不断增大的期货市场已经取代OPEC的垄断地位，成为决定使用定价权的主导因素。

二、能源规划

(一)能源规划的概念

能源规划是在对能源禀赋、生产与消费的历史数据和现状调查的基础上，依据一定时期的国民经济和社会发展规划目标，在能源战略的指导下，预测相应的能源需求，从而对能源的结构、开发、生产、转换、使用和分配等各个环节做出的统筹安排。政府是实施国家(或地区)能源战略的主体，政府应根据能源战略制定相应的能源规划。因

① 王子义．中国的能源外交战略与实践——以石油为例[D]．东北师范大学，2009．

此，能源规划是能源战略实施的总体方案。

（二）能源规划的目的

能源规划作为整个国民经济规划的一部分，其主要目的包括：

（1）确定社会对能源系统的需求和能源系统的发展方向。

（2）合理调整能源部门与其他部门之间的关系，以及能源系统内部各部门、各环节的增长速度、比例和结构。

（3）合理有效地利用能源资源和可能提供给能源系统的投资。

（4）制定能源规划必须考虑经济体制改革的影响、其可执行性以及相应的技术、经济、管理体制和政策措施。

（三）能源规划的分类

（1）按编制层次，能源规划可分为国家能源规划、区域能源规划、地方能源规划、部门能源规划和企业能源规划等。同时，由于政府实施的能源规划存在层级的差异，因此能源规划可表现出不同法律性质。其中，国家规划体系更加强调宏观性、战略性、政策性、前瞻性以及指导性；规划层级越低，规划的内容越具体，其效力也会越低。在当前区域经济一体化发展的大方向下，通常又可以分为地方行政单元地区能源规划和区域能源规划。

（2）按领域范围，能源规划可分为综合能源规划和专项能源规划。一般而言，中央政府所制定发布的规划多为综合性和导向性的；能源主管部门所制定发布的则多为专项性和实施性的。专项能源规划介于综合能源与能源行业发展规划之间，它既是对综合能源规划的补充，也与其他专项能源规划有着紧密的联系。

（3）按领域及性质，能源规划可依据能源部门或能源品种划分为煤炭、石油、天然气、电力（火力、水能、风能、太阳能、核能、生物质能等新能源发展规划以及电网建设和电力输送）等。

（4）按时间及跨度，能源规划可分为短期能源规划（5～10 年）、中期能源规划（10～20 年）和长期能源规划（20～50 年）。当同时考虑专项规划、区域规划的规划期时，可根据规划对象的特点（如环境保护、城镇化水平等）合理确定，进而进行滚动修订。

（四）能源规划的制定步骤

在制定能源规划时，从前、中、后期对工作步骤进行总结，共有 9 项工作。

1. 现状分析与数据库构建

鉴于综合能源规划包含了 3E（能源—经济—环境）分析范式，能源与经济、环境甚至与社会的关系都较为重要，因此调查内容不仅是能源供需平衡情况、能源供给结构等内容的历史数据和发展现状，还应包括人口与人口结构、经济与经济结构、人民生活水平与消费结构、环境污染与生态现状等。在此基础上编制“能源系统能流网络图”“能源平衡表”，分析能源利用效率，建立以能源为主且包括相关的人口、经济、环境数据信息的能源数据库。

[例 4-3]

能源系统能流网络图，简称能源系统网络图、能流网络图或网络图，是用网络的形式直观地描述能源系统的一种方法，可作为国家、地区或部门的能源统计数据的一种综合表现方式。它几乎可以包括国家能源统计的全部内容。目前的能源平衡表只反映第一级与第二级能源统计，而能源系统能流网络图可以反映到第三级能源统计，因此它能包括能源平衡表的全部内容，而且更形象、更直观地表现能源系统的全貌。无论是用表格的形式还是用网络图的形式来描述一个国家或地区的能源状况，都只是对实际系统的综合性简明描述，只反映复杂系统的主要情况。对于能源问题的许多细节，则要用补充手段来说明。但能源系统的这种宏观的综合性描述，对规划管理工作和研究决策还是十分重要的。

能源系统能流网络图是对实际能源系统的一种简化的抽象描述。它将实际系统内各种能源从开采到终端消费的整个过程按技术工艺特点划分为若干基本环节，描述在这些环节上的物料流(实物)和能量流(能流)的变化情况。网络图上的基本环节有：资源、开采和收集、加工精炼、运输和分配、集中转换、传输、分配与分散转换、用能设备、终端用户或用途、需求部门、其他。依照实际的物料或能量流动方向，自左至右把上述各个环节内的所有工艺过程用有向连线加以表示，并通过节点相互连接，形成网络，即得到表示实际能源系统的网络图。图中的连线代表相对应的实际过程，连线的箭头表示实物或能量的转移方向，节点为过程间的相互接口。实线为实际存在的过程，虚线表示头尾相连接，但实际过程中不存在。能源系统能流网络图的用途很多，可大致归纳为以下三个方面：

(1)综合能源统计数据，全面描述系统的概貌和特点，较确切地定义和方便地研究系统的综合特征指标，如能源利用效率等。

(2)进行能源供求综合平衡，是政策分析或技术经济评价的简便定量分析工具。

(3)作为发展能源系统数学模型和构造能源数据库的有用依据。

2. 目标确立与方案编制

能源规划目标应围绕国家能源战略，由国家能源管理/监管机构提出，其规定了能源规划的总任务；同时应为已确定的目标规定主要政策框架及纲领，相当于一系列制约条件，如能源价格、节能指标、环境标准、核能与非常规能源政策等。

在选定的目标下编制不同的构想方案，一般就有高、中、低三类方案。在经济方面应对整个规划期各年份进行宏观经济结构和活动水平的预测，同时还应对主要经济部门如工业、农业、交通运输、居民与商业、农村等做出类似的预测。其方法可以采用投入—产出、系统动力学、计量经济等方法建立有关经济模型。环境方面应对排污量与污染水平给出限制量，如大气中的烟尘浓度、SO_2 浓度、CO_2 减排量等。

3. 能源需求预测

能源需求预测，包括需求量预测与需求结构（部门结构、空间结构和品种结构）预测。根据设定的方案所提出的各个经济部门活动水平，以及单位活动水平的能源消费量的变化，预测能源需求量。单位活动水平的能耗与各用能部门的工艺技术水平、用能设备的效率等有关，因此，有必要对技术水平进行定量分析和预测，以求得能源需求量。居民生活对能源需求量与居民对能源的终端用途如炊事、取暖等有关，因此，需研究各种终端用途的活动水平和终端用能设备的效率变化。需求预测的方法较通用的是部门分析、终端用能和技术经济分析相结合。当然，也可以采用趋势分析、数量经济与投入—产出分析等。

4. 能源资源评价

能源资源评价是对国内各种资源的可开发储量进行估计，然后按其开采的难易程度进行分类，在此基础上可对每种能源进行供应预测。尚需考虑储量的增长率、可能的生产率、开采成本、目前与将来开采的机会成本以及由环境或其他因素造成对生产的限制。为了使能源规划中的资源预测更为完整，还需要计入国际市场上每种资源的可得性及其价格。根据资源可得性的推算和开发政策，可得出几种可能的供应预测。对于可再生能源的资源评价实际上还应结合其开发工艺进行评价，如太阳能仅估计其辐射的物理量还不够，必须与太阳能利用的工艺技术结合才能评价太阳能资源。

5. 技术发展路线评价

能源工艺技术是指能流网络图中开发、加工、运输、转换和使用各个环节的每项工艺技术，包括能源供应技术和节能技术。进行技术经济评价—社会成本效益分析，包括项目的财务分析和经济分析。经济分析中除了分析直接的经济效益外，还应分析间接的社会、环境效益，以求得各项工艺的综合效益，这些效益有时可以采用系统动力学模型进行仿真模拟。在评价中，除了对单项工艺进行评价外，由于各项工艺之间的替代作用，故还应在各项工艺间进行横向比较评价，以便对各项可行工艺技术进行优先排序。这些在方法上可以采用层次分析或矩阵比较法，以利于决策与选择。

6. 能源供需均衡分析

能源供需均衡分析可以采用能源平衡表或能流网络图。可以在基年的能流网络图基础上对未来的能源供求平衡进行预测。鉴于能源间的可替代性，因此能源供求平衡可以是核算型、仿真型或优化型。优化的方法很多，如线性规划、非线性规划、目标规划、动态规划等。规划期的能源供求平衡是综合了上述各个步骤所得的结果，这些结果有的作为目标、有的作为技术经济参数、有的作为约束条件输入能源供求平衡模型、能源系统规划模型，从而得到多个可供决策的能源供需平衡方案。

7. 外部性分析及评价

不同的能源供需平衡方案对国民经济结构与发展以及环境会产生不同的影响。主要是两类影响分析：一类是经济影响分析；另一类是环境影响分析。经济影响分析主要包括宏观经济结构及增长率的影响，主要经济部门结构及增长率的影响，实际总消费的影响，通货膨胀、外贸和支付平衡的影响等。经济影响分析实质上就是在一定政策约束下，利用某些指标进行该方案的经济"效率"的检验，由此筛选出一个或几个经济效率最高或花费较少的方案。环境影响分析则是从环境保护角度出发的第二种衡量效率的阶段。在供应—需求总平衡阶段，根据已确定的环境保护政策及环境标准与法规对各种燃料与技术进行筛选；在选定了某种供需平衡方案和供应系统结构后，再对系统中每一重大项目进行深入的环境影响评价。

8. 投资及其他财务预算规划

投资规划是根据已选定的供应系统及其中的各个项目编制的。投资包括四个组成部分：①扩大生产能力(超过目前生产能力部分)的投资；②提高供应端效率(超过目前效率，如采取的技改措施)的投资；③提高需求端效率(超过目前最终用能设备效率，如用能端的节能技改措施)的投资；④勘探(化石燃料)、研究与开发(非常规能源)的投资。其他财务预算规划包括运行维修成本规划、能源进口成本规划等。

9. 管理方案与政策措施制定

为了保证规划的实施，必须制定一套管理战略以达到规划期的目标。供应管理包括投资规划的实施、规划的组织措施以及各部门规划间的协调。需求管理是遵循所预测的需求结构，找出达到此目标的各种手段，包括价格管理和非价格管理(定量分配、能源审计、宣传等)，其他相应的政策措施包括税收、补贴、法规等，从而使制定的规划得以落实。

三、能源法律

能源法律一般包括三个层次，即根本法，能源法、专属法律及相关法律，专属性规章条例。另外，能源标准，特别是技术法规的强制性标准，也是能源法律体系的重要组成部分。

(一)能源法律的概念

【狭义】 也称为"能源法"，是国家法律、法令、条例、章程等一切规范性文件中有关能源条款的总称，用以调整能源法律关系的综合性立法。

【广义】 对能源资源勘探、开发、加工、生产、储存、输送、转换、贸易和使用等过程所作的法律性的规定，其目的是保证能源安全、有效、持续供给的能源法律规范。能源法律作为调整石油、煤炭、电力等资源从开发到使用，再到经营管理的法律规范的总称，具有调整能源范畴内发生的各类社会关系的功能。能源法规的作用：①保护能源资源，使其得到开发利用；②以法律手段，确定国家的能源结构，保证其正确发展方向；③合理分配使用，提高其有效利用程度。

能源法律体系，是指由一国现行的与能源相关的全部法律规范，按照不同的部门分类组合而成的一个呈体系化的有机联系的统一整体。能源法律体系是一国能源法及其制度健全和完善的标志，也是一国法律制度建设的重要组成部分。目前，国内外能源矿产资源法律体系大体可分为三个层次：

1. 宪法、矿产资源法

宪法是国家根本法，矿产资源法是矿产资源领域的基本法，确定矿产资源所有权、矿产属性的基本内容，包括能源矿产，并规定管理权、管理制度、总方针、管理范围、管理办法、监督、权利与义务等。矿产资源法还有一些配套法规或实施细则。

[例 4-4]

能源矿产是矿产资源中的一个矿类，多数国家在宪法中规定了包括能源矿产在内的矿产归国家所有并由国家控制。巴西、科威特、白俄罗斯等在宪法中都有关于能源矿产的规定。有些国家在宪法中对于能源矿产经营主体进行限制。比如，巴西1967年颁布的《宪法》规定，“联邦对矿床、矿山和其他矿产资源，以及冶金、森林、狩猎和捕鱼等自然资源活动立法”；“联邦对石油、天然气生产、进口、流通或消费活动征税”；“根据法律，在国家领土内对石油的勘查和开采由联邦垄断。”

2. 能源法、能源矿产的专属性法律和相关法律

①能源法包括能源政策法、能源节约法、可再生能源法等，这些法律包含对能源矿产生产和使用方面的激励政策和需求管理。②能源矿产的专属性法律是指不同国家颁布石油法、煤炭(工业)法、核能法等法律，其规范能源矿产生产及下游产业。③能源矿产相关法律是指各国与能源矿产相关的法律，如矿产租赁法、矿山环境法、大陆架法、专属经济区法、投资法、税法、公司法、规划法等。

3. 能源矿产的专属性条例

这属于更加细化和具体的规定，包括分别针对石油、天然气、煤炭、铀矿等燃料矿产制定的规章、实施细则、条例及政令。

[例 4-5]

改革开放以来，我国能源法律的构建历程总体而言分为三个阶段：一是改革开放初期至20世纪80年代中期。改革开放初期，我国经济发展以计划经济为主，法律制度亟待构建，体现在能源领域，便是能源法律体系初步构建。这一阶段的目的主要是

解决能源的短缺问题，大量开采利用能源为薄弱的经济基础提供发展根基，如1985年国务院发布国家能源交通重点建设基金征集办法。多数能源法律法规以意见、办法等规范性文件的形式体现，不具有更高的法律效力。这一阶段比较具有贡献意义的法律建设有1982年国务院制定颁布的《对外合作开采海洋石油资源条例》、1983年国务院制定颁布的《海洋石油勘探开发环境保护管理条例》，以及1983年国务院制定颁布的《节约能源管理暂行条例》。二是20世纪80年代中期至20世纪末。这一阶段我国经济发展有了显著进步，能源法律制度建设有了新的突破，制定了诸多能源单行法律，行政法规也随之出现，如《电力法》《煤炭法》之类的单行法律，以及《煤炭生产许可证管理办法》等行政法规。三是21世纪初至今。21世纪初，我国全面实施社会主义市场经济体制，对能源的需求达到了新的高度，原有的能源利用方式带来的环境及安全隐患凸显，能源法律亟待完善。

至此，我国能源法制体系初步形成，拥有包括《电力法》《煤炭法》《可再生能源法》《节约能源法》《矿产资源法》等单行能源相关法律，以及行之有效的行政法规、部门规章、国际条约等；能源立法理念从注重能源开采利用数量转变为能源发展以绿色节能、健康可持续为核心。

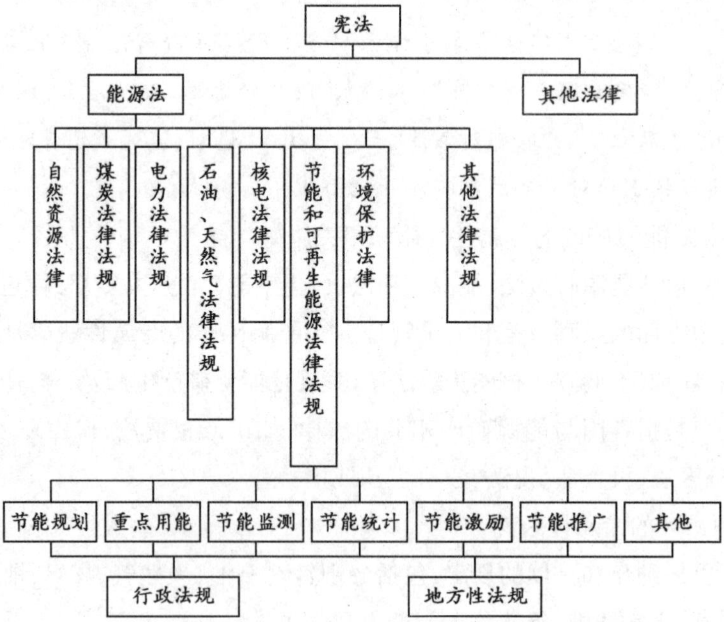

图4—4　中国能源法律体系

(二)能源法律体系构建的原则

能源法律体系的构建，要贯彻社会主义核心价值观，要把公正、公平、公开原则贯穿立法全过程，完善立法体制机制，坚持立改废释并举，增强法律法规的及时性、系统性、针对性、有效性；同时，还要针对能源领域的特殊性原则进行权衡。

1. 可持续发展原则

可持续发展、重视协调的原则。在推进经济社会发展的过程中，促进人与自然的和谐，重视解决人口、能源资源和环境问题，坚持经济、社会与生态环境的持续协调发展，其包括能源公平性、能源持续性和能源共同性等。

2. 节约与开发并举原则

节约与开发并举是指在能源开发、生产、流通、消费等领域，采取各种措施，提高能源资源的生产效率和利用效率，追求能源资源的低消耗、环境生态的低污染、经济社会效益的最大化，积极鼓励开发新能源和替代能源。

3. 统筹规划原则

能源法律体系的构建不仅要与其他法律部门相协调，还要与一国经济发展的速度、环境承载能力相协调，与能源、环境、经济发展规划相协调。

［**例 4-6**］

我国能源法律制度方面存在的问题与缺陷：

(1)能源法律制度高度概括，不便于实际操作。目前我国能源法律制度从制度设计角度来看，存在着缺乏针对性，不利于操作的问题。当前能源利用最紧要的问题在于避免对生态环境的破坏与压迫，但我国至今没有关于能源生态补偿的相关法律，使得违规能源开采利用得不到有效的惩戒。

(2)未能形成统一协调的能源法律制度。我国现有的能源法律以单行法律为主，其他相关规定散布于行政法规之中，未形成统一协调的能源法律体系。这使得能源法律制度的适用极易出现冲突、抵触的情形，不利于能源的利用与保护。

(3)能源法律体系总体缺乏绿色生态理念。我国能源利用以煤炭、石油能源等不可再生资源为主，这些能源的开采与利用均会给环境带来极大的负面效应。近年来，国家政策对煤炭行业提出去产能的要求，煤炭能源开采利用趋于绿色化。但是，从现有能源法律制度来看，绿色生态理念仍未贯彻，需要引入可持续发展理念。

四、能源政策

能源政策属于行政手段；能源产业政策是能源政策的重要组成部分。

(一)能源政策的概念

能源政策是指一个国家或国际组织围绕能源生产、供应、消费所制定的一系列措施、方针和策略[①]，涉及能源产品价格、国家国际经济发展趋势；是各国能源战略储备和能源价格争夺和对冲博弈等多方面的行动纲领和政策规划的一种微观或宏观的策略，包括：能源生产、转换、储存、输送、分配和利用等方面的资源政策、节能政策、能源环境政策、进出口政策、能源外交政策、新能源政策、能源发展政策、能源安全政策等。

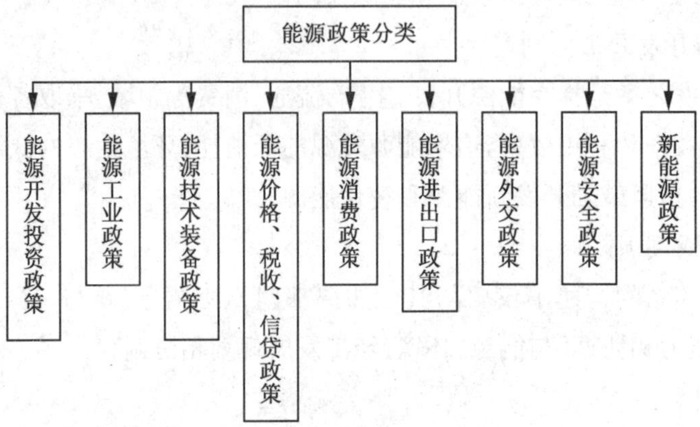

图 4—5 能源政策的类型

(1)按照政策作用对象分类，能源政策可分为直接政策和间接政策。

(2)按照政策作用方向分类，能源政策可分为限制性政策和激励性政策。

(3)按照政策作用机理分类，能源政策可分为经济政策、社会政策和行政政策。

(二)能源政策的目标

能源政策属于公共政策，具有以下性质：①价值相关性(与政策的价值相联系的是其利益相关性，多数公共政策都涉及对以利益为核心的社会价值的分配)；②合法性(政策的合法性应该通过法定程序获得，这种法定程序可以由立法机关制定，或者经过得到立法机关明确授权的有关部门的认可)；③权威性(公共政策的权威性与其合法性紧密相关，而权威性又与强制力相联系)。能源政策的性质决定了其本身就包含了多种目标，在当前市场自由化、经济全球化和生态环境保护的大趋势下，多数国家的能源政策存在以下主要目标：

(1)安全：包括供应保障安全和开发、运输、使用技术安全；能源安全被视为是能源政策的第一目标。

(2)效率：能源供应成本最小化和利用高效，包括生产、利用等各个环节的效率最高与资源配置效率最优。

---

① 能源政策的两种极端方法：(1)完全依靠市场机制作用，绝对接受以消费者为主来决定资源分配的观点；(2)由国家通过行政体制取代市场机制而决定资源的分配。

(3)环保:减少能源开发、利用过程中对生态环境和人体健康的影响,并应对环境污染和气候变化。

(4)公平:提供各种类型的能源企业之间公平竞争的平台,并对所有公民的基本能源需求提供保障。

(5)发展:促进先进能源技术和能源产业持续稳定地发展。

(6)巩固:为宏观经济社会发展服务,改善国内利益群体的关系,促进社会稳定。

(7)政治:能源进口依存度大的国家改善与周边国家、能源出口国的关系。

以上能源政策目标并非独立实现,它们相互之间存在一定的联系。

(三)能源政策的影响因素

1. 制度层面

(1)国际政治。对能源进出口贸易依存度较大的国家,国际政治形势对国家能源政策的影响尤为重要。

(2)组织机构。国家能源相关的机构设置和组织结构的责权划分清晰程度,直接关系到能源政策的制定与实施方式的选择。

(3)能源战略。国家短期、中期及长期能源发展、安全战略的性质、构成是制定能源政策的基础和指导方向。

(4)能源法律。国家能源法律的制定和实施应与国家能源政策相辅相成,沟通构建能源产业发展的措施框架。

(5)机制构建。在能源管理体系中,其构造、功能及各个组成部分的相互关系,不仅影响能源的作用效果,而且影响能源政策的制定和实施。

2. 经济层面

(1)宏观经济。宏观经济发展规划和经济增长水平,特别是国家一、二、三产的发展,直接影响能源产业的发展和能源政策的制定。

(2)能源市场。能源供给、需求和价格是能源市场中的主要信息,对于能源市场信息的及时、对称、准确的披露和掌握,不仅影响市场未来的预测,而且影响能源政策的强度和调整。

(3)国际竞争。主要指经济竞争;通过国际产品能耗数据的比较,可进行能源效率的差距分析,从而调整市场定位,提高经济竞争实力和潜力,并通过必要的能源激励性政策促进经济部门节能。

(4)开放程度。国家经济制度的变迁以及政府对能源行业的改革意愿,包括能源工业体制演进以及能源价格的调整等,都促使能源政策的落地。

3. 社会层面

(1)资源禀赋。国家的能源资源储量及分布,对能源供给的影响及各种能源资源开发潜力的判断，直接作用于国家能源发展目标的制定，从而影响能源政策。

(2)生态环境。能源政策的制定，不能以“发展能源、破坏环境”为代价；必要的保障性措施要兼顾能源和生态环境的协调有序发展。

(3)社会文化。传统社会文化以及外来文化的冲击，会直接作用于人们对生产和生活方式的改变，进而引致对能源需求的变化，同时也会影响决策者对管理方式的选择。

4. 技术层面

(1)技术基础。现有能源技术条件是国家能源政策制定和实施过程中必须考虑的因素。

(2)科技创新。能源领域的科技创新可直接影响国家能源部门未来的发展方向和发展潜力，能源政策作为必要的公共事业管理措施对其科学、合理地进行保护、鼓励和促进。

(四)能源政策对经济增长的作用机制

能源政策对经济增长影响的作用链条是：能源政策→企业预期→生产投入→产出效益→带动效应→经济增长。按照经济增长方式转变过程中政府的参与力度，可将其转变过程分为：温和型转变、综合型转变和强制型转变三个层次。政府采取激励性能源政策推动经济增长方式转变属于温和型转变；采取限制性能源政策与激励性能源政策结合推动经济增长方式转变属于综合型转变；采用限制性能源政策、强制推行新能源的经济增长方式转变路径属于强制型转变(见图 4—6)。

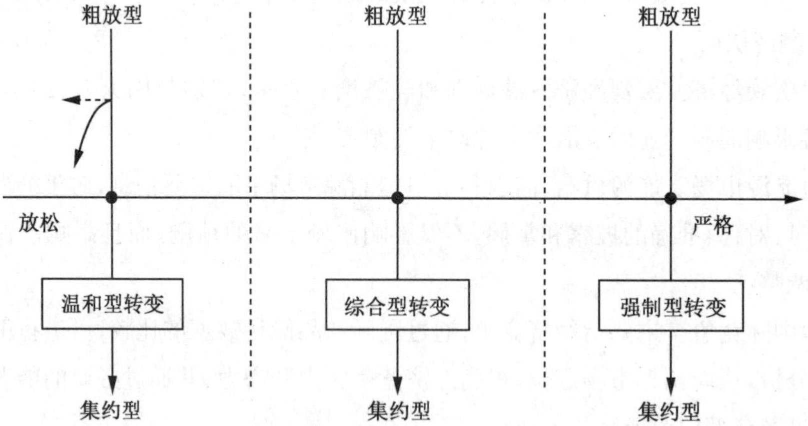

图 4—6 能源政策力度与经济增长方式作用机理

在每一层次上，经济增长方式转变路径与政府能源政策力度存在均衡交点，若政府能源政策力度偏离均衡点，则会导致经济增长方式转变偏离原路径，走向其他路径，甚至偏离经济增长方式转变的目标。

［例 4－7］

长期以来，我国缺乏经济增长方式转变的有效机制，经济增长方式转变进程缓慢，处于“试水”阶段，不能摒弃对传统资源的依赖。因此，前期转变路径属于温和型转变。在温和型转变区域，需要宽松的能源政策配合，若采用较为严格的能源政策，则会导致经济增长方式转变路径向其他区域偏离或者走弯路。目前，随着传统能源带来的问题越来越突出，环境成本越来越高，为了实现可持续发展，需要对某些能源采用严格的能源政策，逐渐放弃影响可持续发展的粗放型能源利用方式。在这一理论基础上，现阶段经济增长方式转变路径应该选择严格政策与激励性政策结合使用的综合型转变路径，引导各产业提高能源使用效率，激励技术创新。

（五）能源产业政策的内容

能源产业政策是各国在推进能源产业发展过程中所采取的一种工具性措施，是国家的中央和地方政府为了其全局和长远利益而主动干预能源产业经济活动的各种政策的总和。通常情况下，能源产业政策构成要素主要包括：政策实施对象、政策目标、措施手段、政策实施机构，以及能源产业政策的决策程序与决策方式。

能源产业政策有两种分类方式：①根据功能定位，可分为能源产业布局政策、能源产业组织政策、能源产业结构政策、能源产业技术政策；②根据对象领域，可分为煤炭产业政策、石油产业政策、天然气产业政策、电力产业政策、可再生能源产业政策和新能源产业政策等。

能源产业政策的作用表现：①弥补能源市场失灵的缺陷；②实现能源产业超常规发展，缩短时间；③促进能源产业布局、结构的合理化，实现能源资源和产业资本的优化配置；④增强能源产业的国际竞争力；⑤在经济全球化过程中，通过行政手段趋利避害，保障国家的能源安全。

能源产业政策的局限性：①通常情况下，能源产业政策在短期内是有效的，但是在长期实践中政策应进行适度的调整和修改，且整改后的政策效果难以估计；②政策并非对不同领域的能源产业都具有同等的政策强度和作用效果；③能源政策无法完全取代能源市场，应避免片面夸大能源产业政策的作用；④政策的实施需要一定的成本和代价，且有的政策需要通过与市场共同作用，才能产生制度绩效；⑤能源产业政策属于政府行为，政策执行过程也存在失败的可能性。

（六）能源产业规制

能源产业规制，即能源产业管制，就是政府设置（出台）能源产业的相关规定进行限制。规制作为具体的制度安排，是“政府对经济行为的管理或制约”，是在市场经济体制下，以矫正和改善市场机制内在的问题为目的，政府干预能源产业组织中的能源企业活动的行为，包括在市场经济条件下政府几乎所有的旨在克服广义市场失败现象的制度，以及以法律为基础的对微观经济活动进行某种干预、限制或约束的行为。

自然垄断的能源产业是规制历史最悠久的领域。这是由于其技术方面原因造成的，政府不能否认垄断性能源产业的地位，以实现供给成本上的节约。但这并不意味着垄断企业可以为所欲为，政府必须对其产品或服务的价格（或费率）进行限制，以保护消费者的利益和公共利益。因此，政府要维护既有能源企业的垄断地位，并强制其承担供给责任。对于能源产业的规制，通常包括两种形式：

（1）进入规制。其目的是控制进入自然垄断能源产业的企业的数量，保证实现规模经济[①]，维护能源行业的垄断经营市场格局，以避免不必要的重复投资，防止出现过度竞争，实现规模经济优势。

（2）价格（费率）规制。其目的是防止能源行业中的经营者利用其垄断地位获取不正当的垄断利润，既防止其为牟取暴利而危害公共利益，又保护能源消费者和其他行业的利益。

第四节 能源标准化管理

一、能源标准化的界定

（一）能源标准化的概念

能源标准，是指在能源领域内，对普遍的、广泛的、通用的共性认识的统一制定的用以判定的根据和标靶；能源标准是能源立法的依据，是节能工作的技术法规，也是实现能源科学管理的重要手段。能源标准的内容包括：①能源的术语和图形符号；②能源监测、检验、计算方法；③能源产品和节能材料的质量、性能要求；④能源产品和节能产品质量认证要求；⑤耗能产品的用能要求；⑥能源消耗定额；⑦耗能设备及其系统的经济运行；⑧能源开发、利用、管理的技术要求。

能源标准化，是以能源系统为对象，运用标准化的原理与方法，通过严格的程序制定、修订和颁布执行统一的能源标准；建立必需而有效的监督、检验、认识制度等，使能源开发、加工、运输、转换、分配、储存直至利用等各个环节逐步完善和合理的重要工作

---

① 规模经济（economies of scale），是指在一定的产量范围内，随着产量的增加，平均成本不断降低的事实。规模经济是由于在一定的产量范围内，固定成本可以认为变化不大，那么新增的产品就可以分担更多的固定成本，从而使总成本下降。

方式。因此，能源标准化是通过标准化的方式，集技术科学和管理科学于一体，达到合理开发和利用能源的目的，也是能源系统工作的主要组成部分。

（二）能源标准化的基本内容

能源标准化工作的基本任务是对能源开发、转换、运输和利用的各个环节制定所需要的标准，组织实施标准化活动，对能源标准的实施和执行进行监管，以达到合理开发利用能源，提高经济、社会和环境效益的目的。能源标准化是将标准化的原理、方法和系统工程理论应用于能源的开发和管理中，内容相对丰富，其分类原则与方法也较多，按照标准的等级、对象、性质和属性，包括以下分类：

（1）按等级分类，可分为国际标准、国际区域（地区）标准、国家标准、行业标准、地方标准和企业标准等。

（2）按对象分类，可分为基础标准、工艺标准、产品标准、方法标准等。

（3）按性质分类，可分为技术标准、经济标准和管理标准等。

（4）按属性分类，可分为强制性标准和推荐性标准。

二、能源标准化管理的理论①

（一）标准化理论的应用

任何一项科学技术，一旦在生产实践中得以应用，都是以概念、实体（物）、技术方法、管理程序四个基本方式所表征的技术特性（或特征）和许多已经实施中的技术特性进行科学合理对接来实现的。技术标准学是以研究生产活动中众多的概念、实体（物）、技术方法、管理程序所表征的技术特性实现科学合理对接为对象的一门科学。

所谓科学合理，即在技术条件上保证技术特性的可靠、稳定与正常，在经济上获得最佳（适当）的效果。技术标准对象的运动是有规律的。它的标准性、通用性、互换性、信息性、可靠性、协调性等，以及相应这些规律形成的标准化科学方法、原则，都是建立能源标准体系不可违背的理论原则。

（二）系统方法论的应用

系统方法是将客观事物视为有机联系整体为研究对象的一种科学方法，又称系统理论。它是由控制论发展而来的一种理论方法，是符合辩证唯物主义哲学思想的一种科学方法。自从电子与自动化技术得以迅速发展之后，这种方法与现代手段相结合，应用于科学技术、社会经济各方面，取得了明显的效果，通称为系统工程学。

系统方法论的重要特征是把客观复杂的事物与过程均视为运动着、有联系的整

---

① 文大化．能源标准体系[J]．节能，1981(2)：7－14.

体，各方面的联系又存在着可感受的性能、质量与数量等信息，联系中存在通路和对接点，整体中存在大小、先后、特性不同的区域、层次。系统间的联系特征，主要表现在一方面是系统特性间的科学合理配合；另一方面是在系统间的物质和能量上的平衡。系统方法论通常概括为整体上的区分与综合、联系上的系统与程序、条件上的信息与平衡等基本思想。

三、能源标准体系

能源标准体系是整个技术标准体系的组成部分，其中有它独立的部分，如基础与管理标准，也有与其他专业标准体系相互交错的联系部分，如设备、工艺、材料、方法等标准。

图 4—7 为能源标准体系的总体架构。能源基础标准作用于整个体系的各方面。能源设备与工艺标准是构成能源标准体系的基本环节，它包括生产（加工、转换、冶炼）、输送，直至使用的每个方面。能源（燃料、动力）产品、材料、方法、管理标准都将直接作用于每个基本环节，为提高能源效能提供最佳的辅助技术等。它们在技术特性之间的对接状况，不同程度地影响生产效能的发挥。这也就是设置能源标准体系，把其他专业标准与能源效能有关部分联系起来考察，并确定其科学合理的标准要求的一个重要理由。能源管理标准则是在其作用于上述基本环节后，对生产过程的运行管理的技术规定。

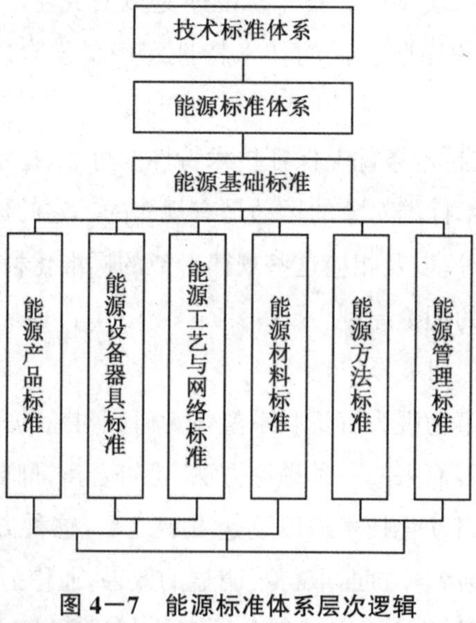

图 4—7 能源标准体系层次逻辑

第五节　国家能源发展与安全

一、能源发展战略

能源发展战略，是指适应国民经济和社会发展的需要，对能源总体发展的谋划和设计，包括制定能源发展的方针、原则、目标及重大措施。能源发展战略具有长期性、全局性、综合性的特点。

［例 4－8］

2014 年 6 月 7 日，国务院办公厅以国办发〔2014〕31 号印发《能源发展战略行动计划(2014—2020 年)》(以下简称《行动计划》)，明确了 2020 年我国能源发展的总体目标、战略方针和重点任务，部署推动能源创新发展、安全发展、科学发展。这是今后一段时期我国能源发展的行动纲领。

能源供应和安全事关我国现代化建设全局。当前，世界政治、经济格局深刻调整，能源供求关系深刻变化，我国能源资源约束日益加剧，能源发展面临一系列新问题、新挑战。《行动计划》明确提出，要坚持“节约、清洁、安全”的战略方针，重点实施“节能优先、绿色低碳、立足国内、创新驱动”四大战略，加快构建低碳、高效、可持续的现代能源体系。到 2020 年，基本形成统一开放、竞争有序的现代能源市场体系。《行动计划》强调，为确保 2020 年我国能源发展战略目标的实现，要进一步深化能源体制改革，健全和完善能源政策，各部门、各地区要做好组织实施和监督检查工作。

习近平总书记在中央财经领导小组第六次会议讲话中明确提出：面对能源供需格局新变化、国际能源发展新趋势，保障国家能源安全，必须推动能源生产和消费革命。这是我国能源发展的国策，基本要求可以概括为“四个革命”“一个合作”。

一是推动能源消费革命，抑制不合理能源消费。坚决控制能源消费总量，有效落实节能优先方针，把节能贯穿于经济社会发展全过程和各领域，坚定调整产业结构，高度重视城镇化节能，树立勤俭节约的消费观，加快形成能源节约型社会。

二是推动能源供给革命，建立多元供应体系。立足国内多元供应保安全，大力推进煤炭清洁高效利用，着力发展非煤能源，形成煤、油、气、核、新能源、可再生能源多轮驱动的能源供应体系，同步加强能源输配网络和储备设施建设。

三是推动能源技术革命，带动产业升级。立足我国国情，紧跟国际能源技术革命新趋势，以绿色低碳为方向，分类推动技术创新、产业创新、商业模式创新，并同其他领域高新技术紧密结合，把能源技术及其关联产业培育成带动我国产业升级的新增长点。按照“三个一批”的路径，加快推进能源技术革命。要应用推广一批，推动相对成熟、有需求、有市场、成本低的技术尽快实现产业化，从而有效提高现有能源生产和应用技术水平；要示范试验一批，对有一定技术积累但技术工艺路线尚不定型、经济性和市场可接受性有待检验、尚不具备大规模产业化的技术，进行试验，探索技术定型、大批量生产的路径；要集中攻关一批，主要是指那些前景广阔、但核心技术受制于人、亟待集中力量攻关的技术。

四是推动能源体制革命，打通能源发展快车道。坚定不移推进改革，还原能源商品属性，构建有效竞争的市场结构和市场体系，形成主要由市场决定能源价格的机制，转变政府对能源的监管方式，建立健全能源法治体系。

五是全方位加强国际合作，实现开放条件下的能源安全。在主要立足国内的前提条件下，在能源生产和消费革命所涉及的各个方面加强国际合作，有效利用国际资源。

二、能源安全战略

能源安全，是指一个国家或地区所拥有的可支配能源资源，能够持续稳定地供应和清洁高效地利用，以保障国民经济持续稳定的发展和社会不断进步的需求，使能源系统处于健康运行状态。其本质是能源开发、利用不对人类社会进步和经济发展造成阻碍和威胁。

传统上，能源安全是指以可支付得起的价格获得充足的能源供应[①]。考虑到能源安全形势的新变化，当今的能源安全包括以下六个方面：①物质安全：能源资产、基础设施、供应链和贸易路线的安全以及紧急情况下必要和迅速的能源资产、基础设施、供应链和贸易路线的替代。②能源获取：不论是物质上的，还是合同上的，抑或是商业上的开发和获取能源供应的能力。③能源安全体系：由国家政策和国际机制构成，旨在应对供应中断、油价暴涨等紧急情况，以合作和协调的方式迅速做出反应，以维持能源供应的稳定性。④能源投资：需要足够的政策支持和安全的商业环境，需要鼓励投资，确保充足和及时的能源供应。⑤气候变化或环境问题：气候变化和环境政治的困境在于能源的生产和消费方式，节能减排、低碳经济、清洁能源发展，已经成为能源技术革命和全球能源结构变化的主要变化趋势。⑥能源多元化：能源安全不仅仅局限于石油供应和油价安全。

能源安全的内涵包括三个方面：①满足经济社会发展对能源的需求，保证能源的持续、稳定供给以及安全的生产，即能源的供给安全。②减少和降低能源生产和消费

---

① 能源供应暂时中断、严重不足或价格暴涨对一个国家经济的损害，主要取决于：经济对能源的依赖程度、能源价格、国际能源市场以及应变能力（包括战略储备、备用产能、替代能源、能源效率、技术力量等）。

对生态环境的影响,保障经济、社会和环境的协调可持续发展,即能源的环境安全。③能源的优化配置和高效利用,能源效率能符合最大经济效率的目标,即能源的经济安全。

能源安全的影响因素包括七个层面:①能源因素,是影响能源安全战略的最直接、最重要的因素之一;一个国家的能源越丰富,对经济社会发展的保障就越有利,其能源安全的系数就越高。②政治因素,对能源安全战略的影响主要体现在两个方面:一是能源进口国和出口国直接的政治关系;二是由于国内的政治因素而导致的能源供给和消费问题。③供应链因素,是能源安全战略的保障,主要体现在两个方面:一是国际能源运输线路的控制力可决定能源供给的风险系数;二是国内能源流动的顺畅程度也影响能源供给的安全程度。④经济因素,对能源安全战略构成间接影响,主要体现在进出口过程中的外汇问题和价格问题。⑤军事因素,对能源安全战略的作用是多方面的,主要体现在对能源生产地和运输线的军事干预能力方面。⑥环境因素,是涉及可持续发展的重要指标,主要体现在能源系统和环境系统的协调、有序、绿色发展和相互作用过程。⑦技术因素,是能源安全战略中技术进步和能源替代—互补的重要考量指标。

第五章　能源统计管理

第一节　能源统计概述

一、能源统计的概念与特点

（一）能源统计的概念

能源统计，是运用综合能源系统经济指标体系和特有的计量形式，采用科学统计分析方法，研究能源的勘探、开发、生产、加工、转换、输送、储存、流转、使用等各个环节运动过程、内部规律性和能源系统流程的平衡状况等数量关系的专门统计。能源统计包括两层含义：一是能源统计科学，即能源统计理论；二是能源统计工作，即能源统计实践。对于统计部门而言，能源统计是以能源统计科学发展研究为基础、以能源统计工作为核心内容的一门综合性科学统计。这一含义与进而涉及的能源统计对象、任务、报表和报表制度等，构成完整的能源统计概念。

（二）能源统计的特点

能源统计是范围极广的国民经济统计中的一个部分。能源统计的对象是能源系统；能源系统相当复杂，它包括能源资源开采、能源生产、能源加工转换、运输、分配直至终端用户等一系列环节，并通过这些环节与国民经济各个部门和所有的社会活动联系起来（见图 5—1）。能源系统的特殊性决定了能源统计工作的一系列特点，使它和国民经济统计的其他部分有很大的不同。

（1）能源工业要把自己的产品分配给国民经济的各个部门（包括能源工业自身在内），同时也把产品分配给每一个社会消费成员。其联系面之广几乎没有其他的工业部门可以与之相比。

（2）能源产品在形态上的多样化。除了化工产品外，没有一个工业的产品同时有固、液、气三态，而且还有载能体（如电）。这些产品在生产、储存、运输、控制和使用的难易程度上有很大差别，但又有共同的特点，就是都能提供热能，而且某些产品在一定条件下可在一定程度上互相转化，或在用途上可以互相替代。

（3）能源系统（即能源统计的对象）的边界情况比较复杂，其中涉及能源产品与非能源产品的边界问题，也涉及能源工业与非能源工业的边界问题。能源统计对象不是一个相互孤立的燃料或动力系统，而是一个种类多、涉及面广、相互制约的错综复杂系统。

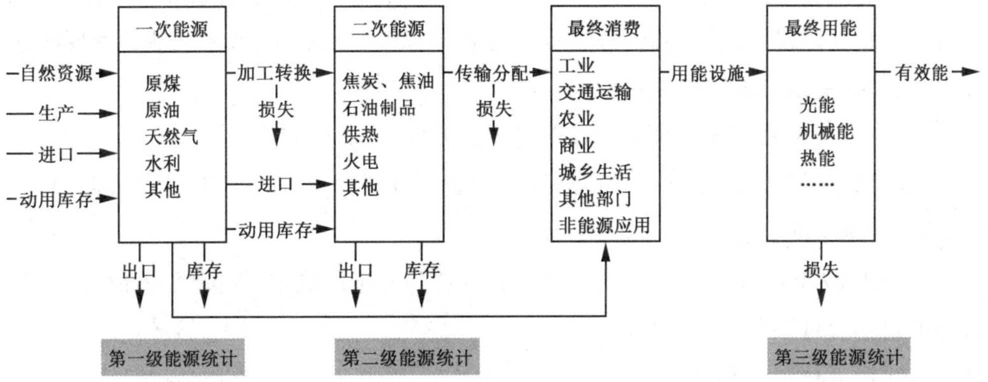

图 5—1　能源系统与各级能源统计

如图 5—1 所示，可以把能源统计分为三级：第一级为一次能源生产到投入加工转换；第二级为加工转换到交付终端用户使用；第三级为能源在终端使用部门的使用情况，即用什么设施使用的、用什么工艺流程、“有效能”是多少、经济效益如何。第三级能源统计工作最为复杂，目前也是整个工作的薄弱环节。

当前能源统计工作的发展趋势是，从单种能源的统计向多种能源的综合统计方向发展；从只注重生产量，转向对生产、转换和消费的全过程的注意，特别是对能源的消费，即第三级能源统计加强了研究，以确定能源使用的合理性、节能潜力、节能投资方向，提高能源需求预测的准确性。

二、能源统计的对象、任务与作用

（一）能源统计的对象

通常情况下，能源统计的对象可归类为 10 个方面：①能源储量统计；②能源生产部门数据——能源生产经营（生产量、销售量）统计；③能源交易过程数据——批发量、零售量、贸易量统计；④能源消费部门数据——购进量、消费量和库存量统计；⑤能源加工转换统计；⑥能源经济效益统计；⑦能源单耗指标统计；⑧工业企业用水情况；

⑨主要能源调入调出表；⑩有关行业、城乡居民的能源消费量。

(二)能源统计的任务

能源统计的任务是：准确、及时、全面、系统地搜集、整理和分析整个能源系统流程的统计资料，如实反映能源发展水平、能源经济效益、能源平衡状况等情况，为宏观决策和管理、为企业生产和经营提供统计信息和数据。①通过能源统计调查，反映能源资源、生产、流通、消费和加工转换的基本情况，反映能源利用过程中的效率、效益以及能源节约情况。②通过能源统计核算、编制能源平衡表，反映能源资源供给与需求的平衡情况，同时描述资源开采、加工、最终消费、产品流向的整个情景过程。③通过能源统计分析，客观地反映能源资源、生产、流通、消费、加工转换、效率和效益的现状、规律以及影响，提供借鉴性的政策建议。

宏观上，为国家和地区编制中长期能源发展规划，进行宏观调控，制定涉及能源生产、流通、消费、储备、国际合作与贸易等各项政策提供全面、及时、准确的依据和方便的服务，为国家能源发展和安全战略服务。

微观上，为企业制订生产经营计划、加强以"降低生产成本、提高经济环境效益"为核心的科学管理服务。

(三)能源统计的作用

能源统计工作的作用和效果可概括为五个方面：①为各级政府和部门制定方针、政策，编制能源计划提供可靠资料。②对能源经济活动和能源方针、政策、计划执行情况进行统计检查和监督。③为加强能源科学管理、挖掘能源潜力、提高能源利用率服务。④为企业生产、加强经营管理、提高经济效益、降低能源消耗服务。⑤对能源生产及需求进行统计预测。

第二节　能源统计的制度

能源统计的制度主要指"能源统计报表制度"。

一、能源统计报表

能源统计报表，是根据能源统计调查对象的社会经济活动性质和能源统计任务所涉及的社会经济活动内容，按照统计基本规律和方法，将统计指标进行分组、归类，以各种方式提供统计调查对象填报的统计表格，包括基层报表和综合报表两类。

(一)基层报表

基层报表包括：能源生产企业的能源产品生产、销售与库存报表；批发零售贸易企业能源商品购进、销售与库存报表；使用能源的工业企业能源购进、消费与库存报表，以及能源加工转换报表；除工业企业以外的用能企业（单位）能源消费（与库存）报表；用能企业单位产品（业务量）能耗报表；等等。

表 5－1　　能源统计的基层报表目录

表名	级别	统计范围	报送单位	时间及方式
（一）基层年报表				
交通运输企业主要能源消费与库存	年报	由各市统计局确定	市统计局	由各市统计局确定
（二）基层定期报表				
能源购进、消费与库存报表	月报	辖区内规模以上工业法人单位	法人单位	(1)调查单位 3、4 月月后 6 日，9 月月后 9 日，12 月次年 1 月 7 日，其他月月后 3 日 24 时前网上填报，1 月免报；(2)市级统计机构 3、4 月月后 9 日，9 月月后 12 日，12 月次年 1 月 10 日，其他月月后 6 日 10 时前完成数据审核、验收，1 月免报
能源购进、消费与库存附表	月报	辖区内有能源加工转换活动或回收利用的规模以上工业法人单位	法人单位	同上
主要耗能工业企业单位产品能耗	季报	辖区内年综合能源消费量 1 万吨标准煤及以上的规模以上工业法人单位	法人单位	(1)调查单位 1 季度季后 6 日、2 季度季后 3 日、3 季度季后 9 日、4 季度次年 1 月 7 日 24 时前网上填报；(2)市级统计机构 1 季度季后 15 日、2 季度季后 8 日、3 季度季后 14 日、4 季度次年 1 月 13 日 10 时前数据审核、验收、上报
工业企业用水情况	半年报	辖区内规模以上工业法人单位	法人单位	(1)调查单位上半年 7 月 6 日、下半年次年 2 月 20 日 24 时前网上填报；(2)市级统计机构上半年 7 月 12 日、下半年次年 2 月 28 日 10 时前数据审核、验收、上报

续表

表名	级别	统计范围	报送单位	时间及方式
非工业重点耗能单位能源消费情况	季报	辖区内年综合能源消费量1万吨标准煤及以上的有资质的建筑业、限额以上批发和零售业、限额以上住宿和餐饮业、房地产开发经营法人单位和其他第三产业法人单位	法人单位	(1)调查单位1季度、2季度季后8日,3季度季后9日,4季度次年1月9日24时前网上填报;(2)市级统计机构1季度、2季度、3季度季后15日,4季度次年1月17日10时前数据审核、验收、上报
重点用能工业企业单位产品能耗	半年报、年报	省政府确认的千户重点用能工业企业	法人单位	年报于次年1月15日前;半年报为7月15日前

(二)综合报表

综合报表包括:与基层报表相同的,以一定行政区域、行业(部门)领域为综合统计对象的能源统计报表;行政区域间能源流向统计报表;能源平衡表和其他能源统计核算报表;等等。

表5-2　　能源统计的综合报表目录

表名	级别	统计范围	报送单位	时间及方式
(一)综合年报表				
能源平衡表(实物量)	年报	辖区内除军队系统以外的全部能源生产和消费活动	各市统计局	由各市统计局确定
分行业能源消费量(实物量)	年报	辖区内除军队系统以外的全部能源生产和消费活动	各市统计局	由各市统计局确定
分行业终端能源消费量(实物量)	年报	辖区内除军队系统以外的全部能源生产和消费活动	各市统计局	由各市统计局确定
能源平衡表(标准量)	年报	辖区内除军队系统以外的全部能源生产和消费活动	各市统计局	由各市统计局确定
分行业终端能源消费量(标准量)	年报	辖区内除军队系统以外的全部能源生产和消费活动	各市统计局	由各市统计局确定
铁路、航空企业主要能源消费与库存	年报	铁路、航空企业	地方铁路局、地方民航公司	由各市统计局确定
公路、水上运输企业主要能源消费与库存	年报	公路、水上运输企业	地方交通厅	由各市统计局确定

续表

表名	级别	统计范围	报送单位	时间及方式
(二)综合定期报表				
石油生产企业石油产品生产、销售与库存	月报	中国石油天然气股份有限公司、中国石油化工股份有限公司、中国海洋石油总公司	中国石油天然气股份有限公司、中国石油化工股份有限公司、中国海洋石油总公司所属的石油生产企业	月后20日前，报送方式为邮寄或传真
石油销售企业石油商品购进、销售与库存	月报	中国石油天然气股份有限公司、中国石油化工股份有限公司、中国海洋石油总公司	中国石油天然气股份有限公司、中国石油化工股份有限公司、中国海洋石油总公司所属的石油生产企业	月后20日前，报送方式为邮寄或传真
地区能源消费与单位GDP能耗	季报	(1)能源消费总量(等价值)：第一产业能源消费、第二产业能源消费(工业能源消费、建筑业能源消费)、第三产业能源消费、居民生活用能(城市居民生活用能、农村居民生活用能)；(2)GDP(可比价)；(3)单位GDP能耗(等价值)	各市统计局	季后23日前，报送方式为电子邮件
全社会用电量情况	月报	辖区内的电力消费单位	各市统计局	由各市统计局确定

二、能源统计报表制度

能源统计报表制度，是政府统计行政机构依据相关的统计法律(如《中华人民共和国统计法》)，针对能源统计报表内容、报表实施范围、报表实施单位、调查方式和调查对象、统计报告期、报告方式、报告时间等事项制定的政府行政文件。能源统计报表制度的内容主要包括：法律依据，调查目的，政府行文机构对文件受理机构(下级政府部门、企业、事业和其他单位)的总体要求，以及报表目录，调查表格式，与报表调查、上报相关的其他具体事项。

[例5-1]

目前，我国政府渠道的统计存在两大主要统计体系：一是以国家统计局及所属调查队、县级以上地方政府统计机构为主的政府统计体系;二是由国务院各部委办局和各级地方人民政府各部门组成的部门统计体系。这些政府统计渠道均建立统计报表制度,获取相关统计数据。

[例5-2]

中华人民共和国能源统计报表制度

为了解和反映能源生产、销售、库存、消费等情况,为各级政府制定能源政策、进行能源管理、开展节能降耗统计监测提供依据,依照《中华人民共和国统计法》,制定本制度。

一、调查内容

本制度主要由基层年报表、基层定期报表、综合年报表、综合定期报表构成,这些报表反映能源的生产、销售、库存、购进、消费、加工转换、能耗强度、能源平衡核算情况和规模以上工业企业用水等情况。

二、调查方法及组织方式

本制度以全面调查为主,并收集运用有关部门、协会、公司综合统计数据。其中涉及规模以上工业企业和批发零售业的调查内容纳入国家统计局《一套表统计调查制度》,由各省、自治区、直辖市统计局负责组织实施,按规定的范围对统计对象进行调查。铁路、航空、公路、水上运输的能源消费以及电力消费等统计内容由各相关部门(协会)负责组织实施,调查结果报送国家统计局。能源平衡表是能源核算的结果,分省(区、市)的能源平衡表由各省(区、市)编制,报国家统计局审核。

三、调查对象

调查对象包括工业企业、限额以上批发和零售业以及其他行业中的部分重点耗能单位;部门(协会)负责的报表由各部门(协会)确定调查对象和调查范围。

四、统计资料的报送

纳入《一套表统计调查制度》的调查内容,由调查对象通过联网直报平台网上报送数据。其他调查内容通过邮寄或电子邮件方式报送。

五、公布方式

按月度、年度定期通过国家统计局外网、新闻发布会、统计公报、《中国能源统计年鉴》、《单位GDP能耗指标公报》等形式对公众发布。

国家机关、企事业单位和其他组织及个体工商户和个人等统计调查对象,必须依据法律和国家有关规定,真实、准确、完整、及时地提供统计调查所需的资料,不得提供不真实或者不完整的统计资料,不得迟报、拒报统计资料。统计机构和统计人员对在统计工作中知悉的国家秘密、商业秘密和个人信息,应当予以保密。

第三节　能源统计的应用

一、能源统计的资源品种

能源种类较多，目前只统计常规性能源。从消费角度，能源统计的主要是煤、油、气、电等几大类商品能源；从生产角度，还包括风能、水能、太阳能发电等。当前，纳入现行统计核算的常规性能源产品（实物量）为29种，分为5大类，即煤、油、气、电、其他燃料。

（一）煤

煤包括：原煤、洗精煤、其他洗煤、煤制品（型煤[①]、水煤浆、煤粉）、焦炭、其他焦化产品、焦炉煤气、高炉煤气、其他煤气。

表5—3　　煤资源的品种解释

品　种	解　释
原煤	煤矿生产出来的未经洗选、筛选加工而只经人工拣矸和杂物的产品。包括天然焦及劣质煤，不包括低热值煤（如石煤、泥炭、油页岩等）。原煤按其成因可分为腐植煤、腐泥煤和腐植腐泥煤三大类；按其碳化程度可分为泥煤、褐煤、烟煤、无烟煤。原煤主要作动力用，也有一部分做工业原料和民用原料
洗精煤	经洗煤厂机械加工后，降低了灰分、硫分，去掉了一些杂质，适合一些专门用途的优质煤。包括炼焦用、非炼焦用的洗精煤和加热、动力用的洗混煤、洗块煤、洗末煤等。不包括洗中煤、矸石和煤泥。洗精煤可分为冶炼用炼焦洗精煤和其他用炼焦洗精煤。冶炼用炼焦洗精煤，其粒度为小于50毫米、80毫米和100毫米三种；灰分小于或等于12.5%，简称冶炼精煤；其他用炼焦洗精煤，粒度也为小于50毫米、80毫米、100毫米三种，灰分在12.5%～16%，简称其他精煤
其他洗煤	除洗精煤以外的其他洗煤产品，包括下列几项：(1)洗中煤，是指经分选后得到的、灰分介于洗精煤与矸石之间的煤产品，粒度0～50毫米；灰分32.01%～49%。不包括煤泥、浮选尾矿和矸石。主要供电厂和工业锅炉直接燃烧用。(2)洗煤泥，是洗煤厂洗炼焦煤和洗动力煤的副产品之一。粒度0～1毫米；灰分16%～49%。包括厂内回收后未掺入其他产品而作为最终产品的煤泥和厂外沉淀池回收的煤泥。(3)洗混煤，粒度0～50毫米。灰分：洗炼焦煤洗煤厂<32%；洗动力煤洗煤厂≤40%。(4)洗块煤，灰分≤40%。粒度：特大块>100毫米，大块50～100毫米，洗中块25～50毫米或20～60毫米，洗小块13～25毫米或13～20毫米。(5)洗粒煤，粒度6～13毫米；灰分≤40%。(6)洗混中块，粒度13～50毫米或13～80毫米，灰分≤40%。(7)洗混末煤，粒度0～25毫米或0～20毫米；灰分≤40%。(8)洗末煤，粒度0～13毫米；灰分≤40%。(9)洗粉煤，粒度0～6毫米；灰分≤40%。(10)洗原煤，粒度不限；灰分≤40%

① 型煤：主要原料为煤粉、煤面、煤泥。

续表

品　种	解　释
型煤	用粉煤或低品位煤经筛分、粉碎、配料、搅拌后通过加压等过程制成的具有一定强度和形状的煤制品。型煤可分为民用型煤和工业型煤两类。民用型煤有煤球和蜂窝煤；工业型煤可广泛应用于冶金、铸造、化肥、电石工业以及铁路机车、层燃锅炉、煤气发生炉、工业窑炉等领域。作为我国民用型煤主体的蜂窝煤，配以先进的炉具，热效率比煤高一位，一般可节煤 20%；烟尘和二氧化硫减少 40%～60%，一氧化碳减少 80%。工业窑炉和蒸汽机车烧型煤与烧原煤相比，可节约 15%以上，烟尘减少 50%～60%，二氧化硫减少 40%～50%。型煤的节能率是洁净煤技术中最高的，相对环境效益也很高
水煤浆	煤粉加水和添加剂混合而成的浆状燃料。水煤浆是 20 世纪 70 年代发展起来的一种以煤代油的新型燃料。它是把灰分很低而挥发分高的煤，研磨成微细的煤粉，按一定的比例(煤约 70%、水约 30%)加入 0.5%～1.0%的分散剂(保证其流动性)和 0.02%～0.1%的稳定剂配制而成的。水煤浆可以像燃料油一样运输、储存和燃烧
煤粉	粒度小于 0.5 毫米的煤。表征煤粉颗粒均匀程度的指标称为“均匀性指标”，也称“煤粉颗粒特征系数”，用 N 表示。N 值一般在 0.8～1.3，N 值越大，表明均匀性越好。在评价煤粉性质时，主要涉及的理化指标还包括挥发分、灰分、水分、硫分、焦渣、光亮碳等
焦炭	在高温下由煤经过干馏后所得到的固体产品。焦炭呈黑灰色块状，有光泽，燃烧时烟气少，具有不粘结、不结块、低硫、低灰、坚硬、耐磨、耐压、富于气孔性等特点。主要用于冶金、化工、铸造等工艺的燃料，也可作制气和化工原料。统计时包括各种生产方式生产的全部焦炭，即机械化焦炉、简易焦炉、土焦炉、煤气发生炉生产的焦炭和半焦炭。焦炭按干焦计算，不包括水分。焦炭的分类有四种：(1)按炼焦的原料划分，分为煤焦、石油焦和沥青焦。通常所说的焦炭是指煤焦炭。(2)按用途划分，分为冶金焦、铸造焦和化工焦。(3)按生产技术条件划分，分为机制焦与土焦。(4)按炼制过程划分，分为低温焦炭与高温焦炭
其他焦化产品	指炼焦生产过程中，除产出焦炭和焦炉煤气以外的其他焦化产品，如煤焦油、粗苯等。不包括土法炼焦炉和土法煤气发生炉回收的低温焦油
焦炉煤气	用几种烟煤配成炼焦用煤，在炼焦炉中经高温干馏后，在产出焦炭和焦油产品的同时所得到的可燃气体，是炼焦产品的副产品。一吨煤在炼焦过程中可产出 730～780 千克焦炭和 300～340 立方米焦炉煤气以及 35～42 千克焦油。焦炉煤气热值高、燃烧快、火焰短、生成废气比重小。主要成分为甲烷、氢和一氧化碳等，可用作燃料和化工原料
高炉煤气	从高炉炉顶逸出的煤气，是高炉炼铁过程中所得到的一种副产品。高炉燃料的热量约有 60%转移到高炉煤气中。据统计，高炉每消耗 1 吨焦炭约可产出 3 800～4 000 立方米高炉煤气。高炉煤气的理论燃烧温度约为 1 400～1 500℃，在许多情况下，必须把空气和煤气预热来提高它的燃烧温度，才能满足用户的要求。高炉煤气从高炉逸出时含有大量粉尘，约为 60～80 克/立方米，必须经过除尘处理才能符合使用要求。在冶金生产中，高炉煤气主要用于焦炉，在冶金联合企业中，与焦炉煤气混合后也可以用于平炉
其他煤气	除焦炉煤气以外的其他各种煤气，主要包括发生炉煤气、压力气化煤气和以重油或其他石油产品为原料制得的油煤气

（二）气

气包括：天然气、液化天然气。

表5—4 气资源的品种解释

品　种	解　释
天然气	地层内自然存在的以碳氢化合物为主体的可燃性气体。我国是开发和利用天然气最早的国家，古代把天然气称作“火气”。天然气由有机物质经生物化学作用分解而成，或与石油共存于岩石的裂缝和空洞中，或以溶解状态存在于地下水中。主要成分是甲烷，约占85%～95%，还含有乙烷、丙烷和丁烷，是一种优质燃料和化工原料。天然气包括气田气、油田气和煤田气。根据气体成分，天然气可分为贫气（干气）、湿气（富气）。贫气主要成分为甲烷（含90%～100%），我国四川等地的天然气大多属于这种干气。湿气往往与原油共生，这种天然气除主要成分是甲烷外，并含有少量乙烷、丙烷和丁烷。乙烷、丙烷和丁烷在加大压力后，可变成液体状态，又称液化石油气。天然气在动力工业、民用燃料、工业用燃料、冶金、化工各方面都获得广泛的应用
液态天然气	主要成分是甲烷，被公认是地球上最干净的化石能源，无色、无味、无毒且无腐蚀性，其体积约为同量气态天然气体积的1/625，液化天然气的质量仅为同体积水的45%左右

（三）油

油包括：原油、汽油、煤油、柴油、燃料油、液化石油气、炼厂干气、其他石油制品。

表5—5 油资源的品种解释

品　种	解　释
原油	一种褐色或黑色的黏稠状的可燃性物质。它的主要成分是碳和氢，此外，还含硫、氮和氧等成分。原油包括天然原油和人造原油。天然原油是指从油（气）田生产井采出的原油，以及用其他方法，如从报废井、未采油单位或未具备生产条件的各种井收集的原油，也包括从天然气田回收的凝析油。人造原油是指用油母页岩经干馏所得的原油；从干馏气中回收的轻质油和重质油以及烟煤经过低温干馏或加氢炼制的煤炼原油；用天然气合成原油和草炭、泥煤、松根、桦树皮炼制的原油。不包括用机械化炼焦炉、简易焦炉、机械化煤气发生炉回收的高温焦油（高温焦油含化工原料较多，经加工后主要得到苯、酚、萘、蒽等化工产品），当前只统计油页岩炼制的人造原油
汽油	从原油分馏和裂化过程取得的挥发性高、燃点低、无色或淡黄色的轻质油。汽油按用途可分为航空汽油、车用汽油、工业汽油等
煤油	俗称火油。是一种精制的燃料，挥发度在车用汽油和轻柴油之间，不含诸如粗柴油、润滑油之类重碳氢化合物。煤油具有易燃性、吸油性、纯洁性和安全性。按用途可分为灯用煤油、拖拉机用油、航空煤油和重质煤油。煤油除了作为燃料外，还可用来洗涤机器以及作为医药工业和油漆工业用的溶剂

续表

品 种	解 释
柴油	炼油厂炼制石油时，从蒸馏塔底部流出来的液体，属于轻质油，其挥发性比煤油低，燃点比煤油高。根据凝点和用途不同，可分为轻柴油、中柴油和重柴油。使用中将中柴油和重柴油划成一类，统称重柴油。轻柴油呈茶黄色，表面发蓝，有味，主要用作柴油机车、拖拉机和各种高速柴油机的燃料。重柴油呈棕褐色，有臭味，主要用作船舶、发电等各种柴油机的燃料
燃料油	也称重油，是在炼油厂炼油时，提取汽油、煤油以及较重的蒸馏物（诸如粗柴油或柴油）之后，从蒸馏塔底部流出来的渣油，加入一部分轻油配制而成，主要用于锅炉燃料。通常在轮船或大型重工业设备上作为熔炼炉或蒸沸器的燃料使用
液化石油气	亦称液化气或压缩汽油，是炼油精制过程中产生并回收的气体在常温下经加压而成的液态产品。主要成分是丙烷、丁烷、丙烯、丁烯。主要用途是做石油化工原料，脱硫后可直接做燃料
炼厂干气	炼油厂炼油过程中产生并回收的非冷凝气体（也称蒸馏气），主要成分为乙烯、丙烯和甲烷、乙烷、丙烷、丁烷等，主要用作燃料和化工原料
其他石油制品	炼油生产过程中除了产出汽油、煤油、柴油、燃料油、液化石油气、炼厂干气以外的其他石油产品，统称为其他石油制品，主要有润滑油、润滑脂、石脑油、石蜡、石油沥青等

（四）电

电包括：火电、水电及核电等其他一次电力。

表 5－6　电资源的品种解释

品 种	解 释
火电	利用煤、石油、天然气等固体、液体燃料燃烧所产生的热能转换为动能以生产电能
水电	水力发电属于清洁能源，可再生、无污染、运行费用低，便于进行电力调峰，有利于提高资源利用率和经济社会的综合效益。在地球传统能源日益紧张的情况下，世界各国普遍优先开发水电，大力利用水能资源。中国不论是已探明的水能资源蕴藏量，还是可能开发的水能资源，都居世界第一位
核电	轻原子核的融合和重原子核的分裂都能放出能量，分别称为核聚变能和核裂变能，简称核能或核电。核能是指核裂变能；核电厂的燃料是铀。反应堆是核电站的关键设计，链式裂变反应就在其中进行。核电站是利用原子核内部蕴藏的能量产生电能的新型发电站。核电站大体可分为两部分：一是利用核能生产蒸汽的核岛，包括反应堆装置和一回路系统；二是利用蒸汽发电的常规岛，包括汽轮发电机系统
其他动力能发电	如地热能发电、太阳能发电、风力发电、潮汐能发电、生物质能发电以及余热余能发电等

（五）其他燃料

其他燃料包括：煤矸石[①]、生物质能源、工业废料、城市固体垃圾；热力。

表 5—7　其他燃料资源的品种解释

品　种	解　释
煤矸石	成煤过程中与煤层伴生，在煤矿生产原煤过程中剔除出来的一种高灰分、低含碳量、低发热量，比煤坚硬的黑色的泥质岩石，灰分在 40%～50%或以上，含碳量在 20%～30%，发热量在 800～1 500 千卡/千克，有时高达 1 500～3000 千卡/千克 煤矸石中含有硅、铅、钙、镁及某些稀有元素，它的综合利用范围很广，主要有以下 7 方面：做沸腾锅炉的燃料；制水泥或混凝土制品；生产建筑材料，制煤矸石砖；制造煤气；提取化工产品；制作肥料；用于发电
生物质能源	也称绿色能源，是直接或间接通过绿色植物的光合作用把太阳能转化为化学能的形式，固定和贮藏在生物体内的能量，通过燃烧植物体所释放出的热能，如柴草、农作物秸秆、木材等。地球上的植物是一个巨大的能源体。生物质能源的来源是太阳辐射能，它是人类最早利用的能源。它们又都可以做原料、材料和肥料。在发达国家，生物质能源已逐渐被矿物能源或其他能源所代替，但在发展中国家的农村仍以生物质能源作为主要能源。目前我国广大农村的主要生活用能还是生物质能源
工业废料	在工业生产活动中产生的丧失原有利用价值或者虽未丧失利用价值但被抛弃或者放弃的固态、半固态、液态和置于容器中的气态的物品、物质。随着城市化进程的加速和人民生活水平的逐步提高，我国出现了越来越多的工业固体废弃物。大量的工业废弃物会污染环境、危及人们的身心健康，如何有效处理工业固体废弃问题已经迫在眉睫
城市固体垃圾	又称城市固体废物，它是指城市居民日常生活或为城市日常生活提供服务的活动中产生的固体废物。城市垃圾主要来自城市居民家庭、城市商业、餐饮业、旅馆业、旅游业、服务业、市政环卫、交通运输、工业企业单位及给排水处理污泥等。典型的城市固体废物包括废塑料、废橡胶、废汽车、废旧家电、废纸和建筑垃圾等
热力	可提供热源的热水和过热或饱和蒸汽，包括工业锅炉、公用热电站和企业自备电站生产的外供蒸汽及使用单位的外购蒸汽；不包括企业自产自用的蒸汽和蒸发量 2 吨/小时以下的采暖锅炉提供的热水和蒸汽

二、能源统计的计量单位

（一）原始单位（实物量单位）

由于各种能源的形态不一样，在对实物量进行计量时往往采用不同的单位，如对固体燃料采用质量单位，气体燃料采用体积单位等。而且对于同一种能源，各国所用的计量单位也不一致。计量各种能源的实物量所用的单位称为“原始单位”（实物量单位）。为了便于查阅，表 5—8 列出了能源统计中常用的一些原始单位。国际上关于液体燃料的原始单位更为复杂，因此表 5—9 给出世界各国的原油密度和桶与吨的换算，表 5—10 则为各种成品油的比体积的单位换算。

---

① 煤矸石：采煤过程和洗煤过程中排放的固体废物。

表 5—8　　　　　　　　　　能源统计中的原始单位

燃料动力形式		单位	使用的国家和地区
各种固体燃料		吨①	世界各国
其他形态燃料	原油	吨①	中国、俄罗斯、东欧各国、西方各国、发展中国家
	各种成品油	桶②	中国、俄罗斯、东欧各国
		升	中国、俄罗斯、东欧各国
		加仑③	西方各国
	气体燃料	标准立方米	中国、俄罗斯等
		标准立方英尺	西方各国
	电力	千瓦小时	世界各国

注:①指 1 000kg;另外,英国还使用长吨(1 016.05kg,2 240 磅),美国还使用短吨(907.2kg,2 000 磅);②为容积单位,约为 159L;③为容积单位,分为英国加仑(4.546L)和美国加仑(3.785 4L)。

表 5—9　　　　　　　　　　原油密度与容积量换算

国家或地区	原有密度(t/m^3)
俄罗斯	0.856*
沙特阿拉伯	0.858
美国	0.848
伊拉克	0.846
伊朗	0.860
科威特	0.862
尼日利亚	0.851
委内瑞拉	0.901
中国	0.860*
利比亚	0.830
世界平均	0.860

注:世界原油平均按 7.3 桶等于 1t 折算 ,我国通常近似按 7 桶等于 1t 折算。* 代表联合国估计值。

表 5—10　　　　部分石油产品的密度和比体积(折合每一吨的量)的换算

品种	密度(g/cm^3)	比体积(dm^3/t)	美国加仑(gal/t)	英国加仑(gal/t)	石油(桶/t)
汽油	0.74	1 351	357	297	8.50
煤油	0.81	1 235	326	272	7.77
燃油	0.87	1 149	304	253	7.23
渣油	0.95	1 053	278	232	6.62
燃油平均	0.91	1 099	290	242	6.91

(二)通用单位

能源统计要反映多种能源的相互关系,就必须用共同的单位去计量不同的能源。不同的对象能找到一种通用的度量单位的先决条件是这些被研究对象必须要有共同的属性。各种能源的共同属性之一是都有货币形式表现的价值,因此能源价格可以作为能源的一种通用度量单位。这一属性是所有社会产品共有的性质,因此在整个国民经济的综合平衡投入—产出分析中常采用价值表现形式。但是,在能源统计分析中用这种通用单位并不理想,因为一方面各种能源的价格是不断变化的,变化的比例还常常不同;另一方面,它也不反映能源系统内各种技术工艺过程的相互联系,以及能源使用与相互替代所依据的基本属性。

各种能源的另一个共同的属性是都含有能,在一定的条件下都可以转化为热。这就是各种能源的使用、替代及相互间进行物理或化学转化过程时所依据的基本属性。因此,很自然地选用各种能源所含的热量作为统计计量的通用单位。各种通用单位见图 5—2。其中,高位热值是指单位体积($1m^3$)燃气完全燃烧后其烟气被冷却至原始温度,而其中的水蒸气以凝结水状态排出时所放出的热量;低位热值是指单位体积($1m^3$)燃气完全燃烧后其烟气被冷却至原始温度,但烟气中的水蒸气仍为蒸气状态时所放出的热量。高位热值与低位热值的根本区别在于:燃料燃烧产物中的水呈液态还是气态;低位热值=高位热值−水蒸气的凝结热。

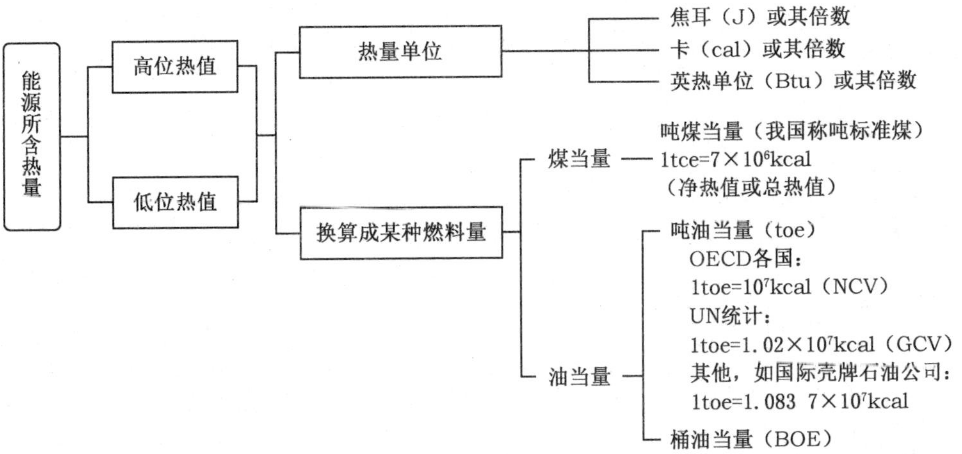

图 5—2 能源统计中的各种通用单位

由图 5—2 可知,在用能量作为通用单位时有两种方法:一种直接用热量单位,另一种是折合成某种燃料当量(指热量上相当)。目前各国均按自己的不同习惯使用各自的单位。我国能源统计中现在用煤当量作为通用单位(称为“标准煤”或“标煤”),因为我国能源以煤为主，多年来均沿用此单位。我国规定每千克煤当量为 7 000 千卡热(1cal＝ 4.186 8J)。在测化石燃料热值时用净热值(低位热)，并且规定所用的是 20℃卡(符号为 cal20)。

实际应用的通用单位还是比较复杂的。燃料的热值又有总热值和净热值(我国称之为高位热值与低位热值)之分。它是很多国家能源计量单位的基础，但它所包含的能量大小却随卡的定义不同而稍有差异。注意两个概念：①当量热值——低(位)发热量等于 29.27MJ(或 7 000kcal)的固体燃料称为 1kgce，在能源统计计算中采用 tce。低(位)发热量等于 41.82MJ(或 10 000kcal)液体或气体燃料称 1kgoe 或标准立方米气。按标准煤量(或标准油量)折算的热量值称为当量热值。②等价热值——是指为了得到一个单位的二次能源(如汽油、柴油、煤油等石油制品，焦炭，煤气，电力，蒸汽等)或耗能工质①(如压缩空气、氧气、各种水等)在工业上实际要消耗的一次能源的热量。表 5—11 是能源统计中经常使用的通用单位之间的换算系数。

表 5—11　　能源统计中常用的通用单位之间的换算

	百万千卡 (10^6 kcal)	万吨标煤 (10^4 TCE)	万吨标油 (10^4 TOE)	亿千瓦时 (10^8 kW·h)	万亿焦耳 (10^{12} J)	万亿英热单位 (10^{12} Btu)
百万千卡 (10^6 kcal)		1.43×10^{-5}	10^{-5}	0.116×10^{-4}	4.18×10^{-3}	3.97×10^{-6}
万吨标煤 (10^4 TCE)	7×10^4		0.7	0.813	293	0.278
万吨标油 (10^4 TOE)	10×10^4	1.43		1.163	418.6	0.397
亿千瓦时 (10^8 kW·h)	8.6×10^4	1.23	0.86		360	0.341 3
万亿焦耳 (10^{12} J)	238.9	3.413×10^{-3}	2.389×10^{-3}	2.77×10^{-3}		0.94788×10^{-3}
万亿英热单位 (10^{12} Btu)	25.21×10^4	3.6	2.521	2.93	1 055	

注：(1)取 1 吨标煤＝7×10^6 kcal；(2)取 1 吨标油＝10^7 kcal；(3)万亿焦耳记作 TJ(10^{12} J)，千万亿焦耳记作 pJ(10^{15} J)。

1969 年，国际计量委员会建议废除卡作为热量单位，采用国际单位制(SI)中的焦耳作为能、功和热的单位，其定义为 1 国际安培电流在 1 国际欧姆电阻上 1 秒钟内消

① 耗能工质：在生产过程中所消耗的那种不作原料使用，也不进入产品，制取时又需要消耗能源的工作物质。它是由能源经过一次或多次转换而成的非热性属性的载能体，例如工业水、压缩空气、氧气、氮气、氩气、保护气等。消耗这些物质也间接地消耗了能源。

耗的电能。采用国际统一单位，在保证信息传递的一致性和准确性方面有很大好处，可以避免混乱，节省大量人力物力。为了向国际标准单位过渡，许多国家和国际组织在采用其他单位的同时，也应用了这个单位。我国国家标准总局发布的国家标准（GB-2586 至 2589-81）中对此也作了相应规定。我国现已正式推行以国际单位制单位为基础，同时选用一些非国际单位制的单位构成的“中华人民共和国法定计量单位”（简称法定单位）。法定单位中的能量单位为焦（焦耳），符号为 J。但在现行能源统计中仍然常常沿用非法定单位——标煤。

我国采用的能源标准是标准煤，以此作为各种能源换算成标准煤时的标准量。国家标准（GB2589-81）规定，每千克标准煤的热值为 29 271 千焦（即 7 000 千卡）。特别说明：根据 GB2589-1990 标准规定，应用基低（位）发热量为 29. 307 6MJ（兆焦）的燃料，称为 1Kg（公斤）标准煤。为了便于将各种能源的实物量换算成标准量，需要对能源进行抽样实测，求得平均低位发热量，然后再与能源标准量对比，计算出这种能源的折标准煤换算系数。将系数乘以实物数量，即得该种能源的标准煤数量。国家公布的参考标准如表 5—12 所示：

表 5—12　　各种能源折标准煤参考系数

能源名称		平均低位发热量	折标准煤系数
原煤		20 908 kJ/kg(5 000 kcal/kg)	0. 714 3 kgce/kg
洗精煤		26 344 kJ/kg(6 300 kcal/kg)	0. 900 0 kgce/kg
其他洗煤	洗中煤	8 363 kJ/kg(2 000 kcal/kg)	0. 285 7 kgce/kg
	煤泥	8 363 kJ/kg ～ 12 545 kJ/kg (2 000 kcal/kg ～ 3 000 kcal/kg)	0. 285 7 kgce/kg ～ 0. 428 6 kgce/kg
焦炭		28 435 kJ/kg(6 800 kcal/kg)	0. 971 4 kgce/kg
原油		41 816 kJ/kg(10 000 kcal/kg)	1. 428 6 kgce/kg
燃料油		41 816 kJ/kg(10 000 kcal/kg)	1. 428 6 kgcc/kg
汽油		43 070 kJ/kg(10 300 kcal/kg)	1. 471 4 kgce/kg
煤油		43 070 kJ/kg(10 300 kcal/kg)	1. 471 4 kgce/kg
柴油		42 652 kJ/kg(10 200 kcal/kg)	1. 457 1 kgce/kg
煤焦油		33 453 kJ/kg(8 000 kcal/kg)	1. 142 9 kgce/kg
渣油		41 816 kJ/kg(10 000 kcal/kg)	1. 428 6 kgce/kg
液化石油气		50 179 kJ/kg(12 000 kcal/kg)	1. 714 3 kgce/kg
炼厂干气		46 055 kJ/kg(11 000 kcal/kg)	1. 571 4 kgce/kg
油田天然气		38 931 kJ/m^3(9 310 kcal/m^3)	1. 330 0 kgce/m^3
气田天然气		35 544 kJ/m^3(8 500 kcal/m^3)	1. 214 3 kgce/m^3

续表

能源名称		平均低位发热量	折标准煤系数
煤矿瓦斯气		14 636 kJ/m^3～16 726 kJ/m^3 (3 500 kcal/m^3～4 000 kcal/m^3)	0.500 0 kgce/m^3～0.571 4 kgce/m^3
焦炉煤气		16 726 kJ/m^3～17 981 kJ/m^3 (4 000 kcal/m^3～4 300 kcal/m^3)	0.571 4 kgce/m^3～0.614 3 kgce/m^3
高炉煤气		3 763 kJ/m^3	0.128 6 kgce/m^3
其他煤气	a)发生炉煤气	5 227 kJ/kg(1 250 kcal/ m^3)	0.178 6 kgce/ m^3
	b)重油催化裂解煤气	19 235 kJ/kg(4 600 kcal/ m^3)	0.657 1 kgce/ m^3
	c)重油热裂解煤气	35 544 kJ/kg(8 500 kcal/ m^3)	1.214 3 kgce/ m^3
	d)焦炭制气	16 308 kJ/kg(3 900 kcal/ m^3)	0.557 1 kgce/ m^3
	e)压力气化煤气	15 054 kJ/kg(3 600 kcal/ m^3)	0.514 3 kgce/ m^3
	f)水煤气	10 454 kJ/kg(2 500 kcal/ m^3)	0.357 1 kgce/ m^3
粗苯		41 816 kJ/kg(10 000 kcal/kg)	1.428 6 kgce/kg
热力(当量值)		—	0.034 12 kgce/MJ
电力(当量值)		3 600 kJ/(kW·h)[860 kcal/(kW·h)]	0.122 9 kgce/(kW·h)
电力(等价值)		按当年火电发电标准煤耗计算	
蒸汽(低压)		3 763 MJ/t(900 Mcal/t)	0.128 6 kgce/kg

(三)各种能源的"相当"与替代

使用上述能源通用单位来计量各种能源时,只考虑了能源的含热量,没有进一步考虑其他因素,因此,两种能源在按通用单位计算时数量相同而认为它们相当,只是含热量上的相当。在能源统计中进行各种能源的综合平衡以及其他研究时,有很多情况都只是从这个涵意上来考虑的。这种处理问题的方法称为"部分相当法"。

应当指出,将一种能源转换成其他能源当量时,绝不意味着X单位的A种能源实际上能够代替Y单位的B种能源。例如,1t石油制品所含的热约等于2t原煤所含的热,但实际上2t原煤往往不能代替1t石油。实际的相互替代关系和能源的用途与用能设备的效率有关,也就是说,实际的替代关系必须从"有用能"(或实际完成的社会服务)的角度来考虑。

在印度的能源分析中,有人采用过一种称作"代煤量"(the Coal Replacement Ton)的概念。它的定义为:在某一特定用途(如炊事)中,使用了一个单位的某种能源,为了产生与该种能源所产生的相同的有用能所需的煤的数量,就称为那种能源的"代煤量"。这种单位在能源分析中很有用,但在能源统计中还未见应用。

三、能源统计的体系

(一)能源统计的指标体系

能源统计指标体系，是指一系列有内在联系并互相补充的统计指标，按一定的目的、意义系统地结合在一起，用以说明总体数量特征所形成的体系。它是社会经济现象数量联系的反映。能源统计指标体系建立在能源系统流程的基础上，它通过对能源勘探、开发、生产、加工、转换、输送、流转、储存和使用等一群统计指标的有机联系，全面、系统地反映能源系统流程的内在联系、数量关系以及总体特征、发展规律。

(二)能源统计体系的分类

能源统计体系可分为10大类：

1. 能源资源统计

能源资源统计是对现有能源资源的品位、储量和开发利用情况，以及资源对需求的保证程度所进行的统计，它可为制定能源方针政策、编制能源开发规划提供基础数据。目前，我国能源资源统计主要对水力、煤、石油、天然气和核资源进行统计。

2. 能源生产统计

能源生产量统计是反映能源生产规模、构成、生产成果和发展速度的主要指标，为编制能源生产计划、检查能源生产计划完成情况、分析能源合理构成、研究能源合理开发利用提供重要依据。按能源的成因分为“一次能源产量”和“二次能源产量”。

一次能源生产量是指生产一次能源的企业(单位)在报告期内将自然界现存的能源资源经过开采而产出的合格产品，如煤矿采掘的原煤、油田开采的原油、气田开采出的天然气等。人类通过发电装置生产的电力，应作为二次能源，但为了在统计中便于处理，将水电、核电、风电、太阳能电视为一次能源产量。

二次能源生产量是指报告期内将一次能源经过各种加工转换设备(如发电设备、洗煤装置、炼焦炉、工业锅炉、炼油设备、煤气发生炉、煤制气、油制气、焦制气装置)所产出的另外一种形式的各种合格能源产品，如电力、热力、洗煤、焦炭、各种石油制品、焦炉煤气、城市煤气等。

3. 能源加工、转换统计

能源加工与能源转换既有联系又有区别，两者都是将能源经过一定的工艺流程生产出新的能源产品。能源加工，一般只是能源物理形态的变化，如原油经过炼制成为汽油、煤油、柴油等石油制品；原煤经过洗选成为洗煤；炼焦煤经过高温干馏成为焦炭；煤炭经过气化成为煤气等。能源转换是能源流程中的能量形式的转换，如热电厂将煤炭、重油等投入耗能设备中，经过复杂的工艺过程把热能转换为机械能，机械能转换为电能。能源转换统计的重点是火力发电和供热。

能源加工、转换统计主要是反映能源加工、转换过程中能源的投入与产出之间的定量关系；分析能源加工转换效率及其影响因素；为挖掘节能潜力、提高经济效益，并为编制能源平衡表提供资料。

4. 能源运输(输送)统计

能源运输(输送)是能源流程中从生产领域输送到消费领域的重要环节。能源运输(输送)统计是对能源在各种运输与输送活动中的数量、去向进行统计，以反映能源运输与输送的流向情况、流量规模与构成、输送的合理性以及对社会再生产顺利进行的保证程度。

5. 能源流转统计

能源流转是指能源生产企业和从事能源销售的批发零售贸易业，把煤炭、石油、天然气、煤气、电力、热力等能源产品作为商品，从生产领域流转到消费领域的转移过程。

能源流转统计是通过购进量、销售量、库存量等以实物和价值量指标反映能源离开生产领域后，在流通领域中的运动过程，能源销售和供应的规模、构成等变化情况，能源供求之间、产销之间的经济联系等。它为编制计划、加强能源流通领域的经济管理、综合分析市场的特点及发展趋势提供依据。

6. 能源库存量统计

能源库存量统计是对一定时点各种能源库存量及其构成情况的统计。从宏观来说，是反映能源国情国力的一项重要指标，对研究能源库存构成、合理调剂和充分利用现有能源资源、保证社会再生产正常进行、改善能源供应、调剂市场供需、加速能源周转等方面有着重要意义。能源库存量是个静态指标，它反映在报告期内某个时点，企业、行业、地区或全国所实际拥有的待用的储备量。

7. 能源消费统计

能源消费是能源流程的终点。能源消费统计主要反映能源消费的数量、质量和构成情况，它属于反映国情国力的重要指标。能源消费与能源资源、能源生产、能源流转、能源运输、能源储备之间都有一定的相关关系，与社会经济发展也密不可分。因此，能源消费统计不但在能源统计中具有重要作用，而且是社会经济统计中十分重要的一环。

8. 能源综合平衡统计

能源综合平衡统计是国民经济综合平衡统计的重要组成部分，是一项综合性很强的系统工程。从微观到宏观、从单项到综合、从局部到整体、从个别能源流转环节到全部能源系统流程，形成了一个完整的能源平衡体系。它是能源统计工作的高级阶段，全面系统地反映一定时期内能源的资源开发、加工转换、输送、分配、储备、使用的整个能源系统流程的全貌和能源系统内各运行环节的特征以及相互之间的联系和能源经济运行中所形成的总量、速度、比例、效益之间的制约和平衡状况。能源平衡统计是国家制定能源和国民经济及社会发展政策、编制能源规划、加强能源科学管理、分析能源供需状况、建立能源投入产出模型、进行能源生产和需求预测等工作的重要基础和依据之一。

9. 能源经济效益统计

能源经济效益是指投入能源与产出的经济效果的比较。能源经济效益指标按其反映的范围可分为宏观经济效益指标和微观经济效益指标。前者是反映全社会效益和整个国民经济效益的指标;后者是反映一个企业、一个单位的经济效益状况的指标。介于两者之间的为中观经济效益,如反映各个地区、各个行业的经济效益指标。很多指标既适用于反映宏观经济效益,也适用于反映微观经济效益,如单位产值能耗、单位产品能耗、节能率等。

单位国内生产总值能耗中,国内生产总值是反映一个国家、一个地区在一定时期内所生产的最终产品和提供的劳务总量的货币表现,是综合反映社会经济活动成果的重要指标。能源消费总量是指物质生产部门、非物质生产部门和生活所消费的各种能源的能量总和(包括终端消费量和能源加工转换损失量)。用能源消费量与国内生产总值进行对比,即单位国内生产总值能耗,可以反映单位经济成果消耗能源情况。用国内生产总值与能源消费量进行对比,即单位能源消费量实现的国内生产总值,可以综合反映单位能源消费所获得的经济成果。两者均可以反映评价能源经济效益,一般采用单位国内生产总值能耗,计算公式为:

单位 GDP(国内生产总值)能耗=能源消费总量/国内生产总值

此外,根据分析能源经济效益的不同需要,可采用单位能源消费量实现工业总产值、工业增加值、工业利润总额或用其逆指标来反映能源经济效益状况。计算方法同上。

10. 能源节约统计

能源节约即节能,是指在能源流程各个环节,不断采取切实可行的有效措施,在满足相等或达到相同目标的条件下,所节约和少用的能源。节能可分为直接节能和间接节能。直接节能,又称技术节能,是指能源系统流程各环节中,由于加强企业经济管理和节能科学管理,减少跑、冒、滴、漏;改革低效率的生产工艺,采用新工艺、新设备、新技术和综合利用等方法,提高能量有效利用率,从而降低单位产品(业务量)的能源消费量所实现的节能。间接节能,又称结构节能,是指通过合理调整、优化经济结构、产业结构和产品结构,提高产品生产过程中能源使用的质量和效率,节约使用各种物资等途径所达到的节约效果。

能源节约量的基础指标主要有三个:单位产值综合能源消费量、单位产品产量(工作量)综合能源消费量和单位产品产量(工作量)单项能源消费量。能源节约统计的主要指标包括:工业行业结构节能量、企业节能量、交通运输部门节能量和节能率等。

第四节 能源统计分析

一、能源统计分析概述

(一)能源统计分析的概念

能源统计分析是指在占有大量的能源统计资料和深入实际调查研究的基础上,运用统计分析的基本原则和方法,对能源系统流程运动的内在联系及其发展变化规律、能源综合平衡状况、能源资料构成和能源消费构成、能源流转、能源加工深度、能源储存、能源经济效益、能源综合利用以及与国民经济发展的依存关系等方面,进行分析、研究、判断和推理,找出新情况、新问题并提出切实可行的建议。

(二)能源统计分析的特征

(1)从量的分析入手,对能源技术经济现象进行定量研究。它是以统计资料为主要依据,数字与情况相结合的定量分析。

(2)具有综合性、总体性和系统性。能源统计分析着眼于能源系统流程的总体特征和系统各环节的相关性,对能源综合平衡状况、能源系统结构及其运行合理化进行分析研究。

(3)具有广泛性和相关性。能源独有的特点是使用的广泛性,它与社会各领域密切相关,与社会发展有着相互制约的关系。因此,在进行能源统计分析时,必须采用大量相关的经济指标进行对比,分析它们之间的内在联系和相互制约的关系,以及对各个经济领域的影响程度。

(4)具有多样性和灵活性。能源统计分析既可分析宏观经济问题,也可分析微观经济问题;既可就某一个问题进行专题分析,也可将有关问题联系起来进行综合分析;既可分析过去,也可预测未来。

(三)能源统计分析的类型

(1)定期分析。如月度、季度、年度等经常性的分析,主要反映能源的产、供、销状况,能源库存变化情况,能源经济效益的高低,节能计划完成情况等。这种分析的内容可短小精悍,力求实效性。

(2)专题分析。这是对某项专门问题的分析。例如,对某种能源奇缺,供不应求,某种能源库存不断下降或升高,储存不足或超存积压;或某一地区某一行业某些企业节能显著或能源使用浪费严重等进行专项调查和分析。这种分析一般不是定期的，可因时、因地、因事进行选题，要求主题鲜明、重点突出，抓住主要矛盾进行系统深入的调查与分析，提出解决矛盾的切实建议。

(3)综合分析。这是对能源经济运行状况进行比较全面的分析或对综合性问题进行的分析。例如，对能源综合平衡状况的分析、能源系统流程全过程的分析、能源与社会经济发展相互关系的分析。这种分析反映能源经济运行的全貌和各个环节的内在联系，以及能源与社会经济各领域相互制约的关系。

二、能源统计分析的原则和步骤

(一)能源统计分析的原则

(1)实事求是的原则。能源统计分析必须要建立在客观事实的基础上，按照唯物辩证法的科学原理观察问题，正确认识社会经济现象的内在联系及其发展变化的规律。要用全面的观点、发展的观点和对立统一的规律，研究主要矛盾和矛盾的主要方面，区分主流和支流，透过现象反映本质。在反映情况及问题时，必须进行认真核实，有根有据，既要反映成绩，也要揭露问题；既报喜，也报忧。

(2)政策导向的原则。能源统计分析要以中央确定的能源方针"开发与节约并重，近期把节能工作放在优先地位"为重点，以能源经济效益为中心，调查研究能源流程中的经济效益状况，挖掘节能潜力，揭露能源系统流程中的损失浪费现象，提出合理有效利用能源的途径。

(3)理论联系实际的原则。对所掌握的感性材料去粗取精、去伪存真、由表及里地进行深入分析研究，增强分析的鲜明性和科学性，实现数字与情况、材料与观点的有机统一，使分析的结论切合实际。

(4)科学性的原则。分析主题的选择要对路、适时，具有鲜明性、时效性，避免一般的"老生常谈"；论点要明确，避免含糊不清、模棱两可；判断要准确，有充分依据，避免主观、片面，随意定性；推理要符合客观事物的内在联系，避免不符合逻辑的判断。

(二)能源统计分析的步骤

能源统计分析是能源统计工作的综合产品，是对能源统计资料进行高度的深加工，其工作量较大、步骤较多，主要有以下五个方面：

(1)确定分析研究的题目，明确目的。根据分析研究的题目和目的，进行有针对性的选题。题目要醒目、新颖、突出、适时，要紧紧围绕党和国家的方针政策和当前的中心工作，以及社会经济发展中的新情况、新问题选题。

(2)周密构思，拟好分析大纲。分析工作大纲，一般包括分析的目的和要求、主题和纲目、内容和重点、论点和论据、资料的补缺和扩充、分析的方法和过程等。分析大纲要随着分析工作的进展和认识的深化，不断进行修正和补充。

(3)搜集、鉴别、加工整理资料。既掌握可靠数据也要掌握活情况，占有丰富的、准确的、适用的资料是统计分析的基础。资料的来源，可采取多种渠道进行搜集，如从定期统计报表、历史资料和业务部门的专业统计资料搜集；或组织专题调查、召开经济情况分析会，从中搜集情况；也可从统计信息网和统计分析网中选择若干地区、部门或企业作为联系点，定期沟通情况、提供信息，分析能源与经济运行中的新情况和新问题。在广泛搜集资料的基础上，对资料的准确性、代表性、可比性进行审查核对，确认符合统计分析的要求，方可使用。认真鉴别资料的可信程度十分重要，只有真实、可靠的统计资料才能产生正确的论点；虚假的资料会引申出错误的论点，会导致决策的失误。根据分析的要求，对搜集、鉴定的资料运用统计分析法，进行系统的加工整理，使统计资料条理化、系统化，更深层次地反映客观实际。

(4)科学合理地进行数据分析。应用各种分析方法，对计算出的平均数、相对数、动态数列等各种分析资料进行辩证分析，由点到面、由部分到全体，逐步分析归纳，揭示事物发展的趋势、程度、关联和特点，做到既有定性的分析，也有定量的分析，阐明现象的发展规律，找出处于萌芽阶段的新事物、新情况和新问题，观察其发生变化的各种因素，并分析影响变动的主要原因。

(5)客观撰写能源分析报告。归纳概括分析结果，形成观点，写出内容丰富，有数据、有情况、有建议的分析报告。能源分析报告的结构一般分为："基本情况""成绩与经验""问题及原因""变化和规律""发展与展望""建议及措施"等部分。

三、能源统计分析的技术方法

常见的能源统计分析方法有以下六种：

(1)统计分组法。统计分组法是指根据统计研究的任务，将所研究的社会经济现象总体按照一定标志划分为若干组的方法，是统计研究的基本方法。根据研究任务的要求，对调查所得的原始资料，确定哪些分组或分类。统计分组是统计整理的关键。统计分组具有两方面的含义：对总体而言是"分"，即将总体中的各个个体按照它们的差异性区分为若干部分；对个体而言是"合"，即将性质相同的个体归并在一起。正确选择分组标志，是进行科学分组的关键。分组标志分品质标志和数量标志两种。按品质标志分组时，有些是比较复杂的。例如，劳动力按职业分组，生产按部门分组，产品按种类分组，这种复杂的品质分组在统计上统称为分类。在按数量标志分组时，则要注意数量界限必须能够反映各组现象的质量差别。统计分组可以按一个标志进行简单分组，也可以把两个以上标志结合起来进行复合分组。复合分组可以说明更多问题，但分组的组数会成倍增加，容易使统计资料过分繁杂。在一般情况下，不宜采用过多标志来编制分组资料。

（2）比较分析法。比较分析法也称对比分析法，是通过实际数与基数的对比来提示实际数与基数之间的差异，借以了解经济活动的成绩和问题的一种分析方法。在科学探究活动中，常常用到对比分析法，这种分析法与等效替代法相似。比较分析法就是将互相联系的指标进行对比分析，发现问题，揭示矛盾，找出解决矛盾的办法。运用比较分析法应注意两个问题：一是要记住指标的可比性。用来比较的现象是同类的，指标内容、口径、计算方法、计算单位等必须相同，也就是要有可比性。二是进行比较分析时，不但要看相对数，还要看绝对数。因为只看相对数，容易被现象所迷惑。比较分析法包括与计划比，与基期或前期比，与历史最好水平比，与国内、国外先进水平比等。

（3）结构分析法。结构分析法是指对经济系统中各组成部分及其对比关系变动规律的分析，如国民生产总值中三种产业的结构及消费和投资的结构分析、经济增长中各因素作用的结构分析等。结构分析主要是一种静态分析，即对一定时间内经济系统中各组成部分变动规律的分析。如果对不同时期内经济结构变动进行分析，则属动态分析。结构分析法是把事物的总体分解为各个组成部分，通过观察其内部的构成，可以分清影响事物发展的主要方面和次要方面，从而找出主要原因和事物的本质特征。总量分析和结构分析是相互联系的。总量分析侧重于总量指标速度的考量，侧重分析经济运行的动态过程；结构分析侧重于对一定时期经济整体中组成部分相互关系的研究，侧重分析经济现象的相对静止状态。总量分析方法很重要，但它需要结构分析来深化和补充，而结构分析要服从于总量分析指标。为使经济正常运行，需要对经济运行进行全面把握，将总量分析方法与结构分析方法结合起来使用。

（4）动态分析法。动态分析法又称时序分析法，是将不同时期的因素指标数值进行比较，求出比率，然后用以分析该项指标增减或发展速度的一种分析方法。动态分析法是将所要分析的事物的指标数值，按时间顺序排列，形成一个动态数列，从数量方面分析事物发展变化的方向和速度，研究其发展变化的规律性。在经济学中，动态分析是对经济变动的实际过程进行的分析，其中包括分析有关变量在一定时间过程中的变动，这些经济变量在变动过程中的相互影响和彼此制约的关系，以及它们在每一个时点上变动的速率等。动态分析法的一个重要特点是考虑时间因素的影响，并把经济现象的变化当作一个连续的过程来看待。经济学动态分析是在假定生产技术、要素禀赋、消费者偏好等因素随时间发生变化的情况下，考察经济活动的发展变化过程。应用动态分析方法的经济学称为动态经济学，其中著名的动态分析理论有蛛网理论和宏观经济增长与周期方面的理论。蛛网理论其实只能算是基于时期数的“亚动态分析”，而非基于物理时间变量的真正的动态分析。

(5)因素分析法。因素分析法是利用统计指数体系分析现象总变动中各个因素影响程度的一种统计分析方法,包括连环替代法、差额分析法、指标分解法等。因素分析法是现代统计学中一种重要而实用的方法,它是多元统计分析的一个分支。使用这种方法能够使研究者把一组反映事物性质、状态、特点等的变量简化为少数几个能够反映出事物内在联系的、固有的、决定事物本质特征的因素。因素分析法是财务分析方法中非常重要的一种分析方法。运用因素分析法,准确计算各个影响因素对分析指标的影响方向和影响程度,有利于企业进行事前计划、事中控制和事后监督,促进企业进行目标管理,提高企业经营管理水平。因素分析法的使用需要注意几个问题,即因素分解的相关性、分析前提的假定性、因素替代的顺序性、顺序替代的连环性。这几个问题在实际应用中处理比较混乱,有必要对此进行深入探讨,以便正确运用。

(6)平衡分析法。平衡分析法是分析事物之间相互关系的一种方法。它分析事物之间发展是否平衡,揭示事物间出现的不平衡状态、性质和原因,指引人们去研究积极平衡的方法,促进事物的发展。统计平衡分析的主要方法有编制平衡表和建立平衡关系式。平衡表与一般统计表的区别在于:指标体系必须包括收入与支出、来源与使用两个对应平衡的指标。平衡表的主要形式有三种,即收付式平衡表、并列式平衡表和棋盘式平衡表。前两种形式如资产负债表、能源平衡表,后一种形式如投入产出表。平衡关系式是用等式表示各相关指标间平衡关系的式子,如:期初库存＋本期入库＝本期出库＋期末库存,资产＝负债＋所有者权益,增加值＝总产出－中间投入。统计中的平衡分析基本要求是:平衡分析要通过有联系指标数值的对等关系来表现经济现象之间的联系;要通过有联系指标数值的比例关系来表现经济现象之间的联系;要通过任务的完成与时间进度之间的正比关系来表现经济现象的发展速度;要通过各有关指标的联系表现全局平衡与局部平衡之间的联系。

中观篇

第六章 能源产业管理

第一节 能源产业布局

一、产业布局的基本理论

产业布局是指产业在一个国家或一个地区范围内的空间分布和组合的经济现象。产业布局可以通俗地理解为产业规划。产业规划就是对产业发展布局、产业结构调整进行整体布置和规划。产业结构就是指三大产业结构。具体的措施可以概括为统筹兼顾,协调各产业间的矛盾,进行合理安排,做到因地制宜、扬长避短、突出重点、兼顾一般、远近结合、综合发展。静态上,产业布局是指形成产业的各部门、各要素、各链环在空间上的分布态势和地域上的组合。动态上,产业布局则表现为各种资源、各生产要素甚至各产业和各企业为选择最佳区位而形成的在空间地域上的流动、转移或重新组合的配置与再配置过程。

产业布局的基本理论可分为三个大的模块:区位理论模块、产业集群理论模块、环境生态理论模块。

(一)古典、近代与现代区位理论

1. 古典区位理论

古典区位理论主要是指成本决定论和利润决定论。由于它们都采用新古典经济学的静态局部均衡分析方法,以完全竞争市场结构下的价格理论为基础,其特点是立足于单一的企业或中心,着眼于成本、运输费用最省,而不考虑市场消费因素和产品销售问题。因此,古典区位论被称为西方区位理论的成本学派。

(1)杜能:农业区位理论。也称为孤立国圈层理论。杜能对于其假想的“孤立国”,

给定了六个假定条件[①]，于是产生了下面两个问题：第一，在这样一种关系下，农业将呈现怎样的状态；第二，合理经营农业时，距离城市的远近将对农业产生什么影响。利用“孤立化的方法”则不考虑所有的自然条件差异，而只是考察在一个均质的假想空间中，农业生产方式的配置与距城市距离的关系。这种研究方法即我们通常利用的两种基本科学方法(演绎和归纳法)之一的演绎法。

(2)韦伯：工业区位理论。其中心思想是区位因子决定生产场所，将企业吸引到生产费用最小、节约费用最大的地点。韦伯将区位因子分成适用于所有工业部门的一般区位因子和只适用于某些特定工业的特殊区位因子，如湿度对纺织工业、易腐性对食品工业。经过反复推导，确定三个一般区位因子：运费、劳动费、集聚和分散。他将这一过程分为三个阶段[②]。

2. 近代区位理论

随着自由资本主义向垄断资本主义的过渡，第二、第三产业逐渐取代第一产业成了国民经济的主导部门，以及交通运输网的发达和劳动生产率的提高，市场问题成为产业能否盈利，甚至能否存在的关键。这时，出现了在考虑成本和运费的同时，注意市场区划分和市场网络理论结构的区位论。西方区位理论从古典区位论的成本学派逐步发展为近代区位的市场学派。近代区位论也由立足于单一的企业或者工厂转变为立足于城市或者地区，着眼于成本、运费最省发展为追求市场的扩大。

(1)费特：贸易边界区位论。费特认为，任何工业企业经营或贸易中，其竞争力都取决于销售量，取决于消费者数量与市场区域的大小。但最根本的是，运输费用和生产费用决定企业竞争力的强弱。这两种费用的高低与市场区域大小成反比。

(2)俄林：一般区位理论。俄林认为，地区是分工和贸易的基本地域单位，在资本和劳动力可以在区际范围内自由流动的情况下，工业区位取决于产品运输的难易程度及原料产地与市场之间距离的远近。在资本和劳动力不可能自由流动的情况下，工业区位取决于各地人口、工资水平、储蓄率和各地区价格比率变动等。

(3)克里斯泰勒：中心地学说。中心地学说是近代区位论的核心部分。该学说主要假定地域是一个均质平原，避开了自然地形和人工障碍影响，经济活动的移动可以长年在任何一个方向进行，居民及其购买力是连续的均匀分布，生产者和消费者都属

---

① (1)肥沃的平原中央只有一个城市；(2)不存在可用于航运的河流与运河，马车是唯一的交通工具；(3)土质条件一样，任何地点都可以耕作；(4)距城市50英里之外是荒野，与其他地区隔绝；(5)人工产品供应只来源于中央城市，而城市的食品供应则只来源于周围平原；(6)矿山和食盐坑都在城市附近。

② 第一阶段，假定工业生产引向最有利的运费地点，就是由运费的第一个地方区位因子划分出各地区基础工业的区位网络(基本格局)。第二阶段，第二个地方区位因子劳动费对这一网络首先产生修改作用，使工业有可能由运费最低点引向劳动费最低点。第三阶段，单一的力(凝聚力或分散力)形成的集聚或分散因子修改基本网络，有可能使工业从运费最低点趋向集中(分散)于其他地点。

于经济行为合理的人。在某一区域内，城镇作为“中心地”向周围地区提供商品和服务。中心地的规模和级别与其服务半径成正比，与其数量成反比。规模大、级别高的中心地还含有多个较其低级的中心地。

(4)廖什：市场区位理论。市场区位理论是利用克氏的理论框架，把商业服务业的市场区位理论发展为产业的市场区位理论。他首先做了与克氏相似的假定①。该理论认为，由于产品价格随距离增大而增大(产地价格加运费)，造成需求量的递减，因此单个企业的市场区最初是以产地为圆心、最大销售距离为半径的圆形。通过自由竞争，圆形市场被挤压，最后形成了六边形产业市场区，构成整个区域以六边形地域细胞为单位的市场网络。

(5)伊萨德：社会实践。伊萨德主张从“空间经济论”出发研究区位论，利用比较成本分析和投入产出分析等综合分析方法进行工业区位分析，把工业区位论作为“区域科学”的核心。他指出影响工业发展和布局的条件很多，作用不同，且在不同区域中的作用的变化很大。此外，其中有些因素是互相依存的，并且是可相互取代的②。伊萨德的最大贡献是把工业区位理论与社会实践结合起来，发挥地区的优势，建立地区性的最佳生产部门，把工业区位论作为地区开发规划的基本理论。

3. 现代区位理论

现代区位理论在研究内容上，从注重区位的经济产出到以人的生存发展为目标，强调协调人与自然的关系；在研究对象上，从市场机制研究转向政府干预和计划调节机制的研究，从单个经济单位的区位研究走向区域总体的研究，将现代区位与区域开发问题的研究相结合，如涉及区域地理环境、经济条件、自然条件、人口、教育、科技水平、消费水平、资本形成、经济政策和规划等各个方面的宏观的综合的分析研究。

(1)佩鲁：增长极理论。该理论被认为是西方区域经济学中经济区域观念的基石，是不平衡发展论的依据之一。增长极理论认为：一个国家要实现平衡发展只是一种理想，在现实中是不可能的，经济增长通常是从一个或数个“增长中心”逐渐向其他部门或地区传导；区域经济运行中，增长极具有极化效应和扩散效益。因此，应选择特定的地理空间作为增长极，以带动经济发展。狭义经济增长极有三种类型：产业增长极；城市增长极；潜在的经济增长极。广义经济增长极是指凡能促进经济增长的积极因素和生长点，其中包括制度创新点、对外开放度、消费热点等。

---

① 第一，在均质的平原上，沿任何方向运输条件都相同；进行生产的必要原料充足，且均等分布。第二，在平原中均等地分布着农业人口，最初他们的生产是自给自足的，且消费者的行为相同。第三，在整个平原中居民都具有相同的技术知识，所有的农民都可能得到生产机会。第四，除经济方面的作用外，其他因素都可不考虑。

② 如：资本因素与劳动因素之间的关系，当资本家建立特定规模的工厂时，在工资高、技术条件好、资金来源充裕、利率低的地区，可以采用最先进的自动化设备，虽然投资多，但可节省劳动费用；而在劳动力充足、工资低廉、资金来源困难的地区，则可采用不是很先进的技术，以节约投资。

(2)陆大道:点轴布局理论。点轴布局理论是增长极理论的延伸。该理论将区域经济看成是由“点”和“轴”构成的网络体系。“点”是指具有增长潜力的中心地域或主导产业,“轴”是指将各中心地域或产业联系起来的基础设施带。点轴布局理论可以指导产业有效地向增长极轴线两侧集中布局,从而由点带轴、由轴带面,最终促进整个区域经济的发展。

(3)弗农:梯度发展理论。该模式是基于缪尔达尔、赫希曼等人的“二元经济结构”理论,区域经济发展已形成了经济发达区和落后区(即核心区与边缘区),经济发展水平出现了差异,形成了经济梯度,试图利用发达地区的优势,借助其扩散效应,为缩小地区差异而提出的一种发展模式。根据产业生命周期理论,不同生命阶段的产业有不同的最优区位。一个地区发展水平的高低,取决于该地区支柱产业或战略产业在生命周期中所处的阶段。梯度发展理论的主要思想是通过梯度转移促进经济发展,因此从其理论内容看,与点轴布局理论有相似之处。

(4)缪尔达尔:地理上的二元经济结构理论。该理论的主要内容是:在后起国家的发展过程中,发达地区由于要素报酬率较高,投资风险较低,吸引了大量劳动力、资金、技术等生产要素和重要物质资源由不发达地区向其流入,使发达地区的经济得以更快地发展,从而在一定时期内发达地区与不发达地区的差距进一步拉大。发达地区的产业集中超过一定限度时,通常会出现规模收益递减现象。这时发达地区的人力、资金和技术等要素会向不发达地区转移,以降低生产成本,提高收益,增强竞争力,从而给不发达地区带来发展机遇。

(二)产业集群理论

1. 产业集群理论的依据

(1)斯密:劳动分工。亚当·斯密认为,劳动分工是国民财富增进的源泉,是经济生活的核心现象。他在《国富论》中分析道:劳动生产率上最大的增进,以及运用劳动时所表现的更大的熟练、技巧和判断力,似乎都是分工的结果。斯密不仅一般论述了采取分工生产的方式可以提高劳动生产率,而且深入分析了产生分工效率的原因。他将分工分为三种:企业内分工;企业间分工;产业分工或社会分工。第二种分工形式实质是企业集群形成的理论依据所在。正是因为这种分工,企业集群才会具有无论是单个企业还是整个市场都无法具备的效率优势。过细分工和市场分工都有一系列弊端,而企业集群保证了分工与专业化的效率,与此同时还能将分工与专业化进一步深化,反过来又促进了企业集群的发展。

(2)马克思:分工与协作。当事实证明新的生产组织方式(分工与协作)具有更高的生产率时,采取这种生产组织方式就成为资本家的普遍行为,以便利用分工的优势降低成本。建立在协作基础上的企业生产,可以产生比分散生产更大的效率。合力效应原因是：第一，协作性的集体生产在相同产量的条件下比分散生产节约了占用的空间；第二，有利于在交货期临近或其他紧急情况出现时，集中生产能完成较大的生产量；第三，在集体生产的环境中，个人能力可以通过劳动效率间的差异表现出来，努力争先地竞赛，提高了生产率；第四，把不同的生产环节容纳在一个企业中，有利于管理和控制，可以保持生产的连续性和比例性；第五，协作性的集体生产提高了生产资料的利用率。总之，对高效率和低成本的追求，成为产业集群形成的内在动因。

2. 产业集群理论的溯源

(1)马歇尔：规模经济理论和产业区理论。马歇尔在1890年出版的《经济学原理》中提出了两个重要概念：内部规模经济和外部规模经济。外部规模经济是指在特定区域的由于某种产业的集聚发展所引起的该区域内生产企业的整体成本下降。他认为外部规模经济与内部规模经济同样具有产业组织效率，因此十分重要，"这种经济往往能因许多性质相似的小型企业集中在特定的地方——即通常所说的工业地区分布——而获得"。

他在1890年就开始关注产业集聚，将大量种类相似的中小型企业在特定地区的集聚现象称作"产业区"，且集聚形成的原因在于企业能更好地获取外部经济提供的利益和便利。这些好处包括提供协同效应和创新环境，共享辅助性服务支持和高水平的专业化劳动力市场，促进区域经济的健康发展，平衡劳动需求结构和方便顾客等方面。他认为，大规模生产的主要利益，是技术的经济、机械的经济和原料的经济，并且通过分析给出了产业区内环境的特点及优势所在。

(2)韦伯：集群经济理论。韦伯认为，产业集群分为两个阶段：第一阶段是企业自身的简单规模扩张，从而引起产业集中化，这是产业集群的低级阶段；第二阶段主要是靠大企业以完善的组织方式集中于某一地方，并引发更多的同类企业出现，这时，大规模生产的显著经济优势就是有效的地方性集聚效应。韦伯把产业集群归结为四个方面的因素：技术设备的发展；劳动力组织的发展；市场化因素；经常性开支成本。从理论上看，韦伯运用模型对产业集聚优势的因素进行了量化研究，研究成果具有较高的理论价值。但是，韦伯对产业集聚的研究同其区位理论中的其他内容一样，是一种纯理论化的研究。对于所处的外部动态环境中的企业来讲，如果脱离了一切制度、社会、文化、市场竞争、历史因素，只是简单地从资源禀赋、能源消耗等角度考察产业集群的形成与发展，其研究结论在科学的现实性方面存在不足。

(3)克鲁格曼：新经济地理学理论。克鲁格曼通过建立各种模型将规模经济、不完全竞争市场结构引入国际贸易，指出规模经济是国际贸易产生的原因，从而成功解释了第二次世界大战后国际贸易发展变化的新格局，建立了国际贸易新理论。同时，克鲁格曼考虑了运输费用问题，突破了传统国际贸易理论运输成本为零的假定，提出了经济活动的区位问题。新经济地理学是当代西方经济学领域中继新产业组织理论、新贸易理论、新增长理论之后出现的第四次“新经济学”研究浪潮。它采用了收益递增—不完全竞争模型的建模技巧对空间经济结构与变化过程进行重新考察，其目的在于将经济地理分析纳入主流经济学的范畴中。新经济地理学除了构建反映经济活动地理集中现象的理论模型外，还特别强调运用所构建的新经济地理模型对典型案例进行实证分析。

(4)科洛索夫斯基：地域生产综合体理论。在一个工业点或一个完整的地区内，根据地区的自然条件、运输和经济地理位置，有计划地安置各企业，从而获得特定的经济效果，这样的一种各企业间的经济结合就称为生产综合体。因此，地域生产综合体具有聚集性质。科洛索夫斯基认为，地域生产综合体由一些具有不同功能的部门组成：第一，经营类，即体现地域生产综合体发展方向的专业化企业，是综合体的核心；第二，关联类，即与专门化企业由前向后向联系的企业；第三，依附类，即利用专门化企业的废料进行生产的企业；第四，基础设施，即为各类企业提供一般性生产条件的多种措施，包括生产性基础设施、社会性基础设施和结构性基础设施。地域生产综合体的组成结构表明，它是一种典型的产业聚集，聚集的核心是专业化企业，围绕这一核心的是关联企业、依附类企业，企业之间具有生产的投入产出联系，企业共享各类基础设施。

(5)熊彼特：技术创新理论(区域创新理论)。技术创新及其扩散促使具有产业关联性的各部门的众多企业形成集群。因为创新不是孤立事件，并且不在时间上均匀分布，而是相反，它们趋于群集。因为在成功的创新之后，首先是一些，接着是大多数企业会步其后尘；其次，创新甚至不是随机地均匀分布于整个经济系统，而倾向于、集中于某些部门及其邻近部门。其中包括两点：一方面，创新会比随后类似的创新要艰难得多，一旦突破入门障碍，对后来者的启迪，包括观念、认识、信心及行为都有极大激励；另一方面，创新是一个学习过程，首次创新的失败教训和成功经验，都会给后来者提供少走弯路、快速实现创新成功并较快获得超过社会平均赢利能力的机会的借鉴。两点重要性造成的结果将是客观诱导后来者蜂拥而至，即形成技术创新的群集现象。

(6)格兰诺维特：新经济社会学的“根植性”。新经济社会学有三个基本主题：根植性、社会网络和制度。格兰诺维特在1985年比较完整地提出了根植性的概念，指出经济行为是根植在网络与制度中的，这种网络与制度是由社会构筑并具有文化意义的。他指出，通过企业在本地的扎根和结网所形成的地方集聚，可以使企业构筑起交流与合作的系统，从而增强企业的竞争力。之所以如此，是因为依赖于人际信任关系的社会网络可以超越企业的边界，使企业的社会互动在某种程度上强于其原有状态。其主要理由：一是以信赖为基础的社会网络中的企业有强烈的合作愿望，以共同承担风险，减少机会主义行为的产生；二是企业间的关系相对稳定，不容易出现报复行为；三是企业间有着共同的利益，容易采取一致行动达到共同的目标。新经济社会学派的“根植性”概念较好地解释了企业集群的社会文化因素和当地产业氛围的作用，强调了学习型网络的重要性。然而有研究表明，根植性在集群形成的初期作用较大，当集群发展到一定阶段以后，较强的根植性甚至会影响集群向更高层次发展，如：基于产业集聚的特色工业园区在发展的初期，需要根植性的行为嵌入当地的经济中；当园区走向市场化、国际化，为避免路径依赖效应的负面影响，又要减少根植性行为。

(7)波特：竞争优势理论(新竞争理论)。波特率先提出全球经济下的产业集群理论，从一个全新的视角——竞争力的角度——来看待和分析产业集群现象。产业集群在竞争日趋复杂、知识导向和动态的经济体中，其角色也越来越重要。波特提出了由四种关键要素所形成的钻石体系理论，从竞争力角度对集群现象进行分析和研究，结果显示集群不仅仅降低交易成本、提高效率，而且改进激励方式，创造出信息、专业化制度、名声等集体财富。更重要的是，集群能够改善创新的条件，加速生产率的成长，也更有利于新企业的形成。虽然群内企业的激烈竞争暂时降低了利润，但相对于其他地区的企业却建立起竞争优势。创新是企业竞争优势获得的根本途径，也是企业保持持续竞争能力和国家保持竞争优势的核心，而产业集群则正是企业实现创新的一种有效途径，因为产业集群本身就是一种良好的创新环境。这实际上是从竞争力的角度探讨产业集群概念，并指出“企业—产业—国家”三个层次之间竞争力的关系。

(8)巴格纳斯科：新产业区理论。新产业区是具有共同社会背景的人们和企业在一定自然地域上形成的“社会地域生产综合体”，是一个社会和地域性的实体，它是由一个在自然和历史所限定的区域中的人和企业集合的特征所决定的。新产业区的首要标志是本地化网络，也就是区域内行为主体之间的正式合作联系及其在长期交往过程中所发生的非正式交流关系。区域产业集群就是这样的产业区，它一经形成就具有难以复制的各种特性：一是因企业集聚而形成的高度专业化分工；二是本地结网；三是植根性；四是行为主体的对称关系。在新产业区，各企业都是相对独立的、平等的，没有支配和依附关系，都以平等的地位参与本地结网。

(9)威廉姆森：中间性体制组织。科斯于 1937 年提出了交易费用的概念，认为企业作为价格的替代物而产生。威廉姆森于 1975 年、1985 年界定了交易费用分析方法，用不确定性、交易频率和资产专用性解释了经济活动的体制结构，提出了“中间性体制组织”的概念。所谓中间性体制组织，是指介于纯市场组织和纯层级组织之间的组织形式。这些组织的存在，是组织本身从效率的角度或称生存能力角度内生性决定的。因为利用层级组织可能会带来协调成本过高而导致规模不经济，而市场交易成本过大也会存在市场失灵的风险。因此，中间性组织是对两者进行权衡后来决定自身组织结构的，区域企业集群就是这样的中间性组织结构。根据这一观点，可以把产业集群理解为:产业集群是基于专业化分工和协作的众多企业集合起来的组织,这种组织结构是介于纯市场和科层组织之间的中间性组织。它比市场稳定,比层级组织灵活。这一组织形式通过企业之间的分工与协作、交流与沟通,引起交易成本的降低,达到追求区域范围经济的目的。但是,实际上,新制度经济学提出的中间性组织的观点并不能完全解释产业集群的形成机理和发展的内在机制的作用。因为,一个较为成熟的产业集群内部结构涉及众多因素,绝不是只用中间性组织的概念就能阐述清楚的。

(三)环境生态理论

1. 环境承载力理论

环境承载力可以理解为某一区域环境在某一特定时期维持某种环境状态条件下所能提供的对人类活动支持能力的阈值。在产业布局优化中,必须将产业活动安排在环境承载力限度内。在一定地域的基础设施和生产力水平下,集聚程度超过一定限度时,集聚所带来的优越性和效益就会消失,甚至走向反面。而且,区域产业高度集聚对环境的不良影响也会累积,当超过该区域的环境承载力时,会造成环境质量急剧下降,影响环境的可持续发展,同时降低环境对产业发展的支持能力。

2. 产业生态学理论

产业生态学理论认为,合理的产业布局要使各产业的地域集聚在结构上有利于形成良性的物质循环和能量流动,形成各产业主体间相生相克的局面,使产业集聚群落中每个单位都占据一定位置,具有特定作用,各产业主体之间相互依存、相互制约,形成一种协同进化的局面。建设生态产业园区是实现经济效益和环境效益双赢的产业布局模式。

二、产业布局的影响因素

总体而言,产业布局的内容包括:①产业布局层次(全国性产业布局和地区性产业布局);②产业布局机制(产业布局的市场机制、产业布局的计划机制);③区域产业结构(产业构成和各个产业之间的联系,各个产业构成的比例关系的总和)。产业布局的特点包括:①各个产业由于自身的技术经济要求不同,而在布局上呈现出不同特征;②各地区根据自身条件,扬长避短,发挥优势,形成不同的产业结构。同时,产业布局应遵循五项原则:全局原则、分工协作与因地制宜原则、效率优先与协调发展原则、可持续发展原则、政治和国防安全原则。因此,产业布局的影响因素可归纳为以下几方面:

(一)传统视角下的影响因素

1. 自然因素

自然因素主要包括自然条件和自然资源。自然条件是指人类赖以生存的自然环境，它包括未经人类改造、利用的原始自然环境，也包括经过人类开发利用的改造后的自然环境。自然资源，也称为资源禀赋，是指自然条件中被人类利用的部分。能源产业发展所依赖的化石能源均为不可再生资源。

2. 经济因素

经济因素主要包括经济发展水平、市场需求和市场竞争、资本供给等。生产力发展水平是产业分布发生量的扩展和质变的原动力。产品的市场需求容量是产业分布的空间引力。对一个国家或地区而言，如有持续的资本供给，该国家或地区对产业就有更大的吸引力。此外，原材料、市场和运输、劳动力成本和劳动力质量、城市化规模经济性、本地化规模性等经济因素也会影响产业集群和布局。

3. 政府因素

政府职能与政府干预也会对产业布局产生作用。政府对产业布局的影响有三种不同方式：①直接划定产业布局政策，是一种由国家政府为刺激特定区域的经济发展（以某种激励或补贴形式）自上而下制定实施的政策；②产业布局政策，包括贸易政策与关税政策、国际政策；③导出的布局政策，由于各地方政策对于吸引投资，开发本地经济的意愿、方法和政策存在不同，这种差异实际上造成了空间布局政策的效果。

4. 社会因素

社会因素主要包括经济区位、人口总量和结构、历史传统和文化习惯等。经济区位是一个国家、地区或城市在国家、国内地域分工中的位置；区位是资本、技术和其他经济要素高度积聚的地区，也是经济快速发展的地区。人口是一个内容复杂、综合多种社会关系的社会实体，区域人口数量、密度及技术文化素质会对一定时期产业布局的重点、方向和途径产生影响。历史传统和文化习惯包括社会经济基础、经济体制、政治条件、法律和文化等因素。

（二）现代视角下的新影响因素

1. 知识经济

与工业经济相比，知识经济提高了产业区位选择的灵活性。随着知识经济的发展和产业结构的高级化，产业空间布局将进一步实现有序性，呈现分散与集聚共存的新趋势。

2. 经济全球化

经济全球化使得物质资源的流通可以跨越国家的行政边界，产业内部生产组织形式从传统的大批量生产转变为柔性生产，产业内部分化进一步加强，生产规模更加小型化，生产方向更加专业化。

3. 新区位因素

新区位因素包括技术创新环境、完善的基础设施、政策法规和行政效率、优美的生态环境、高素质人才的供给,以及地方文化的亲和力等。

三、能源产业布局的概述

能源产业布局是指按照工业布局原则及资源分布特点,能源工业生产力在一个国家或地区范围内的空间分布与组合。研究能源产业生产活动的空间分布必须考察各地区能源产业的生产规模。生产规模特征具有两个方面的含义:一是绝对规模,即通过生产规模排序发现全国能源生产集中的地区;二是相对规模,也称强度,即通过测算发现能源产业生产活动相对密集的地区。

[**例 6-1**]

2016 年 12 月,国家发展改革委、国家能源局在《能源生产和消费革命战略(2016—2030)》中提出优化能源生产布局;具体措施包括:综合考虑能源资源禀赋、水资源条件、生态环境承载力以及能源消费总量和强度"双控"等因素,科学确定能源重点开发基地,统筹能源生产与输送。当前我国经济社会发展面临节能减排和产业转型升级的双重任务。那么,在经济发展的同时,要想完成这两项任务,就必须优化能源生产布局,改变长期以来以煤炭为主的能源消费结构。如今,我国西北、东北、西南、东部沿海等地区正在积极调整能源消费结构,大力发展清洁能源。全国的能源生产布局正在逐步优化中。

(一)能源布局的基地建设

1. 能源基地的概念

能源基地是指以发展能源及相关产业为基础和特色的地区,包括能源的生产、加工、转换、输配、贸易和相应的服务。传统意义上的能源基地一般指能源生产和供应基地,是以大量的能源资源储量和一次能源产量为基础的。而现代意义上的能源基地除能源生产外,还把港口作为一种资源,利用港口优势,将临港城市作为能源中转、加工转换和供应基地,如港口附近海上有油气资源,临港城市还可作为油气田开发的办公、科研、油田设备制造和后勤基地。

能源基地的经济综合发展,是以能源开发为中心,发展一系列相关部门和辅助部门,使能源工业和其他经济部门得到协调而全面的发展。一般具有三个特点:一是能源基地能否综合发展和综合发展的广度与深度如何,是与当地的能源资源的蕴藏量、质量与开发条件,本地区其他自然资源是否丰富,以及可从外区取得的矿物原料多少有着密切的关系。在不同的资源分布状态和不同资源地域组合类型的基础上形成的综合发展能源基地有着不同的专业化部门与不同的发展特色。二是基地第一类的工业是能源工业,也是综合发展的能源基地的组成核心并主导其他生产专业化部门,它既是基地综合发展的基础工业,又对基地的生产专业化部门起主导作用;基地第二类的工业是加工工业，也是基地最主要的生产专业化部门，一般多是在能源工业发展基础上建立起来的；基地第三类的工业是为前两类工业部门提供条件的辅助性生产和利用当地的原料与劳动力以满足居民消费需要的辅助性生产。上述三大类工业部门是相互作用的统一体。三是能源基地各企业是在共同使用基地内燃料动力供应地、综合加工能源工业产品以及共同使用基础设施上的联合。基地内燃料动力供应地包括一次能源供应地（如煤矿）和二次能源供应地（如电站），它们为工业企业提供燃料与动力，是所有工业企业联合的基础。在综合加工能源工业产品基础上联合起来的生产，包括综合利用能源产品、副产品和废料的生产部门。在共同使用基础设施上的联合是指企业共同使用基地的生产基础设施、社会基础设施和研究基础设施，这些基础设施保证着基地各项事业的发展。

能源基地是根据社会需要，在开发和利用某一地区的能源基础上形成的。它的区域范围包括能源资源分布地带和与之开发利用有关的地区。由于各地区能源的分布状况、富裕程度、开发程度与开发规模、影响范围以及经济发展条件和经济发展要求的不同，因而形成的能源基地的面积有大有小，所起的作用也有所不同。根据生产规模所起作用和产销地域范围可以划分为三级：①一级能源基地，即全国性能源基地。其拥有丰富的资源量，分布集中，开发条件好，年生产规模在 3 000 万吨以上（煤或石油），能源产品面向全国，有 4/5 以上输出省外，销售地区范围超过全国 1/3 以上省份。②二级能源基地，即具有跨省区意义的能源基地。其拥有相当可观的资源量，分布相对集中，年生产规模在 1 000 万～3 000 万吨，有相当能源产品外运，销售范围跨几个省份。③三级能源基地。为具有省内意义的煤矿和油田，有一定的资源量，产量一般不超过 1 000 万吨，满足省内消费，就地利用比例一般不少于 70%，外运量有限。

2. 能源基地的类型

根据一个能源基地的内部生产结构和经济综合发展程度，可以划分为以下三种类型：

（1）单一能源基地。以开采能源和输出能源为主，有的还建有矿口电站，对外输电，铺设有矿区生产和居民生活服务的少量辅助性企业和公用服务设施。在基地的工业和人口构成中，能源工业产值与采矿工人及其家属占最大比重。目前我国大多数煤炭城市和油田一般都属于这种类型。

表 6－1　　单一能源基地的子分类

种　类	解　释
单一燃料开采基地	以开采煤炭、石油、天然气和开发水电资源为主的能源基地，其能源工业产值约占工业总产值的 2/3 以上，其他加工工业极少，能源产品外运比例很高，如山西晋城煤矿、陕西铜川煤矿、河北任丘油田等

续表

种 类	解 释
煤—电基地	一般以褐煤和动力煤开采为基础，发展坑口电站，对外输电，形成煤电联合生产基地，如辽宁拿新动力煤基地、安徽淮北气煤基地和河南平顶山气煤基地等

(2)能源开采与加工并举的基地。即以能源开采为主，兼有一定数量加工工业的基地。能源工业在工业部门构成中占重要地位，但加工工业有一定的发展。这类能源基地正处于向综合方向发展，有的综合发展已具有一定水平。

表 6—2　能源开采与加工基地的子分类

种 类	解 释
“煤电一体化”基地	利用煤炭热能发电和炼焦回收大量焦化产品的联合生产组织，如安徽淮南煤炭基地
“煤—电—冶”基地	以煤炭开采为主，同时发展电力和冶金工业，如山西阳泉
“石油—化工”基地	石油开采和石油加工与石油化学工业生产相结合的能源—工业生产基地，如大庆油田已建立了炼油工业、化肥工业和石油化工，成为我国目前建在油田地区最大的石油—化工基地
“能源—少量加工工业”基地	以能源工业为主，也发展了少量多种加工工业，如山西大同，能源工业占有绝对优势，但也发展了一定规模的机械、化工、建材等加工工业

(3)能源—综合性工业基地。这是以能源开采为基础开展起来的综合性工业基地，且加工工业的比重超过了能源工业，它标志着综合发展达到了一个相当高的水平。

表 6—3　能源—综合性工业基地的子分类

种 类	解 释
煤炭—综合性工业基地	采煤、原材料生产、制造工业都有相当规模，全面发展的基地。能源工业提供工业发展的基础，但不占有工业总产值的很大比重。例如辽宁抚顺，以产气煤为主。由于抚顺煤床上部覆盖着油母页岩，在采煤的同时，也采出大量油母页岩。在采煤和处理油母页岩的基础上发展了炼油工业和火力发电工业；又由于电力丰富，发展了特殊钢及炼铝，其他如机械工业、化学工业等也有一定规模，形成了以谋、油、电、钢、铝为主的综合性工业基地
水电—综合性工业基地	利用大型水电站发出的廉价电力为基础，建立起各种大耗电工业和一般工业组成的综合性工业基地，电力工业(加上火电)的产值比重不大，而加工工业部门的产值占有绝对优势。例如，以利用黄河大型水电站的大量廉价电力作为主要动力建立起来的兰州工业基地，拥有相当规模的石油化学工业、有色冶炼工业、铁合金等大耗电工业，以及机械、轻工业等综合性工业基地

(二)能源布局的领域选择

目前，全球新能源占全球一次能源比例正在不断提升，在碳排放及环境问题的压力下，发达国家正在通过一系列政策鼓励本国新能源的发展，以减少碳排放。未来全球能源的博弈将会集中在碳排放领域，节能减排将是继地缘政治之后成为发达国家制约发展中国家的重要手段。而新能源是一类开发利用过程中碳排放远低于传统化石能源，且来源近似可再生、开发利用时间较短具有较大发展潜力的能源。能源布局中的领域选择主要包括煤炭产业布局、油气产业布局、电网布局、火电产业布局、水电产业布局、核电产业布局、风电产业布局、光伏产业布局、新能源产业布局等。

[**例 6-2**]

2017 年 10 月 12 日，美国《华盛顿邮报》发表《中国将赢得未来》一文，称中国正聚焦经济、科技的下一个增长领域，以抓住未来。现在，中国已经成为新能源设备制造的领先国家。2015 年，中国坐拥全球最大的风力涡轮机生产商和两家顶尖太阳能电池板制造商。根据联合国最近披露的信息，2016 年中国对新能源领域的投资达 783 亿美元(约合人民币 5 159.42 亿元)，同时有 360 万人在这一领域就业。相比之下，美国在这一领域的投资只有中国的一半，就业人数也只有 77.7 万人。不仅如此，在不少传统型公司纷纷破产的今天，美国政府仍“逆势而行”，试图恢复煤炭发电。

发展电动汽车是中国在新能源领域的最新举措。2006 年以前，这项技术在中国还不见踪影；而到了 2016 年，中国的电动汽车销售量已经是美国的两倍以上，领先全球。不仅如此，中国还计划到 2025 年，马路上奔跑的 1/5 的车辆都由电力驱动。全球嗅觉敏感的汽车公司闻风而动，开始在中国布局电动汽车生产。美国《纽约时报》报道，汽车业几大巨头纷纷将其主要的科研和设计工作转向中国，毕竟中国现在是世界上最有吸引力的汽车市场。《纽约时报》也注意到，中国或在未来主导新能源领域。报道指出，发展新能源能帮助改善环境，但这并不是什么拯救地球的理想主义承诺，而是关乎经济优势、国家安全的战略布局。在“中国制造 2025”规划中，大力投资清洁能源研发被当作提振经济的一个办法。每年，中国都向太阳能和风能等方面的技术投资数百亿美元，并大力支持高铁和地铁等节能交通方式。

目前来看，煤炭在中国的能源结构中仍占有很大的比例，其他化石能源的地位也不可动摇。但是，对能源安全的重视使得中国目光更加长远。目前，煤炭储量正不断下降，人们用电的需求却持续攀升。与此同时，随着技术发展，风力和太阳发电的成本正不断下降。而中国正努力把握这一契机。

(三)能源布局的结构优化

能源布局中的结构优化主要指消费模块的布局。能源消费的布局重点主要集中在两个方面：能源消费总量(绝对量)和能源消费占比(相对量)。

(1)能源消费总量，是指一定时期内全国或某地区用于生产、生活所消费的各种能源数量之和，是反映全国或全地区能源消费水平与绝对增长速度的总量指标。

(2)能源消费占比，是指一定时期内各种能源在全国或某地区用于生产、生活所消费各种能源总量中的份额比重，是反映全国或全地区能源消费构成与相对增长速度的指标。

[例 6-3]

2016 年 12 月，国家发改委、能源局正式发布《能源发展“十三五”规划》，提出到 2020 年把能源消费总量控制在 50 亿吨标准煤以内。“十三五”时期非化石能源消费比重提高到 15%以上，天然气消费比重力争达到 10%，煤炭消费比重降低到 58%以下。按照规划相关指标推算，非化石能源和天然气消费增量是煤炭增量的 3 倍多，约占能源消费总量增量的 68%以上。

布局在能源结构优化的过程中，尤其是能源消费占比模块，涉及一个较为重要的概念，即能源转型。能源转型是各种能源利用“原动机”(prime movers)驱动下的能源结构不断变化过程。能源转型不可逆转，当前的低油价境遇使能源转型呈现出更为复杂的图景。其“不可逆性”主要体现在五个方面：第一，技术是可叠加、可积累却不可逆的，技术进步是能源行业转型的根本驱动力。第二，经济全球化下环境压力倒逼能源转型，此次能源转型更受到“低碳道德化”的约束。第三，未来石油将不再是稀缺资源，低成本石油比重将快速增加。第四，天然气进入快速发展阶段，非常规油气革命重塑供需大格局。第五，随着可再生能源、储能技术和能源效率的提升，能源将进入多元化时代。

[例 6-4]

人类对能源的利用可分为四次能源转型：第一次能源转型发生在距今 1 万年到 5 000 年，人类通过驯养役畜来替代部分人力；第二次能源转型发生在公元前 1000 年，风车和水车的出现，进一步替代人和动物的肌肉力；第三次能源转型随着 1765 年瓦特改良后的蒸汽机的扩散和进一步改进，启动了煤炭替代薪柴的能源转型进程；第四次能源转型的发生则伴随着发电机的发明使用，以及 1882 年世界第一座中心发电站在纽约和伦敦投入使用，人类进入电气化时代。

世界能源转型不可逆转。现阶段，世界能源转型可归纳为三种驱动模式，即美国模式、德国模式和日本模式。美国模式是页岩气革命的模式，鼓励充分的市场竞争、企业家精神和供给侧革命推动；德国模式受安全环保理念影响，在公众支持和高能源成本推动下实现弃核弃化石的能源转型；日本模式滥觞于福岛核事故，受电力消费持续下降的影响，在灾变驱动下实现能源消费侧转型。

中国是世界上最大的能源消费国和投资国，世界期盼能源转型的“中国模式”。目前，世界能源地缘政治正发生重大改变，中国在自身角色定位、战略制定和行动方案的选择上应有所调整。从角色定位上看，能源转型是由技术创新与进步推动的，谁能占领技术创新的制高点，谁就将引领多元能源新时代。从战略制定上看，进入21世纪，"生产西移，消费东移"改变了全球油气市场大格局，中国速度、中国消费、中国市场和中国投资成为世界能源转型的重要因素。从行动方案上看，国家间能源合作包含油气贸易、相互投资、信息技术交流和人力资源流动四个层面，当前中美两国的油气贸易规模不大，但在其他三个层面持续活跃，而中国与中东、俄罗斯间的油气合作贸易规模巨大，但另外三个层次的合作水平不高。

进入21世纪后，中美两国共同改变了整个世界的石油天然气供需格局。一方面，中国油气需求的增长成为全球需求增长的主要动力，中国正接替美国成为最大的油气资源进口国和对外投资国，中国资本投资美国石油工业的热情不断增加。另一方面，美国的非常规油气革命改变了石油天然气的供给格局，正在由油气资源进口大国向出口大国转型，美国在中国进行的油气资本投资有所减弱。

中美两国既是低油价形势下的既得利益者，又受到低油价的冲击，面临巨大挑战。一方面，作为油气消费国，中美两国在油气进口中减少的费用大致相当于俄罗斯和沙特两国减少的出口收入。另一方面，中美两国也是规模巨大的石油工业国家，拥有70%以上的钻机数量，以及全球最大的石油装备制造能力和丰富的专业技能人才储备，低油价让中国石油工业面临亏损压力。

就国家层面而言，能源转型应符合三个判断标准：一是要有引致能源利用方式重大变化的"技术创新"或"原动机"出现。能源转型不是"新"能源品种使用数量的简单"累积"，而是能源利用方式和能源利用技术的重大创新。二是要有基于能源技术创新的一次能源结构变化，即新"原动机"出现后，所利用的一次能源逐渐替代原有能源，并最终成为主导能源。换句话说，替代能源需要有成为主导能源的潜质。三是要有能源系统的深刻变革。基于新的能源利用方式（原动机），一次能源的替代与转换的展开，必须同时构建与这种能源特性相匹配的能源生产、消费和输送体系，否则能源转型难以顺利和有效推进。因此，就当前的可再生能源转型而言，能否建立起与可再生能源特性相匹配的能源系统对于转型成功至关重要①。

（四）能源布局的生产输送统筹

能源布局中的生产输送统筹主要包括：能源项目的布局和能源渠道的布局。

① 根据上述标准梳理人类能源利用的历史，可以发现：从原动机标准和一次能源结构变化标准看，历史上的能源转型可以分为三次，即薪柴向煤炭转型、煤炭向石油转型、石油向天然气转型。目前正处于第三次能源转型阶段，即石油向天然气转型阶段。如果结合能源系统变革（第三个标准）来看，就会发现：煤炭、石油和天然气同属于化石能源。其能源生产和消费系统的共同特征是：大规模生产、输送和消费。也就是说，它们均属于"能源系统"特征相同的一次重大能源转型。

[例 6-5]

国家发改委、能源局《能源发展"十三五"规划》中，对"十三五"时期的重大能源项目、能源通道作出了统筹安排。其中，在能源发展布局上做了一些调整，主要是将风电、光伏布局向东中部转移，新增风电装机中，中东部地区约占 58%，新增太阳能装机中，中东部地区约占 56%，并以分布式开发、就地消纳为主。

(1)能源项目的布局。能源项目布局主要针对"重大能源项目"，既是稳增长、提高能源保障能力的重要举措，更是调整能源结构、转变发展方式的有效抓手。目前，能源项目应重点考虑产业空间分布；此外，目前还存在如下五个方面的工作：核电重点项目建设、水电项目建设、风能和太阳能发电基地和配套电力输出工程建设、清洁能源汽车产业化、高效清洁燃煤机组的核准进度。

(2)能源渠道的布局。能源渠道，主要用于二次能源电力输送和常规一次能源(煤炭、石油、天然气等)在流通领域内的运输。能源生产在一定程度上决定运输的发展布局，而运输又是实现能源生产和消费的必要条件。能源渠道中的能源运输主要有运量大、运距长、占用运输能力多等特点，主要采用铁路运输、水路运输、公路运输、管道运输、线路输送等运输方式。

第二节 能源产业结构

一、能源产业结构概述

(一)产业结构

产业结构，也称国民经济的部门结构，其定义有狭义和广义之分：狭义上讲，产业结构仅指各产业的构成及各产业之间的联系和比例关系；广义上讲，产业结构是指一定经济体系内产业的组成结构、产业之间的联系、各产业与总体经济的联系和产业内部结构。产业间关系结构基本形态包括经济增长中的产业结构、产出结构、投入结沟、投入产出结构和产业的区域配置结构。在经济研究和经济管理中，经常使用的分类方法主要包括以下四种：

(1)两大领域、两大部类分类法。即按生产活动的性质及其产品属性对产业进行分类。按生产活动性质，把产业部门分为物质资料生产部门和非物质资料生产部门两大领域，前者是指从事物质资料生产并创造物质产品的部门，包括农业、工业、建筑业、运输邮电业、商业等；后者是指不从事物质资料生产而只提供非物质性服务的部门，包括科学、文化、教育、卫生、金融、保险、咨询等部门。

（2）三次产业分类法。即根据社会生产活动历史发展的顺序对产业结构进行划分。产品直接取自自然界的部门称为第一产业；对初级产品进行再加工的部门称为第二产业；为生产和消费提供各种服务的部门称为第三产业。这种分类方法成为当今世界上较为通用的产业结构分类方法。

表 6—4　　三次产业划分

<table>
<tr><th>次　级</th><th colspan="3">解　释</th></tr>
<tr><td>第一产业</td><td colspan="3">农业（包括种植业、林业、牧业和渔业）</td></tr>
<tr><td>第二产业</td><td colspan="3">工业（包括采掘业，制造业，电力、煤气、水的生产和供应业）和建筑业</td></tr>
<tr><td rowspan="4">第三产业</td><td rowspan="4">除第一、第二产业以外的其他各业。根据我国的实际情况，第三产业可分为两大部分：一是流通部门，二是服务部门</td><td>第一层次</td><td>流通部门，包括交通运输、仓储及邮电通信业，批发和零售贸易、餐饮业</td></tr>
<tr><td>第二层次</td><td>为生产和生活服务的部门，包括金融、保险业，地质勘查业、水利管理业，房地产业，社会服务业，农、林、牧、渔服务业，交通运输辅助业，综合技术服务业等</td></tr>
<tr><td>第三层次</td><td>为提高科学文化水平和居民素质服务的部门，包括教育、文化艺术及广播电影电视业，卫生、体育和社会福利业，科学研究业等</td></tr>
<tr><td>第四层次</td><td>为社会公共需要服务的部门，包括国家机关、政党机关和社会团体以及军队、警察等</td></tr>
</table>

（3）资源密集程度分类法。即按照各产业所投入的、占主要地位的资源的不同为标准来划分。根据劳动力、资本和技术三种生产要素在各产业中的相对密集度，把产业划分为劳动密集型、资本密集型和技术密集型产业。

表 6—5　　按照生产要素相对密集度进行划分的产业类型

生产要素	类　型	解　释
劳动力	劳动密集型产业	生产主要依靠大量使用劳动力，而对技术和设备的依赖程度低的产业。其衡量的标准是在生产成本中工资与设备折旧和研究开发支出相比所占比重较大。一般来说，目前劳动密集型产业主要指农业、林业及纺织、服装、玩具、皮革、家具等制造业。随着技术进步和新工艺设备的应用，发达国家劳动密集型产业的技术、资本密集度也在提高，并逐步从劳动密集型产业中分化出去。例如，食品业在发达国家就被划入资本密集型产业

续表

生产要素	类 型	解 释
资本	资本密集型产业	在单位产品成本中,资本成本与劳动成本相比所占比重较大,每个劳动者所占用的固定资本和流动资本金额较高的产业。当前,资本密集型产业主要指钢铁业、一般电子与通信设备制造业、运输设备制造业、石油化工、重型机械工业、电力工业等。资本密集型工业主要分布在基础工业和重加工业,一般被看作是发展国民经济、实现工业化的重要基础
技术	技术密集型产业	在生产过程中,对技术和智力要素依赖明显超过对其他生产要素依赖的产业。目前技术密集型产业包括:微电子与信息产品制造业、航空航天工业、原子能工业、现代制药工业、新材料工业等。当前以微电子、信息产品制造业为代表的技术密集型产业正迅猛发展,成为带动发达国家经济增长的主导产业。因此可以说,技术密集型产业的发展水平将决定一个国家的竞争力和经济增长的前景

(4)国际标准产业分类。为使不同国家的统计数据具有可比性,联合国颁布了《全部经济活动的国际标准产业分类》(ISIC)。现在通行的是 1988 年第三次修订本。这套“国际标准产业分类”分为 A～Q 共 17 个部门,其中包括 99 个行业类别。这 17 个部门为:(A)农业、狩猎业和林业;(B)渔业;(C)采矿及采石;(D)制造业;(E)电、煤气和水的供应;(F)建筑业;(G)批发和零售、修理业;(H)旅馆和餐馆;(I)运输、仓储和通信;(J)金融中介;(K)房地产、租赁业;(L)公共管理和国防;(M)教育;(N)保健和社会工作;(O)社会和个人的服务;(P)家庭雇工;(Q)境外组织和机构。

(二)能源产业结构

(1)能源产业,也称能源工业或燃料动力工业,是指开发利用自然界中各种能量资源及其转变为二次能源的工业生产部门。其主要包括煤炭工业、石油天然气工业、电力工业、新能源和替代能源工业等。能源产业是国民经济发展的先行工业部门之一。

(2)能源结构,是指能源总生产量或总消费量中各类一次能源、二次能源的构成及其比例关系。能源结构是能源系统工程研究的重要内容,它直接影响国民经济各部门的最终用能方式,并反映人民的生活水平。能源结构分为生产结构和消费结构。

(3)能源产业结构。是指能源产业体系内产业的组成结构、不同能源产业部门之间的联系、各产业与总体经济的联系等。

二、能源产业结构的主要影响因素

(一)需求要素

需求要素会影响能源产业部门的兴衰,需求变动与人口数量、人均收入水平、经济发展周期、经济发展水平、社会发展水平、技术水平和国家政策等因素密切相关。需求变化包括需求总量的变化与需求结构的变化。需求总量的变动包括个人需求总量、中间需求总量、最终需求总量、投资需求总量的变动；需求结构变动包括个人消费结构、投资结构、中间需求和最终需求的比例和最终需求中消费和投资的比例的变动，其中需求结构对产业结构变化的影响更为直接。

（二）生产供给因素

1. 资源禀赋

能源资源的禀赋状况，是形成能源产业比较优势的先决条件，也是制约能源产业结构的重要因素，如石油、煤等能源资源丰富的国家和地区，能源开采业会占相当大的比重。

2. 劳动力资源

劳动力是最主要的生产要素，劳动力的数量、质量和价格因素是决定和影响能源产业结构的重要因素。

3. 资本供应状况

资本是产业发展的重要条件，资本供应的总量、增长速度等因素是制约能源产业结构的重要因素，如在能源领域投入的资本总量大，则有利于能源产业的发展。

4. 科学技术

技术革命、技术创新和技术扩散都对能源产业结构的升级产生影响。技术革命催生新产业，技术创新促进产业发展，如蒸汽机的广泛使用带动煤炭产业发展，内燃机的广泛使用带动石油工业的发展。技术进步能够降低能源消耗，增加可替代能源，开发新能源，改善自然环境，能够促进能源产业结构的高度化。

（三）其他因素

1. 经济政策因素

一个国家在不同阶段、不同发展时期所制定实行的重大经济政策在很大程度上对能源产业结构及其变化产生影响。

2. 社会因素

由于能源产业结构涉及国民经济和社会生活的各个环节和方面，所以许多社会因素也制约着产业结构的形成和变动。

3. 国际因素

影响一国能源产业结构状况及其变动的国际因素，主要有国际分工、国际产业转移、世界市场、国际贸易、国际金融、国际投资等。

以上所有这些制约能源产业结构的因素，包括直接的、间接的，经济的、非经济的，国内的、国际的诸因素，互相联系、互相影响，共同制约着能源产业结构的状况和变动。

三、能源产业结构优化

能源产业结构优化，是指通过能源产业结构调整，使各能源部门实现协调发展，并满足社会不断增长的需求的过程。能源产业结构优化是一个动态的、相对的概念，它不是指能源产业结构水平的绝对高低，而是在国民经济效益最优的目标下，根据本国的地理环境、资源条件、经济发展阶段、科学技术水平、人口规模、国际经济关系等特点，通过对能源产业结构的调整，使之达到与上述条件相适应的协调发展的状况。

[例 6-6]

“十三五”规划实施以来，产业结构的升级和经济增长方式的转变将对我国能源消费结构产生深远影响。针对能源形势的变化还要进一步完善能源政策，落实绿色发展理念。

第一，要顺势而为，进一步推进节能降耗。尽管能源需求增长速度放缓，但我国能源状况的本质并没有发生改变，能源消费总量大、石油对外依存度高、环境污染严重等问题相当严峻，高耗能行业的投资冲动依然存在，加强节能降耗仍然是现阶段我国能源政策的重点。目前，我国经济正在经历结构性调整，而现阶段经济结构变动本身具有显著的节能效应，为推进节能降耗创造了良好的条件。充分认识现阶段经济发展的特点，顺应经济转型的需要，注重技术节能与结构节能之间的互动配合，将促进能源技术进步和推动经济结构升级紧密结合，将能源技术水平作为优化产业结构的重要标准，进一步增强能耗技术指标在化解产能过剩中的作用，实现节能降耗与经济转型之间的有机融合。

第二，要破解困境，进一步优化能源供给结构。无论能源安全还是环境污染，发展绿色可再生能源是解决能源问题的根本途径。创新是新能源发展的本质性问题，充分认识能源技术革命在经济社会发展中的重要作用，把握实施创新驱动发展战略的契机，加大对绿色可再生能源技术创新的支持力度，着力突破新能源发展技术瓶颈，增强绿色可再生能源的竞争力，高度重视互联网技术在新能源领域的应用，推动互联网与新能源的融合发展，促进绿色可再生能源供给机制创新，为新能源的广泛应用创造条件。

第三，要把握机遇，进一步完善能源体制机制。健全的体制机制是能源领域长期健康发展的根本保障。目前我国能源体制机制改革面临重要机遇。例如，加快能源价格形成机制改革，发挥市场在资源配置中的作用，理顺国内外市场、上下游企业、常规能源与新能源之间的关系；完善资源环境税收体系，充分体现资源稀缺性和环境成本；推进能源产业组织的结构性改革，加快竞争性领域和环节的开放，释放能源产业的活力。

(一)能源产业结构的合理化

能源产业结构合理化,是指能源产业结构由不合理向合理发展的过程。即要求在一定的经济发展阶段上,根据消费需求和资源条件,对初始不理想的能源产业结构进行有关变量的调整,理顺结构,使资源在产业间合理配置和有效利用。能源产业结构是否合理的关键在于能源生产部门之间内在的相互作用而产生的一种协同作用。能源产业之间的相互作用关系越是协调,结构的整体运行质量越高,能源产业结构就越合理;反之,能源产业结构就越不合理。

(二)产业结构高度化

产业结构高度化也称产业结构高级化,是指一国经济发展重点或产业结构重心由第一产业向第二产业和第三产业逐次转移的过程,标志着一国经济发展水平的高低和发展阶段、方向。产业结构高度化往往具体反映在各产业部门之间产值、就业人员、国民收入比例变动的过程上。产业结构高度化以产业结构合理化为基础,脱离合理化的高度化只能是一种“虚高度化”。产业结构合理化的过程,使结构效益不断提高,进而推动产业结构向高度化发展。可见,合理化和高度化是构成产业结构优化的两个基点。

(三)能源产业结构的均衡发展

各种能源占能源总量的比例与在一定的资源和技术经济条件下使这种比例趋于合理,以达到提高能源开发利用整体效益的目的。一方面是能源产业部门间的均衡发展;另一方面是能源产业发展的稳定性,即从时间序列的产业波动性上评价产业的均衡。能源产业的协调发展,是指能源产业部门、产业要素在能源产业发展中要协调、一致、有序。合理的能源产业结构是一种比例协调的结构,意味着不存在明显的短缺、剩余产业,也不存在能源瓶颈产业。

(四)能源产业发展的效率

能源产业结构优化的根本目的在于能源产业发展,即能源产业内部通过优化相互之间的关系,实现各产业的高效发展。这可以从速度、质量和效率三个维度考察能源产业发展的状况。能源产业结构优化程度与处于结构之中的各个产业的发展速度、发展质量都是息息相关的,是提高产业发展效率的基本保证。

[例 6-7]

我国能源产业结构优化

现阶段我国能源产业结构优化就是要建立现代能源产业体系。所谓现代能源产业体系,是指立足于新型工业化、信息化之上,适应市场需求,依据国家资源禀赋和经济社会发展状况,顺应科技进步新趋势,充分发挥能源产业比较优势,所形成的结构优化、布局合理、技术先进、清洁安全、附加值高、吸纳就业能力强,与相关产业实现集约、协调、高效发展的有机体系。

现代能源产业体系的构建本质上是能源产业结构不断优化升级演进的动态过程，包括能源产业结构(产品结构)向横向协调化和纵向高度化方向演进，以及能源产业结构从低级水平状态向较高水平状态发展的动态过程。主要包括两方面含义：一是结构效益优化，即能源产业结构演进过程中经济效益不断提高；二是转换能力优化，即能源产业结构对技术进步、社会资源供给状况和市场需求状况的适应能力的优化。

(一)能源结构的合理化

能源结构合理化的核心是能源生产结构和消费结构的合理化。对于过分依赖传统能源的生产结构，应加快开发新能源和可再生能源，实现能源结构多元化，增强能源可持续发展能力。促进以低碳为核心的能源革命，以低碳技术为依托，大力发展低碳、清洁能源，走低碳经济的发展路线。从更广义的角度，能源结构的合理化还应包含能源区域结构的合理化，即能源生产布局与能源消费市场实现最优化衔接。构筑区域能源优势互补、资源高效配置、能源开发与环境相和谐的能源发展布局和现代能源储运体系。

(二)产业组织的现代化

现代化的产业组织形态，是现代化能源产业体系得以建立健全的保障。能源产业组织水平与能源生产经济性、技术水平和安全水平息息相关，相对优化的产业集中度和市场竞争态势往往代表着更为经济、高效、安全的产业发展水平。能源领域产业组织应坚持国有资本占主导，增强市场结构的竞争性，促进能源行业投资主体多元化，吸引和鼓励民营资本和外资参与到能源产业的发展建设中。要坚持走规模化的发展道路，提高应用先进技术的能力，以提高产业竞争力为核心，优化资源配置，进一步进行产业重组，尤其是提高能源资源开采业的市场准入标准和市场集中度。促进能源上下游产业的分工与协作，促进能源资源开发、能源装备制造、能源运输、能源利用和能源服务的协调发展。

(三)能源发展的科技化

当前，全球范围内的能源经济转型是大势所趋，科技进步是推动能源经济转型的重要支撑，也是化解能源资源和环境约束的根本途径。对我国而言，以煤炭为主体的能源结构决定了我们在未来的转型战略选择中，必须同时注重传统化石能源的创新利用技术与新能源的开发利用技术，尤其应关注洁净煤技术、非常规天然气开发和利用技术。建设现代能源产业体系，必须以自主创新能力建设为核心，逐步缩小能源科技与国际先进水平的差距，依靠科技创新不断提高能源可持续发展能力。

(四)产业发展的国际化

中国的能源市场在世界能源供求格局中的地位日益凸显。国内能源市场与政策对国外能源市场的影响已经非常明显。统筹国内、外能源市场必须基于多层次视角，需要涵盖包括国家外交大战略、大型企业"走出去"等在内的一系列配套政策扶植。而在"一带一路"平台上，通过强化能源外交和加强与有关国家的合作，一方面有利于保证国内能源供应安全，另一方面还可以稳定国际能源市场秩序和价格。

第三节　能源产业组织

一、产业组织基本理论

产业组织是指市场经济条件下个别产业内企业与市场的相互关系，也就是产业内企业间竞争与垄断的关系。之所以称产业组织，实际是指产业内企业与市场的合理组织，即在市场机制作用下，企业既要充满竞争活力，实现有效竞争，又要充分利用规模经济性，避免过度竞争带来的低效率。

产业组织理论，研究市场在不完全竞争条件下的企业行为和市场构造，是微观经济学（个体经济学）中的一个重要分支。产业组织理论的研究对象就是产业组织。产业组织理论主要是为了解决所谓的"马歇尔冲突"的难题（见图 6—1），即产业内企业的规模经济效应与企业之间的竞争活力的冲突。

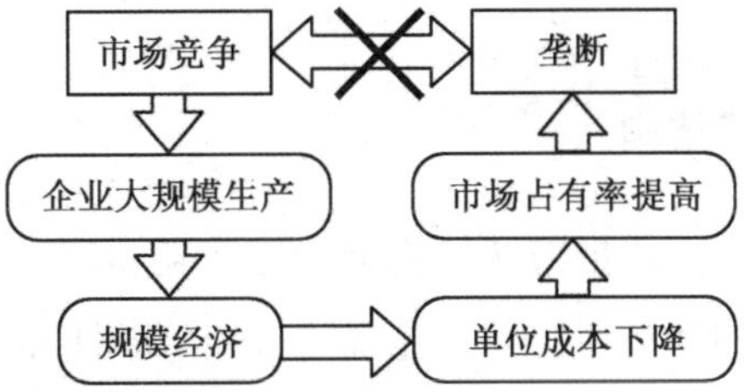

图 6—1　马歇尔冲突

主流产业组织理论的基本框架——SCP 分析模型，即 structure-conduct-performance（结构—行为—绩效）模型由美国哈佛大学产业经济学权威贝恩、谢勒等人建立于 20 世纪 30 年代（见图 6—2）。该模型提供了一个既能深入具体环节，又有系统逻辑体系的市场结构（structure）—企业行为（conduct）—经营绩效（performance）的产业分析框架。SCP 框架的基本含义是，市场结构决定企业在市场中的行为，而企业行为又决定市场运行在各个方面的经济绩效。SCP 模型，分析在行业或者企业受到表面冲击时，可能的战略调整及行为变化；模型从对特定行业结构、企业行为和经营绩效三个角度来分析外部冲击的影响。

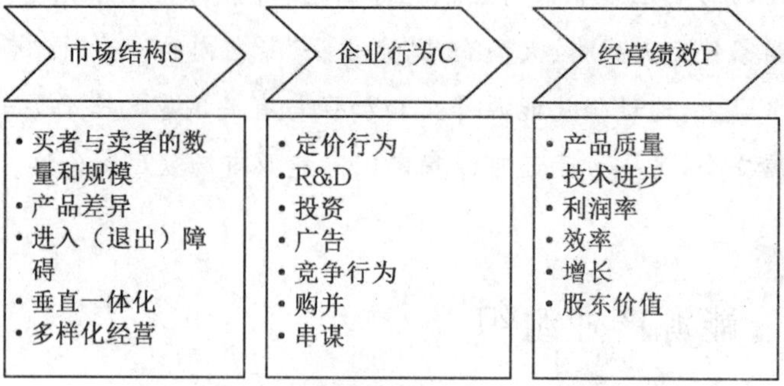

图6—2 产业组织分析的SCP模型

(1)外部冲击，主要是指企业外部经济环境、政治、技术、文化变迁、消费习惯等因素的变化。

(2)市场结构，主要是指外部各种环境的变化对企业所在行业可能的影响，包括行业竞争的变化、产品需求的变化、细分市场的变化、营销模型的变化等。

(3)企业行为，主要是指企业针对外部的冲击和市场结构的变化，有可能采取的应对措施，包括企业方面对相关业务单元的整合、业务的扩张与收缩、营运方式的转变、管理的变革等一系列变动。

(4)经营绩效，主要是指在外部环境方面发生变化的情况下，企业在经营利润、产品成本、市场份额等方面的变化趋势。

二、能源产业的市场结构

根据竞争和垄断程度一般把市场结构分为完全竞争市场、完全垄断市场、垄断竞争市场和寡头垄断市场四种类型。由于能源的自然垄断性和战略性，世界各国都难以形成完全竞争市场，多是垄断竞争市场。

(一)能源产业市场结构的主要因素

产业的市场结构，是指企业市场关系的特征和形式。在现实市场中的综合反映就是市场的竞争和垄断关系。市场集中度、产品差别化程度、市场进退障碍和技术进步，是影响市场结构或市场竞争和垄断关系的四个主要因素。

1. 能源产业的集中度

产业集中度也称市场集中度，是指市场上的某种行业内少数企业的生产量、销售量、资产总额等方面对某一行业的支配程度，它一般是用这几家企业的某一指标(大多数情况下用销售额指标)占该行业总量的百分比来表示。集中度包括卖方集中度和买方集中度。在此介绍的集中度是指能源产品卖方集中度，即能源产业的生产经营集中程度，一般用能源产业中最大的、主要的能源企业所拥有的生产要素或其产销量占整个产业的比重来表示。一般而言，集中度高，表明在能源产业中少数大企业拥有较大的经济支配能力，或者说具备了一定程度的垄断能力。由于集中度反映的是产业生产经营的集中程度，所以能源产业内大企业的规模和市场容量就是两个直接影响因素。

2. 能源产品的差别化

产品差别化，是指在同类产品的生产中，不同企业提供的产品所具有的不同特点和差异。企业制造差别产品的目的是为了引起买者对该企业产品的特殊偏好，从而在市场竞争中占据有利地位，因此对企业来说，产品差别化是一种非价格竞争手段。形成产品差别化的因素包括产品的物理性差异、买方的主观差异、对买方的服务差异、地理位置差异和特殊促销活动差异。作为一种基础型产品，作为原材料、燃料、动力的能源产品其差异化并不明显；但是，随着技术进步和制度健全，部分能源产品的差异化程度有所体现，如拥有绿色标识的电力产品。

3. 能源市场壁垒

对于其他产业，能源市场进入和退出障碍均比较高，不同类型的能源市场进、出障碍也存在差异。

(1)进入障碍。又称进入壁垒或进入门槛，它是指产业内已有企业对准备进入或正在进入该产业的新企业所拥有的优势，或者说是新企业在进入该产业前所遇到的不利因素和限制。形成进入障碍的原因包括：规模经济障碍、资本壁垒、产品差异化障碍、技术专利与销售渠道的绝对性费用壁垒以及行政特许权、政策与法律的壁垒等。

(2)退出障碍。所谓退出，是指某个企业停止作为卖方的行为，从该产业撤退。退出包括破产和转产两种情况。从理论上讲，某个企业长期经营亏损、资不抵债，不能正常进行生产经营，就应该退出该产业，转产或破产，但实际上这样的企业由于受到种种限制，很难从该行业中退出。那些对退出的限制就是企业所遇到的障碍，即退出壁垒。退出障碍主要包括：沉没成本障碍、解雇费用障碍、结合生产障碍、政策和法规障碍等。

4. 技术进步

在成本和需求等初始条件相同时，完全竞争产业的创新预期收益高于完全垄断产业的创新预期收益。换言之，完全竞争企业比完全垄断企业有更强的创新动力。在寡头垄断的市场结构中，企业数量较多有利于加快技术创新的速度，占有较小市场份额的企业很可能是创新的推动者，尽管处于支配地位的寡头垄断企业的创新速度通常更快。一般而言，产业内新技术扩散表现出以下三个阶段的特征：

第一阶段，扩散初期。多数企业无法肯定创新的价值而不愿意承担新技术投资的风险，因此采取观望态度，新技术扩散速度缓慢。

第二阶段，扩散中期。随着新技术在某些企业中证明了它的价值并且创造了更大的收益时，其他企业就加紧了模仿速度，希望通过迅速跟进来分享创新收益，扩散速度加快。

第三阶段，扩散晚期。没有采用新技术的企业越来越少，而剩下的企业通常缺少采用新技术的实力，新技术扩散的速度再次缓慢下来。

因此，影响产业内新技术扩散速度的因素可总结为以下几点：技术创新的预期收益和实际收益；产业市场容量的扩张；产业的劳动密集程度；企业的数量；企业规模的差异。

（二）能源市场结构的计量

1. 单个企业的垄断势力

垄断势力，是指市场中企业能够定价高于竞争价格的能力。垄断势力越大，说明企业越有可能对市场形成垄断。企业定价高于竞争性价格时，企业利润的增加并不能弥补消费者剩余的损失，从而造成社会福利的损失。垄断势力越大，社会福利的损失越高。计量能源企业垄断势力的大小主要有勒纳指数和贝恩指数两种方法。

（1）勒纳指数（Lerner Index）提供了一种以垄断势力为基础的计算市场结构的方法，该方法避免了必须从销售资料推算垄断势力的问题。经济管理领域用勒纳指数测度市场垄断程度。勒纳指数度量的是价格对边际成本的偏离程度。其计算公式为：

$$L=(P-MC)/P$$

其中，L 表示勒纳指数；P 表示价格；MC 表示边际成本。

勒纳指数通过对价格与边际成本偏离程度的度量，反映了市场中垄断力量的强弱。勒纳指数在 0～1 变动，勒纳指数越大，市场中的垄断力量越强；反之，竞争程度越高。在市场完全竞争时，勒纳指数等于 0。勒纳的垄断势力指数要求人们能够测量边际成本。至少可以说这不是件容易的事。而且，价格必须与某个质量固定的单位联系在一起，因为质量方面的差异意味着实际价格发生了变动。所以，想要通过计算勒纳的垄断势力指数来比较能源行业中的厂商时，就必须确信能够把能源产品中所有质量方面的因素数量化。

（2）贝恩指数（Bain Index）通过考察利润来确立垄断势力的大小。在能源市场中，若持续存在超额利润，一般就反映了垄断的因素。超额利润越高，市场垄断性越强。因此，贝恩通过对企业超额利润的衡量来判断市场垄断或竞争的强度。其计算公式为：

$$BI=\pi/V$$

其中，V 为投资总额；π 为经济利润，$\pi=(R-C-D)-iV$，超额利润就是总收入 R 减去当期成本 C、折旧额 D 和正常投资收报酬 iV。

贝恩指数实际上代表的是行业的超额利润率。能源市场中的贝恩指数越高，表示能源产业的垄断力量越强。

2. 能源产业的垄断与竞争程度

产业集中度指数（Concentration Ratio，CR_n）又称行业集中率，用来反映产业的垄断与竞争程度，是指能源行业的相关市场内前 N 家最大的能源企业所占市场份额（产值、产量、销售额、销售量、职工人数、资产总额等）的总和。产业集中度指数的计算有两种情形：

（1）已知能源行业所占市场份额的情况下，其计算公式为：

$$CR_n = \sum_{i=1}^{n} S_i$$

其中，S_i 表示第 i 个能源企业所占的市场份额，n 表示能源行业中规模最大的前几家企业数。

（2）已知能源行业的企业产值、产量、销售额、销售量、职工人数、资产总额等的情况下，其计算公式为：

$$CR_n = \frac{\sum (X_i)_n}{\sum (X_i)_N};N>n$$

其中，CR_n 表示规模最大的前几家能源企业的行业集中度；X_i 表示第 i 家能源企业的产值、产量、销售额、销售量、职工人数、资产总额等；n 表示能源产业内规模最大的前几家企业数；N 表示能源产业内的企业总数。

表 6—6　　贝恩的市场结构分类

市场结构	CR_4（%）	CR_8（%）
寡占Ⅰ型	$CR_4 \geqslant 85$	
寡占Ⅱ型	$75 \leqslant CR_4 < 85$	$CR_8 \geqslant 85$
寡占Ⅲ型	$50 \leqslant CR_4 < 75$	$75 \leqslant CR_8 < 85$
寡占Ⅳ型	$35 \leqslant CR_4 < 50$	$45 \leqslant CR_8 < 75$
寡占Ⅴ型	$30 \leqslant CR_4 < 35$	$40 \leqslant CR_8 < 45$
竞争型	$CR_4 < 30$	$CR_8 < 40$

3. 洛伦兹曲线

洛伦兹曲线（Lorenz Curve）最初用来研究国民收入在国民之间的分配问题。随着其广泛应用，也可反映产业中由小到大企业数量的累积百分比与其规模（市场占有率）的累积百分比之间的关系。如图 6—3 所示，横轴表示的是从最小能源企业到最大能源企业数目的累积百分比，纵轴表示的是这些能源企业的销售额占市场销售额的百分比。洛伦兹曲线反映能源产业内部全部能源企业的市场规模的分布情况。

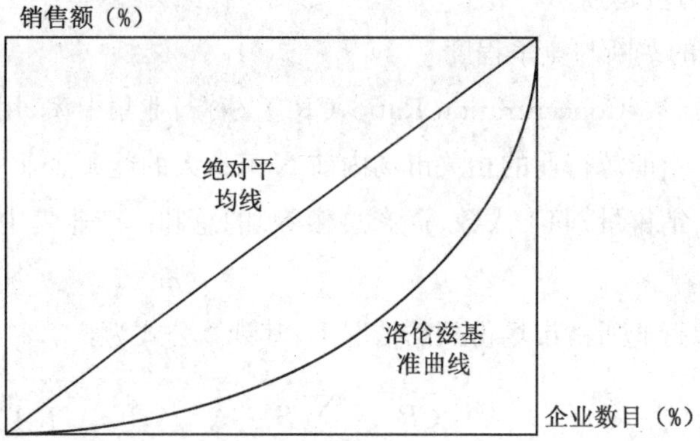

图 6—3 洛伦兹曲线

4. 基尼系数

基尼系数(Gini Coefficient)是建立在洛伦兹曲线基础上的，把洛伦兹曲线所反映的不均匀度用数量表示出来。计算公式为：

$$Gini = Lorenz/(Lorenz + m)$$

其中，*Lorenz* 为洛伦兹曲线与均等分布线(对角线)之间的面积；M 为洛伦兹曲线与右下方两条直角边之间的面积。

基尼系数在 0～1，基尼系数越小，说明厂商规模分布越接近于均等；基尼系数越大，则说明越不均等。基尼系数是对洛伦兹曲线的计量，因此它也存在与洛伦兹曲线类似的特点。

5. 赫芬达尔—赫希曼指数

赫芬达尔—赫希曼指数(Herfindahl-Hirschman Index，HHI)，简称赫芬达尔指数，也是一种反映能源产业中厂商规模分布的指标。计算公式为：

$$HHI = \sum_{i=1}^{N} (X_i/X)^2$$

其中，N 为能源产业中的厂商数目；X_i 为第 i 位能源企业的规模；X 为产业的总规模。

6. 熵指数

熵指数(Entropy Index，EI)，也称因托比指数，借用了信息理论中熵的概念。其定义公式为：

$$EI = \sum_{i=1}^{n} S_i \log\left(\frac{1}{S_i}\right)$$

其中，S_i 表示能源产业中第 i 位企业的市场份额；n 表示能源产业内的企业数。

HHI 和 EI 这两个指数之间有共同点，也有不同点。共同点在于这两个指数都反映了能源市场中所有能源企业的规模情况，并且都是能源企业的市场份额之和；不同点在于这两个指数分配各个能源企业市场份额的权重不同。两者都对大能源企业分配了较高的权数，但重要程度有所不同。

三、产业的市场行为

市场行为，是指企业为实现其经营目标而根据市场环境的情况采取相应行动的行为。经营目标是企业市场行为的目的和动力。市场环境主要指企业所在产业的市场结构，它是企业市场行为的主要制约因素；但同时，企业市场行为又会对市场结构产生影响，反作用于市场结构。

市场行为主要包括三方面内容：

(1)价格行为，即以控制和影响价格为基本特征和直接目的的行为，包括成本加目标利润定价行为、各种协调性定价行为以及限制性定价行为和掠夺性定价行为。

(2)非价格行为，即以促进销售、提高市场占有率为主要内容的促销行为，如广告行为等。

(3)自组织行为，即企业在利润冲动和竞争压力的作用下，为适应外部各种条件的变化而自动进行的相应组织结构调整或组织创新，主要表现为以产权关系变动为主要特征的企业组织调整行为，如横向合并和纵向一体化行为。

关于能源企业的市场行为，在完全竞争市场上，能源产品的最优价格路径，是以市场平均利率水平随时间增长；垄断市场上，能源产品的最优价格路径，是确保边际收益以市场平均利率水平稳定增长；寡头市场上，能源产品的最优价格路径则相对比较复杂，要视厂商之间是开展产量竞争还是价格竞争的行为而定。

第四节　能源产业绩效与效益

能源产业绩效是能源经济范畴的概念；能源产业效益是能源管理范畴的概念。

一、产业绩效及评价

(一)产业绩效的概念

产业绩效是产业组织经济学和产业管理的核心问题之一。产业绩效，是指在一定的市场结构下，通过一定的厂商行为使某一产业在价格、产量、成本、利润、产品质量、品种以及技术进步等方面达到的状态，即厂商的经营是否增加了社会的经济福利，是否能满足消费者的需求。影响产业绩效主要的结构性因素如表 6—7 所示。

表 6—7　产业绩效主要的结构性影响因素

因　素	影响作用关系
产业结构	产业结构的高级化将提高产业的绩效
集中度	产业集中度与产业绩效之间呈正向关系
进入壁垒	行业的进入壁垒与产业绩效呈负向关系
行业增长	给企业带来发展的机遇，因此产业绩效也有增长的空间
多元化经营	由于多元化经营可以通过利用范围经济、强占生产空间、协同效应、经营多种产品降低成本等方式，因此多元化经营能提高产业绩效
地域差异	产业的区域分散会提高产业的绩效
战略集团	由于通过战略集团的集中带来产业的高度集中，因此，行业的赢利能力显著提高
产业系统风险	企业所承担的风险随着产业的不同而不同。集中度仍是决定产业绩效的一个重要因素，这里主要体现的是产业的系统风险与集中度的配置如何影响产业绩效
买方集中	如果购买者是集中的，那么将对供给方产生的利润起到负面影响，也就是对该产业的绩效产生负面的影响
对外贸易	在开放型经济的条件下，对外贸易将是影响一个国家某一产业市场结构的重要因素

产业绩效所权衡的主要指标包括以下五点：

(1)企业规模结构是否合理。这涉及在市场中企业所具有的收益—成本比与该规模结构处于效率最高时的水平的差距，其实质就是在某行业中企业规模经济是否得到了充分利用。

(2)行业利润率是否合理。对某一行业来说，利润率的高低首先与价格水平有关。从长期看，如果价格能够敏感地随着供求关系的变化而浮动，使价格经常趋于包括正常利润在内的最低成本水平，那就可以认为市场机制下的资源分配过程是在正常地进行。但是，寡占或垄断的市场结构带来的持续的高利润破坏了这个过程，使资源分配变得不合理。

(3)行业生产能力的扩大是否与市场需求的增长相适应。这里涉及两个问题：一是资源能否向供不应求的行业流入，以满足市场需求的增长；二是当投资超过市场规模的需要时，资源能否从该行业流出，投入其他行业。

(4)在产品改进、市场推广上是否存在过度开支。如果存在过度开支，说明该行业的企业间出现了竞争过度现象。从短期看，消费者可以从过度竞争中获得不少利益；但是从长期和宏观看，这会影响该行业的整体发展，造成巨大的资源浪费。

(5)能否促进技术进步。古典经济学认为，只有充满竞争的市场结构，才有利于技术进步，因为竞争是技术进步的原动力；而在创新理论中，技术进步需要规模经济，只有具备一定的生产规模，企业才有条件进行有效的研究与开发，才承受得起引进新技术所带来的种种风险。

（二）产业绩效的评价

1. 规模经济

规模经济也称规模效益，是指在一定的产量范围内，随着产量的增加，平均成本不断降低的事实。规模经济是由于在一定的产量范围内，固定成本可以认为变化不大，因此新增的产品就可以分担更多的固定成本，从而使总成本下降。根据生产力因素数量组合方式变化规律的要求，自觉地选择和控制生产规模，求得生产量的增加和成本的降低，而取得的最佳经济效益。规模经济或生产力规模的经济性，就是确定最佳生产规模的问题。规模经济包括部门规模经济、城市规模经济和企业规模经济。规模经济主要用来研究企业经济；但作为生产力经济学的重要范畴，规模经济的含义则更为广泛，它包括从宏观到微观的能获得经济利益的各个层次的经济规模。

(1)规模经济的原因。制约规模经济的因素主要包括自然条件（如石油储量决定油田规模）、物质技术装备（如化工设备和装置能力影响化工企业的规模）、社会经济条件（如资金、市场、劳力、运输、专业化协作对企业规模的影响）以及社会政治历史条件等。形成规模经济的原因主要有五点：

①专业化：分工可以提高效率；通常情况下，规模越大的企业，其分工也必然是更详细的。

②学习效应：随着产量的增加，工人可以使熟练程度增加，提高效率。

③费用均摊：可以有效地承担研发费用等。

④成本优势：运输、购买原材料等方面存在的经济性。

⑤市场力：价格谈判上的强势地位。

(2)规模经济的分类。规模经济的分类方法很多，如按规模经济来源不同，可分为内部规模经济、外部规模经济、聚集规模经济和结构规模经济等。关于规模经济的形成，一般认为主要来自两个方面，即内在原因和外在原因，对应的是内部规模经济和外部规模经济。

①内部规模经济，是指一个经济实体在规模变化时由自己内部所引起的收益增加。

②外部规模经济，是指整个行业（生产部门）规模变化而使个别经济实体的收益增加，如行业规模扩大后，可降低整个行业内各公司、企业的生产成本，使之获得相应收益。

③聚集规模经济，是指生产的产品虽然不同，但在某一环节却有共同指向的多个工厂、多家企业聚集而产生的某些经济效益。严格来说，这种聚集规模经济本身也是

一种外部经济效益。

④结构规模经济，是指各种不同规模经济实体之间的联系和配比，形成一定的规模结构经济，如企业规模结构、经济联合体规模结构、城乡规模结构等。

2. 社会福利

市场绩效表示最终实现经济活动目标的程度。因此，绩效的衡量同经济活动的目标密不可分。从产业组织的角度看，社会福利是最主要也是最具综合性的目标。社会福利目标本身包括了社会活动的效率、公平、稳定和进步等多层次、多方位的内容，这就决定了对市场绩效的评价也必然是多层次、多方位的。

(1)衡量资源配置效率的直接指标：

①社会资源配置效率：一般用消费者剩余、生产者剩余和社会总剩余这三个指标来全面分析和衡量社会资源配置的效率状况。

②产业资源配置效率：在完全竞争的市场结构中，通过资源在产业间的自由流动，各产业、各企业的长期利润率趋于平均化，所有的产业和企业都只能获得正常利润，因此，可以使用利润率作为衡量产业资源配置效率的指标。

(2)产业的市场结构和资源配置效率。福利经济学第一定理：完全竞争市场经济的一般均衡是帕累托最优的。这表明，所有的消费活动和生产活动都是有效率的，并且消费和生产活动是协调一致的。垄断企业通过以较高价格和较低的产量提供商品，获取了一部分消费者剩余；同时还导致了一部分剩余的永久性损失——效率损失。垄断所导致的社会福利的损失还表现在诸如广告和特殊的产品差异化、设置人为进入壁垒等。

(3)X 非效率。X 非效率，是指在垄断企业的大组织内部存在着资源配置的低效率状态。免受竞争压力的保护，不但会产生市场配置的低效率，而且会产生另外一种类型的低效率：免受竞争压力的厂商明显存在超额的单位生产成本。因为这种的低效率的性质当时尚不明了，所以称为 X 非效率。大企业存在 X 非效率的主要原因包括以下三点：

①企业内不同集团的利益目标不一致。

②企业规模扩大导致组织层次增加，信息沟通的数量和质量下降，从而使企业的管理成本上升、效率下降。

③垄断企业在没有竞争压力的条件下，缺乏成本最小化的动机。

二、能源产业的经济效益

(一)能源产业经济效益的概念

能源产业经济效益，是指能源产业经济活动中投入与产出的比较，即劳动消耗和劳动占用与所取得的符合社会需要的劳动成果之间的比较。

（二）能源产业经济效益指标选择的原则

1. 系统性

各项经济效益指标虽然仅仅反映经济效益的一个侧面或某一方面，但是整个指标体系却必须能全面反映经济效益情况。不能用一两个指标以偏概全，否则说明不了问题。同时，指标体系的设计还要具体，不能过于笼统。每个指标要有特定的含义，内容要清晰明了，并便于计算。

2. 简明性

指标并不是越多越好；指标的设计和选用应少而精。用尽可能少的指标，来达到全面而具体地反映经济效益的目的，要使每一个指标发挥尽可能大的作用。因此，指标与指标之间不能有重复，同时，也应尽量减少具有相互包含关系的指标。

3. 可操作性

指标的设计应尽可能选用已有的指标，尽可能便于利用现有的统计、会计资料，简化计算，指标的口径也要与现有资料保持一致，从而减少不必要的麻烦。

4. 通用性

要便于全面综合对比评价不同能源行业的经济效益。如果指标体系不符合通用性原则，那就无法对比评价。

（三）能源产业经济效益指标

1. 能源工业总产值

工业总产值，是以货币表现的工业企业在报告期内生产的工业产品总量。计算原则包括三点：工业生产的原则、最终产品的原则、工厂法的原则。工业总产值包括三个部分：本期生产成品价值、对外加工费收入、自制半成品及在制品期末期初差额。计算方法有两种：

方法1：工业生产总值＝当月产品产量×产品销售单价（销售单价是不含税单价，因为增值税本身并不代表收入）。

方法2：工业生产总值＝当月主营业务收入＋库存商品期末余额－库存商品期初余额；当月销售收入＝当月销售数量×当月销售单价；库存商品期末余额＝库存商品期末数量×当月销售单价；库存商品期初余额＝库存商品期初数量×当月销售单价（用产品销售收入或生产成本代替工业总产值；不遵循生产的原则，产品不是本企业生产的；期末期初半成品及在制品差额漏统）。

2. 能源工业增加值

工业增加值，是能源行业在报告期内以货币形式表现的工业生产活动的最终成果，是工业企业全部生产活动的总成果扣除了在生产过程中消耗或转移的物质产品和劳务价值后的余额，是工业企业生产过程中新增加的价值。工业增加值是国民经济核算的一项基础指标。计算工业增加值应遵循以下三项原则：本期生产的原则、最终成果的原则、市场价格的原则。计算方法有两种：

方法 1(生产法)：工业增加值＝工业总产值(现价、新规定)－工业中间投入＋本期应交增值税。

方法 2(收入法，即要素分配法)：工业增加值＝固定资产折旧＋劳动者报酬＋生产税净额＋营业盈余。

3. 工业企业实现利税总额

利税总额是指企业产品销售税金及附加、应交增值税、管理费用中税金和利润总额之和。利税总额是将工业企业的利润和税金之总和进行观察的一个指标，它反映工业企业在一定时期内实现的全部利润额和对社会承担义务的量化。其计算方法为：

$$利税总额＝产品销售税金及其他税金＋利润总额$$

其中，产品销售税金及其他税金包括企业销售产品和提供劳务等主要经营业务应负担的增值税、营业税、城市维护建设税、资源税和教育费附加。利润总额既包括企业工业生产活动所得的产品销售利润，又包括非工业生产活动及其他营业外活动收支差额。

4. 总资产贡献率

总资产贡献率反映企业全部资产的获利能力，是企业经营业绩和管理水平的集中体现，是评价和考核企业赢利能力的核心指标。其计算方法为：

$$总资产贡献率＝(利润总额＋税金总额＋利息支出)/平均资产总额\times100\%$$

其中，税金总额为产品销售税金及附加与应交增值税之和；平均资产总额为期初期末资产总计的算术平均值。

5. 资本保值增值率

资本保值增值率是使用年末所有者权益、年初所有者权益表示的企业运营参数，分析参数包括资本积累率、净资产收益率、总资产报酬率和不良资产比率，反映了企业资本的运营效益与安全状况。其计算方法为：

$$资本保值增值率＝年末所有者权益/年初所有者权益\times100\%$$

资本保值增值结果的分析指标为资本积累率、净资产收益率、总资产报酬率和不良资产比率。分析指标主要对企业资本运营水平和质量，以及资本保值增值实际完成情况进行分析和验证。其中：

$$资本积累率＝本年所有者权益增长额/年初所有者权益\times100\%$$

$$净资产收益率＝净利润/平均净资产\times100\%$$

$$总资产报酬率＝(利润总额＋利息支出)/平均资产总额\times100\%$$

不良资产比率=年末不良资产总额/年末资产总额×100%

6. 资产负债率

资产负债率是指期末负债总额除以资产总额的百分比，也就是负债总额与资产总额的比率关系。资产负债率反映在总资产中有多大比例是通过借债来筹资的，也可以衡量企业在清算时保护债权人利益的程度。资产负债率指标反映债权人所提供的资本占全部资本的比例，也称为举债经营比率。其计算方法为：

资产负债率=负债总额/资产总额×100%

其中，负债总额，是指公司承担的各项负债的总和，包括流动负债和长期负债；资产总额，是指公司拥有的各项资产的总和，包括流动资产和长期资产。

7. 流动资产周转率

流动资产周转率是指企业一定时期内主营业务收入净额同平均流动资产总额的比率，是评价企业资产利用率的一个重要指标。主营业务收入净额是指企业当期销售产品、商品，提供劳务等主要经营活动取得的收入减去折扣与折让后的数额。其计算方法为：

流动资产周转率(次)=主营业务收入净额/平均流动资产总额

其中，平均流动资产总额是指企业流动资产总额的年初数与年末数的平均值，即平均流动资产总额=(流动资产年初数+流动资产年末数)/2。

流动资产周转率的两种表示方法：

方法1(一定时期流动资产周转次数)：流动资产周转次数=流动资产周转额(产品销售收入)/流动资产平均余额。

方法2(流动资产周转一次所需天数)：流动资产周转天数=流动资产平均余额×计算期天数/流动资产周转额(产品销售收入)。

8. 成本费用利润率

成本费用利润率是指企业一定期间的利润总额与成本、费用总额的比率。成本费用利润率指标表明每付出一元成本费用可获得多少利润，体现了经营耗费所带来的经营成果。该项指标越高，利润就越大，反映企业的经济效益越好。其计算方法为：

成本费用利润率=利润总额/成本费用总额×100%

其中，成本费用一般指主营业务成本、主营业务税金及附加和三项期间费用。分析时，可将成本费用与营业利润对比，计算成本费用营业利润率指标。其计算公式为：

成本费用营业利润率=营业利润额/成本费用总额×100%

如利润中还包括其他业务利润，而其他业务利润与成本费用没有内在联系，分析时，可将其他业务利润扣除。

9. 全员劳动生产率

全员劳动生产率是指根据产品的价值量指标计算的平均每一个从业人员在单位时间内的产品生产量，是考核企业经济活动的重要指标，是企业生产技术水平、经营管理水平、职工技术熟练程度和劳动积极性的综合表现。其计算方法为：

全员劳动生产率＝工业增加值/全部从业人员平均人数

10. 产品销售率

产品销售率是指报告期能源工业销售产值与当期全部工业总产值之比，是反映工业产品已实现销售的程度、分析工业产销衔接情况、研究工业产品满足社会需求程度的指标。其计算方法为：

产品销售率＝工业销售产值/工业总产值(现价)×100％

三、能源产业的社会效益

(一)能源产业社会效益的概念

能源产业社会效益，是指能源产业在生产运营过程中，最大限度地利用有限的能源资源来满足社会民众(组织)日益增长的能源消费需求。能源产业的社会效益有不同的理解：

(1)社会效益，是指能源企业经济活动对社会所带来的收入(收益)与对社会所带来的成本(损耗)之差，社会收益即企业所提供的社会贡献净额。

(2)社会效益，是指企业承担社会义务所增加的资源或给社会带来的收入，不仅是指能源企业一般的对社会公益事业的支持与赞助(如能源企业社会责任的履行)，而且应当包括诚实守信的经营信条，即以德取人、以信取人、以质取人、以诚取人，在能源用户心目中树立良好的企业形象。

(3)社会效益，是能够给他人创造收入、减少损失但不能转化为投资者财务收益的带有社会性、公益性的效用；通过优质的能源服务，快速高质量地满足能源用户的要求，保证能源用户具有良好的生产和生活状态；促进其他行业增产增收，加快经济社会的发展步伐。

(4)社会效益，是指能源部门在推动科学技术的进步，促进能源技术与管理人才的培养，提高科学管理水平和提高人民物质文化生活水平及促进社会发展等方面所起的作用。社会效益往往要经过若干年才能表现出来。

(5)社会效益，是指能源企业的社会实践活动对社会发展所起的积极作用或产生的有益效果。社会效益有广义和狭义之分，广义的社会效益包括政治效益、经济效益、思想效益和文化效益等。

(6)社会效益，是指能源产业的市场绩效对社会、国家和广大人民有益，而效益、社会效益、社会效果、社会影响问题是一个价值问题。

(7)社会效益，主要是指能源行业中领导的重视程度、行政的干预力度、生产力的结构调整等是否能确保推广的畅通。

[例 6-8]

澳大利亚：风能正成为最便宜的能源之一

最新数据显示，澳大利亚的可再生能源产业正以惊人的速度发展。在 2015 财年，该国可再生能源产生的电力可以满足 70%家庭的用电所需。而在 10 年之前，可再生能源发电量在澳大利亚全国总发电量中的占比只有 7%。在 2016 财年，这一比例增加到了 17.2%，到 2017 年 8 月更是进一步提升到 18.8%。截至 2017 年 6 月底，澳大利亚共有 46 个大型可再生能源项目正在建设中，能够为 8 868 个劳动力提供为期一年的工作岗位；到 7 月，这一数字将增加到 1 万个。其中，3 018 个工作岗位分布在新南威尔士州，主要来自风电项目；紧随其后的则是昆士兰州，新增了 2 625 个就业岗位，其中的 70% 都是来自光伏电站。在 2016～2017 财年，澳大利亚的屋顶光伏安装共创造了 3 769 个全职工作岗位。

美国：风能和太阳能挽救了 1.27 万人的生命

2017 年一项最新的研究显示，过去 9 年中，仅在美国，通过大力开发风能和太阳能，就防止了 1.27 万人过早死亡。这项研究主要是分析除了可以减缓全球变暖，放弃使用化石燃料还可以带来哪些更广泛的益处。该研究的成果已经以论文形式发表在了《自然——能源》杂志上。文中指出，通过降低碳排放，可以避免一系列由使用化石燃料引发的问题，其价值将达到数十亿美元。由美国能源部资助的上述最新研究显示，2007～2015 年，美国的主要空气污染物大量减少，二氧化碳下降了 20%、二氧化硫减少了 72%、氮氧化物下降了 50%，细小颗粒物，也就是大家熟知的 PM2.5 则下降了 46%。

(二)成长型能源产业的社会效益

按照产业发展生命周期理论，产业发展过程会经历“幼稚期(导入期)”“成长期”“成熟期”和“衰退期”。任何一级政府部门的职能都是提供公共管理和公共服务，之所以要组织评估、评选和重点支持成长型产业，是因为成长型产业能够产生重要的社会效益[①]。成长型能源产业的社会效益包括五点优势：

(1)成长型能源产业能够节约资源。成长型能源产业所提供的能源产品或服务能很好地适应市场需求，拥有先进适用的技术，能进行科学管理，在不断创新，处在良性循环发展阶段。这类企业对各种资源都可进行更为科学的开发利用。

(2)成长型能源产业是重要的经济增长点。各级各地政府出于增加财政收入和扩

① 成长型产业的经济效益再突出也不能成为各级政府重点支持的理由，因为那是产业自己的事情。

大社会就业的考虑，都对各种经济增长点寄托希望，而成长型就是其中重要的一个。成长型能源产业能够在较长时期内呈现较大的增长态势，能够提供持续不断的并且是越来越多的税金和就业岗位。

(3)成长型能源产业最有希望创造品牌。各级各地政府都关心品牌发展，都希望拥有更为显著的品牌效应。任何著名的能源品牌都不是一朝一夕形成的，都离不开企业的不断成长。因为成长型产业最富有成长空间，最善于扬长补短，所以最有希望创造著名品牌。

(4)成长型能源产业有希望产生龙头骨干企业。各级各地政府都希望拥有龙头、骨干企业，但龙头骨干企业不能完全指望引进和新建。事实上，国内外许多著名的龙头骨干企业都是从中小企业不断成长壮大起来的。成长型能源产业贵在持续而快速地成长，只要坚持这两个成长，都能产生未来的龙头骨干企业。

(5)成长型能源产业能够成为广大中小企业的榜样。广大中小企业都在寻找榜样，而成长型能源产业可以形成示范效应。成功的榜样和标杆比政府号召和书本知识的力量还要大。成长型能源产业之所以能够实现持续快速的增长，与其成长能力有关，与能源体制创新、战略创新、技术创新、营销创新、管理创新、文化创新有关。这些先进经验一旦被其他中小企业学到，就会有力促进广大中小企业成长。

(三)能源产业社会效益指标

能源产业社会效益指标，是指能源产业在发展过程中，对社会安定、协调、健康、有序发展等方面所起的作用的评定指标。能源产业的社会效益所带来的外部性的性质分为：直接影响、波及影响(间接影响)、开发影响和潜在影响等。目前，对于产业发展社会效益指标的说法较多，但都不统一，其原因：不同能源产业部门的社会效应侧重点存在差异。因此，本书不做统一要求，但至少可从以下五个层面对能源产业社会效益指标进行权衡：

(1)自我效能，主要包括产业发展动机与动力、能源企业集团形象、能源企业文化、能源企业价值观、产业发展经验。

(2)拉动效应(带动效应)，主要包括土地增值、带动相关产业发展、带动就业情况、拉动经济发展、改善能源消费结构、对当地居民消费的积极影响。

(3)推动效应(促进效应)，主要包括对区域均衡的影响、提高区域竞争力、对城市化建设的影响、对技术进步的影响、对收入分配的影响、对投资环境改善的影响、促进对外交流的作用等。

(4)品牌效应，主要包括能源示范基地规模、能源示范基地经济、先进能源生产线建设、能源创新与转型等。

(5)标杆效应，主要包括道德规范与遵纪守法、慈善事业发展、劳工权益、社区建设等社会责任的履行。

四、能源产业的环境效益

(一)能源产业环境效益的概念

环境绩效,是指企业经营活动中由于环境保护和治理环境污染取得的成绩和效果。企业环境绩效评价是企业环境管理的核心问题之一,但至目前我国尚未建立起科学实用的评价体系,在一定程度上影响了企业实施环境管理的积极性。

生态效益,是指在生产中依据生态平衡规律,使自然界的生物系统对生产、生活和环境条件产生的有益影响及有利效果,它关系到人类生存发展的根本利益和长远利益。生态效益的基础是生态平衡和生态系统的良性、高效循环。

能源产业环境效益,是指能源产业生产过程中,在能源企业占用和耗费一定的自然资源的条件下,由于污染物的排放或环境治理等行为而引起环境系统结构和功能上的相应变化,从而对生产、生活的环境造成影响的效应。如果占用和耗费同样的自然资源,能维护生态平衡,使能源企业及周边居民的生产和生活环境不致恶化或得到改善,其环境效益就好;如果占用和耗费同样的自然资源,对环境及生态平衡起破坏作用,使人的生活、生产环境恶化,其环境效益就差。能源产业环境效益是能源企业环境活动所产生的效果。环境效益除会计学确认的财务效益层面外,还包括经济效益、社会效益等,而且有宏观和微观之分。

(1)微观环境效益,主要以能源企业为主体,涉及内容与企业环境收益并无太大的差别,主要包括企业能源消耗、企业能源生产效率、废品减少带来的效益、回收副产品以及销售绿色产品的收入,还包括废弃物循环利用再生带来的效益等。

(2)宏观环境效益,则以一个国家或地区为主体,如国家温室气体的减排量以及臭氧层的损耗量带来的正、负外部性。

(二)能源产业环境效益指标

在能源产业环境效益评价的过程中,应始终重视环境净效益的概念。环境净效益,是指环境收益扣除环境损失和环境费用后的净值。其中:环境收益,是经济活动所引起的有利的环境变化,即环境改善;环境损失,是经济活动所引起的不利的环境变化,即环境破坏;环境费用,是经济活动中为消除不良影响所支付的消耗,通常指环保工程运行费用及其他环境保护费用。因此,在指标选取时,也应围绕四个层面的因素进行筛选和甄别:

(1)生态环境层面,主要包括增加土地利用率、提高资源开发利用效率、促进动植和植被保护等。

(2)能源环境层面,主要包括促进新能源替代、提高多能互补效益、降低能耗成本、节约水资源、促进能源结构调整等。

(3)社会环境层面，主要包括增强公众环保意识、改善居民生活水平、减少征地拆迁矛盾等。

(4)环境质量层面，主要包括减少二氧化碳排放、减少氮氧化物排放、减少硫化物排放、减少PM排放、减少固体废弃物排放、减少废水排放等。

第五节 能源安全生产管理

能源安全生产管理，是能源产业管理的主要内容，是保证国内能源生产和供应的重要手段。能源安全生产管理是指政府主管部门、安全监督管理机构、企业及有关单位对能源生产过程中的安全工作，进行计划、组织、指挥、监督等一系列的管理活动。

一、能源安全生产管理的特殊性

企业管理是企业各种管理活动的总称，包括企业的生产管理、财务管理、营销管理、物资管理、质量管理、环境管理、安全管理等。安全管理是企业安全生产的基本保障手段之一。安全管理是以安全生产为目的，进行有关计划、组织、决策和控制方面的活动。通俗地说，安全管理是利用管理活动，落实事故预防、应急响应及风险转移的措施。控制事故是安全管理的核心；预防事故是控制事故的最好方式。

能源产业涉及领域比较广，化石能源生产因其生产(开采)对象的不同，电力产品也因其特殊属性，使得其具有不同于其他产业的特殊性，主要包括资源有限性和稀缺性、生产的负外部性、高风险性、高价格波动性、交易成本不确定性、高资产专用性等特点。现有的安全技术及理论基础已难以适应当前能源生产对安全高效目标的迫切需求，特别是煤炭和电力产业，这种特殊性愈加明显。

二、能源安全生产管理的基本原理

1. 系统原理

系统原理是指人们在从事管理工作时，运用系统理论、观点和方法，对管理活动进行充分的系统分析，以达到管理的优化目标，即用系统论的观点、理论和方法来认识和处理管理中出现的问题。运用系统原理应遵循动态相关性原则、整分合原则、反馈原则和封闭回路原则。

2. 人本原理

人本原理是指在管理中必须把人的因素放在首位，体现以人为本的指导思想。以人为本有两层含义：一是一切管理活动都是以人为本而展开的，人既是管理的主体，又是管理的客体，每个人都处在一定的管理层面上，离开人就无所管理；二是管理活动中，作为管理对象的要素和管理系统各环节，都是需要人掌管、运作、推动和实施的。运用人本原理应遵循动力原则、能级原则、激励原则和行为原则。

3. 预防原理

能源安全生产管理工作应该做到预防为主，通过有效的管理和技术，减少和防止人的不安全行为和物的不安全状态，从而使事故发生的概率降到最低。运用预防原理应遵循偶然损失原则、因果关系原则、工程技术—教育—法制原则和安全化原则。

4. 强制原理

强制原理是指采取强制管理的手段控制人的意愿和行为，使个人的活动、行为等受到能源安全生产管理要求的约束，从而实现有效的能源安全生产管理。运用强制原理应遵循安全第一原则和监督原则。

三、能源安全生产管理的内容和目标

能源安全生产管理的目标是，减少和控制危害、减少和控制事故，尽量避免生产过程中由于事故所造成的人身伤害、财产损失、环境污染以及其他损失。安全生产管理包括安全生产法制管理、行政管理、监督检查、工艺技术管理、设备设施管理、作业环境和条件管理等。

能源安全生产管理的基本对象是能源生产企业的员工，涉及能源生产企业中的所有人员，以及设施、物料、环境、财务、信息等各个方面。能源安全生产管理的内容包括：安全生产管理机构和安全生产管理人员、安全生产责任制、安全生产管理规章制度、安全生产策划、安全培训教育、安全生产档案等。

四、能源安全生产管理机制

目前，能源安全生产工作实行"企业负责、行业管理、国家监察、群众监督、劳动者遵章守纪"的安全生产管理模式。

(一)企业负责

企业是国民经济的基本单位，是从事生产和经营活动的实体，其主要安全职责有：①企业必须遵守国家有关安全生产的法律、法规、规章，依法进行安全管理；②企业要建立健全安全组织机构，完善内部激励机制和监督、约束机制，认真建立和执行安全生产责任制等安全生产管理制度；③企业要在发展生产的同时，不断改善劳动生产条件，消除、控制生产过程中的各种不安全因素，提高抵御事故的能力。

将企业负责放在第一项，表明企业在安全生产中所占的重要地位。企业对安全生产负责的关键是要做到“三个到位”，即责任到位、投入到位、措施到位。所谓责任到位，就是企业必须全面落实各级安全生产责任制。安全生产责任制是企业最基本的安全管理制度，是所有安全生产规章制度的核心。企业在制定安全生产领导责任制的同时还应当制定全员安全生产责任制，这样才能保证企业的安全生产管理做到全面覆盖，安全生产责任落实到位。所谓投入到位，就是企业要确保对安全生产的资金投入。企业要推行安全生产目标管理，层层签订安全生产目标责任书，要建立安全激励机制，安全奖励基金要到位；企业对重大事故隐患和职业危害需要治理和整改，安全措施经费要到位；企业要开展安全生产的技术开发、推广和应用，安全科研经费要到位；企业的安全生产宣传教育和培训等都要有一定资金投入予以保证。所谓措施到位，就是企业要严格按照国家关于安全生产的法律法规和方针政策，结合本单位实际制定安全生产规划，并按照规划的内容认真做好落实工作。企业在新建、改建、扩建工程时，劳动安全卫生设施必须与主体工程同时设计、同时施工、同时投入生产使用。企业必须设置安全生产管理机构，选派责任心强、有一定专业知识的人承担安全管理工作。总之，企业只有认真落实各项安全措施，在安全生产管理中坚持做到责任到位、投入到位、措施到位，企业的安全生产工作才能真正做到落实到位。

（二）行业管理

行业管理部门与企业主管部门，在组织管理本行业、本部门的经济工作中，要加强对所属企业的安全管理。行业安全管理包含着监督检查的职能，具体为：①贯彻执行国家安全生产方针、政策、法规和标准，制定本行业的安全规章制度和安全规范，并组织实施；②实行安全目标管理，制定本行业安全生产（包括安全、防尘、防毒等）的长期规划和年度计划，确定方针、目标、措施和实施办法等，并监督执行；③参与组织对本行业的职工进行安全教育和培训工作；④对本行业的企业安全生产工作进行督促检查，解决存在的问题和隐患，组织或参与伤亡事故的调查处理，并协助国家监察部门查处违章失职行为；⑤组织本行业的安全检查、评比和考核，表彰先进，总结和交流安全生产经验。

（三）国家监察

国家安全监察是指政府的安全和技术监督部门及其监督机构，按照国务院赋予的权力所进行的安全监察活动，其监察具有法定的权威性。国家安全监察的基本职能包括：①实行监察，即依据有关安全生产法律法规授予的权限，对各部门和各企事业单位贯彻安全生产方针和遵守安全法规的情况进行监督检查；②反馈信息，即在实行安全监察的过程中，通过监察活动能广泛收集到各类信息，对这些信息进行有目的的分类、比较、分析、综合，并反馈相关企业或管理部门。安全监察的主要内容包括：对新建工程的监察，对新制造设备、产品的监察，对在用特种设备的监察，对有职业危害作业场所的监察和对特种作业人员的监察等。

（四）群众监督

群众监督的内涵是：①群众监督是指广大职工通过工会或职工代表大会监督和协助企业各级领导贯彻落实安全生产方针、政策、法规，做好事故预防工作；②工会组织可以在监督企业领导执行安全生产方针、政策、法规和标准方面，充分行使自己的权利；③工会是群众团体，它的监督属群众监督，并且通常只是通过批评、建议、揭发、控告等手段来实现。

（五）劳动者遵章守纪

对劳动者遵章守纪的要求包括：①劳动者遵章守纪是安全生产法确定的劳动者义务；②遵章守纪是指劳动者必须遵守安全生产法规、标准、企业安全管理制度和劳动纪律；③劳动者自觉地遵章守纪是预防事故的最有效措施之一。在事故致因中，人的不安全行为占有十分重要的位置，劳动者遵章守纪具有不可替代性。

第七章 能源产业管理机制

第一节 能源供给侧管理机制

一、能源供给侧管理的相关理论

供给侧管理(Supply Side Management,SSM),在全球经济学体系中尚没有系统的理论支持,也缺少非计划经济的实践经验。因此,从理论和实践的角度,供给侧管理一不小心就容易与计划思维、行政手段相联系。供给侧管理基本思想认为:要提高社会总产出水平必须采用提高生产能力的方式;通过调节社会产业部门总供给来达到宏观经济目标。

【强调】 通过提高生产能力来促进经济增长。

【本质】 在于提高全要素生产率。

【核心】 提高全要素生产率的方式。

【过程】 市场可以自动调节使实际产出回归潜在产出,无需刺激政策来调节总需求;拉动经济增长需要提高生产能力即提高潜在产出水平。

在实践中,政府和管理部门将供给侧管理扩大化,甚至将其作为供给侧结构性改革的唯一任务或主要任务,导致过度依赖行政手段,通过做计划、定指标、下文件等强迫命令的办法去产能,不可避免会造成“误伤”。相关部门提出用环保和法制手段“去产能”,然而,法制的宗旨是社会公平,环保的宗旨是良好环境,两者都不应该变成调控产能的工具:环境不达标或违法的企业,任何情况下都不应该放松标准允许其生产,而对那些合法的、环保达标的企业,也不应为了“去产能”的指标而人为提高标准令其减产。

[例7-1]

能源供给侧管理，应紧紧围绕"去僵尸企业"展开，这样"去产能"就不会扩大化，不会严重扭曲市场信号，也不会搞成"新计划经济"。供给侧管理和供给侧呼吁虽然也是必要的，但如果把这些对企业经营行为的管理和呼吁当作供给侧改革，而不去触及生产关系和经济体制层面，就转移了改革的视线和方向。供给侧改革不是"刀刃向外"改别人，而是"刀刃向内"改自己。衡量供给侧改革成效的标准不是如何干预企业生产，而是是否解放和发展了生产力。

供给侧管理扩大化的一个直接后果就是人为造成供应紧张和大宗原材料价格暴涨。2016年以来，焦炭指数从649点最高上涨至2 234.5点，最高涨幅244%；焦煤指数从561点最高上涨至1 650.5点，最高涨幅194%；螺纹钢指数从1 820点最高上涨至4 053点，最高涨幅123%；铁矿石指数从324.5最高涨至726.5点，最高涨幅124%；秦皇岛港动力煤（山西产）市场价从370元/吨最高上涨至650元/吨。另外，铝、铜等有色金属、造纸原材料、PTA、粘胶长丝等纺织原料，均出现不同程度的涨价。这些所谓"过剩"产能行业的产品，居然像几十年前供应短缺时代的产品一样成倍暴涨，不但严重扭曲了市场机制和价格信号，而且还无形中造成了三个财富再分配：第一个财富再分配，是下游制造业和上游能源原材料企业之间的财富再分配，如2017年上半年，采矿业实现利润总额同比增长13.4倍、制造业实现利润总额仅增长18.5%；第二个财富再分配，是中小民营企业与国有大型企业之间的财富再分配，如，2017年上半年，规模以上工业企业中，国有控股企业实现利润总额同比增长45.8%，而私营企业实现利润总额仅增长14.8%；第三个财富再分配，是进口成本上升，造成国民财富向外流失。2017年上半年，中国共退出煤炭产能1.11亿吨，同时进口煤炭1.31亿吨，同比增加2 300万吨，国内去产能的同时，国外厂商扩产并加大向中国市场出口，如印度尼西亚、澳大利亚等产煤国、产矿国对华出口明显增加，出口价格大幅提高，也造成了中国国内财富的流失。

对上述财富再分配中获益的那些企业而言，从天而降的"大馅饼"对于提高企业的长期竞争力也未必是好事。每一次去产能扩大化，都造成一轮大宗商品和相关资产的价格暴涨；而每一轮暴涨和获利者的狂欢，在扭曲市场的同时，也迅速滋生聚集了巨大的利益链条和相关领域的"寻租"机会——这对供给侧改革战略的影响和伤害不容忽视。

二、能源供给侧管理的创新

作为中国经济未来发展基本战略的供给侧管理与西方"供给学派"最大的差别就在于对"创新"的强调。创新，不仅是实现创造性破坏和结构调整的关键，还是促进经济社会顺利转型和可持续发展的基本保证。然而,创新的实现是一个复杂的过程,尤其是企业的创新,传统的低成本发展模式使得我国的微观主体偏好以要素投入来替代企业创新,并形成一定程度的路径依赖。因此,如何构建有利于提高企业创新能力的路径,就成为当下供给侧管理微观传导机制中首先面临的问题。

(一)供给侧管理视角下的能源企业产品创新

目前,供给侧结构性矛盾的核心就在于"有效"供给不足,即能源生产厂商的生产和能源消费者的需求出现结构性偏差,低质量产能过剩和高质量供给不足并存,因此,要求能源企业必须通过产品创新(如清洁能源)以实现创造性破坏,即在淘汰过剩产能的基础上,使得资源从低效能源产业转移到创新的高效能源产业中,从而提高能源经济增长的效率。具体来说,通过企业的产品创新实现供给侧管理目标的机理如下:第一,提高资源配置效率;第二, 降低经济运行风险;第三, 改善环境质量。因此,产品创新不仅可以提高资源配置效率和降低经济运行的风险,还可以改善环境的质量,从而有利于实现供给侧管理中改善供给这一目标的实现。

(二)供给侧管理中能源产业的商业模式创新

从供给侧管理的角度来看,能源企业在新能源产品创新的基础上,还必须重视商业模式创新,即以能源用户的需求为引导,对企业的价值创造流程进行再造,以在满足消费者需求的基础上改变经济增长动力。具体来说,能源企业的商业模式创新实现供给侧管理目标的机理如下:第一,有利于技术进步成果的转化;第二,有利于为消费者创造更多价值;第三,有利于提高企业竞争力。

第二节　能源需求侧管理机制

一、能源需求侧管理的相关理论

需求侧管理(Demand Side Management,DSM),是 20 世纪 90 年代国际上提倡的一种先进的资源规划方法和管理技术,它可以应用在电力、燃气、热力、供水等公共事业部门。当前比较成熟的是应用在电力行业的这种管理技术。与过去在缺电情况下采用的计划用电、节约用电模式相比,需求侧管理在出发点、基本思路和应用手段上有着明显差别。其目的是合理开发和有效利用资源,有力地促进经济能源环境的协调发展。所以说,DSM 是管理方式上的一种演进和变革。

能源需求侧管理,是指在政府、电力公司、能源服务公司(燃气公司等)、热力公司、房地产公司、用户等各方面的参与下,通过经济、技术、财政、行政、宣传的手段,督促或者鼓励用户改变其用能方式,使整个区域内实现能源消费的节约,提高能源利用效率,其中包括电力、热力、制冷等,通过选择合理的能源供应方式和合理的消费结构,来实现能源利用的最大效应。将客户端能源的消费纳入综合资源规划,是社会获得最佳整体效益,达到减少能源消耗和环境污染的目的的一种管理技术。

电力需求侧管理是对用电一方实施的管理。这种管理是国家通过政策措施引导用户高峰时少用电,低谷时多用电,提高供电效率、优化用电方式的办法。这样可以在完成同样用电功能的情况下减少电量消耗和电力需求,从而缓解缺电压力,降低供电成本和用电成本,使供电和用电双方均得到实惠,达到节约能源和保护环境的长远目的。电力需求侧管理是由政府主导,电力公司为主要实施推广单位,旨在以经济激励为主要手段,引导和刺激广大电力用户优化用电方式、提高终端用电效率、实现重大电力节约的节电管理系统工程。其内容包括负荷控制和管理与远程抄表和计费自动化两个方面。负荷控制和管理是根据用户的用电量、分时电价、天气预报以及建筑物内的供暖特性等进行综合分析,确定最优运行和负荷控制计划,对集中负荷及部分工厂用电负荷进行监视、管理和控制,并通过合理的电价结构引导用户转移负荷,平坦负荷曲线。远程抄表和计费自动化是指通过各种通信手段读取远程用户电表数据,并将其传至控制中心,自动生成电费报表和曲线等。

[**例 7－2**]

我国是能源生产和消费大国,但人均资源占有量却很少。能源结构以煤为主,环境污染严重;能源利用水平偏低,浪费很大。在今后相当长时期里,我国面临着探明资源贫乏(主要是油、气等)、能源供应短缺和环境污染恶化的危机和能源开发建设资金严重不足的困境。因此,长期坚持合理用能,大力降低能源需求具有不可替代的战略意义,尤其是对于供需矛盾突出的电力事业,坚持节电和削峰,更具现实意义。但目前在经济体制转型过程中,行政调控能力的减弱和节能资金的不落实,使节能节电难度加大。因此,能源需求侧管理无疑给我国提供了一种摆脱上述危机和困境的有效工具,在我国有广阔的推广应用前景。

二、能源需求侧管理的手段

能源需求侧管理的手段与电力需求侧管理的手段相似,但又存在一定的不同。电力需求侧管理的手段主要包括技术手段、经济手段、法律政策手段和宣传手段;而能源需求侧管理的手段主要包括技术手段、财政手段、价格手段、诱导手段、行政手段等。

1. 技术手段

技术手段是指有益于节能的负荷与环境保护的生产工艺、设备与材料,用以保障经济、行政手段有效实施的管理性技术,如高效节能灯、节能空调、节能电冰箱、热水器、蓄冷蓄热技术、节能调速技术、高效绝热保温技术、电力负荷控制技术等。利用这些技术可以明显提高用户的用能效率，起到负荷削峰填谷和转移高峰负荷、平抑负荷、提高电网的负荷率的作用。技术手段是价格、财政等手段的辅助支持手段。

2. 财政手段

财政手段是开拓节能市场、增强节点活力的重要的激励手段，也是需求方管理在运营策略方面的重点，其目的在于刺激和鼓励用户主动改变自己的消费行为和用能方式，从而减少能源的综合消耗，达到节能的目的。其主要措施是：价格鼓励，如果用户对于冷、热、电消费的行为，能够达到综合用能节约的效果，则在电价、热价、冷价方面均给予一定的支持；榜样鼓励；接待优惠鼓励；免费安装鼓励；节能特别奖励；等等。

3. 行政手段

行政手段是指政府和有关部门，通过法规、标准、政策来规范冷、热、电的消费和市场行为，以政府的行政力量来推动节能，约束浪费，保护资源和环境，确保节能市场的健康发展。

4. 诱导手段

诱导是对用户消费引导的一种有效的、不可缺少的市场手段。相同的财政激励和同样的收益，用户可能有不同的反应，关键在于诱导。主要的诱导措施包括信息传播、补充节能知识、审计咨询、技术推广和政策交代等。

[例 7－3]

供给侧管理强调通过提高生产能力来促进经济增长，而需求侧管理强调可以通过提高社会需求来促进经济增长，两者对于如何拉动经济增长有着截然不同的理念。需求侧管理认为需求不足导致产出下降，所以拉动经济增长需要“刺激政策”（货币和财政政策）来提高总需求，使实际产出达到潜在产出。供给侧管理认为市场可以自动调节，使实际产出回归潜在产出，所以根本不需要所谓的“刺激政策”来调节总需求，拉动经济增长需要提高生产能力即提高潜在产出水平，其核心在于提高全要素生产率。政策手段上，包括简政放权、放松管制、金融改革、国企改革、土地改革、提高创新能力等。从供给侧管理角度看，本质上都属于提高全要素生产率的方式。

供给侧管理和需求侧管理的主要区别：

第一，前提假设区别：市场能否自动出清。市场出清，是指市场经济中商品能够通过价格变化自动调节需求和供给，使得供需达到均衡。供给侧管理（新古典主义）认为，商品价格具有充分的灵活性，能使需求和供给迅速达到均衡。而需求侧管理（凯恩斯主义）认为，因为商品价格存在刚性，短期内无法充分调整，所以会有需求不足的情况出现。换言之，凯恩斯主义认为宏观经济会出现需求不足情况，而新古典主义认为不会出现。

第二,政策理念不同:是否需要刺激政策。需求侧管理认为需求不足导致产出下降,所以拉动经济增长需要刺激政策(刺激政策指为提高总需求的财政和货币政策)来提高需求,使当期的总产出达到潜在产出。供给侧管理认为市场可以自动出清,当前产出可以自动回归潜在产出,所以拉动经济增长需要提高生产能力即提高潜在产出水平,而不需要提高需求的所谓"刺激政策"(事实上,包括弗里德曼、卢卡斯等在内的很多经济学家认为这些调节需求的刺激政策非但没有起到平滑经济的作用,反而增加了经济的波动)。

供给侧如何管理?具体而言,供给侧管理的手段可以包括:一是改革提高效率(核心问题)。通过改革促进全要素生产率的提升,包括简政放权、放松管制、金融改革、国企改革、土地改革、提高创新能力等,本质上都属于这类。二是调结构。调整产品价格和要素价格在不同部门间的相对价格,引导资本和劳动在不同部门间的重新配置。本质上说,调结构不属于一个经济增长问题,但从政策手段上看这也属于供给侧管理的一种方式。三是改善人口结构和劳动力质量。劳动人口占比上升可以提高人均产出,人力资本可以提高劳动力的生产能力。

第三节　清洁发展机制

清洁发展机制(Clean Development Mechanism,CDM),是《京都议定书》中引入的灵活履约机制之一。其核心内容是允许附件发达国家与发展中国家进行项目级的减排量抵消额的转让与获得,在发展中国家实施温室气体减排项目。

一、《京都议定书》

1997年,日本京都气候公约第三次缔约方大会通过了《京都议定书》。这是全球人类努力保护地球环境以及实现可持续发展的里程碑,它标志着各国政府第一次考察接受具有法律约束力的限控或减排温室气体的义务。《京都议定书》的生效条件是:55个《联合国气候变化框架公约》缔约国批准,而且批准的国家的二氧化碳排放量必须占到发达国家二氧化碳排放总量的55%。

2003年,《京都议定书》通过近6年,至2003年11月26日,有包括中国、欧盟15国、日本、加拿大等在内的120个国家批准。其间,为推动《京都议定书》批准和生效、完成重要议题的谈判以及为《京都议定书》实施奠定规则基础,每年都召开一次《联合国气候变化框架公约》缔约方会议。

2004年,俄罗斯常驻联合国代表杰尼索夫于11月18日在肯尼亚首都内罗毕向联合国秘书长安南正式递交了俄加入《京都议定书》的文件，为这一旨在减少全球温室气体排放的计划正式生效铺平了道路。

2005 年 2 月 16 日，《京都议定书》正式生效。时任联合国秘书长安南说："这是世界在对抗真正的全球威胁（气候变暖）时迈出的具有历史意义的一步。"

二、清洁发展机制的目的和特点

为实现长期可测量且符合成本效益原则的温室气体减排目标，《京都议定书》确定了缔约方之间开展合作的三种机制，分别为联合履约[①]（Joint Implementation）、排放贸易[②]（Emission Trading）和清洁发展机制（Clean Development Mechanism，CDM）。这些机制的主要目的是帮助发达国家以较低成本完成其减排义务。联合履约和排放贸易是在发达国家缔约方之间进行的，而 CDM 是在发达国家与发展中国家之间进行的减排合作。

清洁发展机制是《京都议定书》第 12 条确定的一个基于市场的灵活机制，其核心内容是允许附件 1 缔约方（即发达国家）与非附件 1 国家（即发展中国家）合作，在发展中国家实施温室气体减排项目。清洁发展机制的设立具有双重目的：促进发展中国家的可持续发展和为实现公约的最终目标做出贡献；协助发达国家缔约方实现其在《京都议定书》第 3 条之下量化的温室气体减限排承诺。

通过参与清洁发展机制项目，发达国家的政府可以获得项目产生的全部或者部分经核证的减排量（Certified Emission Reductions，CERs），并以此履行其在《京都议定书》下的温室气体减限排义务。对于发达国家企业而言，获得的 CERs 可以用于履行其在国内的温室气体减限排义务或在本土增加等量的排放权，也可以在国际市场上出售获得经济收益。由于获得 CERs 的成本远低于其采取国内减排行动的成本，发达国家政府和企业通过参加清洁发展机制项目可以大幅度地降低其实现减排义务的经济成本。对于发展中国家而言，通过参加清洁发展机制项目合作可以获得额外的资金和/或先进的环境友好的技术，从而可以促进本国的可持续发展。因此，清洁发展机制是一种"双赢"机制，既实现发达国家的减排目标，又可以帮助发展中国家实现可持续发展，提高发展中国家的技术水平，为发展中国家的经济增长模式转型做出一些样板。清洁发展机制合作也可以降低全球实现温室气体减排的总体经济成本。

---

① 《京都议定书》第 6 条规范的联合履行，系附件 1 国家之间在"监督委员"（Supervisory Committee）监督下，进行减排单位核证与转让或获得，所使用的减排单位为"排放减量单位"（Emission Reduction Unit，ERU）。

② 排放贸易的核心是允许发达国家之间相互交易碳排放额度。《京都议定书》规定的附件 1 国家可以以成本效益的原则通过交易转让或者境外合作方式获得温室气体排放权。这样，就能够在不影响全球环境完整性的同时，降低温室气体减排活动对经济的负面影响，实现全球减排成本效益最优。

清洁发展机制的主要特点：

（1）自愿性。各方自愿参加，无论是 CERs 的出售方还是购买方都是自愿参加。在现阶段，CDM 项目出现很强的买方市场的特点。购买方一般采用招标或直接洽谈的方式进行采购，往往把价格压得很低。竞争通常是在卖方，即在发展中国家之间展开。

（2）真实、可测量、多样和长期受益。CDM 项目中，买卖双方交易的内容是 CERs。CERs 是如果没有该项目而上常规项目多出来的排放量，是虚拟项目与实体项目排放量的差值。虚拟项目按照某种假设条件和方案确定以后，其排放量在一定时期内基本上就确定了（一个计入期完成后，基准线有可能会重新核定）。有可能变化的只有实体项目的排放量。就是说 CERs 的变化，主要取决于实体项目的排放量变化。因此，实体项目的排放量必须是真实可测量的。项目的环境额外性不应该因减排量的转移而抵消。CDM 项目不拘泥于某一种或几种技术；技术的先进性和适用性具有同样的重要意义。目前 CDM 项目涉及的技术类型主要有可再生能源、能源效率、CH_4 气的收集与利用等。

（3）采用相对成熟的技术。采用相对成熟的技术可以保证项目能够高效稳定运行，能够保证有一定的寿命期，产生足够量的 CERs，对环境的影响有可持续性，切实有利于可持续发展。

三、清洁发展机制的项目

一般来讲，各方对 CDM 都有以下几方面要求：①清洁发展机制项目应该符合项目所在国的可持续发展要求（即有利于国民经济发展），有利于环境保护和减缓温室效应，有利于当地的经济发展和减少贫困，有利于社会进步和增加就业。②项目必须符合所在国环境保护的有关规定。③项目必须具备额外性，即资金的额外性（克服投资融资障碍等）和技术额外性（克服技术风险等）。④应有助于引进先进技术。⑤CERs 的价格要求合理。⑥项目设计文件（Project Design Document，PDD）要符合公约规定。⑦项目方法学，尤其是基准线的选取要恰当。

CDM 将包括如下方面的潜在项目：①改善终端能源利用效率；②改善供应方能源效率；③可再生能源；④替代燃料；⑤农业（甲烷和氧化亚氮减排项目）；⑥工业过程（水泥生产等减排二氧化碳项目，减排氢氟碳化物、全氧化碳或六氟化硫的项目）；⑦碳汇项目（仅适用于造林和再造林项目）。

第四节　能源效率标识

一、能源效率标识的概念

(一)能效标准

能效标准是指规定产品能源性能的程序或法规。标准通常包括两层含义:①定义了明确的协议(或者实验室测试程序),通过该协议可以对一个产品在正常使用情况下的能源性能进行充分准确的评估,或至少可以得到该产品的能源性能与其他型号产品的相对排序;②依据制定的测试协议确定能源性能(通常指最大能耗或最低能效)的目标限定值。

能效标准可分为三类,即指令性标准、最低能源性能标准(简称性能标准,Minimum Energy Performance Standard,MEPS)和平均能效标准。指令性标准要求在所有新产品上增加一个特殊的性能或安装一个独特的装置。性能标准是规定产品必须达到最低能效(或最大能耗)要求的标准。这些标准规定产品的能源性能,但不对技术或设计规格提出要求。平均能效标准则规定产品在一段时间内的平均能效,允许每个生产厂家在产品设计时可以适当选择能效水平,从而使其产品的总体能效水平达到平均值。

(二)能效标识

能效标识是附在产品上的信息标签,用来表示产品的能源性能(通常以能耗量、能源效率和/或能源成本形式给出),以便在消费者购买产品时,向消费者提供必要的信息。标识分三种:保证标识、比较标识和单一性标识。

(1)保证标识实质上是根据特定的标准所做的“认可标志”。

(2)比较标识是一种为消费者提供信息的标识,可以让消费者通过不连续的性能等级或连续的标尺,对相似产品的性能做出比较。

(3)单一信息标识提供与产品性能有关的数据。

能效标识可以单独使用,也可以作为能效标准的补充。

能效标识所提供的信息可以使消费者选择能效更高的产品型号。同时,标识也提供了一个公认的能效基准,使电力公司和政府节能机构能够更容易地鼓励消费者购买能效高的产品。能效标识的实施效果在很大程度上依赖于电力公司和政府节能机构向消费者提供信息的方式。进入21世纪,世界各国对于节能减排都很重视,各种法规层出不穷。美国政府曾经规定,所有在美国生产的电机必须使用硅钢片。电机的生产是一个庞大的产业，涉及的企业众多。规范这个行业的生产活动，必然要消耗大量的人力、物力、财力，但是管理的效果却不一定好。能效标识制度有别于传统的政策法规，并没有对产品的原材料作出规定，只对耗能产品的能源效率等级作出规定。企业生产的产品只需要符合自己声明的能效等级即可，而不符合最低能效等级的产品则不允许继续生产。

[例 7-4]

目前，我国能效标识制度采用的是"企业自我声明＋备案＋社会监督"这一国际通行模式进行产品的能效评定。这个制度的建立，实现了用很少的人员、有限的资金，就能在能源效率方面管理一个庞大的产业。从 2005 年开始，能效标识逐渐走进了千家万户，很多家用电器上都已经有了能效标识；能效标识也逐渐走入了整个社会，正在社会的节能方面发挥着积极的作用。

二、能源效率标识的社会监督

在能效标识制度中，社会监督是最后一个环节，也是必不可少的管理手段，社会监督与能效标识制度的成败与否息息相关。有了社会监督，才能保证能效标识制度的公平与公正，才能保持能效标识制度的活力和生命力，才能保障能效标识制度长期有序地发展。为了确保能效标识制度的顺利实施，社会监督是必不可少的，而监督抽查就是其中重要的手段。

我国实行的能效标识制度，是国家能源管理的一种理论创新，是新时期、新形势下节能减排工作的一次探索实践。能效标识制度能够规范企业行为，使生产企业形成诚实守信、科技为先的企业文化；能够影响消费导向，逐步形成优胜劣汰的市场环境。能效标识制度最终会为我们建设环境友好型社会贡献一分力量。

第八章　能源管理的特殊模块

第一节　城市能源管理

一、城市能源管理的相关概念

城市能源，是指城市地区的能源供应与消费，涉及城市地区工业生产、商业服务和城市生活多个方面。城市是人类文明发展进步的重要成果，是现代经济社会发展和社会活动的主要载体，也是人口密集、经济发达、能源供应集中的区域生态系统。城市能源是关系到国家经济发展水平和人民生活水平的重要物质基础。城市中能源流动过程表现为各类能源的消耗与转化，因此能源被视为城市生态系统中的主导要素。城市能源的合理开发利用和可持续发展对世界经济和人类社会发展具有重大意义。

城市能源的分类主要包括：电力、煤炭、太阳能、供热、冷气、天然气等。

二、城市能源系统

城市能源系统，是由在自然界中以原有形式存在的一次能源（原煤、天然气、原油、核燃料、水力、风力、太阳能、生物质能、地热和潮汐能等）经开采、加工、转换得到二次能源（电力、汽油、柴油、煤油、液化石油气、蒸汽等），输送、分配到城市各个终端用户（三次产业和居民生活下的46个细分部门）所组成的大系统。

城市能源系统规划是根据一定时期的城市国民经济和社会发展规划，预测城市能源需求，对城市能源系统的结构及能源生产、转换、消费和分配等各个环节作出的统筹安排。加强城市能源需求预测和能源开发供应预测，对能源开发和节约的规划工作加强可行性研究和技术经济论证，有助于制定科学合理的城市能源规划，为城市能源决策提供科学依据。随着能源供需矛盾和环境污染的加剧，人们对城市电力供应安全问题的认识不断加深，逐渐意识到城市能源系统规划研究的重要性。能源系统规划的主要实现手段是能源模型，其将实际能源系统的结构及其变量之间的相互关系抽象为简单可解的数学表达式，通过改变和控制能源系统中的参数和变量，比较分析不同能源和环境政策带来的成本、收益等影响，进而实现对能源系统进行定量研究。在过去几十年中，能源系统规划技术及其实现手段取得了长足发展，各类能源规划模型相继出现，并显示出各自的优越性，进而受到重视和广泛应用，为城市能源优化管理、资源环境问题应对策略研究、能源发展规划、能源经济政策制定提供科学的理论支持。

三、城市能源计量数据中心

城市能源计量数据中心，不仅针对工业企业，还包括公共建筑、商业楼宇等。数据中心设计旨在实现节能减排的目标，实现科学发展战略；这样的数据中心也是通过信息化指导用户决策的重要系统。开发研制信息化的城市能源计量数据中心，以实现耗能数据实时的采集、上传、汇总、分类、调用、对比等功能，达到协助城市、行业、企业真正实现节能的目标。

［例 8－1］

长期以来，由于我国在能源管理上立法缺失，再加上相对粗放型的经济增长模式，一直都不太重视节能降耗工作，因而也不重视能源计量基础工作。能源计量工作智能化、网络化、信息化程度很低，很多城市节能数据方面还没有统一的管理平台，大部分企业都还只停留在各个单位人工报表、手工计算和填表的原始阶段。现有系统在职能仪表的应用、数据的采集上还不够具有前瞻性，目前都还没有广泛地运用网络化和计算机信息化技术。在数据采集集成方面、通信协议方面很不统一，计量点设置等方面不够合理。

相反，从国际角度，发达国家各国高度重视城市层面的能源计量数据的有效性。英国制定了能源战略后，伦敦、布里斯托尔、普利茅斯等城市纷纷制定了详细的城市能源计量数据中心构建及城市能源可持续战略和计划，美国、加拿大、德国、新西兰等也都有国家、城市不同层面的能源计量数据采集平台。

四、城市综合能源管理方案

随着不可再生能源的日益匮乏，能源管理成为城市管理工作的重要内容。在智慧城市建设的大背景下，能源管理更是成为其中不可或缺的重要建设内容。利用物联网、互联网及移动通信等先进技术，为水、电、气、油、热、煤等各种设施提供全面的能源管理措施，帮助城市管理日益增长的能源需求，提高网络效率，降低能源消耗，以达到智慧、高效、安全可靠、节能减排的目的，进而有效地缓解因推进城市化进程而造成水、

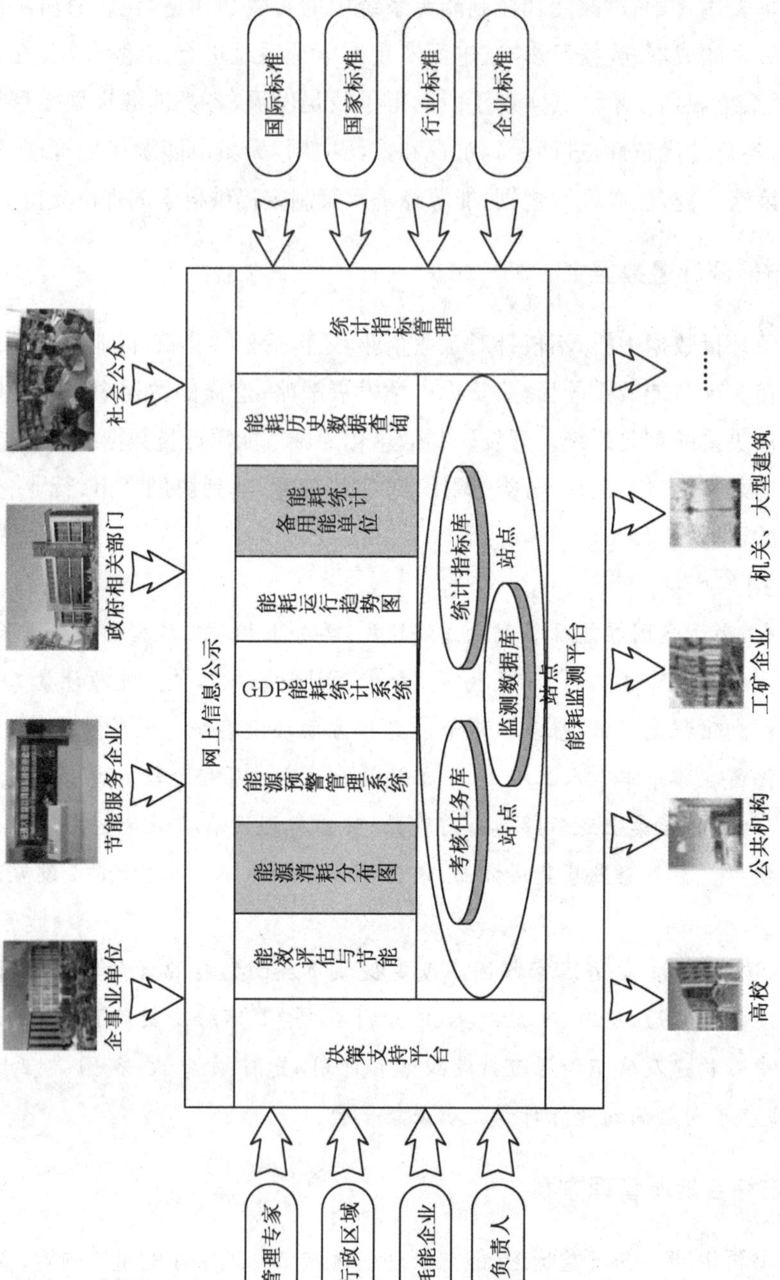

图 8-1 能源数据管理中心业务架构

电、煤等关键城市系统的压力，为智慧城市的运营保驾护航。

（一）优化解决方案

城市综合能源管理优化解决方案，是以物联网技术为基础，结合在云计算技术、大数据技术上的积累，将城市各行业、各区域用能单位的水、电、气、暖等能源消耗数据，实现集中采集、实时监测、分级诊断、各层共享，建成覆盖全省，乃至全国的多层次、立体化城市能源监控系统，满足政府城市能源规划、调控及节能管理的需求，为用能单位内部能源管理、优化运营方案、实现节能改造等提供良好的技术手段和科学依据。

（二）建筑能效管理系统

建筑能效管理系统，是一个为大型公共建筑以及建筑群提供能源能效“监”“控”“管”服务的一体化产品。它通过分类分项计量，实现能耗信息透明化，便于能耗管控；通过专家级数据分析，图形化展现能耗数据；指导企业正确、有效、合理地采用节能措施，降低生产成本，最高可实现节能 30%以上；实现用能方面不同人、时、地的超越化跨域管理，提升运营效率。应用场景：园区、商业地产、市政公共建筑、学校、医院、公租房、大型宿舍等。

（三）智慧路灯管理系统

智慧路灯管理系统，是将城市照明统一接入物联网络，基于 GIS 进行地图可视化管理；通过应用灵活的照明策略，自动对每盏路灯的开关状态、照明亮度进行精准控制，真正实现按需照明，节能效率高达 80%。应用场景：城市道路、景区、园区等。

（四）充电桩管理系统

云充电管理系统，是基于互联网“云”服务的概念，在“云”端搭建充电设施运营管理平台，通过物联网的方式实现充电桩、充电站接入云平台，为不同类型充电桩所有者搭建生态共享的充电服务运营平台，提供充电服务、运营管理、结算交易等业务支撑，端到端地解决制造商、运营商、车主的各种困难，从而促进新能源的推广。

（五）能源计费管理系统

能源计费管理系统，是一套小型的、针对水、电、煤、热等能源的计费收费系统；它支持开销户、预付费后付费、账单生成、自动催缴、欠费拉闸、缴费退费等能力。应用场景：园区、宿舍、公租房、海外小型能源（电力）公司等。

（六）核心能力提升方案

采用开放式的结构，四大能源系统无缝对接，形成综合性的节能服务平台，为用户提供一站式能源服务；采用最新的云技术、面向服务的架构（SOA）理念、B/S 系统结构，按需随心所欲地访问各项服务；相较于以往需要特定设备、特定环境、在特定时间才能操作的模式，在节省资源、提高效率等诸多方面有着不言而喻的优势；实时数据与历史数据的网络存储，使得数据的访问更加方便，数据存储更为安全；大量用户的并发访问,海量的数据采集、处理、分析和统计能力,专业的大数据平台支撑,让客户得到多维度、有价值的数据以支撑决策。

(七)客户收益优化方案

提供自动化的节能控制与能耗监管手段;提供专业化的能耗数据分析和能源审计手段;为制定行业规划和能耗监管策略提供最有力的支持;为新能源汽车的推广减少障碍。

第二节　农村能源管理

一、农村能源管理的相关概念

农村能源,是指农村地区的能源供应与消费,涉及农村地区工农业生产和农村生活多个方面。它属于能源建设与行业管理的范畴,而不是一个单纯的能源生产或加工种类的划分,主要包括农村电气化、农村地区能源资源的开发利用、农村生产和生活能源的节约等。在中国,农村能源的开发主要包括薪柴、作物秸秆、人畜粪便等生物质能(包括制取沼气和直接燃烧),以及太阳能、风能、小水电、小窑煤和地热能等,多属于可再生能源。农村能源的节约主要包括省柴节煤炉(灶、炕)、农业机械节能、农产品加工节能等。

农村能源资源种类中除矿物质能和地热能外,都可以在自然界再生。农村能源的分类主要包括:生物质能、水能、太阳能、风能、地热能等。

[例 8-2]

近年来,国家开始建设社会主义新农村,发展农村经济,而新能源项目就是推动新农村建设的重要手段。农村新能源的充分利用对改善农村生活状况具有重要意义,可以促进农村经济的可持续发展,帮助农村形成新的农业产业链条。中国农村能源建设的指导方针是:因地制宜,多能互补,综合利用,讲求效益。

在农村范围内提供和消费的能源资源是发展农村各业生产、改善人民生活所必需的物质基础,主要包括畜力、生物质能、水能、矿物质能(煤炭、石油、天然气等)、太阳能、风能、地热能和潮汐能等。

在农村中消耗的能源分为生产用能和生活用能两部分。农业生产用能包括田间作业、农业运输和农产品加工三大项,其来源主要是以商品形式供应的煤、石油和电。发达国家以石油和电力为主;在发展中国家,人、畜力仍是主要的动力来源,役畜不仅用于田间作业,并且用于农村的交通运输。就是在机械化程度较高的国家,有的也仍以马、骡、驴等作为短距离运输的动力。农村生活用能主要用于煮饭、烧水、取暖、照明和家用电器。发达国家以电能为主；发展中国家则以生物质能为主，辅以煤和电。20世纪80年代初期，中国农村生活用能为2.6亿吨标准煤，其中约0.4亿吨属商品性能源，2.2亿吨属非商品性能源，其中以秸秆和薪柴为主。1985年，农村生活耗能总量增加到2.79亿吨标准煤，其中生物质能基本维持在2.2亿吨左右，商品能源则增加到7 900万吨标准煤。

二、农村新能源项目管理

随着农村新能源项目的推进，后续的管理工作中也逐渐开始显现出一些不可忽视的问题。现阶段很大部分项目仍然是"重开发、轻管理"，工程方只关注项目的开发情况，当项目设施修建完成之后反而忽视了其后续的维护工作，很多项目设施在反复使用一段时间后，没有专业人员来进行维护修缮，导致设备的使用寿命明显降低，有一些在使用一段时间后就荒废掉了。这种情况会造成项目设备资源的极大浪费。目前，存在的问题包括：

(1)农村新能源项目的后期管理维护缺乏健全的服务网络。现阶段，农村新能源建设项目的后期管理维护还没有形成完整的服务网络。缺乏健全的服务网络，后期维护工作不到位，很多新能源工程设备在进入运行之后发生故障都没有人处理，出现技术问题之后也没有人承担责任。管理工作权责不明，未分清政府、村委会、农户三者的责任，服务网络和维护体系未能完善，各项后期管理所需要的配套设备准备不够充足。

(2)农村新能源项目的后期管理维护缺乏充足的资金。缺乏政策支持，没有足够的资金进行后期管理维护工作。新能源建设时期投入大量资金，到后期进行管理时，往往就会压缩资金，忽视管理维护工作。很多地区都没有制定科学的政策，定期定向发放后期维护资金；而另外一些则投入得很少，导致管理工作受到很大限制。

(3)农村新能源项目的后期管理维护缺少专职的技术人员。新能源项目一般需要专业人员进行管理，农户们并不是很清楚设施的维护，缺乏专业知识，往往无法应对项目运行过程中所出现的问题。为此需要专门的日常看管、维护员工，提高设施的使用寿命。现实中，很多农村都没有配备相关的工作人员，或者配备的人员很少，远不够维护工作的需要，这就导致新能源项目的设施提早荒废，没有充分发挥其应有的经济效益和环境效益。

农村新能源建设后续管理的对策和建议包括：

(1)让农户参与管理工作，提高他们的积极性。建设农村新能源项目，进行后期管理维护工作，这些工作最终的受益者都是农村的居民，所以，鼓励农户参与后期管理工作是十分必要的。这样既可以方便群众，又可以延长新能源项目设施的使用寿命，节省维护成本。政府应该积极宣传环保思想，让环保深入民心，加深农户对新能源的认识，提高农户参与后期管理的积极性。

(2)建立健全完备的后期管理与维护体系。政府的相关部门应该针对现有的各种新能源项目，根据自己地区的具体情况，结合实际，考虑地区的长期发展规划，因地制宜，建立健全适合地方情况的管理和维护体系，不断完善后期管理与维护服务体系，实现管理、维修在内的整体服务网络，帮助农村能源的管理向标准化、服务专业化方向发展，改变项目覆盖面小、组织化程度低的局面。

(3)制定长期的发展规划，加大政府资金支持力度。在建设新能源项目之后，国家应该根据地区情况，制定合乎时宜的长期规划，加强资金的支持，做好新能源项目后期的管理和维护工作。

(4)加强相关工作人员的技术培训。在后期维护工作中，技术是关键，维护工作需要专业的技术支持，只有技术才能够切实解决实际中出现的问题，保证设备的完好及正常运行。政府应该加强技术人员的培训工作，提高技术人员的实际操作水平，帮助他们完善理论知识。

三、农村能源改革

农村能源革命要围绕服务“农民多增收、农业多产出、农村更美丽”谋划布局，既要从生产角度革命，也要在消费方面革命。农村能源生产革命要从供给侧结构改革着力，生产适合农村需求、居民可承受、不产生或少产生环境污染，特别是不造成雾霾天气和农业面源污染的清洁能源和可再生能源，丰富农村能源供给，让农民有更多选择，使用更便捷。农村能源消费革命主要引导农民树立绿色低碳消费观念，政府应在政策上制定消费清洁可再生能源使用补贴和价格优惠，建立健全服务体系，通过政府购买服务等形式，为农民使用新型能源做好技术、维护等服务。

农村能源革命要跳出固有思维、传统理念和管理模式，坚持综合利用原则，通过集成多种可再生能源利用技术，形成集约化的分布式能源体系；通过以县(乡)为单位进行区域化示范，探索新时代下农村能源建设模式和利用方式；通过政府主导，推动半市场化运作；通过利用畜禽粪污生产沼气、生物天然气和发电上网作为主要抓手，加快建立畜禽粪污综合利用标准体系，分步推进粪便、垃圾、秸秆等农村废弃物综合利用，逐步把我国农村能源发展成商品能源。农村能源利用安全监管是政府必须承担的一项职能。针对农村能源管理，主要的建议和办法包括：①健全管理机构；②加强安全监督检查；③做好后续管理和服务工作。

第三节　区域能源管理

一、区域能源管理的概念与理论

（一）相关概念

区域能源，主要是指选定区域（园区、社区、街区、城镇等）的建成环境中有关的冷、热、电、气等资源。

区域能源管理，是指对选定区域的能源需求与供应关系进行科学化管理，提高能源的使用效率，改变传统规划中的高消耗做法，全盘考虑经济发展中的巨大能源浪费，尽可能增加可再生能源、清洁能源的使用，全面建设低碳经济，为发展生态文明建立新的能源管理理论体系。

（二）基本理论

1. 区域能源管理基本原理

区域能源管理要注重三个方面：①能源供应——开源；②能源利用——增效；③能源消费——节流。开源和节流共同实施，促进能源利用的效率，主要体现在：积极开发新能源，包括开发页岩气等可再生能源与未利用能源的合理利用；开发节能设备，创新无碳能源。

区域能源规划在城市化进程中具有重要作用，合理规划方可实现低碳发展、构建低碳经济发展模式、降低能源资源消耗。它是以需求侧能源节约和能源需求的降低为基础的，在区域规划中占据重要的位置。但是，我们不能把区域能源规划狭义理解为某项应用技术的规划，更不能认为只要大力推广某项节能技术，就能实现社会经济向低碳化转变，就能形成低碳经济发展模式。要想充分发掘区域能源管理在发展低碳经济中的优势和特点，区域能源管理规划需要遵循如下原则：①安全性原则。在进行能源的分配与供给时，充分考虑发生自然灾害时能源的替代作用。②低碳化原则。在进行区域能源规划时，必须充分考虑将可再生资源使用最大化，而且经济效益最大，争取在能源分配的过程中的利用低碳化。③层次化原则。将工业园中排出的废热进行阶梯式使用，把节能和降低能源需求作为低碳工业园的减碳措施。④市场化原则。在进行区域能源管理时，要打破传统计划经济模式下的能源供应体系，充分考虑市场化原则，使能源的供给与分配更符合市场的发展趋势。

2. 脱钩发展理论

脱钩（decoupling）是指在工业化之初，物质消耗总量与经济增长呈正相关；但经济发展水平达到一定程度后，该趋势呈现逆向转变，出现经济保持增长但物质消耗降低的现象。低碳经济模式符合脱钩理论要求，就是要求在不危害环境的前提下实现经济的稳步增长，没有增加环境危害却让人类社会同样进步的环保状态。

按照单位GDP环境压力降低是否会引起环境压力总量的下降，脱钩类型主要可以分为两类：相对脱钩和绝对脱钩。

(1)相对脱钩是指在经济发展时，资源利用以及环境压力以一种相对较低的比率增长，即经济的快速发展，资源利用和环境压力增加得相对较少，这主要是由于经济发展与资源利用或者环境压力之间的距离变得越来越大。

(2)绝对脱钩是指在经济发展过程中，资源利用和环境压力的增长率在减小，尽管资源利用的总量变得越来越大。相对脱钩最先发生，在人为的控制之下将最终转变为绝对脱钩。

从相对脱钩向绝对脱钩转化的点，就是资源/环境的拐点，即倒“U”形曲线的顶点；脱钩指标主要反映驱动力(如GDP的增长)与压力(环境污染)在同一时期的增长弹性变化情况，两者可以看作是对不同脱钩程度的不同描述，在研究中这两种脱钩类型也存在相互转化的关系(见图8—2)。

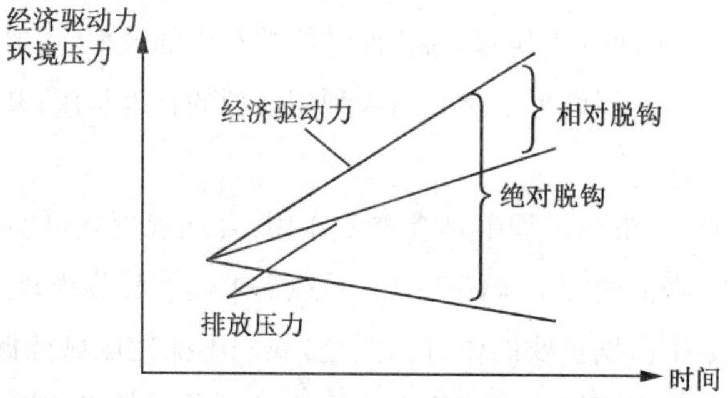

图8—2 相对脱钩与绝对脱钩间的关系

脱钩状态是可以最终实现的；随着经济的发展，环境压力会在达到一个峰值之后逐渐降低，从而与经济呈现倒“U”形的关系，实质就是环境库兹涅兹曲线。然而，在某些情况下，环境的压力在下降一段时间后又会再次上升，即出现了复钩状态。因此，最终实现绝对脱钩需要一个漫长的过程，是一个反复发展的过程。

二、区域能源供给

区域能源供给安全是能源安全的核心内容。早在90多年前，温斯顿·丘吉尔针对能源供给安全就曾作出回答：“石油供应的稳定和安全，关键在于多样化。”能源品种、来源地和能源市场供应商多元化是应对能源供应风险的重要手段。在对未来社会经济长远发展认知有限甚至未知的情况下，多样化策略被认为是保障长期能源供应安全的最好选择。影响区域能源供应安全的因素主要来自五个方面：①燃料储备及国内外供给者情况；②经济体满足预期能源需求的供给能力；③经济体能源资源和供给者多样化水平；④获取能源资源的便利性，即与可得性相关的能源基础设施如能源运输基础设施；⑤地缘政治因素。

区域有不同尺度划分，区域能源供给不仅包括来自区域内部的能源供给，也包括源于外部区域的能源供给。区域能源供给量随着时间、地点、技术等影响因素的变化而发生变化，区域能源供给量并不是越多越好，供需平衡既可以满足区域的能源需求，又能保护资源和环境的可持续性。供给是指一定时期内能够提供给市场的商品总量，包括已经处在市场上的商品的流量和生产者能够提供给市场的商品的存量，按供给来源可划分为自产量、外部输入量和库存量。时间、地点不同，供给量随之发生变化，供给量受外在因素的影响也会发生变化。区域能源供给安全是在能源供给安全概念的基础上进行地域范围划分，即综合考虑能源来源（能量载体资源品种和来源地）、运输、战略储备、地缘政治、支付能力、技术、制度等多种因素，保证区域当前和未来获取充足的、符合社会经济发展需要的能源产品，强调满足区域内的能源供给安全。

区域能源供给安全实践的问题主要包括：

(1)有效能源供给管理不足。部门分割，地区封锁，各能源部门和地区各自为政，行政管理理念不统一，没有大局、全局意识，缺乏前瞻性。能源供给管理缺乏科学规划，近年来能源开发管理混乱的情况有所改善，但总体来看仍然是较为粗放的管理模式，没有形成强有力的能源综合管理结构，机构之间能源管理职能交叉、分工不明确，政出多门、多头管理、资金分散、程序烦琐、协调配合比较困难，不仅造成管理上的低效和混乱，而且削弱宏观调控力度。缺乏全面、正确、有力的能源政策来促进能源产业的良性循环，多是出了问题后头痛医头、脚痛医脚，难以实现新的跨越式发展，合理、积极的能源制度延续性不强、实施效果不佳。市场是能源供给调节的根本机制，宏观调控管理则为辅助优化手段。政府干预过度导致能源市场发育不完善、体制混乱、政企难分，市场规律对能源供给的作用力不足，市场竞争不充分导致市场活力不足。能源定价的行政色彩浓厚，未能反映生态环境成本。能源开发生态补偿机制建设领域基本空白，没有一套行之有效的能源开发、供给监管体制。能源法律体系不完善，对区域能源供给管理的宏观指导性不强，在众多相关问题上无法可依。财税政策规范不明确，缺乏系统和优化；财税政策方式相对单一，政策效果缺乏科学考评；财政投入资金来源单一、稳定性差，没有形成多样化经济手段协同作用的激励措施；财税政策与货币金融政策缺乏并用和协调。

(2)自主创新能力不足。能源科技创新体制不顺，产学研结合不紧密，科技资源分散重复封闭低效，尖端人才缺乏，自主创新基础薄弱，原创性成果较少。区域存在能源“技术空心化”和能源重大技术装备“空心化”，对引进技术消化提升力度不够，缺乏对自主研发技术的产业化扶持，技术成果的转化与应用严重不足。目前，各地区对可再生能源产业政策支持的重点和补贴大部分集中于产业中游及设备制造环节，对上游研发和下游应用补贴较少，虽然刺激了产能的迅速扩大，但多为低水平重复建设，不利于自主创新能力的提高。企业是创新的主体，有效引导企业探寻创新发展路径关乎着企业发展、产业命运。

(3)能源供给依赖加深。以化石能源为主的能源供给模式以及化石能源的自身赋存特性，决定了区域之间必须通过加强对外能源联系与合作才能满足其多元化的能源需求。随着经济快速发展导致能源需求不断增长，以及能源储量匮乏地区在当下技术可行范围内能源挖掘潜力变小，对国内主要煤、油、气、电输出大省和进口煤油气的依赖日益加深，越来越受制于少数主要能源供应省份和供应国，储运基础设施建设、能源资金、外交压力增大。受能源生产能力、交通运输、人为投机、地缘政治、市场波动、自然灾害等突发状况的影响更加明显，区域能源供给存在越来越多不确定性。在能源需求大幅增长的背景下，能源供给依赖得不到满足即催生能源“四荒”(煤荒、油荒、电荒、气荒)，给人民群众生产、生活带来极大不便。而近年来对进口煤炭依赖日益加深在一定程度上促使中国国内产能过剩日趋严重，导致资金和能源的双重浪费。从目前形势来看，在很长一段时间内这种能源供给依赖将会继续加深，区域能源供给安全形势将日趋严峻。加强能源技术创新和关键能源技术攻关，是降低能源供给依赖甚至扭转这种依赖局面的根本。

三、区域能源利用

区域能源利用，有别于注重单体设备和用户效率提升的“点状节能”方案，它是将区域作为一个整体进行统筹协调，通过构建区域能源网络达成能源利用的系统化、高效化。区域能源利用模式主要有两种：

(一)集中能源中心方式

集中能源中心方式是一种基于树形(或星型)拓扑结构的能源利用体系，将集中能源设备(电源或热源)所产生的电力、蒸汽、热水、冷水等，通过区域微网(微电网、微热网)供应给区域内各能源用户。根据供给能源种类和范畴的不同，该方式又可分为区域供热(供冷)和区域(冷)热电联供两种类型。集中能源中心方式是区域能源利用最早也是经典的模式，而且仍然是当前区域能源利用的最主要形式。基于集中能源中心的区域能源利用模式的基本特征是“集中供给、分散消费”。由于其需要设置专用能源中心并实施集中管理，因此比较适用于新建城区。在区域规划的起步阶段，为促进科学、合理用能，提高区域能源综合利用效率，将能源系统的合理配置融入区域整体规划过程中，构建区域能源利用体系无疑是最佳选择。由于不同类型能源用户的能量需求具有显著差异，其负荷种类、用能规律、负荷变化曲线均呈现多样化，因此可实现负荷平均化效果，而且可以充分利用同时使用系数降低设备容量，合理设计并进行优化整合配置。从运营模式看，可以引入专业能源服务公司（ESCO）进行集中管理，实现涵盖规划、设计、施工、运行、维护全过程的一体化能源服务。

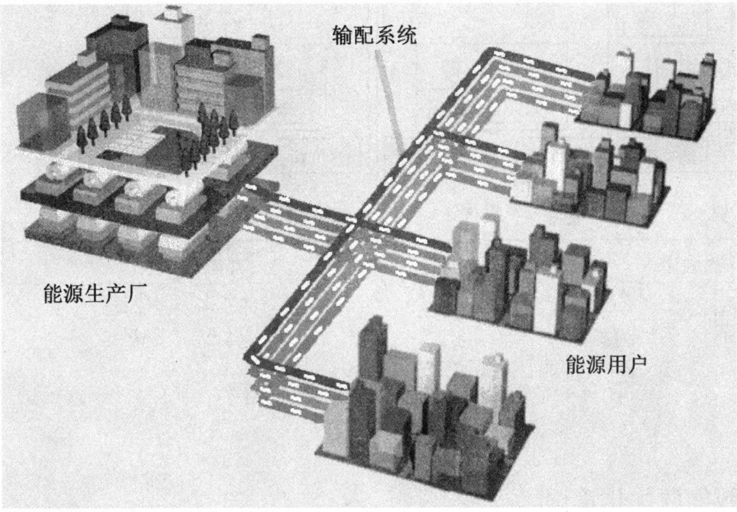

图 8—3　集中能源中心

（二）区域能源融通方式

与集中能源中心方式相比，区域能源融通方式是一种无中心的能源供给模式，它以区域微网为纽带，将两个或两个以上相邻的个体用户进行互联，用户间实现能量互补与融通。该供能模式的特点是各用户拥有自己独立的供能（电源或热源）设备，每个用户都可以称为能源产消者，即既是能源生产者又是能源消费者，它们借助区域能源网络进行融通，相互间可以互为补充、互为备份。对于单个用户而言，即使没有与区域微网互联，其用能需求也可以得到满足。该供能模式体现了能源供给由自助体系向互助体系的转变，用户间的互补与融通是该供能方式的立足点。区域能源融通系统的提出为区域能源利用提供了一种新的科学、合理用能的机遇和形式。它强调系统的互补和平衡功能，可以充分利用现有独立供能系统冗余的设备资源，以较低的初期投资实现可观的节能效益。其实，该模式不仅适用于既有设备的更新与改造，对新开发区域能源系统的规划与设计同样具有适用性。在新区开发过程中，可以突破传统能源供给的“集中主义”思维，以“互联网”理念为导向，将分布式能源（包括楼宇冷热电联产、分布式光伏等）所产生的电能和热能，通过连接各终端用户的微电网和微热网实现电力和热力的互联互通。这样,各独立用户的设备配置可以更灵活,产能过剩或用能不足可以通过区域微网予以调度和平衡,从而有效降低设备投资与运行费用。

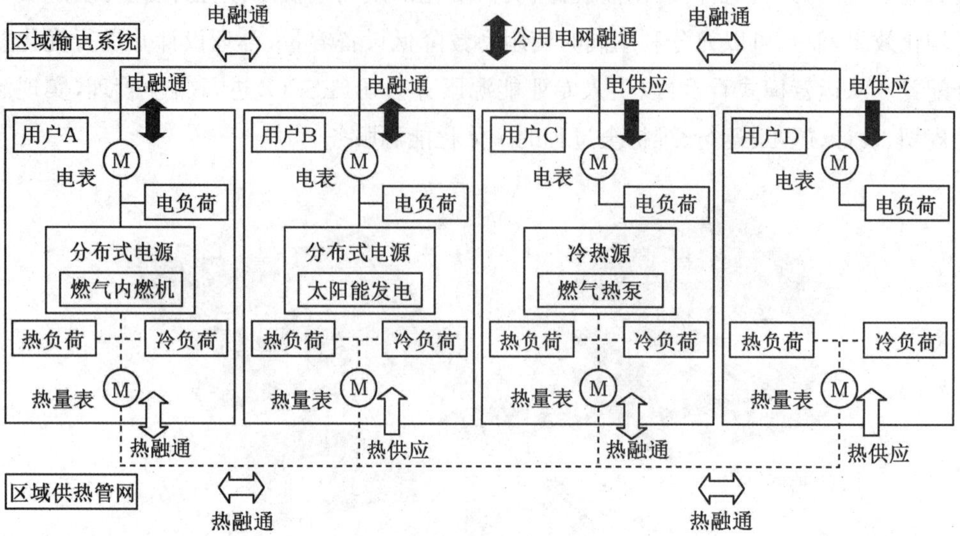

图 8—4　区域能源融通系统

四、区域能源优化管理

(一)智慧储能系统

在区域能源互联网中,风能及太阳能等分布式可再生能源发电具有广阔的推广空间,但是由于自身间歇性大的问题,难以实现充分利用。同时,由于负荷具有波动性,区域内能源网络须具备峰谷调节能力,但是运行复杂程度的提升会给系统的稳定性带来较大的负面影响。储能设备的应用可以极大地缓解以上问题,实现新能源发电与电网的有效结合,并有效实现能源供需间的“削峰填谷”。

(1)分布式储能。化学电池储能技术的研究比较成熟,是目前大规模储能领域的主要研究和应用方向。但在现有技术条件下,锂电池用于大规模储能的成本依然高昂,难以满足未来大规模能源互联网的建设要求。为此,可应用“互联网+”的思维重新定义储能系统,充分发挥城市楼宇备用电源储能设备、电动汽车储能以及变电站储能等多种储能形式,通过互联网的协同构建虚拟的储能云系统,在盘活现有资源的同时降低储能成本。其中,电动汽车的车载电池是未来参与构建分布式储能云的最佳选择。

(2)相变储能。相变储能目前以固—液相变为主。大规模的储热技术对于新能源发电的消纳问题可起到重要作用。在供热负荷较大时,天然气热电机组的调峰能力有限，可能造成风电、光伏发电的资源浪费。通过相变储能，可有效缓解区域集中的热冷负荷，提升能源生产端的运行稳定性。相变蓄冷技术中，主要介质为水、冰、优态盐等。

（3）其他储能技术。新型储能技术包括氢储能、燃料电池储能，改进的压缩空气储能、飞轮储能等。其中，氢储能技术主要利用电网负荷较低时电能进行电解制氢，以提高新能源发电利用率。燃料电池利用化学反应将氢能转换为电能，例如磷酸燃料电池、固态氧化物燃料电池等可实现电站级应用。此外，先进绝热压缩空气储能（AA-CAES）、模块化飞轮储能组等储能技术的研究，能够较好地适应新能源发电的波动性，在未来可满足区域能源互联网的应用需求。

（二）柔性直流输电技术

可再生能源等分布式发电的特点决定了其电压支撑能力弱，存在受环境影响大、供能稳定性差、并网困难等缺点。为了解决新能源发电难以和电网融合的问题，一方面采用储能设备对电网进行“削峰填谷”，另一方面采用柔性直流输电技术来解决。柔性直流输电可以方便地进行各种形式的交直流联网，而产生的影响却微乎其微，特别是在构建多端系统互联方面具有独特技术优势，因此成为未来区域能源互联网主要发展的输电技术。

（三）能源路由器

能源路由器的控制目的是实现能源点与用户端的最优化匹配运行。在区域能源互联网中，能源路由器根据不同能源的消费形式，主要分为电力路由器、冷热路由器和燃气路由器。其功能主要表现在以下几点：

（1）能源控制。实现多种能源的协同、融合是能源路由器的主要功能之一。首先，能源路由器对用户端的能源质量需求进行分析，保证输入能源的质量满足需求；其次，通过用能需求分析和预测，保证能源合理分配，在数量上满足负荷端不同的用能需求；再次，在输送和分配能源流的同时，对能源进行监测，实时调节以保障能源的安全流动。

（2）信息处理和决策。信息通信功能要求能源路由器具有即插即用的通信接口，实现信息的即时传送，同时应支持多种通信模式，以适应复杂情况下的通信。数据处理要求能源路由器能够通过用能信息的搜集和分析，根据需求侧响应对各分布式能源点进行控制，实现多种能源形式的智能协同，实现各种清洁能源可无差别地接入区域能源互联网。

（3）用户端智能化管理。通过云计算和大数据分析，对用户用能需求进行预测，实现能源智能化分配，是能源路由器的重要功能之一。首先，能源路由器将能源点的能源供应信息提供给用户，同时根据用户端用能信息和数据处理，为用户提供最佳用能策略，降低成本；其次，能源路由器会根据用户端用能情况，进行用能需求预测和数据深度挖掘，为能源供应商提供合理的运行策略，实现生产端和消费端的双赢。

(四)综合能源管理系统

能源管理系统(Energy Management System，EMS)是区域能源互联网控制中心的核心，其任务是对区域能源互联网中的信息进行实时采集、监视和分析，并起到优化运行和控制决策的作用。其实质是通过信息流调控能量流，保障能源网络安全、经济和优质运行。在新的区域能源调度体系下，EMS系统将和能源路由器相互配合、功能互补，采用局部调控和集中调度相结合的模式，各端点能源路由器作为EMS系统的节点，采用协同分析决策模式，实现信息分散化处理，分担EMS的数据处理。EMS系统负责全区域能源网络的集中调度，使各个分散的能源路由器协同有序工作。

五、区域能源贫困

能源贫困是指一些人群不能公平获取并安全利用能源，特别是充足、可支付、高质量、环境友好的能源的状况。能源贫困是发展中国家贫困的标志之一，是世界能源体系面临的重大挑战之一，受到联合国、世界银行、世界卫生组织、国际能源署等国际组织的高度关注。用能水平、用能结构、用能能力是度量能源贫困状况的重要指标。中国是世界上最大的发展中国家，人口众多，区域发展不平衡，与发达国家相比，中国的能源贫困问题更复杂、更具有挑战性和多样性。

[例 8-3]

当前中国的能源贫困主要表现在如下几个方面：

其一，能源贫困地区差异大，城乡二元化特点明显。与东部省份相比，西部和东北省份因消费低质量、环境不友好和不利于经济社会发展的能源而存在的能源贫困问题更为严重。相较于以电力等非固体能源为居民主要生活能源的城镇地区，农村地区能源贫困问题更加突出，能源消费结构呈高碳化和非清洁化的特征，主要体现为直接燃烧柴草等传统生物质能才能满足家庭炊事和取暖需求。在全国能源价格水平总体上涨、城乡居民能源支出普遍增加的背景下，农村居民生活能源支出占总支出比重在上升，由2001年的1.6%增至2011年的2.1%。城镇地区这一比重有所下降，由1999年的1.6%降至2011年的0.9%。

其二，能源消费结构不断调整，但可再生和清洁能源消费比重仍然较低。中国“贫油、富煤、少气”的资源禀赋特点使煤炭长期以来占据中国能源消费的主导地位。虽然近年来煤炭消费有所下降，清洁能源比重不断上升，水电、核电、风电消费占全国能源消费总量的比重由2006年的6.7%提升至2013年的9.8%，但清洁高效和可再生资源如核能、太阳能、风能，还未得到广泛利用。将来农村丰富生物质能的高效利用以及在能源贫困人口地区覆盖率高的风能和太阳能的利用，为解决能源贫困问题提供了很大机遇。

其三，能源贫困引发了严重的健康与环境污染问题。中国城镇居民家庭室内温度水平偏低，使多种疾病的患病率较高，对居民健康造成极大威胁。而这很大程度上来自较低的房屋保温隔热水平。住房能源效率低也增大了日常能源需求量，进一步加剧了环境污染和温室效应问题。另外，低效的燃料使用对居民健康造成了直接危害。据人口普查数据，2010 年中国有 76％的农户主要依赖煤炭和柴草等固体燃料作为主要炊事燃料。据世界卫生组织的数据，2010 年中国有 104 万人口过早死于固体燃料导致的室内空气污染，占当年全国过早死亡总人数的 12.5％。这与大气颗粒污染物造成的过早死亡人数(123 万)相当。在能源贫困问题严重的广大农村地区，大量传统生物质能的燃烧带来的可吸入颗粒物对居民尤其是妇女和儿童的身体健康造成极大危害。

其四，气候变化影响到能源的可获得性，加剧了消除能源贫困的难度。极端气候事件通过破坏电网运行而冲击能源供应。由于洪涝灾害影响，2006～2008 年平均每年中国有 14 869 千米输电线路遭到损坏，2009～2012 年年均供电中断 19 512 次。由于中国经济结构特点表现出产出对能源投入有较高依赖性，极端气候变化导致的极端气候事件会对能源和经济系统造成严重影响。

其五，经济贫困仍制约能源贫困状况的改善。中国作为最大的发展中国家，经济发展水平仍然与发达国家有较大差距。这决定了政府在区域电网建设、改造升级和输送清洁能源的管道建设上的投入难以全覆盖。同时，较低的收入水平使得居民倾向于消费廉价、易获取的传统生物质能(尤其是在农村地区)。而经济条件改善对居民能源消费的影响在经济发展水平高的省份和贫困的农村地区表现出截然相反的影响，即高收入水平地区居民倾向于减少生物质能消费量，低收入水平的农村居民反而消费更多薪柴以满足家庭新增需求。加之清洁能源成本高、难获得，使得实际上收入的提高并未根本上缓解能源贫困问题。

能源贫困是受到国际关注的重要现实问题，UNDP2000，IEA2002、2004、2007、2010、2012 等重要国际组织均多次出版相关报告，英国政府将减缓能源贫困作为立法项目且每年发布相关报告总结。中国能源贫困应在国际能源贫困的基础上体现特殊国情。表 8—1 总结比较了现有国际能源贫困研究的两大分支，而中国的特殊国情决定了中国同时存在发达国家和发展中国家面对的两类能源贫困问题，即中国同时存在表现为现代清洁能源不可获得的发展中国家能源贫困问题、表现为生活能源不可支付的发达国家燃料贫困问题，同时中国能源贫困问题又具有鲜明的本国特色，因此，研究中国能源贫困问题需要提出具有国际研究基础的、适用于中国现状的、体现本国特色的中国能源贫困概念。

表 8-1 国际能源贫困概念比较

异同点	名称	能源贫困	燃料贫困
不同点	定义核心	可获得性	可支付性
	计量方法	EDI，MEPI	10%，LIHC
	研究对象	发展中国家	英国、爱尔兰
	研究组织	IEA，UNDP	英国政府
	区域气候特征	全部	寒冷气候
	代表作	Birol，IEA	Boardman，DECC
相同点	研究部门	居民部门	
	人群特征	低收入人群	
	主要危害	贫困、健康、公平、社会发展	

为保持中国能源贫困问题与国际关注问题的契合，中国能源贫困概念将以国际能源贫困和燃料贫困的概念为基础；为体现能源贫困问题的本国特色，中国能源贫困概念的提出将以中国生活能源消费现状为参照；为从更高层次定位和解决能源贫困问题，中国能源贫困概念不仅着眼于生存需求，还考虑安全和发展需求。由此，在联合国开发计划署定义的能源贫困的基础上，本书定义中国能源贫困概念为：在公平地获取和安全地消费充足的、可支付的、高质量的、环境友好的和有发展潜力的能源上的困难。

第四节 能源供应链管理

一、能源供应链的概念

供应链，是指产品生产和流通过程中所涉及的原材料供应商、生产商、分销商、零售商以及最终消费者等成员通过与上游、下游成员的连接组成的网络结构；也是由物料获取、物料加工，并将成品送到用户手中这一过程所涉及的企业和企业部门组成的一个网络。

能源供应链，是指能源产品生产、输送和消费的过程中所涉及的能源设备和原材料供应商、能源加工和生产商、能源分销商、能源零售商以及终端能源用户等各个环节通过与上游、下游节点企业（部门）的连接组成的网络结构。

(一)供应链的特征

从供应链的结构模型可以看出,供应链是一个网链结构,节点企业和节点企业之间是一种需求与供应关系。供应链主要具有以下特征:

(1)复杂性。因为供应链节点企业组成的跨度(层次)不同,供应链往往由多个、多类型甚至多国企业构成,所以供应链结构模式比一般单个企业的结构模式更为复杂。

(2)动态性。因企业战略和适应市场需求变化的需要,供应链中的节点企业需要动态地更新,这就使得供应链具有明显的动态性。

(3)响应性。供应链的形成、存在、重构,都是基于一定的市场需求而发生的,并且在供应链的运作过程中,用户的需求拉动是供应链中信息流、产品/服务流、资金流运作的驱动源。

(4)交叉性。节点企业可以是这个供应链的节点企业,同时又是另一个供应链的节点企业,众多的供应链形成交叉结构,增加了协调管理的难度。

(二)供应链的分类

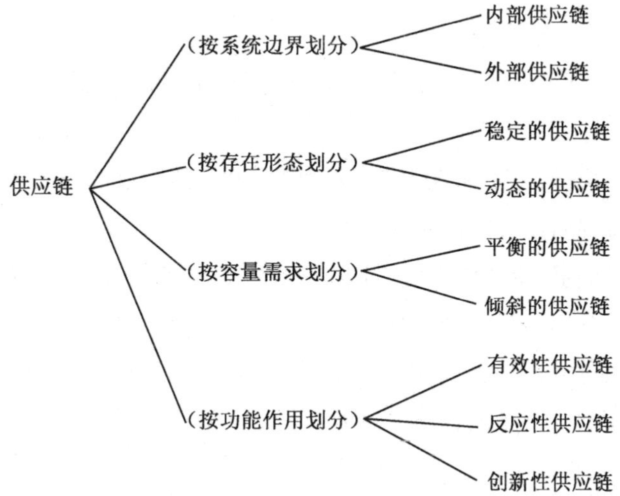

图 8—5　供应链的分类维度及分类标准

1. 按系统边界划分

(1)内部供应链,是指企业内部产品生产和流通过程中所涉及的采购部门、生产部门、仓储部门、销售部门等组成的供需网络。

(2)外部供应链,是指企业外部的、与企业相关的产品生产和流通过程中涉及的原材料供应商、生产厂商、储运商、零售商以及最终消费者组成的供需网络。

内部供应链和外部供应链的关系:两者共同组成了企业产品从原材料到成品到消费者的供应链。可以说,内部供应链是外部供应链的缩小化,如对于制造厂商而言,其采购部门就可看作外部供应链中的供应商。它们的区别只在于外部供应链范围大,涉及企业众多,企业间的协调更困难。

2. 按存在形态划分

(1)稳定的供应链:基于相对稳定、单一的市场需求而组成的供应链稳定性较强。

(2)动态的供应链:基于相对频繁变化、复杂的需求而组成的供应链动态性较高。

在实际管理运作中,需要根据不断变化的需求,相应地改变供应链的组成。

3. 按容量需求划分

根据供应链容量与用户需求的关系可以划分为:平衡的供应链和倾斜的供应链。

一个供应链具有一定的、相对稳定的设备容量和生产能力(所有节点企业能力的综合,包括供应商、制造商、运输商、分销商、零售商等),但用户需求处于不断变化的过程中,当供应链的容量能满足用户需求时,供应链处于平衡状态;而当市场变化加剧,造成供应链成本增加、库存增加、浪费增加等现象时,企业不是在最优状态下运作,供应链则处于倾斜状态。平衡的供应链可以实现各主要职能(采购/低采购成本、生产/规模效益、分销/低运输成本、市场/产品多样化和财务/资金运转快)之间的均衡。

4. 按功能作用划分

根据供应链的功能模式(物理功能、市场中介功能和客户需求功能),可以把供应链划分为三种:

(1)有效性供应链,主要体现供应链的物理功能,即以最低的成本将原材料转化成零部件、半成品、产品,以及在供应链中的运输等。

(2)反应性供应链,主要体现供应链的市场中介的功能,即把产品分配到满足用户需求的市场,对未预知的需求做出快速反应等。

(3)创新性供应链,主要体现供应链的客户需求功能,即根据最终消费者的喜好或时尚的引导,进而调整产品内容与形式来满足市场需求。

(三)供应链的基本结构

一般来说,构成供应链的基本要素包括:①供应商,指给生产厂家提供原材料或零部件的企业。②厂家,即产品制造企业。它是产品生产的最重要环节,负责产品生产、开发和售后服务等。③分销企业,即为实现将产品送到经营地理范围每一角落而设的产品流通代理企业。④零售企业,即将产品销售给消费者的企业。⑤物流企业,是指上述企业之外专门提供物流服务的企业。其中,批发、零售、物流业也可以统称为流通业。图 8—6 给出了煤电能源供应链的边界。

供应链一般包括:物流、商流、信息流、资金流四个流程。四个流程有各自不同的功能以及不同的流通方向:①物流。这个流程主要是物资(商品)的流通过程,是一个发送货物的程序。该流程的方向是由供货商经由厂家、批发与物流、零售商等指向消

图 8—6　煤电能源供应链的边界

费者。由于长期以来企业理论都是围绕产品实物展开的，因此目前物资流程被人们广泛重视。许多物流理论都涉及如何在物资流通过程中在短时间内以低成本将货物送出去。②商流。这个流程主要是买卖的流通过程，这是接受订货、签订合同等的商业流程。该流程的方向是在供货商与消费者之间双向流动的。目前商业流通形式趋于多元化，既有店铺销售、上门销售、邮购等传统的方式，又有通过互联网等新兴媒体进行购物的电子商务形式。③信息流。这个流程是商品及交易信息的流程。该流程的方向也是在供货商与消费者之间双向流动的。过去人们往往把重点放在看得到的实物上，因而信息流通一直被忽视。甚至有人认为，国家的物流落后同它们把资金过分投入物质流程而延误对信息的把握不无关系。④资金流。这个流程就是货币的流通。为了保障企业的正常运作，必须确保资金的及时回收，否则企业就无法建立完善的经营体系。该流程的方向是由消费者经由零售商、批发与物流、厂家等指向供货商。图8—7 展示了煤电能源供应链的存量—流量关系。

二、能源供应链管理的内容

（一）供应链管理的概念

供应链管理，是指使供应链运作达到最优化，以最少的成本，从采购开始到满足最终客户的所有过程，令供应链实现运营效率。能源供应链管理，就是协调能源企业内外资源来共同满足能源消费者需求，当把供应链上各环节看作为一个虚拟企业同盟，而把任意一个节点看作为这个虚拟能源企业同盟中的一个部门时，同盟的内部管理就是能源供应链管理；只不过同盟的组成是动态的，根据能源市场需要和其他环境条件而随时发生变化。

有效的供应链管理可以帮助实现四个目标：缩短现金周转时间；降低企业面临的风险；实现盈利增长；提供可预测收入。

供应链管理的七项原则：根据客户所需的服务特性来划分客户群；根据客户需

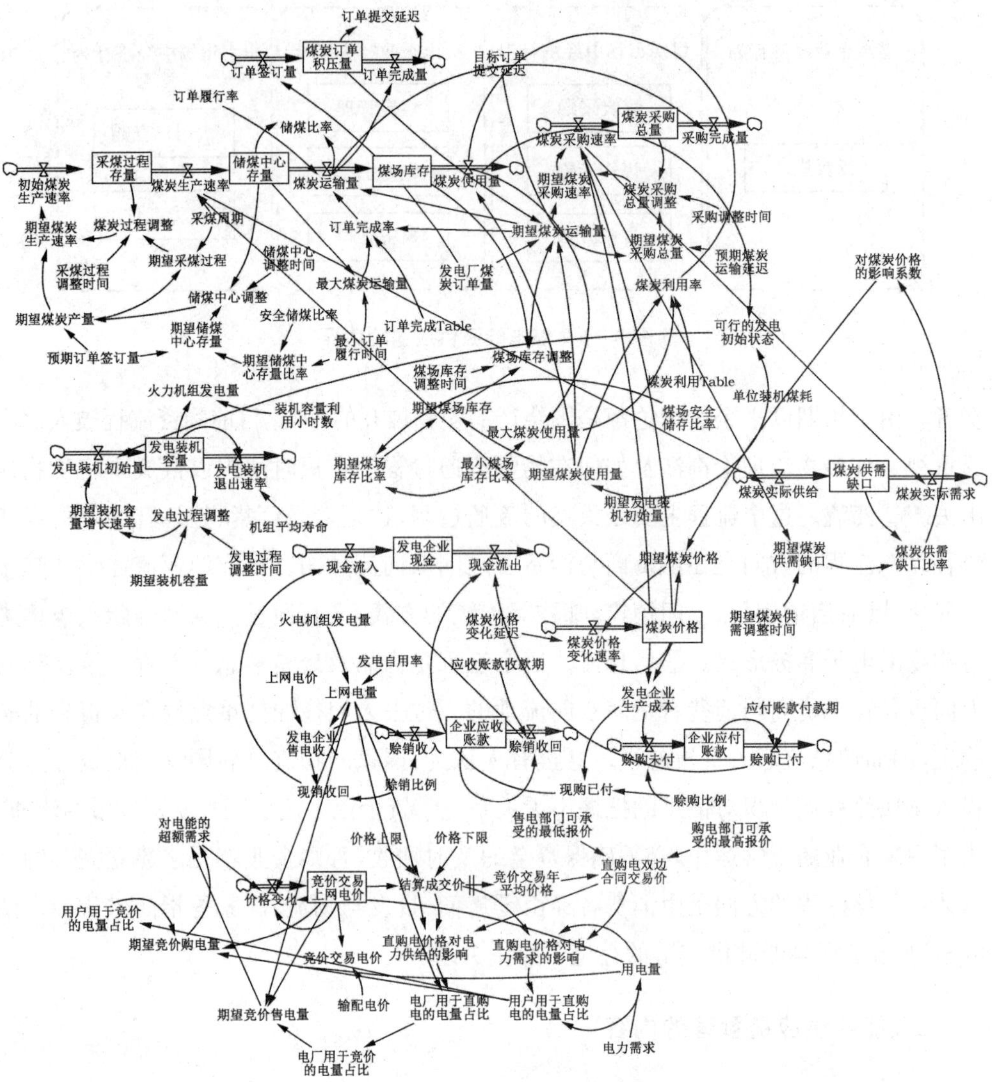

图 8—7　煤电能源供应链运营概念模型

求和企业可获利情况，设计企业的后勤网络；根据市场的需求信息，设计出更贴近客户的产品；通过定制需求或个性化需求在时间和空间上的延迟，实现低生产成本、高反应速度和高顾客价值；策略性地确定货源和采购，与供应商建立双赢的合作策略；在整个供应链领域建立信息系统；建立整个供应链的绩效考核准则。

（二）能源供应链管理的实践

能源供应链管理是指在满足能源用户需求的条件下，为了使整个能源供应链系统实现成本最小，而把设备和原材料供应商、能源加工和生产商、能源仓库、能源配送中心和渠道商等有效地组织在一起来进行的能源产品制造、转运、分销及销售的管理方法。能源供应链管理包括计划、采购、生产、配送、库存五大基本内容。

(1)计划：这是供应链管理(Supply Chain Management，SCM)的策略性部分，需要有一个策略来管理所有的资源，以满足客户对产品的需求。好的计划是建立一系列的方法监控供应链，使它能够有效、低成本地为顾客递送高质量和高价值的产品或服务。

(2)采购：选择能为能源生产企业的产品和服务提供货品和服务的供应商，和供应商建立一套定价、配送和付款流程并创造方法监控和改善管理，同时把对供应商提供的货品和服务的管理流程结合起来，包括提货、核实货单、转送货物及时到达制造部门，并批准对供应商的付款等。

(3)生产：安排能源开采、加工、准备送货所需的活动，是供应链中测量内容最多的部分，包括质量水平、产品产量和工人的生产效率等的测量。

(4)配送：很多“圈内人”称之为“物流”，是调整用户的订单收据、建立仓库网络、派递送人员提货并送货到顾客手中、建立货品计价系统、接收付款。

(5)库存：仓库中实际储存的货物，可以分为两类：一类是生产库存，即为了保证企业单位所消耗的物资能够不间断地供应而储存的；另一类是流通库存，即生产企业的原材料或成品库存、生产主管部门的库存和各级物资主管部门的库存。

第五节　能源行业协会

一、能源行业发展协会

(一)能源行业协会的内涵

行业协会，是指介于政府与企业之间、生产者与经营者之间，并为其提供咨询、沟通、监督、公正、自律、协调等服务的社会中介组织。行业协会是一种民间性组织，它不属于政府的管理机构序列，而是政府与企业间的桥梁和纽带。国际范围内，行业协会即统称的非政府机构，属非营利性机构。

能源行业(发展)协会，属于民间组织，有着政府部门不具备的优势。在发展和完善市场经济体制中，能源行业协会不仅是维护市场经济秩序的重要力量，也是能源企业利益的代表者和维护者，在经济建设和社会发展中发挥着不可替代的作用。

(二)能源行业协会的职能

(1)代表：代表能源行业全体企业的共同利益。

(2)沟通：作为政府与企业之间的桥梁，向政府传达企业的共同要求，同时协助政府制定和实施行业发展规划、产业政策、行政法规和有关法律。

(3)协调:制定并执行行规、行约和各类标准,协调能源行业企业之间的经营行为。

(4)监督:对能源行业产品和服务质量、竞争手段、经营作风进行严格监督,维护行业信誉,鼓励公平竞争,打击违法、违规行为。

(5)公正:受政府委托,进行资格审查、签发证照,如市场准入资格认证、产地证、质量检验证、生产许可证和进出口许可证等。

(6)统计:对能源行业的基本情况进行统计、分析,并发布结果。

(7)研究:开展对能源行业国内外发展情况的基础调查,研究能源行业面临的问题,提出建议、出版刊物,供企业和政府参考。

(8)狭义服务:如信息服务、教育与培训服务、咨询服务、举办展览、组织会议等。

二、能源产业企业联合会

(一)能源产业企业联合会的内涵

能源产业企业联合会,其性质应该为经国家政府相关部门批准成立、注册登记,并具有法人资格的社会团体;联合会成员应是从事能源生产、交易和消费等的,国有、集体、民营、股份制、合资的,提供生产和经营、科研、教学服务的,具有独立法人资格的企事业单位、社会团体及个人自愿组成的非营利性的行业性社会团体。

(二)能源产业企业联合会的职能

(1)深入开展行业调查研究,提出对能源行业改革与发展的政策和立法建议,参与制定能源行业发展规划、产业政策、行业准入条件和体制改革工作。

(2)制定并监督执行能源行业约规,建立行业自律机制,推动诚信建设、规范会员行为、协调会员关系、维护行业秩序。

(3)反映会员和行业企业的诉求,开展法律服务,维护会员和行业企业的合法权益。

(4)参加政府部门组织的有关听证会。

(5)组织开展能源行业环保、资源节约和应对气候变化等相关工作。

(6)组织开展行业的特有职业技能鉴定、职业教育培训规范及基地评估工作。

(7)组织和参与行业产品、资质认证,科技成果的评审与新技术和新产品的鉴定与推广;组织开展企业现代化管理研究,负责企业管理成果的评审与推广应用工作;开展政策、法律、管理、技术、工程、信息等有关咨询服务。

(8)开展国际交流、合作与智力引进,组织国内企业联合开拓国外市场,联系相关国际组织,参与协调对外贸易争端。

(9)开展能源行业文化的研究,培育、引导和建设具有能源优良传统、与时俱进的行业文化。

(10)发展能源行业和社会公益事业;举办展览及技术交流与合作;开展行业宣传,组织协调企业就行业重大问题和诉求积极建言献策;创办和运行行业网站,编辑出版行业刊物、能源史志等。

(11)根据主管单位授权,接受政府部门和有关机构委托,负责行业统计,收集、综合、分析和发布行业信息,开展行业普法教育,开展能源标准化及电力建设定额制修订,负责行业可靠性管理等工作;完成主管单位交办的相关工作。

(12)受委托代管能源行业有关学协会组织;指导能源行业协会的发展建设。

三、能源产业联盟

(一)能源产业联盟的内涵

能源产业联盟,是指出于确保合作各方的市场优势,寻求新的规模、标准、机能或定位,应对共同的竞争者或将业务推向新领域等目的,能源企业间结成的互相协作和资源整合的一种合作模式。联盟成员可以限于能源行业内的企业或是能源供应链各个组成部分的跨行业企业。联盟成员间一般没有资本关联,各企业地位平等、独立运作。

由于企业的联合,能源产业联盟能在某一领域形成较大的合力和影响力,不仅能为成员企业带来新的能源用户、市场和信息,也有助于能源企业专注于自身核心业务的开拓。相对于企业并购等模式,产业联盟能以较低的风险实现较大范围内的资源调配,避免兼并收购中可能耗时数月乃至数年的整合过程,从而成为企业优势互补、扩展发展空间、提高产业或行业竞争力、实现超常规发展的重要手段。

(二)产业联盟的类型

(1)创意产业联盟,是指在创意产业领域出于确保合作各方的市场优势,寻求新的规模、标准、机能或定位,应对共同的竞争者或将业务推向新领域等目的,由企业、高校、科研院所、行业团体间结成的互相协作和资源整合的一种合作模式。创意产业,又称创造性产业等,指那些从个人的创造力和技能中获取发展动力的企业,以及那些通过对知识产权的开发可创造潜在财富和就业机会的活动。

(2)产业研发联盟,是常见的企业间组织,其目标是解决产业共性技术问题。研发联盟在企业创新中的具体作用是:①降低研发成本、分担研发风险。技术研发的投入越来越高、不确定性越来越大,单个企业难以单独承担研发的成本和风险。②研发资源互补。技术的融合趋势和企业的专业化趋势要求产学研之间加强研发合作,通过资源互补共同完成创新。③共同学习。企业越来越重视学习,共同学习包括共同学习国外先进技术、联盟成员间相互学习彼此特长两个方面。④缩短研发周期。竞争的全球化要求企业不断缩短技术研发的周期，通过产品先发获得市场先机，研发联盟集中产业力量加快了成员企业进入市场的速度。

(3)市场合作联盟，其目标是共同开发市场。市场合作联盟在创新中的具体作用是：①联合开拓创新产品的用户市场。由于单个企业不愿独立承担创新产品的市场启动成本，或者创新企业实力太弱，缺乏独立开拓市场的实力，则可以通过产业联盟共同开拓创新产品的市场。②通过联合采购降低创新产品的成本。中小企业在创新产品发展初期难以达到规模经济，联合采购是创新型中小企业降低采购成本的重要手段。③通过共享基础设施降低创新成本。企业创新需要共享一些基础设施，包括共享实验设备、共享检测设备、共享数据库等，以降低创新的成本。有些共享设施可以由市场提供，有些共享设施由于专用性强，市场难以提供，市场合作联盟是较好的解决方式。④通过网络互联实现需求方规模经济。有些创新产品具有很强的网络特性，创新企业之间实现网络互联可以提高消费者福利，从而促进创新产品的市场化步伐。

(4)技术标准联盟，其目标是制定产业技术标准。技术标准联盟在创新中的具体作用是通过技术标准实现创新技术的商业化。技术标准本身具有公共产品特性，但是部分技术标准包含了大量创新技术及相关知识产权，这类技术标准关系到巨大商业利益，成为企业积极争夺的对象。通过技术标准联盟制定竞争性技术标准，有利于新技术应用，有利于整个产业的发展，有利于保护消费者利益。

(5)产业链联盟，其目标是打造有竞争力的产业链。产业链联盟在创新中的具体作用是促进创新产品尽快形成有竞争力的产业链。创新产品在市场的竞争力依赖于整个产业链的竞争力，即创新产品需要获得上下游的产品配套，并且配套产品要有市场竞争力。创新产品的产业链往往难以依靠市场机制快速形成，产业链联盟通过企业间合作促进产业链的形成。

(三)能源产业联盟的职能

(1)政府咨询：研究产业创新战略，为政府提供合理化建议，协助政府制定产业发展技术路线图，为国家制定科技计划指南提供依据，促进政府建立产业发展和企业技术相关的政策、体系和机制。

(2)标准制定：协助政府或行业部门制定、完善和贯彻物联网相关技术与产业标准，加强同国内外标准化组织的交流，一致推进和主导制定国际、国内、行业技术标准。

(3)项目协作：接受科技计划委托，组织实施国家和地方的重大技术创新项目和产业专项，组织联盟成员联合申请各个部委的专项基金、国家科技支撑计划、国家级科学基金、国际合作项目、中小型企业创新基金以及其他产学研合作项目。

(4)技术攻关：立足能源产业技术创新需求，围绕影响和制约物联网产业发展的共性、关键、核心技术等难题，整合联盟成员单位优势，展开联合技术攻关，优势互补、互通有无、协同作战，推动相关产业实现重大科技突破。

(5)产业推动：带动能源产业链上下游的资源整合，开展物联网示范应用工程和应用服务系统建设，推进物联网技术、设备和系统测试验证能力和公共服务支撑能力建设，推广联盟技术创新成果，实现产业集聚发展，培育壮大骨干企业，促进自主物联网技术在各行业的全球市场的推广和应用，提高产业整体竞争力。

(6)创新平台：集成产学研各方力量组建国家和地方重点实验室、企业技术中心、工程中心等，建立比较完整的紧密型自主创新平台，开放共享企业、大学、科研机构的优质资源，开展物联网科技创新研究，形成联盟技术创新体系。

(7)交流合作：积极开展联盟内外部的交流与合作，通过提供国内外学术会议、论坛、峰会和展会等方式，搭建联盟成员技术、市场和与管理方面的交流合作平台；办好联盟网站、刊物，为联盟成员提供信息服务；搭建国际化研发合作平台，促进联盟产品(服务)的国际化发展。

(8)知识产权保护：推动联盟成员实施知识产权战略，协助联盟成员保护知识产权；协调并推广联盟成员之间的专利技术许可行为，共享知识产权；发挥联盟自律职能，协调行业规范，避免不正当竞争。

微观篇

第九章　企业能源管理概述

第一节　企业能源管理的基础

一、企业能源管理概念

(一)企业能源管理的内涵

企业能源管理是指提升企业能源使用效率的方法、技术和活动。企业能源管理就是采用科学方法对能源使用过程中的采购、储存、转换、使用等各个环节进行计划、管理、生产、技术、设备、供应、资金、人员、计量、统计、监测、定额、核算、奖罚等方面的技术性管理工作。

企业能源管理是企业管理的一项重要内容。它能帮助企业降低能源成本、减少温室气体排放和控制能源风险,并确保能源的高效使用。实施全过程的能源管理,应建立能源管理系统、能源管理网络,落实能源管理职责。企业能源管理的目的是提高企业能源利用效率,从而提高企业的经济效益。因此,节能是企业能源管理的核心。

(二)企业能源管理的特点

1. 定量化

定量化是能源科学管理的基础。定量,就是要有完整可靠的数据,在定量的基础上才能实行能源定额管理,编制供需计划和进行长期预测。完整而可靠的数据必须要有完整的统计系统和统计资料。

2. 网络化

网络化是指不仅要建立健全能源管理组织的三级网络,还要建立能源计量网络和能源生产消费数据的报送网络,充分借助网络技术来实现高效的能源管理。

3. 标准化

标准化是能源科学管理的重要组成部分，也是企业合理用能的一项重要手段。通过制定、发布和实施相关能源管理标准，使生产经营过程中能源消耗水平和能源管理水平有了合理的评价依据，从而有助于提升企业效益。

4. 制度化

要组织好能源系统内部及外部所进行的一系列技术经济实践，必须建立和健全各种规章制度或标准，以文字形式、法律性质，将能源管理工作的程序、方法、要求、对象、范围等明确规定下来，作为全体员工的行动规范和准则。

（三）企业能源管理的内容

1. 企业能源采购存储管理

为保证输入能源满足生产需要，在企业能源需求分析基础上，确定能源采购品种，形成企业能源需求计划。根据能源需求计划，选择供应商，确定采购数量，并对输入能源进行计量和质量检测，对企业能源采购存储管理进行评价。

2. 企业能源计量与监测管理

确定能源计量点和编制能源流向网络图，配置企业能源管理中所需的计量器具，建立企业能源计量体系，确定企业的能源监测模式，对企业能源监测进行动态控制，并实施企业节能监测。

3. 企业能源消耗定额与考核管理

确定企业能源消耗定额的种类和统计范围，按照能源消耗定额制定的方法确定能源消耗定额，并对企业能源消耗定额的完成情况进行考核。

4. 企业节能管理

一般情况下，企业有结构节能、技术节能和管理节能三种节能途径。企业节能管理的内容主要包括节能项目管理和合同能源管理。节能项目管理包括节能项目范围管理、时间管理、成本管理、质量管理、人力资源管理、沟通管理、风险管理、采购管理和集成管理。

5. 企业能源管理信息化

根据企业能源管理信息系统的设计思想，选择合适的开发方法，按照一定的技术路线开发出企业能源管理信息系统，并在此基础上建立企业能源管理中心。

二、企业能源管理的基本原理

（一）系统原理

系统原理要求人们在从事能源管理工作时，必须运用系统的观点、理论和方法对企业为保障其正常的生产经营活动，所需要的能源购入贮存、加工转换、输送分配、使用的全过程和工艺生产及设备的总体进行充分的系统分析，以达到管理的优化目标，即从系统论的角度来认识和处理企业能源管理中出现的问题。系统原理要求企业在对其能源系统进行管理时，要遵循整体性、动态性、开放性、环境适应性和综合性的原则。

（二）人本原理

企业从能源购入储存、加工转换、输送分配、使用的全过程的各个环节均需要企业员工参与。运用人本原理，即要求企业深刻认识人在企业能源管理活动中的作用，突出人在能源管理中的地位，将员工作为企业能源管理的主体，充分调动员工的积极性参与企业能源管理活动。这是实现有效的能源管理的关键。

（三）责任原理

责任原理要求企业能源管理要有组织保证，即建立能源管理组织。在此基础上，明确组织内每个人、每个岗位的具体职责，与其他岗位的横向联系，并作出明文规定。在职位设计和权限委授时，要合理处理职责与权限、利益、能力之间的关系，同时对企业能源管理工作绩效制定考核标准，进行准确的考核。

（四）效益原理

效益是能源管理的永恒主题，是有效产出与投入之间的一种比率关系。它可从社会和经济这两个不同角度进行考察，即社会效益和经济效益。企业能源活动涉及企业整个生产运营过程的方方面面。企业能源管理就是要在不损害社会效益，特别是不损害环境利益的基础上，提高企业能源利用效率，从而提高企业的经济效益。追求效益的不断提高，应该成为企业能源管理活动的中心和一切管理工作的出发点。

三、企业能源管理方法

（一）法律方法

法律方法是指运用法律进行企业能源管理的方法，即指国家通过各种与能源有关的法律、法规、规章，调整企业在生产经营中的能源活动所发生的各种关系。法律方法具有权威性、强制性、严肃性、规范性和利益性的特点。

（二）行政方法

行政方法是指依靠行政组织和领导者的权力，运用命令、规定、指示等行政手段，按照行政系统和层次，以权威和服从为前提，直接指挥下属工作的管理方法。行政方法的实质是通过行政组织中的职务和职位，而非个人的能力或特权进行管理。企业根据能源管理活动的需要，建立能源管理行政机构，规定职责和权力范围。行政方法的主要特点有权威性、强制性、垂直性、具体性、无偿性和稳定性。行政方法根据不同的目的、不同的对象、不同的条件有多种形式，如命令、指示、制度、条例、规定；规则、标准、程序和办法等，如《企业能源计量管理制度》《能源消耗管理制度》《节约能源管理制度》。

（三）经济方法

经济方法主要是指运用经济手段，按照经济原则，根据客观经济规律调节各种不同经济利益之间的关系，以提高经济效益和社会效益的管理方法。具体而言，经济方法就是以工资、奖金、罚款以及经济合同、经济责任制等为杠杆，组织、调节和影响能源管理对象的活动。经济方法具有利益性、有偿性和灵活性的特点。

（四）教育方法

教育方法是指在管理活动中管理者通过传授、宣传、启发、诱导等方式提高被管理者的思想素质、文化知识素质、专业素质、身体素质，充分调动其积极性与创造性，努力实现组织目标。能源管理的教育方法主要是培养员工的节能意识，规范员工的用能行为，构建企业节能文化。企业管理者为建立企业节能文化做出承诺，通过制定节能方针、开展教育培训、实施绩效考核奖惩等活动，提高员工节能意识，形成全体员工自觉主动节能的氛围。节能文化的构建能保证企业能源管理体系的有效运行。教育方法主要有专业式教育、情景式教育、启发式教育和互动式教育等。

（五）技术方法

组织中各个层次的管理者根据管理活动的需要，自觉运用自己或他人所掌握的各类技术，以提高管理的效率和效果的管理方法。技术方法主要包括信息技术、决策技术、计划技术、组织技术和控制技术等。能源管理技术方法的实质是把技术融进能源管理中，利用技术来辅助能源管理。技术与管理的良好结合体现在两个方面：一是根据不同的管理问题，选用不同的技术；二是在了解每种技术的适用范围的前提下，尽可能地把所掌握的技术用到实处，发挥技术的积极作用。技术方法具有客观性、规律性、精确性和动态性的特点。

第二节　企业能源分类管理

能源分类管理涉及企业管理和产品生产的诸多方面，是一个高度综合的管理工程，必须建立一个健全的能源管理系统，包括完善组织结构、落实管理职责、按标准配备计量器具、制定和执行有关文件、开展各项管理活动。该系统的建立可保证安全、稳定地供应生产、生活所需能源，及时发现能耗异常情况，予以纠正，并不断挖掘节能潜力。为贯彻执行节能法、推进企业能源管理、合理利用能源、提高能源使用效率、减少能源消耗、杜绝浪费现象、降低产品成本，需进行能源的分类管理。

一般的企业能源，是指原料煤、燃料煤、焦炭、煤气、电力、蒸汽、汽油、煤油，以及通过转化产生的耗能工质[①]，如一次水、循环水、脱盐水、除氧水、氧气、氮气、CO_2 和压缩空气等提供能量转换的物质。不同的能源，其管理方式也不相同。

一、原料煤、燃料煤的管理

(1)煤炭公司负责原料煤、燃料煤的采购，确保煤炭质量和数量满足生产需要；企业管理部负责原料煤的验收，供汽车间负责燃料煤的验收。进库的原料煤、燃料煤由煤炭公司、中心化验室按规定取样进行工业分析。入炉的原料煤、燃料煤由原料分气厂、供汽车间取样分析，中心化验室监控分析。

(2)原料煤、燃料煤由供汽车间负责管理，运输公司冬季储煤由运输公司和煤炭公司共同负责管理。

(3)煤、燃料煤的计量工作由企业管理部负责。衡器按规定及时进行校验，确保计量准确无误。

(4)煤炭公司必须保质保量供应生产用原料、燃料煤。

(5)购入原料煤、燃料煤必须经计量、质量验收后方可入库，凡未经计量、质量验收的原料煤、燃料煤不得入库。

(6)进库的原料煤要按矿点、粒度堆放，严禁混堆、混烧。原料煤、燃料煤入库后，运输汽车、车皮、铁路、道路上的煤必须清理干净，转入库内，杜绝浪费现象。

(7)运输公司在煤库之间盘运时，要尽量减少煤的损失，盘运路上的撒煤要回收入库。

(8)企业管理部会同有关部门每月底进行一次煤库盘存，做到账物相符、收支平衡。

(9)销售公司要组织人员尽量回收造气炉渣残碳，部分炉渣粉碎用于锅炉掺烧，以降低煤耗。

二、电力的管理

(1)生产区的电力一、二级计量由电气车间负责抄录、汇总，每月向企业管理部和生产管理部报送；生活区的电力由物业公司负责抄表收费；其他用户的抄表收费由生产管理部负责。

(2)坚持计划用电、安全用电、服从电网统一调度，由生产管理部统一对外联系。

(3)加强用电管理，做到经济进行，压缩非生产用电，由生产管理部调度室统一

---

① 耗能工质是指在生产过程中所消耗的那种不作原料使用，也不进入产品，制取时又需要消耗能源的工作物质。它是由能源经过一次或多次转换而成的非热性属性的载能体，例如工业水、压缩空气、氧气、氮气、氩气、保护气等。

平衡。

(4)各生产车间和辅助车间用电均应装电压表计量,100kW 以上用动机单独装表计量。

(5)加强无功管理,同步电机运行功率因数应在 97%以上,值班电工负责调整。

(6)杜绝长明灯;按企业规定使用空调;严禁无人开电扇、电脑等用电设备;长时间不用的电器应关掉电源开关,做到节约用电。

三、水的管理

(1)生产区水的一、二级计量由仪表车间负责抄表、汇总,每月向生产管理部和企业管理部报送;生活区的用水由物业公司负责抄录收费;其他用户的抄录收费由生产管理部负责。

(2)生产区主要用水(含一次水、二次水、循环水、脱盐水、除氧水)设备小时耗水 10 吨以上的,都应装计量水表。

(3)根据生产用水负荷及不同季节,全公司用水由生产管理部调度室统一平衡。

(4)供水、供汽车间开好水质稳定系统,尽量做到循环水闭路循环,保证浓缩倍数,提高设备冷却效率。

(5)任何单位不得任意接生活水管。外单位接水管,需经主管书面同意,经生产管理部指定位置后,才能施工;公司内接水管,应打书面报告,经生产管理部同意后,方可施工。

(6)杜绝长流水,严禁用循环水冲地,减少一次水冲地,做到节约用水。

四、蒸汽的管理

(1)蒸汽的一、二级计量由企业管理部负责抄录、汇总。

(2)所有蒸汽供热管线保温须符合国家颁布的供热管道保温标准,严禁管道、阀门出现赤膊。

(3)生产和生活用蒸汽管网要分开,生产用蒸汽按压力等级分别安装计量表。

(4)供汽、原料气分厂要控制压力稳定,确保生产用汽。

(5)全公司蒸汽合理使用,由生产管理部调度室统一平衡。

(6)严格执行生产管理部下发的《关于加强生产区澡堂和蒸饭箱用汽管理的通知》,最大限度减少生活用蒸汽量。

(7)冬季采暖,疏水管道要装疏水器,并确保疏水器正常工作。常白班夜间无人及节假日,要关掉采暖。

(8)及时消除蒸汽系统跑冒滴漏现象,减少浪费。

(9)供汽车间锅炉要严格按操作规程执行,控制好各项工艺指标,提高锅炉的热效率;原料气分厂吹风气回收岗位要保证吹风气锅炉的正常运行,延长运行周期,多产蒸汽。

五、油品的管理

(1)油品的采购、储存、计量由物资采购处负责。

(2)物资采购处和领用单位对进、出油品建立台账,每月向企业管理部承保。

(3)各有车辆单位,要管好、用好车辆,专人驾驶;各种汽车按耗油指标用油,节约有奖,超标受罚。

(4)润滑油使用单位要建立领、用台账;润滑油回收装置要开好,尽量多回收、少外排,严禁造成油污染事故。

六、特殊气体的管理

(1)供氧站严禁烟火及油类物品靠近。严禁使用电热器、电水壶等电器及存放易燃易爆物品。

(2)禁止油类与氧气瓶口、氧气表及供氧系统的附件接触。严禁带油操作(操作人员的手和所使用的工具均应无油)。

(3)不得对正在使用的贮槽进行冲装,冲装时要保证管道压力在5～7千克。

(4)做好贮槽的日常检查,检查各阀门是否处在正确的启闭位置。

(5)在液氧站操作时应带保温手套。设备、管道、阀门冻结时,应用温水解冻,严禁敲打、火烤或电加热。

(6)贮槽在备用状态时,应关闭增开阀V-5和回气阀V-6,避免贮槽压力升高过快。

(7)定期巡视中心吸引控制柜,检查压力表是否处在正常工作状态、中心吸引负压管道是否密闭。

(8)中心吸引真空泵定期维护、保养。

(9)配合保卫科做好消防器材的年检工作。

(10)非工作人员不得无故进入工作场所,严禁值班人员会客、闲聊。

(11)供氧、吸引24小时监控,巡视人员做好巡视记录。

第三节 企业能源采购存储管理

一、企业能源采购的相关概念

企业能源采购之初，首先进行能源需求分析，形成需求计划。企业能源采购的储存管理还包括能源品种的选择、供应商的选择、采购数量和质量的控制、储存与输配管理等内容。此外，还应进行企业能源采购储存管理的评价。

（一）企业能源采购的定义

企业能源采购是指企业为实现经营目标，在市场环境下，根据企业的经营状况，运用恰当的方法和策略，通过付出相应费用从外界获得能源动力的行为，是企业产品增值过程的起点。能源采购是根据企业生产需要而开展的作业层活动，即依据企业生产计划所要求的供应计划制订采购计划，并进行能源外购的作业层活动。

（二）企业能源采购管理的目标

企业能源采购管理的目标是指通过制定规范的采购流程及储存监控手段，控制所采购能源的品种、数量、质量、周期等因素，保障企业日常生产活动所需能源的供给。有效的采购管理途径是简化采购流程，保持供应质量，提高供应商的协作性，建立综合的采购解决方案，优化供应商的选择，根据生产周期对能源的需求量合理地安排能源供应周期，以降低能源采购的运输与储存的成本。

（三）企业能源采购储存的范围

企业能源采购储存的范围，是指企业根据生产需求及市场供给等方面因素确定需采购的能源品种，并对可予以储存的能源品种进行一定数量的储备，以满足生产周期内企业对能源需求的行为。根据企业对能源的需求状况，应根据以下三点原则确定能源采购储存的范围：

（1）需储存的能源品种应具有稳定的物理特性和可加工转换性、可分批次采购的能源品种。对企业而言，目前情况下除了电力、管道天然气、管道蒸汽外，其他的能源品种均可列入可储存能源品种的范围。

（2）在确定可储存能源品种时，还应考虑企业可储存能源的场所的实际情况、所在地自然条件等，合理地选择与配置可储存能源品种的范围。

（3）能源采购储存范围，包括可储存的能源品种、储存手段、储存数量、储存周期等。

二、企业能源采购储存工作的管控

(一)企业能源采购储存管理的要求

企业能源供应符合国家政策规定和分类合理使用的原则。企业应对能源输入进行严格管理,保证输入能源满足生产需要,准确掌握输入能源的数量和质量,为合理使用能源和核算总的消耗量提供依据。具体而言,包括以下要求:

(1)选择能源供应方除考虑价格、运输等因素外,还要对所供应能源的质量进行评价,确认供应方的供应能力,选定符合要求和稳定的能源供应方。

(2)与能源供应方签订的采购合同中,应明确规定以下内容:输入能源的数量和计量方法;输入能源的质量要求和检查方法;数量和质量发生异议时的处理规则。

(3)输入能源计量,应按合同规定的方法对输入能源进行计量。明确规定相应人员的职责和权限、计量和计算方法、记录,以及发现问题时报告、裁定的程序。

(4)输入能源质量检测,可根据使用要求和费用,合理确定输入能源质量检测的项目和频次,采用国家或行业标准规定的通用方法检验输入能源的质量。同时,明确规定有关人员的职责、抽样规则、判定基准、记录,以及发现不合格时报告、裁定的程序。

(5)能源储存管理,应制定和执行能源储存管理文件,规定储存损耗限额,在确保安全的同时,减少储存损耗。

(6)企业应制定标准或规范,其中应考虑能源质量、可获得性和经济性等因素。在发布前评审其适宜性和充分性。此外,能源采购还应符合国家的环保要求。

(二)企业能源采购品种选择的原则

1. 适用性

确定能源需求的品种,根据企业现有的生产工艺以及生产设备对最终能源品种的要求确定所需能源的品种。

2. 可获得性

能源采购应结合所在地能源供给的相关法律法规对可获得的一次能源和二次能源的品种进行筛选,从中选择所在地可供应且符合法律法规要求的能源品种。

3. 经济性

在符合国家法律法规的条件下,根据企业生产所需能源的要求,分析得出不同能源的成本,从中选择最经济的能源品种。

4. 节能性

在满足生产工艺要求的情况下,应充分利用新能源和可再生能源。在条件允许的前提下,通过引进新工艺、新技术,对传统的能源进行替代,以减少不可再生能源的使用量。

(三)企业能源供应商的选择与管理

企业能源供应商的选择与管理是指通过市场途径寻找、确定并保持与能源供应单位的合作关系,以满足企业生产用能的质量与数量上的各项要求。对于潜在的能源供应商,应综合以下几个方面加以考虑:

1. 供应商的选择

为了保证正常生产,企业的能源采购部门应根据能源品种的确定、需求计划所提出的对能源质量与数量的要求,结合国家或地方政府对能源供应商相应的资质要求,在市场上寻找满足上述条件的能源供应商,并通过相应的采购程序(如招投标等方式)选择供应商。

由于不同的供应商的能源购入渠道不同,所提供的能源在数量和质量上会有所不同,对企业生产使用所产生的影响也不同,因此企业应在同一品种能源的不同供给渠道上寻找最适合企业需求的能源供应商。而为了保证同一品种的能源不至于因能源供应商的意外断供导致无法正常生产,采购部门应与至少两家以上的供应商签订采购标的合同,并确定至少一家以上的备选供应商,以保障能源供应的连续性。

2. 供应商的管理

采购部门应对所有满足供应要求并参与招投标的能源供应商进行考察,制定供应商在供应能力与质量上不符合要求时的应急预案,以及当能源供应商达不到要求时相应的解除供应合约的方案,并将上述各项要求与预案写入能源供应合同中加以约束。在供应商的管理上,建立供应商的评价标准以及企业内的供应商评价小组。供应商评价体系主要从以下几方面对供应商进行评价:供给能力、质量控制、管理、应急保障、用户满意度、交货协议等,并要求各供应商参与评价。

根据采购能源的品种占总能源数量、采购成本的比例,将供应商分为主要供应商、一般供应商、待淘汰供应商和备选供应商四类(见表9—1)。

表9—1　　能源供应商的分类

类　型	表　现
主要供应商	供应量大,通用(可替代)性小,各方面表现优秀
一般供应商	供应量小,可替代性强,各方面表现一般
待淘汰供应商	无法满足企业需求,被供应商评价小组评为不合格
备选供应商	作为潜在的供应商,当主要供应商或一般供应商在供给能力上出现异常时可随时替代成为一般供应商或主要供应商

对于市场上无法自由选择的特殊的能源供应商,如市政供电部门、天然气、蒸汽集中供应单位等,则应根据企业对能源使用在数量与质量上的要求与该供应商就能源供

给数量的连续性、质量的稳定性方面做出约定，并建立异常情况应急预案。一般情况下，以厂内备用应急发电系统、备用蒸汽锅炉为主，并配备相应的能源储存设施。

（四）企业能源采购数量与质量的控制

1. 采购数量控制

企业能源采购数量控制，是指根据能源供给与储存现状，通过合理地安排各品种能源的采购数量，以保证能源采购量既满足一定生产周期内的生产使用需求，又做到成本最低。为此，企业在能源采购数量控制上应做到：一是充分了解需采购的能源品种在当地能源供给市场的供应量与单价的变化情况，定期进行汇总，以作为能源采购数量的依据；二是要综合考虑生产计划、能源保质期、能源储存场所、资金占用额度、市场供给、价格变动情况等因素，确定合理的能源采购周期与数量。采购数量的确定应结合上述因素综合考虑，确定每批次能源品种的经济采购量与采购周期，并选择市场有利时机进行采购。

2. 采购质量控制

企业能源采购质量控制，是指通过采购渠道获得的能源在进入企业并最终使用前，与企业所要求质量是否相符的校验。为此，企业应根据国家相关标准要求配备相应的能源质量检测器具，并制定相应的计量与检测程序，或者由具有资质的第三方专业检测机构进行检测。

（五）企业能源储存与输配管理

1. 企业能源储存管理

能源储存管理是对储存至本企业内的各种能源，就其储存期内数量、质量、安全、输配使用上的管理。能源储存可分为小批量就近储存和大批量集中储存。当耗能设备为生产线组成的一部分，对能源的需求量较小，且储存场所及能源输送不影响其他生产设备的正常运行时，可采用能源小批量就近储存。如果耗能设备对能源的需求量较大，且能源储存场所可能对其他设备造成影响时，采用能源大批量集中储存。在能源储存过程中，企业应根据企业能源储存的条件与使用的要求，制定相关的制度与应急预案，同时做到：①配备专人进行能源储存管理；②对已购入储存的能源进行数量上的定期盘存与记录；③在每批次购入能源之前，先行判断库存并记录；④定期对库存的能源进行检测，将检测结果与采购标准进行对比，以判定能源品质的达标情况与使用要求。

2. 企业能源输配管理

企业能源输配要满足“稳定、安全、有效、节能”的要求。企业应合理规划建设能源输配管道网络的情况，根据相关标准制定相应的输配程序，确定并控制输配损耗量。对于生产中需要领用的能源，应根据设备能耗定额及生产计划确定使用量，实行能源使用的定额消耗配给。根据国家及地方政府的相关安全消防要求，完善能源在储存、输送、使用上的安全措施与制度并严格执行，以杜绝安全生产事故的发生；对于在能源输配及使用过程中出现的异常情况，如输配损耗大于标准值等，及时反馈给相应的职能部门。

三、企业能源采购储存的评价

（一）企业能源采购储存管理评价的方法

1. 自我评价

该评价要求企业根据自身对能源需求的现状制定相应的能源采购储存管理规定并予以执行，对执行所取得的成果定期进行评判，总结成效，发现不足，修正与完善相应的制度。

2. 上级主管部门评价

企业应定期将企业在能源采购储存管理方面的工作上报给上级部门。上级主管部门应根据工作情况进行客观分析，并撰写企业能源采购储存管理的评价报告。

3. 第三方机构评价

企业应根据国家要求和企业实际情况，定期或不定期地聘请中介机构对企业开展专项或全面能源审计工作，以评价企业在能源采购储存管理方面的成效与不足，并提出相应的改进方案。定期或不定期地聘请有相应资质的能源及耗能设备检测机构对企业所使用的能源及耗能设备进行检测，并根据检测数据对耗能设备的运行状况，所购入能源数量计量的准确性、品质的达标率等方面进行评价。

（二）企业能源采购储存管理评价的内容

1. 能源品种评价

结合国家及企业所在地对能源使用及污染物排放的法律法规，评价能源品种选择及配置的合理性，并不断修正与选择适合的能源品种。该评价以企业自我评价和第三方评价为主。

2. 能源需求计划评价

根据上年度能源使用情况、各耗能设备的能耗定额、本年度的能耗控制目标等方面评价能源需求计划制订的合理性，以企业自我评价为主。

3. 能源采购计划评价

根据生产周期用能量、能源单价、供给情况等对所确定的采购周期与采购量进行评价。

4. 能源供应商评价

主要从所供应能源品种数量的持续能力、质量的稳定性、单价的合理性等方面进行评价，主要以企业自我评价为主，并报送上级部门评价。

5. 能源输入控制的评价

根据输入能源数量计量、质量检测的合规性、公正性、准确性等方面进行评价，主要以企业日常能源储存管理活动的记录和第三方检测数据为依据。

6. 能源储存输配评价

根据能源储存相关的法律法规、能源输配损失控制的标准等方面进行评价，以企业的自我检查评价为基础，引入第三方检测或审计机构对企业的自我评价结果进行评价。

(三)企业能源采购储存管理中应注意的问题

1. 能源品种选择

在能源品种选择上，可根据国家或地方政府对区域内的节能减排要求，所处地理位置、生产工艺特点等寻找新的清洁能源(天然气等)、可再生能源(风能、太阳能等)替代或部分替代现用的能源(煤炭或燃油)，以促进节能减排。

2. 能源采购成本

寻求能源采购成本与企业生产经营活动的平衡。充分利用国家相关能源优惠政策(如电力的峰谷电价与季节性差价)，合理安排企业生产计划与能源使用，尽量做到减少能源费用的开支。

3. 外部能源供应

许多因素会对外部能源供应造成影响，因此在能源采购时必须充分考虑外部因素对能源供给量的影响，做好能源供应的预测，避免企业生产经营活动陷于被动。例如，在夏季用电高峰期，政府会对工业企业采取限电措施，影响正常生产。

4. 能源品质

在能源的使用过程中，因外部购买的能源品质不稳定而造成总体统计能耗的波动，建议通过严格品质要求，适当放宽备用能源存量的方法加以解决，同时在统计分析本年度能耗指标及预算下年度能源用量时将此部分能耗的波动考虑进去。而对于由市政部门提供的能源品种，因计量误差所产生的能源数量变动，可通过双方协商检定计量器具，也可通过二级、三级计量器具的统计来复核一级计量的误差，同时通过分析产能、产量对能源的消耗量与误差进行分析，提出合理的依据。

5. 能源储存

对已购入并储存于本单位的能源，一方面通过制定相关规定，定期对其品质进行检测，及时更换、处理已不符合使用要求的能源，避免其流入生产流程，防止劣质、变质能源对生产、耗能设备的损害；另一方面，对能源储存地点的安全管理，应根据国家相关环保及安全法律法规的规定与要求作出更细致的规定，并完善相应的安全管理办法。同时,对能源的领用输配,应与能源使用部门紧密配合,针对不同的生产季节、订单量、生产能耗定额等对能源的输配量做出计划,从源头上对能源的使用量进行管控,从而达到控制与降低能耗的目的。

第四节 企业能源计量管理

一、企业能源计量管理与能源计量体系

(一)企业能源计量管理

企业的能源计量工作,是企业节能、降耗、减排、增效的基础,也是企业对能源耗用实施有效监测、量化管理的依据。能源计量工作的目标是满足企业生产及经营管理的需要,对能源进行充分监测,提供及时准确可靠的数据,并对数据进行有效的采集、分析和利用。

企业能源计量管理,是指通过采用科学的计量方法、合理设置能源计量装置、配备合格的能源计量器具、加强能源计量器具的维护和检定、落实能源计量管理责任等措施,保证能源计量数据的真实、准确、完整。

(二)企业能源计量管理体系

企业能源计量体系,是企业为实现能源计量的单位统一和量值准确可靠的目标,对能源计量进行确认并持续控制测量过程所必需的一个系统整体,该系统的各要素相互关联或相互作用。

企业建立能源计量体系是企业加强能抓管理、提高能源管理水平的重要基础,是企业贯彻执行国家节能法律法规、政策、标准,科学合理用能,优化能源结构,提高能源利用效率,降低成本,提高经济效益和市场竞争力的重要保证。

形成能源计量体系必须具备四个条件:①必须有计量组织结构,包括为行驶计量职能,按计量系统管理的方式建立的职责、权限及其相互之间或与其他部门之间相互关系的机构。②为进行计量技术和计量管理活动所规定的相关制度和程序文件等。③具备为使计量工作能够开展所必需的人员、资金、设施、设备、技术和方法等资源。④必须有使用上述资源的各项计量活动和工作。

企业的能源计量体系,主要涉及三个方面:一是合理配备必需的能源计量器具;二是加强对能源计量器具的管理,按时检定和校准以保证其准确性;三是将能源计量器具的数据作为企业能源消耗管理的基础数据,以保证企业能源消耗数据的准确性,做到“心中有数”。

二、确定能源计量点和编制能源流向网络图

（一）能源计量点和能源流向网络图的定义

能源计量点（energy measuring point），即能源计量器具（如电能表、水表、流量计等）的安装位置，是指用能单位从能源进厂储存、加工、转换、输送分配、终端消费到余热余能回收利用的全过程中，需要在各工序环节进行各种物理量和化学量（如质量、流量、温度、压力等）的测量。这些工作分布在各个生产、管理环节和加工设备上的测量控制点。

企业根据产品特点、生产工艺的特点（如工艺流程、生产规模、专业化自动化程度、工人技术水平等）以及经营管理和经济责任制等需要，将设定在各工艺环节、工艺设备中的能源计量点，科学合理编制的网络图，称为能源流向网络图（energy measuring network diagram）。能源流向网络图应能清晰表明用能单位的能源流向和全过程，应能清晰表明输入用能单位直到被消耗或输出的全过程中的能源测量点的位置和计量器具配置。根据能源流向网络图编制能源计量器具的配置计划，能确保科学合理、不缺不漏；同时，也能获得正确的能源计量器具理论需要量。

参考常见的能源类别代号（见表 9—2），给出某企业能源（电力、煤炭、蒸汽、水）计量网络图，如图 9—1～图 9—4 所示。能源计量网络图应标注下列信息：①能源计量网络图名称，内容包括企业名称和能源类别，标注在图的上方或下方。②在各层级的左侧分别标注“进出用能单位”“次级用能单位”及“主要用能设备（用能单元）”字样。③测量对象信息，如次级用能单位名称或主要用能设备（用能单元）名称。④能源计量器具信息，内容包括能源计量器具代号和实际的准确度等级；未安装的能源计量器具不标注准确度等级。⑤外部供能或能源输出单位信息，如单位全称或代号。⑥表格信息，内容包括能源计量器具代号、名称、型号规格、管理编号、安装使用地点和测量对象属性。⑦编制、审核、批准、日期信息。

表 9—2　企业能源计量常见的能源类别代号

能源类别	电力	煤炭	天然气	蒸汽	水	油
代号	D	M	T	Z	S	Y

其中，已配备合格的计量检测点用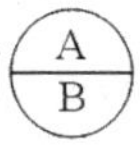表示；待配备计量检测点用表示。

A 表征能源计量器具代号，形式为：英文字＋计量级别－器具序号；B 表征计量器具准确度。

（二）能源流向网络图的编制要求

（1）能源职能部门负责建立能源流向网络图。

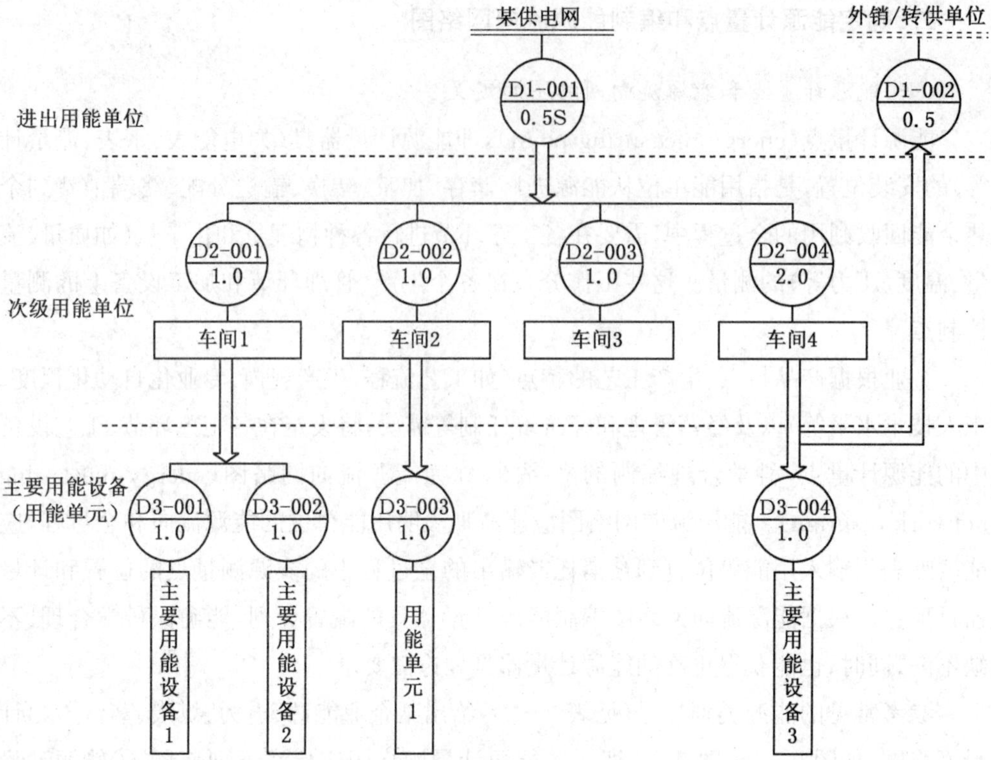

图 9—1　某企业电力计量网络图

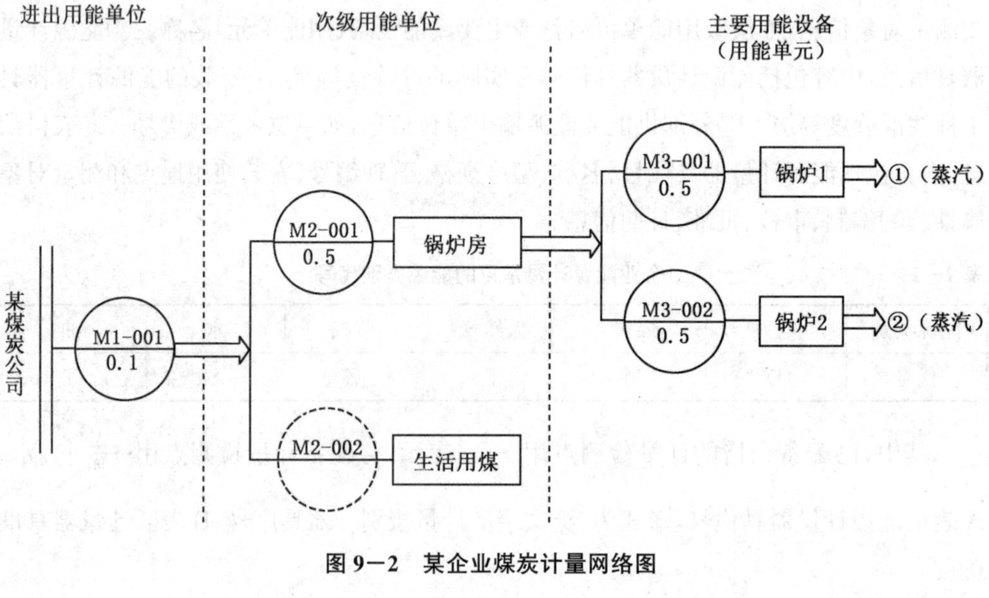

图 9—2　某企业煤炭计量网络图

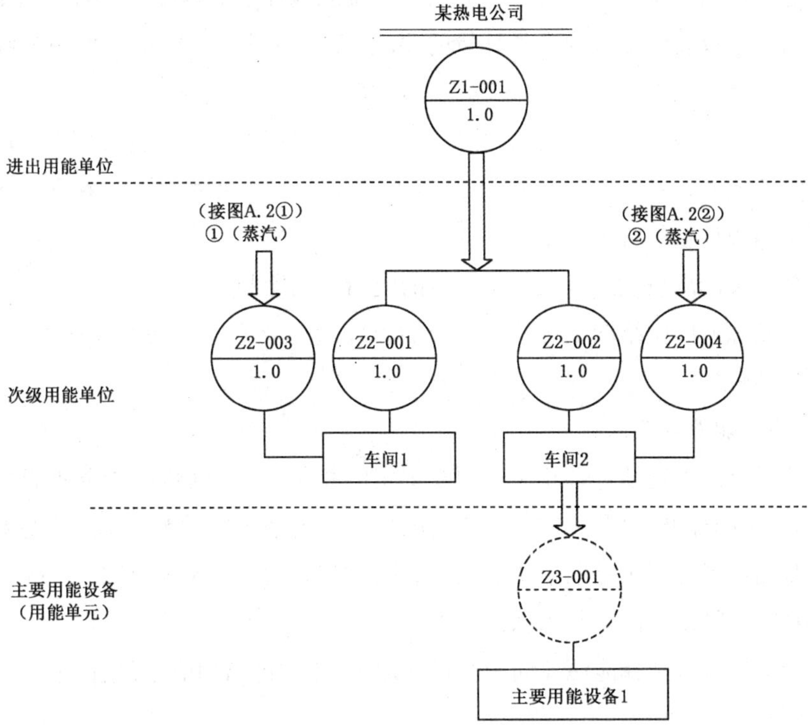

图 9—3　某企业蒸汽计量网络图

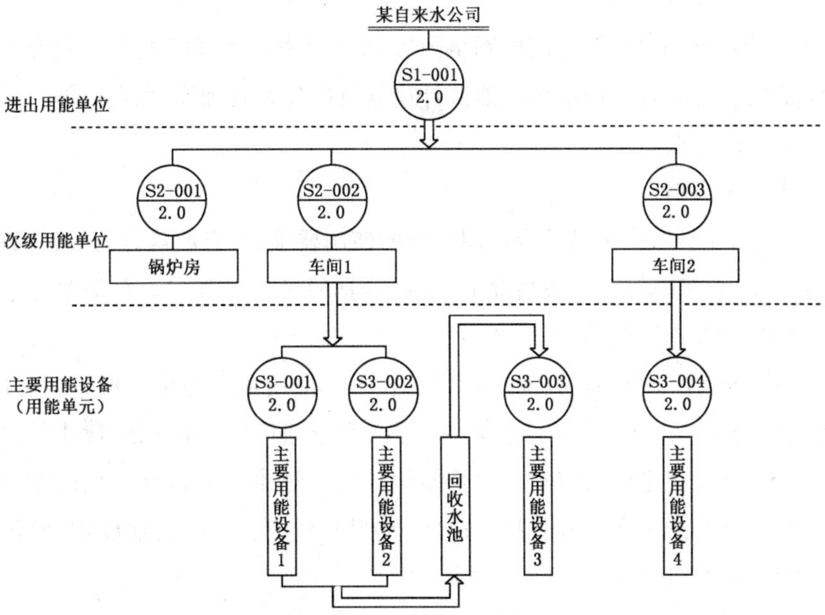

图 9—4　某企业水计量网络图

(2)能源流向网络图应符合相应的用能单位能源计量器具配备和管理通则办法中规定的内容,不仅要满足能源分类计量的要求,而且应满足用能单位实现分级分项考核的要求。

(3)按统计和核算能源的要求,分进厂出厂、次级用能部门、用能设备(工段、工序、装置)三级的能源计量点绘制,要用点画线加以区分,同一级尽量布置在同一水平框线内,能反映能源计量的分级关系。

(4)每一种能源按其进入用能单位后的流向分别绘制。

(5)在能源流向网络图上标注每一个能源计量点及相应配备的计量器具的编号、代号等唯一标识。

(三)确定能源计量点

(1)计量点的确定须符合相关通则及规定的相关要求,也须符合企业能耗计量与测试的相关规则标准,以及相应的节能监测技术通则办法中对能源监测的要求。

(2)监测位置应能满足以下要求:正确地、有代表性地反映被测参数;符合监测仪表使用条件;兼顾设备能量平衡测试的需要。

(3)计量点一般选择能源流向中交接的地方,比如进出用能单位、进出次级用能单位、进出用能设备等环节。

三、企业能源计量器具的配备购置和验收

选择好计量点和建立能源流向网络图后,就要根据需要配备能源计量器具。能源计量器具的配备计划须按用能单位能源计量器具配备和管理通则办法的要求,并满足生产经营管理的需要。

(一)考虑的原则

(1)购置的计量器具满足预定使用场合的使用要求,并有明确分析的计量性能,如最大允许误差、分辨率等。一般情况下,计量器具的最大允许误差是根据计量对象需求而确定的最大允许误差的1/3~1/10。

(2)能适合使用场合环境并满足预期的要求。使用场合环境一般包括温度、相对湿度、大气压强、防震、防尘、防腐、防电磁干扰、安全、照明、供电电源、噪声等。

(3)从准确度、稳定性、分辨力、适合使用环境等评价其先进性。从购置、操作、维护、保护以及检定(或校准)费用,易维护性,使用寿命,利用率,占地面积,操作人员数量等方面评价其经济性。

(4)能源计量器具应具备可溯源性,具有可溯源的途径和方法,且溯源要科学合理、可行、简便。

(5)新增次级用能单位、用能设备的设计、安装阶段,要同时做出能源计量器具配

备规划。

(6)选择符合要求的供应商,供应商应具有计量法律规定的资质(国家规定实施依法管理的75类计量器具必须具有制造计量器具许可证),在质量水平、后期服务能力及态度、价格等方面满足要求。

(二)验收的要求

(1)在订购前就应确定验收的方法和要求,特别对一些较贵重的检测设备及需要安装调试后才能使用的计量设备。

(2)尽可能采用检定或校准的方法对所购仪器的计量性能进行验收。

(3)做好验收记录。

(4)验收不合格的不得入库和投入使用,并应通知供应方退货、更换或调整至符合要求。

四、企业能源计量器具管理

能源计量器具配备之后,要加强能源计量器具的管理、使用和维护,主要包括能源计量器具贮存、申领和发放,确定检定(校准)周期,量值溯源,编制能源计量器具一览表,建立能源计量器具档案,不合格能源计量器具的处置等。

(一)能源计量器具量值溯源

量值溯源的方式有检定、校准。检定由政府计量行政部门依法设立或授权的技术机构进行。校准由具有资质的校准实验室进行,企业也可依法申请建立标准实验室,对部分能源计量器具进行自行校准。用能单位应制定计量器具受检率目标,并进行考核。强制检定计量器具的受检率为100%。

$$受检定率=(实际检定数/应检定数)\times 100\%$$

(二)确定能源计量器具检定(校准)周期

(1)强制检定能源计量器具的检定周期由法律、法规、检定规程等确定。

(2)强制检定以外的能源计量器具的检定(校准)周期:

①检定(校准)周期可由用能单位根据计量器具的使用情况(比如使用频率、使用环境、计量器具稳定性、平时监督数据分析等)自行确定,但要以文件形式明确规定。

②编制计量器具检定(校准)周期表,经负责人审定批准后实施,对周期表的任何变动都要经负责人批准。

③检定周期表内容应包括计量器具名称、编号、型号规格、技术指标(测量范围、准确度)、制造厂商、检定机构、最近检定日期、周期间隔、计划检定(校准)日期等信息。

(三)能源计量器具的使用、维护和保养

1. 计量器具应按规定方法正确使用

(1)对使用人员应进行必要的培训考核,合格后上岗。

(2)需要时应制定能源计量器具使用指导书。

2. 计量器具应于规定的工作环境中使用或保存

(1)计量器具的工作环境要求来自生产商提供的使用说明书和测量方法。

(2)当环境条件不能满足计量器具的工作环境条件时,应停止使用计量器具进行测量。

(3)当测量方法规定对环境条件(如环境温度等)的影响,可以一定的计算公式对测量结果进行修正时,修正过程和修正结果应予记录。

3. 计量器具应按规定进行维护保养

必要时应制定维护保养作业指导书,规定维护保养的项目和工作内容,明确承担维护保养的人员及其职责,要求按规定时间做好维护保养工作和记录。

五、企业能源计量数据的采集、分析和利用

(一)能源计量数据的采集

1. 能源计量数据的采集原则及范围

(1)能源计量数据要以计量器具显示的数据为准如实采集,数据修正要有依据和修正说明并予记录。

(2)应根据企业能源计量器具的配备情况和统计考核需要,进行全面采集,如进出用能单位的能源、进出次级用能单位的能源、自制的压缩空气等,还包括用能设备的用能情况。

(3)能源计量管理部门要归口监督管理,保证数据来源和传输的真实性、准确性、可靠性和合法性。

2. 能源计量数据的采集方法

能源计量数据的采集方法主要包括计算机采集和人工采集。采集工作的管理模式有集中采集和分散采集。

3. 能源计量数据采集的注意事项

(1)定人:采集人员要相对稳定,不宜经常更换。

(2)定时:采集时间相对稳定,这样可基本上消除因时差带来的统计数据的不可比性,特别要注意与相应的产品产量等经济指标考核的统计时间同步。

(3)定采集路线:确定每种能源计量器具的采集路线。采集路线确定后,要根据路线上的位置,将每个能源计量器具的编号和使用单位地点代号依次填入采集原始记录。

(4)注意各相关能源计量器具之间的量值关系。一个总表后面往往装有许多台分

表。统计量应注意相关计量器具显示量值之间的关系。如果总表具的量值与各分表量值之和的差大于允许误差，说明表具或系统存在问题。

(5)确定有效位数。为了便于核对数据、防止错误，记录计数时要把整数前的“0”全部记录。整数后的小数，除电度表外，一般不要采集，或按文件规定执行。对模拟量指示的仪表要注意读数的有效位数，即保证读数的最后一位是估算的。

(6)仔细复核校对：仔细看准计量器具上示值，填入相应的原始记录表格栏目后再复核一遍，以防看错和笔误；然后同上一次采集的数据比较，估算本次读数是否有异常。

(7)记录数据要字迹清楚，用钢笔或墨水笔书写，不能涂改。确实在现场发现书写错误，应以“杠改法”改正。

(8)妥善保管原始记录，一般保存 3 年，或按文件规定办理。

(二)能源计量数据的传输与统计

采集来的能源计量数据要经过审查、计算、汇总，使其成为完整的、适用于管理需要的数据。报表设计的合理性主要体现在能否充分利用这些计量数据，指导生产，落实考核，发现能源利用上存在的不合理或浪费，积累科学调度和生产管理中的经验。

能源报表有国家规定的年报和定期报表，还有企业根据自身需要编制的日报、旬报、月报等。

(三)能源计量数据处理

1. 正常数据的处理

应按照规定的计算公式和统计计算要求进行。

2. 异常数据的处理

采集来的数据在汇总时，可能发现用能的量值异常变动或差值过大，必须加以重点复查，能源计量管理人员应深入现场找出问题和原因。

3. 总表与分表量值之和的量差处理

总表量值与分表量值之和常常不一致，其差值在预定的范围内是合理的。应力求降低计量差值。因此，在量差超过规定和异常时，寻找和排除超差的原因。其原因可能来自产量变动、工艺变动、用能设备状态变化、计量器具变化等。

合理的量差是允许的。损耗的能源量可根据情况由企业管理费中支出或按用能比例由各用户分摊，一般在月末结算时处理。如结算中出现正差，则在无法分辨个别原因的情况下，可按用能比例分摊。

(四)能源计量数据的反馈与使用

能源计量数据经采集、统计、分析后获得的信息应及时反馈给有关部门使用。有关部门如对能源计量数据有疑问，可向能源计量部门查询。

(1)能源部门作为加强和改善能源管理,进一步开展节能工作的依据,作为供能管理、结算收费的依据。

(2)技术部门作为制订修改经济指标、改进工艺的依据。

(3)生产部门根据能源计量信息结合班组的产量及能耗、季节变动、工艺变化,以及设备维修更新前后的能耗变化、能种变化等因素进行研究,提出最经济合理的节能措施或改进管理的建议。

(4)能源计量部门通过对能源计量数据的分析,可大致把握能源计量管理体系的运转情况,分析计量器具的选型(量程、准确度等级等)是否恰当,计量器具的使用是否正常,检定(校准)周期是否合理等。

第五节　企业能源监测管理

一、企业能源监测概述

(一)企业能源监测的定义

监测可理解为监管并检测。①在能源计量领域,是指对需要掌握或限制其数值变化范围的参数进行连续的或定期的测量;②具体在能源管理工作中,是指企业对能源供应、加工转换、传输分配和消费利用的相关信息进行测定、采集、分析、判断、预警和报告,以保证企业能源的稳定供应和高效利用,减少因能源消费利用而带来的污染物排放。

[**例 9－1**]

企业能源监测与国家节能监测区别

企业能源监测作为企业能源管理活动的重要组成部分,主要是对本企业内部生产过程中各个环节用能情况和用能设备的运行情况进行监管,对设备某些特征参数进行测量记录,并将测定值与规定的正常值(门限值)进行比较,以判别设备的工作状态、能耗水平是否正常。而国家节能监测具有行政节能执法职能,包括监督(监察)和检测两大职能工作。监督是由节能监测机构对国家、行业和地方颁发的各种节能法规、规章和标准的贯彻执行情况进行监督检查;检测是对用能单位的各种用能环节和用能设备(包括能源分配输送、加工转换设备)用能情况进行检查测试,并进行合理的评价。

(二)企业能源监测的内容

企业能源监测的内容是本单位生产过程中实际消耗的各种能源,包括主要生产系统、辅助生产系统和附属生产系统用能以及用作原料的能源。能源及耗能工质在企业

内部储存、转换及分配供应(包括外销)中的损耗,也应计入监测范围。具体而言:

(1)检测、评价合理使用热、电、油及主要载能工质状况。

(2)对采购和供应的能源质量等情况进行监督、检测。

(3)对节能产品的能耗指标进行监测、验证。

(4)对用能产品、工序的能耗进行检测、评价。

(5)对用能工艺、设备、网络的技术性能进行检测、评价。

(6)监察企业及其内部各供用能单位的节能管理现状。

(7)参加新建、改建、扩建、节能技术改造工程(项目)的能源合理利用评价(论证)。

(8)对新建、改建、扩建、节能技术改造工程(项目)的节能效果进行检测、评价(竣工节能验收)。

(9)对节能特等炉能耗指标进行在线检测、评价。

(10)对节能特等工序进行审核、评价。

(三)企业能源监测的功能

企业能源监测的最终目的,是为了实现节能降耗,提高经济效益,保证企业的可持续发展。其功能主要体现在以下三个方面:

(1)借助技术手段对主要生产系统、辅助生产系统和附属生产系统中的主要耗能设备进行监测,了解企业主要用能设备的装备水平和用能水平,以此为基础协助节能主管部门完成节能监测工作。

(2)能源监测活动是企业生产过程监测活动的组成部分。各种能源消耗情况监测数据也是判断设备运行状况的一个重要标志。根据设备的实时能耗监测数据、日志文件、运行记录等,可以为设备的维护提供依据。

(3)利用企业能源监测的数据信息,判断生产系统、设备的能效,对浪费能源的原因和技改提出分析意见,为用能单位改进能源管理和开展节能技术改造提供科学依据。

(四)企业能源监测要求

(1)用能设备的技术性能和运行。企业用能设备应采用节能型产品或效率高、能耗低的产品,对已被明令禁止的能耗高、效率低的设备,企业应限期更新、改造。用能设备的实际运行效率或主要运行参数应符合该设备经济运行的要求。

(2)能源转换、输配与利用系统的配置与运行效率。供能设备管网和电网设置要合理、节能,能量损失应符合相应技术标准的规定。主要用能设备和系统应实现经济运行,符合相应技术标准的规定。

(3)企业能源管理技术。企业必须备齐有关的能源法规和标准文本,并对有关人员进行宣讲、培训。企业应建立完善的能源管理的规章制度(如岗位责任、部门职责分工、人员培训、耗能定额管理、奖罚等制度)。企业必须按要求安装计量仪表,符合相关的标准和规定。企业应建立完善的能源技术档案、能源记录台账,统计报表必须真实、完整、规范。

(4)能源利用监测。企业的产品单位产量能源消耗定额必须按照相关的产品能源消耗限额编制规范进行制定并贯彻实施,在此基础上,企业应将产品单位产量综合能耗及单耗控制在定额以内。

(5)供能质量与用能品种。企业能源供应符合国家政策规定和分类合理使用的原则。

二、企业的能源监测管理模式

能源监测管理是使用各种定性、定量的科学方法,探寻研究能源监测活动中的规律,并以监测质量、效率为中心,对整个能源监测系统进行全面综合的管理。能源监测管理具有目标性、层次性、动态性和系统性的特征。

企业能源监测可采用目标管理模式。从宏观角度来看,可不断提高企业能源管理水平,实现企业能源监测工作与国家节能监测工作的衔接,其基本要求为及时性、代表性、准确性和科学性;从微观角度看,可保证能源监测数据、资料的可比性、代表性、连续性、精确性和完整性。

(一)企业能源监测组织管理

企业能源监测活动是一项系统工程,组织管理是管理目标完成的基础。企业能源监测活动与能源管理和设备管理密切相关,因此能源监测管理工作一般以设备动力部门为主,与生产、维修、采购等部门配合。能源监测制度要结合企业工艺特点和生产实际,既要有针对生产、动力等车间的监测制度,又要有针对锅炉等重点用能设备的监测制度。

(二)企业能源监测计划管理

企业能源监测计划管理,是指制定企业能源监测目标,编制监测计划,并对计划的完成情况进行反馈。

(三)企业能源监测技术管理

企业能源监测技术管理,包括能源监测点的选取、能源监测方法的确定、能源监测技术方案的编制、监测仪器设备的选择和维护保养等管理活动,其目的是为了确保监测信息的科学性、可比性、代表性。

(四)企业能源监测质量管理

企业能源监测质量管理,是对能源监测的全过程进行质量控制和质量保证。

三、企业能源监测的技术保障

（一）企业能源监测的手段

1. 计量器具监测

借助设备原装或加装的计量仪表以及监测仪器对设备的能源利用情况进行监测。计量器具监测的内容包括以下几个方面：一是能源供应质量和稳定性，比如电压值、蒸汽压力和温度等；二是能源有效利用和能量损失状况，比如锅炉热效率；三是余能利用和能量重复利用状况，比如冷却水回收量；四是用能设备的技术性能和运行状况；五是与企业能源消费有关的分析化验项目，如煤炭的含硫量、灰分等。

2. 用能设备能量平衡测试

用能设备能量平衡，是对设备的输入能量和输出能量在数量上的平衡关系进行考察，以定量分析用能情况。用能设备能量平衡测试是对输入设备的能量与输出设备的能量进行考察，确定供给能量、有效能量、损失能量和设备能源利用率的全部试验和测量过程。用能设备能量平衡测试的目的是对用能设备在规定的测试工况下的用能状况和性能水平进行考察。

用能设备能量平衡测试内容一般包括：输入能量、输出能量或供给能量、有效能量、损失能量及其有关参数。企业的用能设备能量平衡测试可分为电能平衡测试、热能平衡测试和能量平衡测试三种类型。测试活动可以由企业自行实施，也可以借助专业机构进行测试。用能设备能量平衡测试一般分三级进行：

（1）一级测试适用于新研制产品、改型产品的鉴定，新建造、新安装设备、装置的验收和国家级的监测、检查评比。一级测试必须由经部委、省市（自治区）级部门认可的专业组织承担。

（2）二级测试适用于设备的定期能量平衡测试，以及对新安装的和经大修、改造后的设备的测试。承担二级测试的组织必须经部委、省市（自治区）级部门认可。

（3）三级测试适用于对设备及其他设施与耗能有关的某些参数进行测试。

（二）企业能源监测点的选取

1. 计量器具监测位置选取

监测位置应正确地、有代表性地反映被测参数，符合监测仪器仪表使用条件，同时兼顾设备能量平衡测试的需要。计量点一般选择能源流向中交接的地方，比如进出用能单位、进出次级用能单位、进出用能设备等环节。

2. 设备能量平衡测试点选取

企业的主要用能设备要定期进行能量平衡测试。产品种类、技术规格、运行工况和条件相同的多台设备，可选有代表性的若干台进行测试。

四、企业能源监测的动态控制与调整

(一)企业能源监测的控制

生产现场的作业人员在每日生产之前、生产条件变换或调整后再开始生产作业，均要按“过程作业指导书”的要求做好生产准备，记录包括能源在内的计量仪表相关数据。生产正式开始后，作业人员要及时关注本人所负责设备的能源计量器具的参数变化情况。针对能源计量器具显示数据的异常波动情况，应及时分析原因，寻找对策，保证设备正常运行。

生产班组长、车间主任负责对管辖范围内的设备用能情况进行监测，并在生产过程中进行巡查，帮助作业人员解决异常的能源消耗问题。动力管理部门应对全厂生产的用能情况进行监测，判断其是否符合正常要求，对可能出现的用能异常提出预警。

计量器具的规格质量都必须符合计量法律法规的要求。其检定(校验)按国家和行业检定规程执行。国家、行业尚未颁发检定规程的计量检测设备由企业设备管理部门组织制定检定(校验)办法，由分管厂长批准后执行。计量器具由使用部门负责日常保养，严格按照计量设备操作规程或使用说明书进行操作。生产过程中，如果发现经校准或鉴定的计量检测仪器设备偏离校准状态而不符合要求时，应立即停止使用并予以维修。使用人员要对此设备测量结果的有效性进行评价并记录，必要时用其他符合要求的设备进行重新测量。

(二)企业能源平衡测试中的控制

能源平衡测试前，企业应根据测试任务确定测试负责人，配备经过培训的测试人员，并在勘查现场，收集与设备和生产工艺有关的资料、数据的基础上，按确定的测试级别，根据设备能量平衡测试的有关标准编制测试方案。方案内容一般包括测试体系的确定，计算基准的确定，应测参数及相应的测量方法、计算方法及经验公式、经验数据的选定，测试仪器仪表的选型，测试工况、测试持续时间和各项参数测试程序的规定，测试记录表格的制度，测试工作计划的拟定。

按照检定周期检定或校准测试仪器，保证在测试过程中功能完好、量值准确。测试之前应检查设备运行工况，消除影响测试的缺陷，准备测点、测孔和取样孔，安装仪器仪表。

按一、二级测试的设备，要进行预备测试。一级测试原则上应采用两种不同方法，即效率直接测定法(正平衡法)与效率间接测定法(反平衡法)，并确定其中一种方法为主要方法。每一种方法的测试次数，两种不同方法测试结果允许绝对偏差和条件相同、方法相同的几次测试结果允许绝对偏差，由各专业设备的有关标准作出规定。企业能量平衡测试主要涉及锅炉、供配电系统、空气压缩机、中央空调，各项参数的测量方法应按照相关规定等国家标准进行。

［例 9－2］

锅炉“正平衡效率”和“反平衡效率”的计算方法

单位时间内锅炉有效利用热量占锅炉输入热量的百分比，或相应于每千克燃料（固体和液体燃料），或每标准立方米（气体燃料）所对应的输入热量中有效利用热量所占百分比为锅炉热效率，是锅炉的重要技术经济指标，它表明锅炉设备的完善程度和运行管理水平。锅炉的热效率的测定和计算通常有以下两种方法：

1. 正平衡法

用被锅炉利用的热量与燃料所能放出的全部热量之比来计算热效率的方法称为正平衡法，又称直接测量法。正平衡热效率的计算公式可用下式表示：

热效率＝有效利用热量/燃料所能放出的全部热量×100％

＝锅炉蒸发量×（蒸汽焓－给水焓）/燃料消耗量×燃料低位发热量×100％

式中，锅炉蒸发量为实际测定，kg/h；蒸汽焓由表焓熵图查得，kJ/kg；给水焓由焓熵图查得，kJ/kg；燃料消耗量为实际测出，kg/h；燃料低位发热量为实际测出，kJ/kg。

上述热效率公式没有考虑蒸汽湿度、排污量及耗汽量的影响，适用于小型蒸汽锅炉热效率的粗略计算。从上述热效率计算公式可以看出，正平衡试验只能求出锅炉的热效率，而不能得出各项热损失。因此，通过正平衡试验只能了解锅炉的蒸发量大小和热效率的高低，不能找出原因，无法提出改进的措施。

2. 反平衡法

通过测定和计算锅炉各项热量损失，以求得热效率的方法称为反平衡法，又称间接测量法。此法有利于对锅炉进行全面的分析，找出影响热效率的各种因素，提出提高热效率的途径。反平衡热效率可用下列公式计算：

热效率＝100％－各项热损失的百分比之和

＝100％－$q2$－$q3$－ $q4$－ $q5$－$q6$

式中，$q2$ 为排烟热损失，％；$q3$ 为气体未完全燃烧热损失，％；$q4$ 为固体未完全燃烧热损失，％；$q5$ 为散热损失，％；$q6$ 为灰渣物理热损失，％。

大多数时候采用反平衡计算，找出影响热效率的主因，予以解决。

测量记录及计算表格上要填写测量者、记录者或计算者、复核者姓名及日期，最后要形成完整的能源平衡测试报告。报告内容一般包括企业基本概况、测试说明、测试结果及其分析、建议、附录等。

五、企业节能监测

(一)企业节能监测的含义

国家对企业进行能源监测主要是为实现能源节约的目标,促进全社会的节能降耗。国家层面的能源监测工作可分为两个层次:一是通过制定各类节能监测国家标准为节能监测提供技术依据;二是政府管理部门对相关机构部门的能源消费情况进行执法和管理。

节能监测,是指由政府授权的节能监测机构,依据国家有关节约能源的法规(或行业、地方的规定)和技术标准,对能源利用状况进行监督、检测以及对浪费能源的行为提出处理意见等执法活动。节能监测的主要内容分为七项:①检测、评价合理用热状况;②检测、评价合理用电状况;③检测、评价合理用油状况;④协助技术监督部门对供能质量的监督、检测;⑤节能产品的能耗指标抽查、验证;⑥对用能产品的能耗与产品能耗有关的工艺、设备、网络等技术性能的检测、评价;⑦对国家已公布的淘汰机电产品,监督其更新改造。

节能监测在职能上分为两大部分,即监督(监察)和检测。对国家、行业和地方颁发的各种节能法规、规章和标准的贯彻执行情况,节能监测机构要进行监督检查。这方面主要是针对各用能单位的能源管理(包括行政管理和技术管理)及(产品或工序)能耗指标而言的,涉及的技术问题较少。而对用能单位的各种用能环节和用能设备(包括能源分配输送、加工转换设备)用能情况进行合理的评价,则要涉及较多的技术问题,一般必须通过对设备的现场运行实际测定,才能得出相应的结果;同时,对其结果的判定也要按一定的技术标准进行,这方面主要涉及检测职能的内容。

(二)企业节能监测的依据

企业节能监测作为执法活动,必须依据节能法律规范的规定进行,在技术方面则主要依据国家、行业和地方有关节能和节能监测的标准和技术规程进行。企业节约能源监测的另一个主要依据是节能技术标准和技术规范。节能监测标准按标准适用对象和技术特点划分为三个类别,即综合指导性监测标准、单项用能设备与系统监测标准、供能质量监测标准。

(三)企业节能监测项目的选择

企业节能监测的执法性质及其监督对象的广泛性,决定其实施过程必须科学、简便、快速、准确、客观性强,且适于定期或不定期经常进行,而企业能量平衡工作中对设备的正、反平衡测试,计算方法则比较繁杂,需要时间长,人力、物力消耗大,不能经常进行,不适于监测工作大范围经常进行的需要。但设备能量平衡测试内容及方法是选取节能监测项目的基础。应当指出:实施节能监测后并非排除进行能量平衡工作。由于能量平衡能够提供更详尽全面的数据，能对设备和企业的能源利用情况进行全面诊断，因此，在某些情况下还必须进行能量平衡测试。对于节能监测项目内容的选择，需要在理论上和实践中不断研究和探索。节能监测内容广泛，需要采取测试、检查和审计等多种方式进行。其中，审计方式主要用于对企业产品单耗的监督考核，而测试和检查方式的采用则应在制定耗能设备节能监测标准时予以确定。

监督测试项目应包括：反映供给能量的参数；反映有效利用能量的参数；反映主要损失能量的参数；反映余热、余能利用状况和能量重复利用状况的参数以及调整和控制用能工况所必须监测的项目等。测试项目应结合企业生产工艺要求和合理用能要求具体地分析和选择。开展节能监测工作实践证明：除选择测试方法比较简便的反映供给能量和有效利用能量参数（如设备热效率或单位产品工序能耗）作为监督测试项目外，选择反映设备能量损耗、余热利用和控制用能工况的某些代表性的单项参数作为监督测试项目是必要和行之有效的。这样既能了解设备的能耗状况和用能水平，又能了解设备经济运行中的薄弱环节，为企业节能技术改造提供依据。

选择监测项目的主要原则应是使被测参数具备有效性、易测性和可考核性。

1. 有效性

所谓有效性，就是科学地选择有代表性的被测参数。它能全面地或在某方面有效地反映设备能源利用水平和经济运行状况，是反映设备是否节约能源的主要能耗参数。

2. 易测性

所谓易测性，就是测试简便易行，能采用较先进的便携式仪表或利用现场合格仪表进行在线监督测试或考虑其取样分析方便、计算简单，以实现监测迅速准确的要求。如果选择的项目是要“牵一点而动整体”，即在监测结果计算中还要涉及许多参数的测定，那就不符合监测工作快速、简便的要求。

3. 可考核性

所谓可考核性，就是根据对耗能设备的节约能源要求，能制定出合理的测试数据考核指标，以便对被测对象的节约能源状况做出可以接受的公正的判断或评价。

设备效率或单位产品能耗是直接反映设备能源利用状况的综合性指标。选择其中任意一项作为监测项目都具有良好的可考核性和有效性，主要在于分析它的易测性如何。一般来讲，热效率只要供给能和有效能测定方便，则应选为监测项目。由于仅仅监测上述综合性指标只能考核设备能源利用的水平而不能监督影响能源利用水平的关键参数以促使企业节约能源，所以选择影响设备经济运行的主要能耗参数作为监测项目是适宜的。

除上述直接反映能源消耗的参数外，有的省份监测标准还列入了产品质量参数作为监测项目。列入产品质量参数的理由，是因为列入监测项目的产品单位能耗所指的“产品”是质量符合要求的合格产品，因此衡量其合格与否的质量参数应列为监测项目。在将产品质量参数引入节能监测内容的同时增加了测试和分析问题的复杂性，因此如何考虑和选择质量参数作为监测项目，应由制标工作者具体分析确定。某些情况下，产品质量参数也可列为检查内容。

（四）企业节能监测的方法和要求

企业节能监测测试计算方法应科学、简便，尽可能采用现场仪表和先进的便携式仪表，在保证测试数据准确度要求的前提下，计算方法要尽可能简化。企业节能监测测试要求中应列入影响测试数据的可靠性和可比性的监督检查内容，如：

1. 设备负荷率

设备负荷率是否列入监督检查项目是有争议的问题之一。一般情况下，设备在额定工况下运行效率最高，此外，在额定负荷条件下进行监测比较合理和具有可行性。但目前不少企业的一些设备，由于种种原因，不可能在额定负荷条件下运行，若硬性做出额定负荷的要求，不仅难以在实际中执行，而且这样反而不能反映设备运行的实际情况，从而使节能监测失去实用价值。所以，监测工况确定在生产稳定的正常负荷条件下进行是较为适宜的，在监测要求中可以对设备负荷率作适当的规定。

2. 产品质量

产品质量合格是进行节能监测的前提。监测设备效率和产品单耗时，与产品的合格率有直接的关系。前文已经提到，质量参数可列为监测项目，也可列为检查内容，这样才能保证监测结果的真实可靠。

3. 监测时间、测试次数、测点布置

应根据具体情况做出合理要求，以保证测试结果准确可靠，除此以外，对正常操作和测试环境也应提出必要的要求。

（五）企业监测考核指标的制定依据

考核指标影响监测的最终社会效益和经济效益。它既要反映国家对节约能源的目标要求，又要符合本区域生产力水平，能为社会和企业所接受，应使要求与可能得到客观统一。因此，制定考核指标必须采取科学和严肃慎重的态度。其数据产生主要依据三个方面：一是依据被测设备参数的设计要求值；二是依据国家或部门已有的经济运行规程和工艺技术操作规程的要求；三是依据大量的现场测试统计资料。制标工作者应在收集和综合分析上述数据的基础上，制定出符合国家、行业或本地区情况的考核指标。

企业节能监测标准是实施节能监测的执法依据，在国家能源标准体系中属于能源管理标准范畴。制定节能监测标准是完善我国节能立法、依法管理节能工作的一项重要基础工作。

第六节　企业能耗定额管理

一、企业能耗定额管理的概述

（一）企业能耗定额管理的内容

能源消耗定额，简称能耗定额，是指企业在一定的生产技术和生产条件下，为生产一定数量的产品或完成一定量的作业，所规定的能源消耗的数量标准。

能耗定额管理，是指在准确计量生产过程中各项能耗基础上，由企业节能管理部门针对具体情况制定合理的能耗定额指标；通过计量一定时间段内企业实际的单位产品能耗，与能耗定额指标进行对比，对于超过能耗定额部分实施一定的经济或行政惩罚，并修正能耗定额指标，从而实现对能源消费的科学管理。

企业能耗定额管理的主要内容包括：①建立能源消耗定额体系和定额管理组织体系；②制定和修改能源消耗定额；③采取有效的技术组织措施，保证定额的实现；④考核和分析定额完成情况，总结经验，提出改进措施。能耗定额的制定、贯彻执行和考核分析是能耗定额管理的基本环节。

（二）制定企业能源消耗定额的基本原则

为了促使企业更好地使用和节约能源，促进生产不断发展，制定的能耗定额必须具有先进性、合理性、可比性。

(1)定额的先进性，是指在满足工艺需要的前提下，充分考虑所能实现的各项节能措施（包括技术措施和管理措施）所收到的效果，要求所制定的定额能够比已达到实际水平要先进，不能简单地按企业上年度计划消耗和实际消耗相加平均计算。

(2)定额的合理性，是指定额是切实可行的、有科学依据的，是大多数职工经过努力可以达到的。因此，企业应按照本企业能源消耗的历史最高水平和现行的生产工艺状况，按产品（或主要原料投入量、产值、炉、厂）核定能源消耗定额。凡已达到历史最高水平或同行业平均先进水平的，要求巩固提高。有重大节能措施项目的，要根据投产后的节能效益，合理修订定额。

(3)定额的可比性，是指能源消耗定额应具有纵向可比性和横向可比性。纵向可比性，即要求不同的用能定额制定周期，采用的统计范围及计算方法等要保持一致，使相互之间可以比较。横向可比性，是指对工艺相似的企业之间以及企业内部工艺相近的部门之间，采用的用能定额制定方法应相似，以保证不同部门数据之间可作比较。

以产值核定定额的，要根据产品结构变化情况修订定额。核定燃料消耗定额时还应考虑企业在不同季节中的产量比重、生产条件、供应燃料的平均质量和合理运输、保管损耗等。

能源消耗定额的制定，应该包括定质与定量两个方面。定质是确定所需要能源的品种、规格和质量要求；定量是确定能源消耗所需的数量。

企业燃料消耗定额原则上每年应按实际达到的新水平修订一次，由企业主管部门和燃料供应部门审查。

(三)企业能耗定额管理的作用

单位产品(或产值)能耗，是反映一个企业能源利用效率和企业生产效率水平的综合性指标，也是最终反映企业能源利用经济效果大小的总结性指标。制定先进科学合理的能耗定额指标，是企业单位产品能耗水平理性回归的有力保证。因此，通过控制能耗定额指标，推动能源技术和能源管理等各方面节能工作的开展，达到节能增产的目的，是一个较为有效的手段。实行能耗定额管理具有以下重要作用：

(1)编制能源供应计划的重要依据。企业只有实行科学合理的能耗定额管理，才能正确计算能源需求量、储备量和采购量，编制出较为准确科学的能源供需计划。

(2)组织能源供应管理的重要基础。企业只有实行科学合理的能耗定额管理，才能严格根据生产要求，保质、保量、按时组织能源供应，并对能耗情况实现控制，从而保证生产的正常运营。

(3)监督和促进企业内部开展节能的有力工具。先进合理的能耗定额是建立在用能技术水平和能源管理水平不断提高的基础上的。企业为了使其定额经常保持在较为合理的水平上，就促使企业不断提高用能技术水平和能源管理水平。

(四)企业能耗定额的种类

能源在使用过程中的消耗构成，包括以下三个部分：①能源的有效消耗，是指工艺过程中必须消耗的能量(如加热炉中金属加热所吸收的热量)；②能源的工艺性损耗，是指工艺过程中损失的能量(如加热炉炉体散热、烟气带走的热量等)；③能源的非工艺性损耗，是指能源在运输、储存过程中造成的损耗，生产废品带来的能源损耗，以及能源质量不合格引起的损耗等。

根据能源消耗构成依据能耗定额用途的不同，能耗定额可分为以下四种：

1. 工艺耗能定额

它由能源的有效消耗和工艺性损耗两个部分构成。具体内容包括：①产品生产(或作业)的基本工艺过程和辅助工艺过程所需的能耗；②保持工艺设备热量所需的能耗；③工艺设备临时停工检修和冷却停放后再加热和启动所需的能耗；④设备运转时，技术上不可避免的能源损失。工艺能耗定额是工艺设备技术水平的反映，是企业向车间(班组)发放能源和考核的指标。

2. 生产能耗定额

它由工艺能耗与一部分非工艺性损耗所构成。具体包括:①工艺能耗定额所包含的内容;②辅助生产所需要的能耗(如采暖、通风、照明、供水、运输、机修等耗能);③在能源转换设备、企业(车间)热力和电力系统中,技术上不可避免的能耗。

生产耗能定额是核算生产过程中能源需要量的依据,是企业生产技术水平和管理水平的综合反映,它不仅取决于工艺设备的技术水平,而且取决于生产作业率、设备负荷率、产品合格率等因素。

3. 能源供应定额

能源进入生产过程以前,在运输、装卸、储存过程中会有损耗;在生产能耗定额基础上还应考虑能源在以上这些过程中的损耗,因此,由供能部门下达的供应指标要高于生产定额,这个供应指标称为能源供应定额。供应定额是企业组织能源资源、制订计划、安排生产的依据。

企业能耗的工艺定额的降低是通过改进生产工艺、改造落后设备来达到的;在确定的工艺定额基础上,企业能耗的生产定额的降低是通过对生产各个环节的合理组织与管理来实现的。因此,企业能源管理人员的责任是:对现有工艺、设备进行以节能为重点的技术改造,努力降低工艺定额;改善生产组织与管理,努力降低生产定额。

4. 其他划分

能耗定额是一个总体概念,除了上述按能耗构成区分的三种外,还可以根据不同的角度,确定各种不同形式和内容的能耗定额。

(1)按所耗的能源种类分,有煤炭、焦炭、电力、蒸汽、煤气、各种油品等能耗定额。

(2)按考核的能源种类分,有单项能耗定额和综合能耗定额。

(3)按能源用途分,主要分为生产能耗定额和生活能耗定额两大类。生产能耗定额可分为基本生产定额和辅助生产定额,也可分为产品能耗定额或工艺能耗定额。

(4)按定额制定方法分,有理论计算定额、技术定额、经验统计定额。

(5)按核算分,有产量、产值、投料、设备等能耗定额。

(6)按管理环节分,有分配、供应、生产、奖励等能耗定额。

能耗定额名目繁多、内容各异,可根据工艺、生产和管理的具体要求,适当分类和选用。

(五)企业能耗定额的统计范围

生产用能量包括所有与产品生产有关的直接或间接消耗的能量。具体包括:

(1)基本生产系统用能,是指直接用于产品生产过程的能量。

(2)辅助生产系统用能,是指动力、供电、机修、供水、供风、采暖、制冷、仪表以及厂内原料场等辅助设施用能。

二、企业能耗定额的制定

(一)企业能耗定额制定的基础

1. 准备工作

(1)进行企业能源利用情况普查。普查包括:能源种类、品位、消费水平(近 3 年);自产二次能源的生产、消耗、管理状况;用能设备普查记录(着重了解能耗多的重要设备的实耗水平);动力管线分布及工作状况;与能源消耗有关的各种生产统计数字。

(2)掌握能源规划及技术组织措施实施的节能效果。学习了解国家、地方、企业近期能源政策、法令、标准,掌握产品工艺规程、用能设备使用能源的技术参数。

(3)收集相关资料。近 3 年用能设备和工序的产量记录、能源实际消耗量、产品产量及产值(工作量)、燃料实际单耗资料。

2. 原始数据的基础

掌握数据是制定能耗定额和分析考核能源消耗的基本条件。由于行业的产品不同、工艺不同,因此对制定能耗定额所需要掌握的原始数据的要求也就不同。一般来讲,下列数据是必须占有的。

(1)在能源收支方面:

①一次能源的购入量、实收量和运输亏损量;一次能源分部门的领用量和管理亏损量;一次能源分车间、工段、炉窑、工艺的消耗量;一次能源的统计期末库存量。

②二次能源的产出量(蒸汽、煤气),及转换热损失量、水的消耗量;二次能源购入量;二次能源分车间、工段、设备、工艺的消耗量及其损失量;二次能源按时间的消耗量(以便绘制时间用能曲线)。

(2)在设备利用方面:

①每条生产线的设计生产能力,单机、单炉的设计生产能力。

②每条生产线的实际开工班次、炉次、窑次、开工时数,其中包括设备检修(瞬时停车检修)占用时数、生产准备占用时数、实际生产占用时数。

(3)在产品生产方面:

①原材料购入量、消耗量、亏损量、期末库存量。

②工艺性加工所需的损耗量,半成品或制品的产出量。

③每道生产工序或机台的作业量,返工作业量,每种产品废品量、次品量、成品量,使之与能量的消耗相对应。

④产品的社会需求量。

（二）制定企业能耗定额的方法

1. 技术计算法

根据产品设计、工艺过程、管理水平等各方面因素，对耗能设备按照正常运行条件，在理论计算的基础上，并考虑已达到的先进单耗指标水平和所采用节能技术措施等因素，来确定其能源消耗定额，其公式为：

$$H=\frac{Q_{effective}+\sum q_i}{n\times QL}$$

其中，H 表示生产某产品所需标准燃料（标准煤）的消耗定额，kgce/个；$Q_{effective}$ 表示设计规定生产该批产品的有效消耗热量，KJ；$\sum q_i$ 表示设计规定在生产该批产品的各环节不可避免的热量损失之和，KJ；n 表示该批产品的数量；QL 表示标煤低位发热量（QL =29 310KJ/kg）。

技术计算法是按照设备或工序的技术资料，结合所使用能源的发热量，计算出单位产品对各能源的理论需要量，最后折算成标准燃料的消耗定额。

2. 实际测定法

根据现场能源消耗的条件，用实际计算方法，对能源消耗进行测定来确定能源消耗定额。

实际测定法也可通过对现有设备（工序）进行热平衡测试，计算出该工序或设备的某种能源的实耗数量，再结合设备改造、改进操作和其他节能措施的实施，最后确定该设备（工序）的能源消耗定额。需要考虑的因素包括：选择热平衡对象；制定测试程序；热平衡测试；整理数据，编制热平衡表；计算各项热平衡技术指标。

（1）工序消耗定额：

工序综合能耗＝某工序总耗能量/某工序半成品产量

工序单项能耗＝某工序某种能源消耗量/某工序半成品产量

（2）产品消耗定额：

单位产品单项能耗＝某种能源实耗量/某种产品产量

单位产品综合能耗＝各种能源消耗总量/产品总产量

3. 统计分析法

在分析研究统计资料，并全面考虑有关工艺技术，操作技术水平，能源供应的规格、质量等因素的基础上，制定出能源消耗定额。用统计分析法制定能源消耗定额的步骤如下：

（1）将该产品所用的不同能源分别列表进行统计分析。

（2）对于一种能源消耗定额的确定，应准备好以下资料并进行计算：近几年来的技术经济指标（包括产品品种、产量、产值等）实际统计数字；报告年度及计划年度的生产计划;近几年来各种能源实耗量;计划年度的节能技术措施项目。

$$H_{st}=\frac{Q_{ac}+Q_{ca}}{G_{ac}\times QL}\times K_1\times K_2\times K_3\times K_4$$

其中,H_{st} 表示某产品标准燃料消耗定额;Q_{ac} 表示某一时期内某种产品所用能源实耗量,kg;Q_{ca} 表示该自然能源的发热量,KJ/kg;G_{ac} 表示该时期内某种产品的实际产量,件数或 kg;K_1 表示因设备改造而确定的定额修正系数;K_2 表示因工艺改进而确定的定额修正系数;K_3 表示因提高操作水平而确定的定额修正系数;K_4 表示因其他节能措施而确定的定额修正系数。

在使用统计分析法确定能耗定额时,应注意原始记录的准确性,尽可能使用生产时间较长、批量较大的产品的统计资料,对其浪费因素应加以排除。这种方法多用于计量手段有困难的单位。

(三)企业能耗定额水平的确定方法

正确制定能源消耗定额必须保证定额水平的先进合理,只有使定额水平保持先进合理,才能不断提高能源利用水平和企业的经济效益。计算平均先进定额可参考以下几种计算方法:

规定:M 表示平均先进能耗定额;a 表示先进面上平均能耗;b 表示保守面上平均能耗;m 表示总体面上平均能耗;n 表示比平均值先进的平均能耗;e 表示总体面上的最优值。

(1)比例法:$M=\frac{a+4m+b}{6}$。

(2)三面统筹法:$M=a\times 0.3+m\times 0.5+b\times 0.2$。

(3)跃进法:$M=\frac{m+n}{2}$。

在机械化自动化程度较高、定额完成情况的差距不大的企业或车间,也可采用另一个计算公式:$M=\frac{m+e}{2}$。

(四)企业能耗定额的修订

(1)能源消耗定额一经审查批准生效后,必须贯彻执行,一般单项定额每年修改一次。

(2)能源消耗定额遇到下述情况时,可作必要的临时修改:①在能源消耗定额执行过程中,发现定额脱离实际或计算错误时;②产品结构、用能设备和生产工艺有重大改变时;③提高了生产规模或改进了操作时;④能源品种、规格、质量等发生重大变动时。

三、企业能耗定额的考核

(一)企业能耗定额的执行

为了有效地贯彻执行能耗定额,企业必须把能耗总定额分解成若干小指标,层层落实到车间、班组,落实到各道生产工序和主要耗能设备。如果只有一个笼统的定额而不经分解,这个总定额指标就落实不到车间、班级和机台,则用能者目标不明、责任不清,定额指标的完成必然落空。为了有效贯彻执行能源定额,企业必须建立和健全能源消耗的计量记录制度和统计分析制度,并力求数据准确可靠。能耗定额的组织执行必须与加强班组核算、开展劳动竞赛、实行节能奖励等措施密切结合;各级能源管理组织应该经常监督、检查和分析能耗定额的执行情况,定额的准确程度,能源的有效消耗、工艺性损耗和非工艺性损耗的情况,能耗定额与能源利用效率、企业生产效率之间的相互变化情况等。

(二)企业能耗定额考核的原则和目的

1. 企业能耗定额考核的原则

(1)公开性原则:考核标准的制定是通过协商和讨论完成的,考核过程是公开的、制度化的。

(2)客观性原则:用事实说话,切忌主观武断,缺乏事实依据。

(3)反馈性原则:在对被考核人进行绩效考核的过程中,需要把考核结果反馈给被考核者,同时听取被考核者对考核结果的意见,对考核结果存在的问题及时修正或做出合理解释。

(4)公平性原则:能耗定额绩效考核是针对工作业绩进行的考核,绩效考核不可将与工作无关的因素带入考核工作。

(5)时效性原则:绩效考核是对考核期内工作成果的综合评价,不应将本考核期之前的行为强加于本次的考核结果中,也不能取近期的业绩或比较突出的一两个成果来代替整个考核期的业绩。

(6)相对稳定性原则:定额在执行中要保持一定的相对稳定性,使它起到衡量能源消耗是否节约的作用。然而,生产是不断发展的,必须随时或定期地对贯彻执行的能源消耗定额进行考核,以掌握其发展变化的情况。

2. 企业能耗定额考核的目的

(1)通过生产实践的检验,考察制定的能源定额是否先进合理。通过各种方法考核定额完成的程度,不仅要分析超过定额消耗的原因,也要分析实际消耗低于定额的原因。分析前者的目的,在于提出措施以利于迅速实现定额;分析后者,则是为了总结并推广先进操作方法和经验。同时,从完成定额所占的比重中,可以看出定额水平是否有偏高或偏低的现象。如果长期超过定额消耗的比重较大,对完不成定额的原因,就更应该进行认真的分析。

(2)通过定额考核,要与本企业历史上最高水平和国内外先进水平进行对比,找出差距,拟出措施,订出计划,力争迅速赶上并超过国内外先进水平。

(3)通过定额考核,可以积累完整的历史资料,还可向有关部门及领导提供系统的定额执行情况报告,为指导生产和有效地进行能源管理提供科学的依据。

(4)通过定额考核,可以促进能源消耗定额管理工作。因为管理好坏的程度不一样,所执行的结果就存在着差异。有的单位,由于采取了各种积极措施,使企业管理得有条有理,能耗低,经济效果显著;有的单位则由于管理不善,出现了明显的差距,消耗高于定额标准。

(三)企业能耗定额考核的方式、内容和形式

1. 企业能耗定额考核的方式

由于能耗定额的管理采取分级管理制,因此,能耗定额的考核,应与能耗定额的制定审批、贯彻执行相一致,也分级进行。可分为企业内部的逐级考核,企业主管部门对企业的考核,国家对地方、地方对各系统管理部门的考核三级形式。目前能耗定额考核工作主要是指企业内部的考核,即由厂部对下级进行考核,按班组、单机考核或按工艺流程实行"一条龙"考核①。

定额考核的主要方法是对比分析法。具体的做法是,对制定的能源消耗定额与执行能源消耗定额的实际结果进行比较,从而找出偏差的幅度,并分析研究产生偏差的原因,以便及时采取必要的措施。

2. 企业能源消耗定额考核的内容

能耗定额考核的内容和深度大体上分以下三级:

(1)考核单项产品的单项能耗,如单位产品煤耗、单位产品电耗。

(2)考核单项产品的综合能耗。

(3)考核单项工艺的单项能耗和综合能耗。

实行折合标准产品的能源单耗行业,在对企业考核检查的同时,可评定其能源消耗所属类别;并且,经常结合能耗排队进行分析对标和交流经验,开展行业的相互学习,以促进节能工作的深入开展。

3. 企业能耗定额考核的形式

节能奖惩形式多种,有些企业结合落实节能任务,实施多种形式的节能承包经济

---

① 但是,目前多数企业还是停留在大类产品总定额的考核,还没有形成一套有效的分级考核体制。随着能耗定额指标的变化,考核工作也将越来越细。

责任制，收到了较好的效果。以能耗定额考核为基础的节能承包经济责任制主要包括以下几种主要形式：

(1)按生产任务、耗能量和节能量考核。在一定时期内，在企业内部实行逐级承包，节能有奖，超耗有罚。这个办法的具体内容概括为"三定""三包"。"三定"即定生产任务、定节能量、定奖罚比例；"三包"即包生产任务、包能耗量、包奖罚责任到人。厂部根据"三定""三包"要求，分别同各车间、部门签订承包合同，一定几年不变，定期检查合同执行情况，按合同规定实行奖惩。节能奖励应在与节能有关的人员中合理分配，节能主管人员和有重大贡献者应予重奖。

(2)按能耗定额承包实行分等计奖。在制定产品能耗定额时，不顾生产条件变化和产品产量增减情况，常常生搬硬套，缺乏科学依据，结果执行能耗定额时不是轻而易举，就是高不可攀；在完成产品能耗定额，实行节能奖励时，也不分实际达到的定额先进与否，一律采用与上年周期实绩相比，评比计奖。这些做法都容易挫伤广大职工的节能积极性，影响企业节能工作的深入开展。为克服定额考核中的各种弊端，可实行按能耗定额承包、分等计奖办法。采用这种办法，首先确定能耗定额承包的基数，在此基数上再制定产品能耗奖励定额。

(3)按节能技术改造项目工期、资金和工程质量承包计奖。为促进节能技术改造项目投资省、工期短、工程质量好，企业可实行项目承包经济责任制。承包单位在要求的工期、资额、质量范围内，完成或提前完成承包任务，验收质量合格，企业按工程项目承包合同规定发放奖金。

(4)按用能总量承包计奖。为了控制全厂耗能总量，努力实现以节能求增产，企业内部对生产车间和辅助生产车间用能实行耗能总量包干计奖办法。企业能源主管部门可参照上年耗能量、生产增长因素和节能潜力，与承包车间商定年度(或月、季度)耗能总量，包干使用。

(5)按节能目标承包计奖。这是一种按年分季达到节能目标的承包办法。年度节能目标由厂部提出，由用能的关键部门、关键人员承包，实行完成节能目标有奖、完不成受罚的承包经济责任制。

第十章　企业能源管理的分析方法

第一节　企业能源统计分析

一、企业能源统计的概念

(一)企业能源统计的内涵

企业能源统计是采用科学统计分析方法,研究能源的勘探、开发、生产、加工、转换、输送、储存、流转、使用各个环节运动过程、内部规律性和能源系统流程的平衡状况等数量关系的一门专门统计。

(二)企业能源统计的内容

企业能源统计的内容包括两个部分:一是对企业能源购进、消费和库存,能源加工转换,能源经济效益,能源单耗等与能源有关的基本数据和信息的调查整理,包括能源统计的原始记录、基本台账和统计报表;二是以统计数据为基础进行的能源统计分析,包括企业能源需求、能源消费、产品能耗、能源节约量、能源利用率的统计分析。

(三)企业能源统计的任务

企业能源统计的总体功能是提供信息咨询和监督,基本任务是准确、及时、全面系统地搜集、整理和分析整个能源系统流程的统计资料,如实反映能源经济的发展水平、能源经济效益、能源综合平衡状况等,为宏观决策和管理,为企业生产、经营管理提供统计信息及依据。具体有以下几项任务:

(1)为各级政府和部门制定方针、政策,编制能源计划提供可靠资料。

(2)对能源经济活动和能源方针、政策、计划执行情况进行统计检查和监督。

(3)为加强能源科学管理、挖掘能源潜力、提高能源利用效率服务。

(4)为企业生产、加强经营管理、提高经济效益、降低能源消耗服务。

(5)对能源生产及需求进行统计预测。

(四)国家对能源统计管理的要求

国家统计局专门制定了能源统计报表制度，对企业能源统计的范围和内容作了详细规定。根据《中华人民共和国统计法》，对企业能源统计管理的要求如下：

1. 能源统计过程规范

企业应建立能源统计工作制度，健全企业原始记录、统计台账，完善统计制度、方法，规范工作流程，强化审核评估制度，同时加强对基层企业能源统计人员的培训，使能源统计工作有规可循、有章可依。

2. 能源统计数据准确

企业统计部门应落实能源专职统计人员，严格控制数据处理环境的差错，加强数据合理性和趋势性的审核，加强与其他部门的协助配合，做到及时互通信息，以确保企业能耗数据的正确性。

二、企业能源统计的内容与指标

(一)能源购进、消费及库存统计

能源购进量是指企业在报告期内外购的、用于企业消费的各种一次能源和二次能源。能源购进量核算必须具备三个条件：已实际到达本单位；经过验收、检验；办理完入库手续。但是，在未办理完入库手续前，已经投入使用的或已经销售的，要计算在购进量中；使用多少，计算多少。

能源消费量，是指企业在报告期内实际消费的一次能源或二次能源的数量。企业生产中能源消费统计包括主要生产系统、辅助生产系统、采暖(空调)、照明、运输和气体 6 个用能单元所使用各种能源和耗能工质的数量。能源消费量统计应遵循的原则：一是“谁消费、谁统计”。即不论其所有权的归属，由哪个单位消费，就由哪个单位统计其消费量。二是“何时投入使用，何时计算消费量”。企业的能源消费，在时间、工艺界限上，以投入第一道生产工序为标志，即投入第一道生产工序就计算消费；何时投入第一道生产工序，何时计算消费量。三是“消费量只能计算一次”。既在第一次投入使用时，计算其消费量。对于反复循环使用的能源，消费量不得重复计算，如余热、余能的回收利用。四是耗能工质(如水、氧气、压缩空气等)，不论是外购的还是自产自用的，均不统计在能源消费量中(计算单位产品能耗时除外)。五是企业自产的能源，凡作为企业生产另一种产品的原材料、燃料，又分别计算产量的，消费量要统计，但产品生产过程中消费的半成品和中间产品，不统计消费量。

企业能源库存量的统计范围主要是：①凡是本单位有权支配的，不论来源(自行采购的、借用的、外单位拨来的等)，也不论存放在什么地方(总库、分库、车间、工地、本单位之外的其他地方等)，均应统计在本单位的库存记录中；②在统计时点上尚未投入消费的，包括车间、工地、班组从仓库已领取但尚未投入第一道生产工序的(应办理假退料手续)，均应统计在本单位的库存量中；③外单位来料加工或自外单位借入的，在报告期末尚未消费的；④已决定外调(卖出借出、捐赠等)，但尚未办理出库手续的；⑤委托外单位代保管的；⑥不属于正常周转库存的超出积压或特准储备、战略储备；⑦清点盘库时查出属于账外的。

企业用于消费的库存不包括：①已拨交外单位委托加工的；②已外调(借出、捐赠等)，已经办理出库手续的；③供货单位错发到本单位的；④代外单位保管的；⑤已查实确属损失或丢失的；⑥已付货款，但还在运输途中的；⑦已运到本单位，但尚未办理或尚未办完验收入库手续的。

(二)能源加工转换统计

企业采购的能源，有的直接使用，比如电力、蒸汽；有的要经过加工转换，转变成二次能源和生产耗能工质供用能系统使用，如蒸汽、压缩空气、冷媒质等。因此，企业加工转换的二次能源(包括耗能工质)总量是本企业使用购入能源加工、转换出的二次能源量，不包括本企业购入的二次能源量。企业能源加工转换统计包括：企业内生产的各种二次能源和耗能工质的数量，生产的各种二次能源和耗能工质所消耗的各种能源数量，生产的二次能源低位发热量，耗能工质的工作参数，以及加工转换设备效率等。

(三)企业能源输送分配量统计

企业能源输送分配分两大类：一类是管道输送的能源与耗能工质，包括燃料油、天然气、煤气、蒸汽、热水、压缩空气、氧气、乙炔、液化气等；另一类是输配电线路。

管道输送能源统计主要包括输送量、输送有效能量、输送损失能量和输送效率统计。

计算输送能源损失量，企业必须装有足够的、准确的、可用的二次能源计量仪表。二次能源的计量率必须达到国家标准，对各类能源做好统计期内的统计记录，所取得的统计数据、累计读数必须具有一定的可靠性。

(四)企业最终用能统计

最终用能是企业能源系统中最为复杂的一个环节。各类企业的能源消费形式千差万别，特别是不同行业的企业构成差异很大。企业的最终用能环节可划分为：主要生产、辅助生产、采暖制冷、照明、运输、生活及其他。进一步，还可以将主要生产和辅助生产部门细分成各生产车间，生产车间又可按用能设备细分，至于具体应用中将最终用能环节分至何种详细的程度，应视问题的复杂程度而定，一般按车间细分为宜。

最终用能环节还可细分到用能设备。这是因为企业的能源消费绝大部分是用于各种耗能设备，考核了用能设备的能源利用情况，就相当于考核了整个企业的能源利用情况。这一点对于企业的能源管理与控制尤为重要。企业总综合能耗是指企业在报告期(统计期)内实际消耗的各类能源总量,它包括生产能耗与非生产能耗。综合能耗则是企业生产综合能耗的简称,即企业在报告期内生产用能中实际消耗的各类能源总量,不包括非生产单位与居民生活消耗的能源、基建用能、外供能源和企业回收利用的各类能源。

(五)能源经济效益统计

能源经济效益,是指投入能源与产出的经济效果的比较。企业能源经济效益统计指标,是反映一个企业经济效益状况的指标,即在对企业能源消费、经济效益等原始数据统计的基础上,计算出反映能源投入产出经济效果的指标。常用的指标有单位产值综合能耗、单位工业增加值综合能耗等。

(1)单位产值综合能耗,是指企业综合能源消费量与工业总产值的比值,它反映单位工业总产值所消耗的能源量。计算公式为:

单位工业总产值综合能耗=综合能源消费量/工业总产值

(2)工业增加值综合能耗,是指企业综合能源消费量与工业增加值的比值,它反映单位工业增加值所消耗的能源量。计算公式为:

工业增加值综合能耗=综合能源消费量/工业增加值

(六)能源节约统计

企业节能量计算同样是以企业能源消费统计数据为基础的。目前用来计算能源节约量的基础指标主要有三个:

(1)企业单位工业总值(增加值)节能量是指在产出相同数量工业产值(增加值)条件下,报告期比基期少消费能源的数量。其正值表示节能,负值表示超耗。计算公式为:

工业产值(增加值)节能量=[基期单位工业产值(增加值)综合能耗]-[报告期单位工业产值(增加值)综合能耗]×报告期工业产值(增加值)

(2)企业产品节能量,反映企业产品节能状况。其计算公式为:

企业产品节能量=∑[(基期某种产品单位产量能源消耗量-报告期某种产品单位产量能源消耗量)×报告期该种产品产量]

(3)企业单位产品单项能耗节能量是指企业在报告期内单位产品消耗的某一种能源,如煤、油、电等而节约的能源数量。计算公式为:

单位产品节能量=(基期单位产品能源消耗量-报告期单位产品能源消耗量)×报告期该产品产量

单位产品节煤量、节电量、节油量的计算公式同上。上式所得正值表示节能,负值表示超用。

节能量的计算公式为：

节能量=(基期能源消费量/基期产值－报告期能源消费量/报告期产值)×报告期产值

或　　节能量=(基期单位产值能耗－报告期单位产值能耗)×报告期产值

计算结果正值为节约,负值为超耗。

对于企业而言,不同企业之间采用单位产品能耗或企业产品节能量的比较具有实际应用价值。

三、企业能源统计工作的内容

(一)企业能源统计工作的组织

能源统计是一项涉及范围广、技术性强、核算复杂的专业统计工作,所以能源统计工作应由专门的机构和人员负责。企业能源统计工作一般从明确企业能源统计工作的重要性和基本任务入手,合理设置企业相关的能源管理部门和专业统计部门,结合本企业生产经营活动实际,制定、实施本企业的能源统计工作计划和统计制度。一般情况下,由动力或设备管理部门负责收集和整理,统计部门负责汇总和上报。

(二)企业能源消耗原始记录的填报

能源消耗原始记录是通过一系列表格、单据对企业能源消耗量做最直接的记录,如电力消耗、蒸汽消耗量、耗煤量等原始记录。它是建立企业能源统计数据的基础,也是成本核算、业务核算与节能考核的基础。企业能源消耗原始记录的填报遵循及时性、真实性和准确性的原则,按照能源类别,逐级填报。企业电能消耗原始记录由总变(配)电站填报。各种燃料的收支、转供、贮备等原始记录由仓库保管员填报,各耗能设备的能源消耗原始记录由班组节能员填报。企业自产二次能源(包括耗能工质)由各动力站房填报,各单位使用的能源由专职抄表员填报。

(三)建立企业能源统计台账

企业能源统计报表资料来源复杂,原始记录分散,搜集数据困难,为了提高企业能源统计数据质量,必须建立健全企业能源统计台账。企业能源统计台账是将各类企业用能统计表和原始记录的数据,经过科学的整理、编排、计算、汇总平衡,使其更为系统化、档案化。对企业而言,企业能源统计台账主要有以下几种类型:一是按照能源管理部门的业务范围可分为企业能源购进、消费、库存台账;二是按照时间范围可分为月度、季度和年度能源统计台账;三是按照能源消费的品种可分为电力、蒸汽、煤炭等能源统计台账。

(四)能源统计资料的管理和使用

企业能源统计数据一般采用归口管理模式,由能源管理部门统一管理,但是对外上报或发布工作则由综合统计管理部门统一管理。企业的能源统计数据分析主要是结合工厂生产管理活动、经济运行情况和行业发展实际情况，对月、季、年度能源与生产运行之间的关系进行分析评价，提出相应建议和措施。

第二节　企业能源审计分析

一、企业能源审计概述

(一)企业能源审计概念

企业能源审计就是审计单位根据国家有关的节能法律法规、技术标准、消耗定额等，对企业能源利用的物理过程和财务过程进行监督检查和综合分析评价。企业能源审计属于资源节约和综合利用的专业审计，属于管理审计的范围。

通过能源审计，对企业的能源消费状况、管理水平、利用效率、消耗指标、财务过程、综合利用及环境效果进行检查、测试、诊断、咨询和评价，排查节能障碍和浪费原因，查找节能潜力，提出整改措施，制定节能目标和规划，最终目的是促进企业节能降耗、降低生产成本、提高经济效益。

(二)企业能源审计的主要内容

一般来说，对一个企业进行能源审计需要对该企业的能源管理状况(即管理机构、管理人员素质、管理制度以及制度落实情况等)、生产投入产出过程和设备运行状况等进行全面的审查，对各种能源的购入和使用情况进行详细的审计。这就要求对企业的能源计量、监(检)测系统和统计状况进行必要的审查；要对主要耗能设备的效率和系统的能源利用状况进行必要的测试分析，同时要对企业的照明、采暖通风、工艺流程、厂房建筑结构，以及设备的使用和操作人员的素质予以专门的审查；要利用历年统计数据、现场调查了解结果及测试所得的数据，按照相应的标准和方法计算出一些评价企业能源利用水平的技术经济指标(如产品能源单耗、综合能耗、主要设备的能源利用效率或耗能指标等)。最后，对各种调查、统计、测试和计算结果进行综合分析、评价，查找出节能潜力，提出切实可行的改进措施和节能技术改造项目，并做出财务和经济评价。利用能源审计的方法，对企业固定资产投资工程项目(包括节能技术改造项目)进行节能论证，保证基建和技改投资项目节能效益。

由上可见，企业能源审计与企业能量平衡在目的和内容上有相似的地方，但能源审计包括的内容更为广泛，更加着重于对企业的能源管理、设备管理和企业技术水平的分析评价；审计过程中除对主要耗能设备进行必要的测试外，也对历年的生产和物资进、销、存统计资料进行分析核对;除计算企业能源利用的技术经济指标外,更要通过对这些指标的技术经济分析,提出具体的节能近期措施和远景节能技改方案。因此,能源审计对于强化企业能源管理、提高耗能设备的转换效率、挖掘节能潜力、建立能源管理目标和评价能源利用水平都具有重要的指导作用。

(三)企业能源审计的类型

1. 按照委托形式不同来划分

(1)政府监管能源审计。这是国家或地方节能主管部门对重点用能单位的能源使用情况进行监管所开展的企业能源审计活动,如对企业某个时期的能耗、能效,某项内容(如节能优惠政策等),对重大节能示范项目审计。

(2)受委托的能源审计。这是企业根据本身生产管理、节能降耗的需要,邀请审计机构进行能源审计,由能源服务机构根据审计授权人提出的审计要求和目标所开展的能源审计活动,属于市场行为,审计机构与企业协商,双方签订审计合同。

(3)企业自主能源审计。这是企业自愿根据国家节能法律法规和国家节能管理标准所开展的企业能源审计活动。

2. 根据对企业能源审计的不同要求来划分

(1)初步能源审计。这种审计的要求比较简单,只是通过对现场和现有历史统计资料的了解,对能源使用情况和生产工艺过程做一般性的调查,所花费的时间也比较短,一般为1~2天。其主要工作包括两个方面:一是对企业能源管理状况的审计;二是对企业能源统计数据的审计分析。对企业能源管理状况的审计,可以了解企业能源管理的现状,查找能源跑冒滴漏和管理上的薄弱环节。对能源统计数据的审计分析,重点是主要耗能设备与系统的能耗指标分析(如锅炉、压缩空气、工业窑炉、空气调节或热力系统等),若发现数据不合理,还需进行必要的测试,取得较为可靠的基本数据,便于进一步分析查找设备运转中的问题,提出改进措施。初步能源审计可以找出明显的节能潜力以及在短期内就可以提高能源效率的简单措施,是十分有效的。

(2)重点能源审计。对初步审计中发现的重点能耗环节,有针对性地进行能源审计,称为重点能源审计。在初步能源审计的基础上,可以进一步对该方面或系统进行封闭的测试计算和审计分析,查找具体的浪费原因,提出具体的节能技改项目和措施,并对其进行定量的经济技术评价分析,也可称为专项能源审计。

(3)全面能源审计。对用能系统进行深入全面的分析与评价,就要进行详细的能源审计。这就需要用能单位有比较健全的计量设施,或者在全面审计前安装必要的计量表,全面采集企业的用能数据,必要时还需进行用能设备的测试工作,以补充一些缺少计量的重要数据,进行用能单位的能源实物量平衡,对重点用能设备或系统进行节能分析,寻找可行的节能项目,提出节能技改方案,并对方案进行经济、技术、环境评价。

无论开展上述哪种类型的能源审计，均要求能源审计小组应由熟悉节能法律规范、标准，掌握节能监测相关知识，财会、经济管理、工程技术等方面的人员组成，否则能源审计的作用难以充分发挥。

（四）企业能源审计的范围

企业能源审计以企业资源消耗为对象，以企业经济活动全过程为范围。企业在产品生产过程中，除了直接消耗燃料动力和耗能工质等能源外，还必须使用人力资源和消耗原材料、辅助材料、包装物、备品备件以及使用各种设备和厂房。而原材料、设备和厂房等也都是需要能源才能生产出来的，所以对它们的使用也是在间接地消耗能源。因此，一个企业的全部能源消耗既包括能源的直接消耗，也包括能源的间接消耗，即全能耗（或资源），如图 10－1 所示。

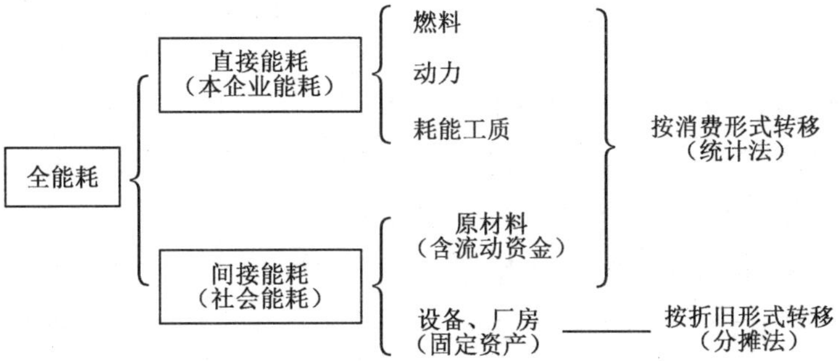

图 10－1　企业能源审计的范围

二、企业能源审计的流程

能源审计程序，包括准备工作、现场勘察、数据采集和测试、指标计算、分析评价、编写能源审计报告等。

（一）准备工作

了解企业生产经营活动，如企业规模、性质、所在地区或行业中的地位、企业的发展历史和归属；企业能源供销情况，能否满足当前生产和发展的要求；已实施过的节能活动及项目，技术培训及有关组织机构之间的关系等。

（二）现场调查

调查工艺设备系统，了解企业辅助生产系统、生产服务用能系统、能源购销系统和转换系统等。

（三）数据采集和测试

按照能源审计要求，采集有关经济活动和产品生产的综合数据，采集能源供销及分配数据，有关能源费用与价格方面的数据。对局部工艺设备进行必要的测试。

（四）指标计算

按照能源审计目标的要求。计算综合能耗等有关指标，输出能源管理所需的报表。

（五）分析评价

进行能源使用现状的分析评价，提出降低能源损耗、提高使用效率、挖掘节能潜力、减少能源费用、提高用能经济效益、依靠节能发展生产等方面的分析；提出改善运行、维护、进行节能技术改造的意见。必要时，对拟采用的节能措施进行综合经济效益和环境效益的评价。

（六）编写能源审计报告

能源审计报告分正文和摘要两部分，摘要放在正文前面，字数应在 2 000 字以内。

能源审计报告中的摘要应包括以下一些内容：①企业概况（主要产品与生产工艺、企业用能状况等）；②企业能源消费结构（审计期内）；③各种能源消耗指标；④能源成本，能源占企业成本的比例以及能源利用效果评价；⑤存在的问题；⑥节能技改项目的财务分析与经济评价，必要时，对拟采用的节能措施的节能效果与环境效益进行评估；⑦规划实施节能技术改造的进度表；⑧审计结论。

能源审计报告中的正文应详细编写，报告中应包括摘要所列各项内容的详细说明，此外还应包括以下内容：①企业概况（包括企业的主要工艺特点、企业在国内及同行业中的地位）；②企业的能源管理体系；③企业用能分析（能源流程、能源实物量平衡、能源统计和计量情况、能源价格等）；④企业节能技改方案与实施计划。

三、企业能源审计的方法

（一）企业能源审计的基本方法

企业能源审计的基本方法是依据能量平衡、物料平衡的原理，对企业的能源利用状况进行统计分析，包括企业基本情况调查、生产与管理现场调查，数据搜集与审核汇总，典型系统与设备的运行状况调查，能源与物料的盘存查账等项内容，必要时辅以现场检测。对企业能源管理、能源计量、能源统计等项内容的审计按相关国家标准执行。

（二）企业能源审计分析方法

对企业进行能源审计的目的在于通过对企业各种能耗指标的计算分析，查找节能潜力，提出合理化建议，提高企业的经济效益。因此，能源审计查找问题、提出整改建议主要从三个方面着手：一是管理途径，指合理组织生产经营、合理分配能源和物资以及合理的管理制度等；二是技术途径，指通过技术管理，实现节能目标；三是结构节能，指通过对产品、产业结构的调整，合理配置资源。

第三节 企业能效对标分析

一、企业能效对标概述

(一)企业能效对标内涵

企业对标又称标杆管理,是指企业持续不断地将自己的产品、服务及管理实践活动与最强的竞争对手或那些被公认的行业龙头企业的产品、服务及管理实践活动进行对比分析的绩效管理活动。对标活动的基本内涵是以领先企业作为标杆和标准,通过资料收集、分析比较、跟踪学习等一系列规范化的程序,改进绩效,赶上并超过竞争对手,成为强中之强。因此,实施对标活动对实现企业的竞争战略具有重要意义。企业能效对标是一种科学、系统、规范的企业能源管理方法,是企业对标工作的一个重要方面。它是指企业为提高能效水平,与国际、国内同行业先进企业能效指标进行对比分析,确定能效标杆指标,通过节能管理与技术措施,达到能效标杆指标或更高能效指标水平的能源管理活动。

企业能效对标活动涉及两个基本要素,即最佳节能实践和能效度量标准。最佳节能实践,是指国际、国内同行节能先进企业在能源管理中所推行的最有效的节能管理与技术措施;能效度量标准,是指能真实客观地反映企业能源管理绩效的一套能效指标体系,以及与之相应的作为标杆的一套基准数据,如单位综合能耗指标、重点工序能耗指标等。

企业能效对标活动是对生产最佳节能效果的行业最优能源管理实践的一种探索,要求企业在能源管理方面"优中选优",达到最优能源管理模式和最优标准,即盯住最佳能效水平,把企业节能的压力和动力传递到企业中各层次的员工和管理人员身上,从而形成企业节能工作的合力。

企业能效对标的目标主要包括:帮助企业把握能耗的重要指标;帮助企业确定企业优势;帮助企业明确能耗管理的问题点;针对企业存在的问题,为企业能耗的下降提供初步建议。

(二)能效对标的类型

一般来说,根据企业所选择的能效标杆单位的不同,可以将企业能效对标分为内部能效对标、竞争性能效对标和行业能效对标三种类型。

1. 内部对标

内部对标,是指在企业内部开展的能效对标工作,既可以是企业内部能效指标的不断超越，也可以是将企业内部能源管理工作更具绩效的某一部门的做法当作其他部门学习标杆的对标方式。

(1)基本目标：找出一个企业的内部能效绩效标准，通过内部节能信息分享，找出其最佳内部节能时间，把相关信息传递给企业内的其他部门。能效对标指标可以选择以设计值和历史最高能效水平作为对标基准。

(2)优点：企业内部标杆资料和信息容易获得，不存在资料转换的问题，不涉及商业机密问题，在专业化程度较高的企业内，可以促进部门间能源管理工作的沟通。

(3)缺点：视野比较狭隘，不利于找到最佳时间典范，并且学习的对象局限在企业内部，很难为企业节能管理工作带来创新性突破。

内部对标又分为历史平均对标和历史最好对标。历史平均对标，是将企业各项指标与历史平均水平进行对比分析；历史最好对标是将企业各项指标与历史最高水平进行对比分析。

2. 竞争性对标

竞争性对标，是指企业对竞争对手的能源管理做法和能效指标等进行详尽的分析，找出差距，并采取针对性的能效改进措施，从而实现企业自身能源管理水平的提升和能效指标改进的一种对标方式。在竞争激烈的时代，竞争对手能源管理理念、工艺技术路线也许迥然不同，特别是受新技术、新方法冲击较大的行业，运用竞争性能效对标是非常有效的能效对标方法。竞争性对标主要是将竞争对手的能源管理和生产工艺流程与企业自身对比，专注彼此间在能源管理和能效指标上的差距。尽管竞争对手不一定是行业内的最佳节能典范，但通过竞争性能效对标所获得的信息却很宝贵。

与内部对标不同，竞争性对标的一个优点是企业本身与竞争对手在能源管理的做法上具有可比性，将竞争对手的生产工艺流程转换到本企业时也比较容易。

3. 同业对标

同业对标，是指将能效对标项目与全国乃至全球范围内按照通用标准所划分的行业中节能先进企业的相应项目进行对比。当企业认为同行业中相关但非直接的竞争对手进行能效对标可以获得某些信息的时候，通常会采用这种对比方法。

同业对标又分为行业平均对标和行业最好对标。行业平均对标，是将企业各项指标与行业平均水平进行对比分析；行业最好对标，是将企业各项指标与行业最高水平进行对比分析。

(三)能效对标在企业节能降耗上的作用

通过开展能效对标工作，企业可以具体实现以下全部或部分目的：

(1)全面、客观地了解企业生产和能源使用实际情况，完善生产和能耗基础数据计量、统计等能源管理基础工作；建立涵盖企业能源使用各方面的能效指标体系，合理提出企业各项能效指标的定额水平，科学合理地分解落实企业节能目标责任。

(2)正确认识与能效先进企业的差距。通过分析能效指标差距，明确企业节能的现实潜力、节能工作努力方向和工作重点。

(3)根据能效差距和节能目标责任要求，合理制订和完善本企业中长期节能规划、年度节能计划，合理安排各种能效改进措施的先后顺序与轻重缓急。

(4)为企业提供各种被能效先进企业节能实践所证明的、行之有效的节能措施和方案选择，避免浪费不必要的时间和资源，同时也可避免亲身经受各种不必要的节能工作失误和挫折。

(5)有助于企业制订现实可行的能效改进工作方案。通过加强能源精细化管理和实施节能技术改造，促进和推动企业能源管理水平和能效指标的持续改善和提高。

(6)有助于企业博采众人之长为己所用，建立科学有效的能源管理体系。通过加强节能交流与合作，使各企业共享节能信息和资源，进一步促进企业能源管理制度的创新。

二、企业能效对标工作的实施

企业能效对标工作实施的主要内容可概括为：确定一个目标、建立两个数据库、建设三个体系。确定一个目标：基于企业实际情况，合理选择对标主题，并确定适当的能效对标指标改进目标值。建立两个数据库：在建立企业能效对标指标体系的基础上，建立企业能效对标指标数据库；同时建立企业最佳节能实践库。建设三个体系：建设能效对标指标体系、能效对标综合评价体系、能效对标工作组织体系(见图 10—2)。

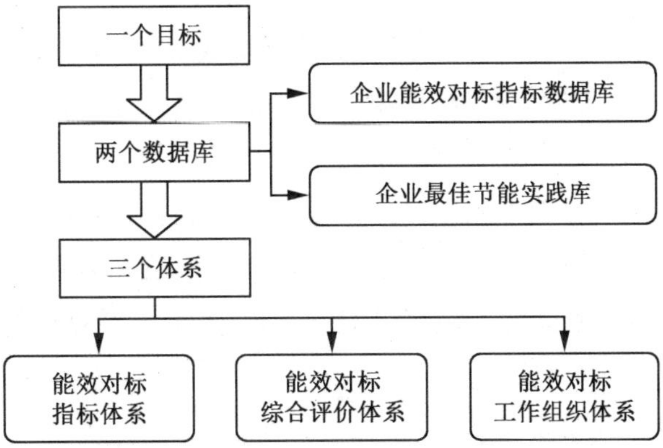

图 10—2　企业能效对标工作实施的主要内容

(一)企业能效对标指标体系

企业应建立科学合理的能效对标指标体系，为开展能效对标活动提供真实、客观反映企业能源管理绩效的度量标准。这一指标体系应该能够系统地、定量地反映所要瞄准的能效对标的内容。企业能效对标指标体系内容包括基本信息和评价指标。基本信息用于反映企业规模、主要设备状况等，作为能效对标比较和企业节能投入、能源管理提升的参考。评价指标应突出对节能绩效的要求，可包括反映企业能源利用效率和能源管理水平的一组评价指标，并按指标之间的因果关系形成不同层级的树状指标体系。可能的评价指标包括：单位产值能耗、单位产品能耗、重点工序能耗、资源综合利用率、能源加工/转换/使用设备运行效率等。

企业能效对标指标的具体确定，应考虑以下基本原则：一是全面性，指标体系可全面评价企业能源管理状况；二是独立性，即各指标之间应互相独立；三是熟悉度，指标应为行业、员工所熟悉，便于对比计算；四是代表性，尽量用最少的指标反映能源管理重大的方面；五是过程性，指标体系的建立不仅是一个结果，更是一个过程。

企业在能效对标工作实践中，可根据自身特点和能源管理的实际需要，基于上述原则，适当选择一组能效评价指标，建立本企业能效对标指标体系。随着企业能效对标工作的逐步深入开展，企业可根据不同阶段能效对标工作重点和对标成果，对能效对标指标体系进行动态调整和完善，逐步扩展对标范围，新增其他指标，使能效对标工作逐步覆盖企业各部门、各用能环节。

（二）企业能效对标指标数据库

企业应在建立能效对标指标体系的基础上，建立企业能效对标指标数据库，积累覆盖企业各部门、各用能环节的能效指标数据，为客观评价企业能源管理绩效、树立各类能效标杆提供条件。能效对标指标数据是企业开展能效对标工作的基础，即能效瞄准内容的精确化和定量化。企业能效对标指标数据可分为两类：一类是能效标杆企业的能源管理绩效数据，这些数据是能效瞄准的基准线，是开展能效瞄准活动的企业学习和追求的目标；另一类数据来自开展能效对标活动的企业，反映这些企业目前的能源管理绩效现状。

由于对标的类型和目的不同，作为基准线的能效指标数据可以来自单个的标杆企业或部门，也可以来自行业、全国乃至全球的某些样本，这几类数据反映了样本范围内的能效平均水平。企业应指定专门部门统一负责能效指标数据库的建立和维护，保证能效指标数据的唯一性、真实性。

（三）企业最佳节能实践库

企业可通过建立能效对标指标体系，全面开展能效对标活动，不断积累完善覆盖企业各部门、各用能环节的能效指标数据，形成较为完善的能效对标指标数据库，为客观评价企业能源管理绩效、树立各类能效标杆提供条件。在总结企业能源管理案例经验和标杆经验基础上，提炼能源管理最佳实践，建立企业最佳节能实践库。最佳节能实践库内容包括：标杆企业最佳节能实践，即标杆企业达到优良能源管理绩效的方法、措施和管理技巧；本企业总结、提炼的最佳节能实践，包括能源管理典型经验。随着时间的推移，最佳节能实践库的内容应不断评估和更新，保持最佳节能实践的先进性和实效性。

（四）企业能效对标综合评价体系

企业应建立能效对标综合评价体系，组织进行本企业能效对标工作的分析评价。企业能效对标综合评价体系建设，需要运用标杆管理理论和统计学方法，依据企业生产和能耗的实际情况、特点，本着突出能效指标和工作重点、难点及区分指标可比性的原则，确定不同指标在评价中的权重，并按从叶到根的顺序对对标指标数据进行分析，使企业相关部门明确差距、确立标杆，从管理手段、管理方法、技术标准等方面查找产生能效指标数据差距的原因，并制定有效措施加以改进。

按照指标与管理兼备的原则，企业能效对标综合评价体系内容包括两个方面：指标评价和管理评价。指标评价，包括单项指标评价和综合指标评价；管理评价，包括对企业能效对标工作中的标准制度、管理手段和管理方法的综合评价。管理评价应遵循全面、规范、动态的原则。

（五）企业能效对标工作制度

企业能效对标工作制度建设，是企业能效对标组织体系建设的突出内容。企业应按照能效对标工作的实施内容、实施步骤，建立规范、系统、有效的能效对标工作制度，主要是建立过程控制制度、经验交流制度、能效对标评估制度、信息发布制度和信息报送制度等，将能效对标工作制度化、程序化，完善涉及企业能源管理的过程控制手段和方法，使能效对标工作科学有效、协调有序、互动闭环地运转，全面搭建企业能效对标工作平台。

1. 建立过程控制制度

过程控制应包括目标保证、过程控制和监督评价三方面措施。企业能效对标协调机构应负责能效对标指标的过程控制管理，制定能效对标规划和阶段性目标，制定完善的对标活动规章制度，及时提出阶段性的能效控制和改进要求，促使相关能效对标责任部门及时制定并实施相关措施，强化能效对标。

2. 建立经验交流制度

企业应建立经验交流制度，提供学习交流的方法和渠道，推广先进能源管理经验和对标成果；结合企业实际，制订能效对标学习交流计划，组织学习标杆单位能源管理典型经验。企业可组织与国内外同行先进企业、与同类型企业开展相互间的能效对标交流，定期组织内部能效对标工作经验交流会。交流的渠道和方式可包括会议交流、现场交流、网上交流、书面交流等。交流的范围应包括公司系统内部交流、国内同业交流、跨行业交流、国际同业交流等。企业至少每季度召开一次能效对标工作例会，企业能效对标协调机构、相关对标责任部门参加，通报各部门能效对标工作进展情况和指标完成情况，安排布置重点工作，加强监督检查，确保能效对标沿着正确的方向发展。

3. 建立能效对标评估制度

企业应建立能效对标评估制度，健全相关制度体系和标准体系，完善组织措施和保证措施，评估能效对标规划及阶段性目标的先进性和可行性。企业能效对标协调机构负责本企业能效对标工作机制的建设和内部评估，并及时完善和改进。

4. 建立信息发布制度

企业应建立信息发布制度，定期发布能效对标指标、工作简报、最佳节能实践等信息，提高对标信息透明度和实效性，增强对标激励作用，保证先进经验交流推广，为管理决策提供参考，保证能效对标工作顺利进行。信息发布内容主要包括：各类指标数据与分析结果；标杆单位能源管理经验；对标工作简报；对标工作其他相关信息等。信息发布方式可包括：建立对标管理信息系统，实现企业能效对标指标数据及时准确采集、汇总、报送和发布；各类工作会议、电视电话会议、研讨会；各类文件、通报、简报、专刊、动态等。可统一规定向企业外部发布信息，包括：向能效对标伙伴等发布的各类信息，防止机密信息外泄。企业能效对标文件资料、指标数据及评价报告等均为企业内部资料，企业各部门应严格遵守国家和企业的保密制度，不得擅自外传或对外发布，不得向社会和咨询机构提供，网站管理应设置权限保密措施。

5. 建立信息报送制度

信息报送内容及时限：按对标工作周期报送各类指标数据；按年度报送能效对标综合性分析报告；能效对标工作简报一个季度至少一次，能效对标工作总结按年度报送；能效对标典型经验和标杆单位经验报告按要求报送；及时报送对标工作其他相关信息。企业相关对标责任部门按时间要求及规定格式向企业能效对标工作办公室报送指标数据及书面报表。企业应按要求向政府节能主管部门报送能效指标数据，按季度、年度报送指标分析报告。指标分析报告的具体填报要求由政府节能主管部门专题部署。企业报送的对标数据应保证准确性、实时性和唯一性。企业负责人对指标数据的真实性负责，对标指标数据必须经企业负责人签字后，方可向政府节能主管部门报送。

三、企业能效对标的实施条件

（一）企业领导者的支持

能效对标活动要有充足的资源作为后盾，必须依靠企业领导的全力支持。企业除了需要提供充足的资金预算及指派优秀的人员并给予充分授权外，对初次进行能效对标活动的企业，还要给予充裕的时间。企业领导作为能效对标工作的推动者，能够通过各种方式影响员工对能效对标的态度。

(二)规范的能效对标流程

能效对标只有在持续性的规范下才能提供更多有价值的信息,因此应该不断地进行能效对标流程的循环,持续改进提高,不断地积累能效对标活动的经验,记录每次活动的优缺点,并反馈到下一次的管理流程。可将每次活动的内容摘要记录成计算机文件,建立企业能效对标数据库,累积足够的实施经验后,不但实行起来会变得轻松,而且能源管理绩效的改善也会越来越好,达到事半功倍的效果。

(三)企业员工主动参与

能效对标不仅是企业管理层的事情,更是企业全体员工的事情。企业员工往往最先发现企业各个能源管理流程所存在的问题,如果在问题较小的时候就通过能效对标加以解决,企业将获得时间上的主动权,有利于能源管理上的优势和先进性。企业领导可以授权员工,鼓励员工针对企业内能源管理需要改善的地方主动发起能效对标项目。如果完成对标项目,客观的、量化的能效指标有明显提升,则应对相关人员进行奖励,以激励员工发挥节能主动性。

(四)创新精神

企业必须具有创新精神,不能全盘照搬竞争对手的做法,自身要有创新和改进,以比能效对标对象更快的速度发展,才能在能源管理水平、能效指标水平上超越能效对标对象。

(五)良好的信息交流渠道

可以通过在企业内部的通讯刊物上宣传报道等方式,将能效对标活动运作过程传达到全体员工,这将有助于将这项工作推广到整个企业,将能效对标活动转化为全公司员工关注的焦点,而不是仅仅少数实际参与计划员工的责任。在外部沟通方面,能效对标对象配合的意愿是整个能效对标活动的一个关键;想要获得对方的协助,除了本身态度外,应尽可能地给予对方反馈。

四、企业能效对标的实施步骤

企业能效对标活动是一个通过基本工作步骤来追求卓越的能源管理绩效,持续不断地学习的过程,非常正规化并具有完整的工作框架,通过既定的工作步骤或是流程模型来引导对标工作的施行。企业能效对标可以有多种不同的工作流程模型,但其精神和原则是一致的。企业能效对标工作大致可分为六个实施步骤:

(1)分析现状。企业首先要对自身能源利用状况进行深入分析,充分掌握本企业各类能效指标客观、翔实的基本情况;在此基础上结合企业能源审计报告、企业中长期发展计划,确定能效对标内容。

(2)选定标杆。企业根据确定的能效水平对标活动内容,在行业协会的指导与帮助下,初步选取若干个潜在标杆企业;组织人员对潜在标杆企业进行研究分析,并结合企业自身实际,选定标杆企业。企业选择标杆要坚持国内外一流为导向,最终达到国内领先或国际先进水平。

(3)制订方案。通过与标杆企业开展交流,或通过行业协会、互联网等收集有关资料,总结标杆企业在能效指标上先进的管理方法、措施手段及最佳节能实践;结合自身实际全面比较分析,真正认清标杆企业产生优秀能源管理绩效的过程,合理确定能效指标改进目标值,制订切实可行的指标改进方案和实施进度计划。

(4)对标实践。企业根据确定的能效指标改进目标、改进方案和实施进度计划,将改进指标的措施和指标目标值分解落实到相关部门、车间、班组和个人,把提高能效的压力和动力传递到企业中每一层级的管理人员和员工身上,体现对标活动的全过程性和全面性。在能效对标实践过程中,企业要修订完善规章制度、优化人力资源、强化能源计量器具配备、加强用能设备监测和管理、落实节能技术改造措施。

(5)对标评估。企业就某一阶段能效水平对标活动成效进行综合评价,对指标改进措施和方案的科学性和有效性进行分析,撰写对标指标评估分析报告。

(6)改进提高。企业将能效对标实践过程中形成的行之有效的措施、手段和制度等进行总结,制定下一阶段能效水平对标活动计划,调整能效标杆,进行更高层面的对标,将能效水平对标活动深入持续地开展下去。

第四节 企业能源需求分析

一、企业能源需求分析概述

企业能源需求分析,是企业能源存储管理活动中主要的技术手段,是指企业通过对影响能源需求的因素或构成能源需求的要素进行考察,并根据其与能源需求之间的关系,确定未来能源需求量及需求结构的过程。常见的能源需求预测方法既可以用于宏观层面国家或地区的能源预测,也可用于企业的能源需求预测。这些方法主要有以下几种:

(一)部门分析法

该方法是为了直接预测在一定经济发展速度以及一定技术进步条件下的能源需求量。根据实际情况把国民经济按照部门进行划分,利用能源消费量与经济发展速度之间的关系及使用单位产值能源消费量来综合反映各部门能源消费的技术水平和管理水平。其把国民经济现状作为分析和计算的出发点，直接应用基期年份的产值水平与能源消费量等参数，在假定各部门的产值增长速度与单位产值能耗变化率后，就可预测出各部门能源消费需求量、总能源需求量和增长趋势。部门划分越细，预测的准确率就越高；反之，预测的准确率就越低。针对企业而言，则按照企业生产部门来进行分析。

（二）传统时间序列趋势法

该方法从能源消费量的过去和现在的统计数据中，按其发生时间的先后次序排成一个序列，找出能源消费量随时间变动的规律。以能源消费量作为时间的函数，使时间外延时，能源消费量的预测值可以从函数关系式解出。该方法的基本思想是能源消费量在将来随时间的变化规律同过去的能源消费量的变化规律是一致的，适用于国家、地区或企业从事短期或中期的能源消费预测。当遇到历史数据起伏较大，或者对未来趋势需要研究误差或探讨转折点时，就必须同其他预测方法相结合。

（三）能源消费弹性系数法

一个国家和地区的能源消费弹性系数可以宏观地反映本国或本地区国民经济发展与能源消费的统计规律。在某一特定的历史发展阶段，能源消费弹性系数有一个大体上比较稳定的数值范围。能源消费弹性系数法根据历史上能源消费与经济增长的统计数据，计算出能源消费弹性系数，然后利用这个值来预测今后年份的能源需求量。该方法的基本思想是：假设一国或地区在未来预测年份的经济发展趋势与过去的经济发展趋势相比无明显的改变。

（四）投入产出法

能源投入产出法，也称部门间平衡经济数学模型，是研究经济体系（国民经济、地区经济、部门经济、公司或企业经济单位）中各个部分之间投入与产出的相互依存关系的数量分析方法。它从国民经济是一个有机整体出发，同时从能源生产消耗和分配使用两个侧面来全面反映能源产品在国民经济各部门间的运动过程。它不仅能反映能源产品的价值形成过程，也能反映能源产品的使用价值运动过程。为了研究这种投入和产出的数量依存关系，可以将各种经济活动情况表示在一张专门设计的“投入产出表”中，从而为研究一个国家或地区的整个经济活动提供一个简明而又系统的结构模型。编制投入产出表、建立相应的线性代数方程体系，综合分析和确定国民经济各部门之间错综复杂的联系，分析重要的宏观经济比例关系及产业结构等基本问题。投入产出表，是指反映各种产品生产投入来源和去向的一种棋盘式表格。投入产出模型，是指用数学形式体现投入产出表所反映的经济内容的线性代数方程组。

（五）RRS能源因素分析法

20世纪80年代初，欧洲学者Rhys首次提出因素分析法来分析工业各部门能源消费情况，接着德国学者 Reitler、Rodolph 和 Schaefer 在该方法基础上加以完善，把影响工业能源消费的因素分解为四部分，即工业总产值因素、能源利用效率因素、工业结构因素、其他因素，简称 RRS 因素分析法。企业层面的需求预测可按照产值因素、能源利用效率因素、产品结构因素和其他因素来分析。

（六）BP 人工神经网络模型

神经网络是一种由若干互连处理单元组成的并行计算系统。BP（Back Propagation）神经网络是 1986 年由 Rumelhart 和 McClelland 为首的科学家提出的概念，是一种按照误差逆向传播算法训练的多层前馈神经网络，是目前应用最广泛的神经网络。基本 BP 算法包括信号的前向传播和误差的反向传播两个过程。而前馈神经网络则是神经网络体系结构中的一种，它是指一层中的所有权重直接指向下一个网络层的节点，权重不循环回来作为前一层的输入；前馈神经网络通常使用 BP 算法作为训练方法。BP 算法是通过从输出层开始修改权重，然后反向移动到网络的隐层，来进行反向学习。

（七）情景分析法

情景分析法，又称脚本法或前景描述法，是假定某种现象或某种趋势将持续到未来的前提下，对预测对象可能出现的情况或引起的后果作出预测的方法。通常用来对预测对象的未来发展作出种种设想或预计，是一种直观的定性预测方法。从未来社会发展的目标情景设想出发，来构想未来的能源需求，这种构想可以不局限于目前已有的条件限制，允许人们首先考虑未来希望达成的目标，然后再来分析达成这一目标所要采取的措施和可行性。

（八）灰色模型预测

如果一个系统具有层次、结构关系的模糊性，动态变化的随机性，指标数据的不完备或不确定性，则称这些特性为灰色性。具有灰色性的系统称为灰色系统。对灰色系统建立的预测模型称为灰色模型（Grey Model），简称 GM 模型，它揭示了系统内部事物连续发展变化的过程。灰色模型可以通过少量的、不完全的信息，建立灰色微分预测模型，对事物发展规律作出模糊性的长期描述（模糊预测领域中理论、方法较为完善的预测学分支）。其基本思想是用原始数据组成原始序列（0），经累加生成法生成序列（1），它可以弱化原始数据的随机性，使其呈现出较为明显的特征规律。

（九）混沌时间序列法

混沌时间序列是一种确定系统中出现的无规则的运动。混沌的离散情况常常表现为混沌时间序列；混沌时间序列是由混沌模型生成的具有混沌特性的时间序列，混沌时间序列中蕴涵着系统丰富的动力学信息。混沌时间序列是混沌理论通向现实世界的一座桥梁，是混沌的一个重要应用领域。混沌理论目的是要揭示貌似随机的现象背后可能隐藏的简单规律，以求发现一大类复杂问题普遍遵循的共同规律。混沌理论以系统中出现的内在随机现象为研究对象，分析随机现象形成的过程和内在机制，它是关于系统从有序间或变为无序状态的一种演化理论。混沌就是事物发展过程中的不确定性或者说是一个确定性系统中产生的近似随机性，这种随机性不是外因加于系统的，而是系统的内在随机性。

二、企业能源需求计划

企业能源需求计划，是根据企业年度生产计划以及设备能耗，得出相应的能源消耗数量，并结合相应的企业经营目标和能源管控目标，最终制定出企业完成生产任务所需的能源数量的最小值。企业能源需求计划流程如图 10—3 所示：

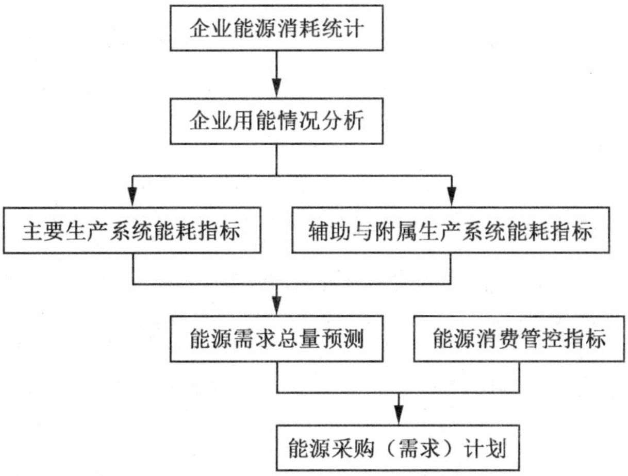

图 10—3　企业能源需求计划制订流程

企业能源需求计划制订部门在需求计划的形成过程中，应注意以下四个问题：

一是以上年度产品产量和主要生产系统能源消耗统计数据为基础，分析不同产品的单位能耗，得出单位产品的能耗指标。

二是以上年度企业能源消费总量统计和产品总产量为基础，分析上年度企业各主要生产系统、辅助生产系统和附属生产系统的能源消费量，得出不同生产系统在总能耗中所占的比例。

三是根据上述分析结果，结合能耗控制目标，得出企业在新的生产周期中所需能源的总量。

四是根据生产设备对不同能源品种使用质量的要求，提出具体的能源质量需求指标，并最终换算成需要采购的能源品种的数量。

第十一章　企业能源管理的步骤

第一节　能源管理体系

一、能源管理体系标准

制定能源管理体系标准的目的是指导组织建立能源管理体系和必要的管理过程，提高其能源绩效，包括提高能源利用效率和降低能源消耗。能源管理体系标准的实施旨在通过系统的能源管理，降低能源成本、减少温室气体排放及其他相关环境影响①。能源管理体系标准能否成功实施，取决于组织各职能层次的承诺，尤其是最高管理者的承诺。

能源管理体系标准规定了能源管理体系的要求，使组织能够根据法律法规要求和主要能源使用的信息来制定和实施能源方针，建立能源目标、指标及能源管理实施方案。能源管理体系可使组织实现其承诺的能源方针，采取必要的措施来改进能源绩效，并证实体系符合标准的要求。标准适用于组织控制下的各项活动，并可根据体系的复杂程度、文化程度及资源等特殊要求灵活运用。

标准基于策划—实施—检查—改进（PDCA）的持续改进模式（见图 11－1），使能源管理融入组织的日常活动中。能源管理过程中的 PDCA 方法总结如下：

策划：实施能源评审，明确能源基准和能源绩效参数，制定能源目标、指标和能源管理实施方案，从而确保组织依据其能源方针改进能源绩效。

实施：履行能源管理实施方案。

检查：对运行的关键特性和过程进行监视和测量，对照能源方针和目标评估确定

① 通常情况下，该标准适用于所有类型和规模的组织，不受其地理位置、文化及社会条件等的影响。

实现的能源绩效,并报告结果。

改进:采取措施,持续改进能源绩效和能源管理体系。

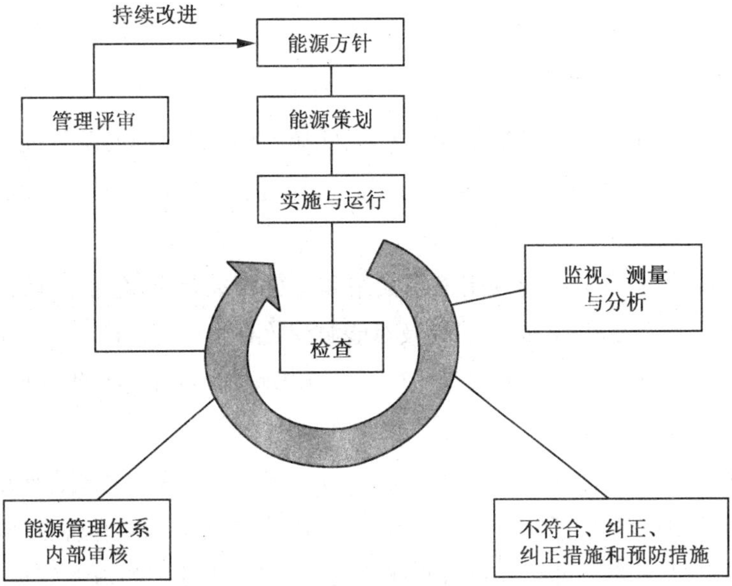

图 11—1 组织能源管理体系的运行模式

其中,能源绩效包括能源使用、能源消耗和能源效率(见图 11—2),所以组织可选择的能源绩效活动的范围广泛。例如,组织可降低能源需求、利用余热余能,或者改进体系的运行、过程或设备。

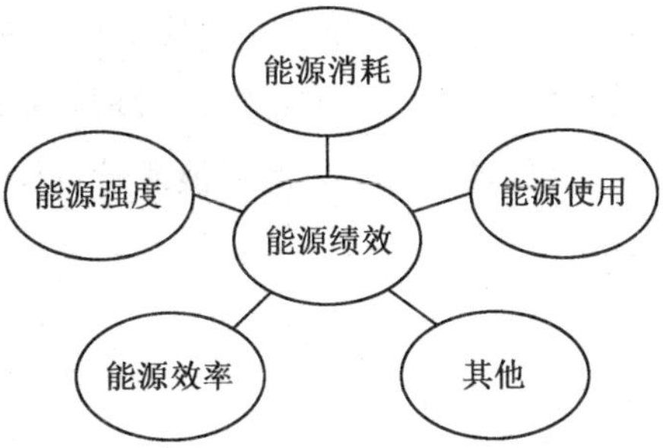

图 11—2 能源绩效概念

能源管理体系标准的广泛使用将有利于有限能源资源的有效供应,提升组织竞争力,减少温室气体排放和其他环境影响;且该标准适用于所有类型的能源。能源管理体系标准可用于对组织的能源管理体系进行认证、评价和组织的自我声明。标准除要求在能源方针中承诺遵守适用的法律法规和其他要求外,并未对能源绩效水平提出绝对要求，所以两个从事类似活动但具有不同能源绩效水平的组织，可能都符合标准的要求。组织可将标准与其他管理体系要求相结合，如质量、环境或职业健康安全等管理体系要求。

二、能源管理体系的范围

（1）能源管理体系标准应规定组织建立、实施、保持和改进能源管理体系的要求，旨在使组织能够采用系统的方法来实现能源目标，包括能源利用效率、能源使用和消耗状况的持续改进。

（2）能源管理体系标准应规定能源使用和消耗相关要求，包括测量、文件化和报告、设备、系统、过程的设计和采购，以及对能源绩效有影响的人员。

（3）能源管理体系标准应考虑对能源绩效有影响，并且能够被组织监视和施加影响的所有变量。

（4）能源管理体系标准应该可单独使用，也可与其他管理体系整合使用。

（5）能源管理体系标准应适用于任何自我声明能源方针并希望保证实现和展示其符合程度的组织，其符合性可通过自我评价、自我声明或外部的能源管理体系认证来确认。

三、能源管理体系的要求

（一）总要求

组织应按照能源管理体系标准要求，建立能源管理体系，编制和完善必要的文件，并按照文件要求组织具体工作的实施；体系建立后应确保日常工作按照文件要求持续有效运行，并不断完善体系和相关的文件；界定能源管理体系的管理范围和边界，并在有关文件中明确；策划并确定可行的方法，以满足能源管理体系标准各项要求，持续改进能源绩效和能源管理体系。

（二）管理职责

1. 最高管理者

最高管理者或其指派的代表在组织内部进行沟通时，要通过员工参与的活动，包括授权、激励、赞誉、培训、奖励和参股等来提升能源管理的地位。组织在制定长期规划时应考虑能源管理内容，如能源资源、能源绩效和能源绩效的改进。

最高管理者应承诺支持能源管理体系，并持续改进能源管理体系的有效性，具体通过以下活动予以落实：确定能源方针，并实践和保持能源方针；任命管理者代表和批准组建能源管理团队；提供能源管理体系建立、实施、保持和改进所需要的资源[①]，以达到能源绩效目标；确定能源管理体系的范围和边界；在内部传达能源管理的重要性；确保建立能源目标、指标；确保能源绩效参数适用于本组织；在组织长期规划中考虑能源绩效问题；确保按照规定的时间间隔测量和报告能源管理的结果；实施管理评审。

2. 管理者代表

管理者代表可以是组织现有的、新录用的或合同制的员工。管理者代表可以负责全部或部分的能源管理工作。管理者代表的技术和能力要求可根据组织的规模、文化和复杂性而定，也可根据法律法规和其他要求而定。能源管理团队应确保能源绩效改进过程的顺利进行。团队的规模根据组织的复杂性而定：对于小型组织而言，可以是一个人，如管理者代表；对于较大组织而言，跨职能的团队能够采用有效机制，调动组织的各部门策划、实施能源管理体系。

最高管理者应指定具有相应技术和能力的人担任管理者代表，无论其是否具有其他方面的职责和权限。管理者代表在能源管理体系中的职责权限应包括：确保按照能源管理体系标准的要求建立、实施、保持和持续改进能源管理体系；指定相关人员，并由相应的管理层授权，共同开展能源管理活动；向最高管理者报告能源绩效；向最高管理者报告能源管理体系绩效；确保策划有效的能源管理活动，以落实能源方针；在组织内明确规定和传达能源管理相关的职责和权限，以有效推动能源管理；制定能够确保能源管理体系有效控制和运行的准则和方法；提高全员对能源方针、能源目标的认识。

（三）能源方针

能源方针促使能源管理体系和能源绩效在组织规定的范围和边界内得以实施和改进。能源方针应简明扼要，使组织成员能够快速理解并应用到工作中。能源方针的宣传可促进对组织行为的管理。组织运输时所产生的能源使用和能源消耗可纳入能源管理体系的范围和边界内。

能源方针应阐述组织为持续改进能源绩效所作的承诺，最高管理者应制定能源方针，并确保其满足：与组织能源使用和消耗的特点、规模相适应；包括改进能源绩效的承诺；包含提供可获得的信息和必需的资源的承诺，以确保实现能源目标和指标；包括组织遵守节能相关的法律法规及其他要求的承诺；为制定和评价能源目标、指标提供框架；支持高效产品和服务的采购，及改进能源绩效的设计；形成文件，在内部不同层面得到沟通、传达；根据需要定期评审和更新。

---

① 资源包括人力资源、专业技能、技术和财务资源等。

第二节 企业能源策划

一、能源策划总则

组织应进行能源管理策划，形成文件。策划应与能源方针保持一致，并保证持续改进能源绩效。策划应包含对能源绩效有影响活动的评审。

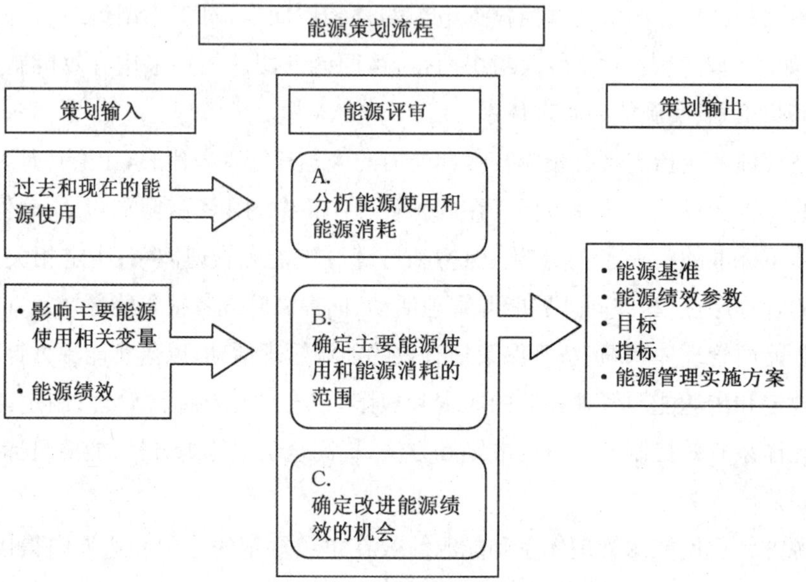

图 11—3 能源策划的概念模型

图 11—3 是能源策划的过程图。由于组织的不同或环境的不同会出现其他具体内容，因此能源策划图中的信息并不能够穷尽。能源策划过程的设定，意在着重说明组织的能源绩效，以及保持和持续改进能源绩效的手段。设定标杆是对能源绩效数据进行收集和分析的过程，目的是在组织内部及用能单位间评价和比较能源绩效。存在不同类型的标杆，可以是为了鼓励组织内部良好工作行为的内部标杆，也可以是为了在设备、设施或相同领域中的具体产品和服务中建立最好的行业绩效而设立的外部标杆。设立标杆的过程可以在这部分或全部的要素中实施。如果可获得相关的准确数据，标杆的设立可作为能源评审、能源目标和指标最终确定的有效输入。

二、法律法规及其他要求

组织应建立渠道，获取节能相关的法律法规及其他要求。组织应确定准则和方法，以确保将法律法规及其他要求应用于能源管理活动中，并确保在建立、实施和保持能源管理体系时考虑这些要求。组织应在规定的时间间隔内评审法律法规和其他要求。

法律法规包括国际、国家、区域及地区的要求，这些要求可应用到能源管理体系范围内。例如，法律法规可以包括国家节能相关法律或行政法规等；其他要求可以包括与客户签订的协议、自愿原则或守则、自愿计划及其他。

三、能源评审

组织应将实施能源评审的方法和准则形成文件，并组织实施能源评审，评审结果应进行记录。能源评审内容包括：

（1）基于测量和其他数据，分析能源使用和能源消耗，包括：识别当前的能源种类和来源；评价过去和现在的能源使用情况和能源消耗水平。

（2）基于对能源使用和能源消耗的分析，识别主要能源使用的区域等，包括：识别对能源使用和能源消耗有重要影响的设施、设备、系统、过程和为组织工作或代表组织工作的人员；识别影响主要能源使用的其他相关变量；确定与主要能源使用相关的设施、设备、系统、过程的能源绩效现状；评估未来的能源使用和能源消耗。

（3）识别改进能源绩效的机会①，并进行排序，识别结果需记录。组织应按照规定的时间间隔定期进行能源评审，当设施、设备、系统、过程发生显著变化时，应进行必要的能源评审。

组织应在界定主要能源使用的区域内，识别和评价能源使用过程，并识别改进能源绩效的机会。代表组织工作的人员可包括服务承包商、兼职人员以及临时人员。潜在能源可以包括组织先前未使用过的常规能源。替代能源可以包括化石或非化石燃料。能源评审的更新意味着更新与分析确定能源绩效改进机会和其重要性有关的信息。能源审计或评价包括对组织、过程的能源绩效进行细致的评审。它基于适当的对于实际能源绩效的测量和观察。典型的审计输出包括当前能源消耗和能源绩效的信息，同时提供一系列经排序用于改进能源绩效的建议。能源审计作为识别和优选改进能源绩效机会的一部分应进行策划和执行。

四、能源基准

组织应使用初始能源评审的信息，并考虑与组织能源使用和能源消耗特点相适应的时段，建立能源基准。组织应通过与能源基准的对比测量能源绩效的变化。当出现

---

① 机会可能与潜在的能源、可再生能源和其他可替代能源（如余能）的使用有关。

以下一种或多种情况时，应对能源基准进行调整：①能源绩效参数不再能够反映组织能源使用和能源消耗情况时；②用能过程、运行方式或用能系统发生重大变化时；③其他预先规定的情况。组织应保持并记录能源基准。

一个合适的数据时段是指组织在这个时间段内，能够明确地说明法定要求或各种变量是如何影响能源使用和能源消耗的，这些变量可以包括天气、季节、业务活动周期以及其他情况。组织应对能源基准进行维护和记录，并作为组织确定记录保存时间段的一种手段。对能源基准的调整也可视为维护活动，相关要求应在标准中规定。

五、能源绩效参数

组织应识别适用于对能源绩效参数进行监视和测量的能源绩效参数。确定和更新能源绩效参数的方法应予以记录，并定期评审此方法的有效性。组织应对能源绩效参数进行评审，适用时，与能源基准进行比较。

能源绩效参数可以是简单的参数、比率，也可以是复杂的模型。例如，能源绩效参数包括单位时间能源消耗、单位产品能源消耗或多变量模型。组织可选取能源绩效参数，说明其运行的能源绩效状况，并在由于商业活动或基准发生变化影响到能源绩效参数相关性的情况下，对能源绩效参数进行适当的改进。

六、能源目标、能源指标与能源管理实施方案

组织应建立、实施和保持能源目标和指标，覆盖相关职能、层次、过程或设施等层面，并形成文件。组织应制定实现能源目标和指标的时间进度要求。能源目标和指标应与能源方针保持一致，能源指标应与能源目标保持一致。建立和评审能源目标指标时，组织应考虑能源评审中识别出的法律法规和其他要求、主要能源使用以及改进能源绩效的机会。同时，也应考虑财务、运行、经营条件、可选择的技术以及相关方的意见。组织应建立、实施和保持能源管理实施方案以实现能源目标和指标。能源管理实施方案应包括：职责的明确；达到每项指标的方法和时间进度；验证能源绩效改进的方法；验证结果的方法。能源管理实施方案应形成文件，并定期更新。

能源管理实施方案除了针对具体的能源绩效改进外，也可针对整个能源管理或能源管理体系过程进行改进。这种管理改进型的能源管理实施方案，可描述如何验证方案取得的结果。例如，组织的能源管理实施方案可以是提高员工和承包者的节能意识，组织应使用确定的方法验证意识提高的程度及取得的其他结果，并将这种方法写入能源管理实施方案中。

第三节　企业能源实施与运行

一、能源实施与运行总则

组织在实施和运行体系过程中，应使用策划阶段产生的能源管理实施方案及其他结果。

二、能力、培训与意识

组织应确保与主要能源使用相关的人员具有基于相应教育、培训、技能或经验所要求的能力，无论这些人员是为组织或代表组织工作。组织应识别与主要能源使用及与能源管理体系运行控制有关的培训需求，并提供培训或采取其他措施来满足这些需求。组织应保持适当的记录。组织应确保为其或代表其工作的人员认识到：符合能源方针、程序和能源管理体系要求的重要性；满足能源管理体系要求的作用、职责和权限；改进能源绩效所带来的益处；自身活动对能源使用和消耗产生的实际或潜在影响，其活动和行为对实现能源目标和指标的贡献，以及偏离规定程序所产生的潜在后果。

组织根据自身需求确定能力、培训和意识的要求。能力可从教育、经验、培训、经历、技能和经验等方面体现。

三、信息交流

组织应根据自身规模，建立关于能源绩效、能源管理体系运行的内部沟通机制。组织应建立和实施一个机制，使得任何为其或代表其工作的人员能为能源管理体系的改进提出建议和意见。组织应决定是否与外界开展与能源方针、能源管理体系和能源绩效有关的信息交流，并将此决定形成文件。如果决定与外界进行交流，组织应制定外部交流的方法并实施。

四、文件

（一）文件要求

组织应以纸质、电子或其他形式建立、实施和保持信息，描述能源管理体系核心要素及其相互关系。能源管理体系文件应包括：能源管理体系的范围和边界；能源方针；能源目标、指标和能源管理实施方案；能源管理体系标准要求的文件，包括记录；组织根据自身需要确定的其他文件。文件的复杂程度因组织的不同而有所差异，取决于：

组织的规模和活动类型；过程及其相互关系的复杂程度；人员能力。

（二）文件控制

组织应控制能源管理体系标准所要求的文件、其他能源管理体系相关的文件，适当时包括技术文件。组织应建立、实施和保持程序，以便：发布前确认文件适用性；必要时定期评审和更新；确保对文件的更改和现行修订状态作出标识；确保在使用时可获得适用文件的相关版本；确保字迹清楚，易于识别；确保组织策划、运行能源管理体系所需的外来文件得到识别，并对其分发进行控制；防止对过期文件的非预期使用，如需将其保留，应作出适当的标识。

五、运行控制

组织应识别并策划与主要能源使用相关的运行和维护活动，使之与能源方针、能源目标、指标和能源管理实施方案一致，以确保其在规定条件下按下列方式运行：建立和设置主要能源使用有效运行和维护的准则，防止因缺乏该准则而导致的能源绩效的严重偏离；根据运行准则运行和维护设施、设备、系统和过程；将运行控制准则适当地传达给为组织或代表组织工作的人员。在策划意外事故、紧急情况或潜在灾难的预案时（包含设备采购），组织可选择将能源绩效作为决策的依据之一。

组织应评价主要能源使用的运行状况，并采取措施确保运行是可控制的或能减少相关的负面影响，使运行满足能源方针与能源目标和指标的要求。运行控制应包含运行的所有方面，包括维护活动。

六、设计

组织在新建和改进设施、设备、系统和过程的设计时，并对能源绩效具有重大影响的情况下，应考虑能源绩效改进的机会和运行控制。适当时，能源绩效的评估结果应纳入相关项目的规范、设计和采购活动中。

七、能源服务、产品、设备和能源采购

在购买对主要能源使用具有或可能具有影响的能源服务、产品和设备时，组织应告知供应商，采购决策将部分基于对能源绩效的评价。当采购对组织的能源绩效有重大影响的能源服务、设备和产品时，组织应建立和实施相关准则，评估其在计划的或预期的使用寿命内对能源使用、能源消耗和能源效率的影响。为实现高效的能源使用，组织应制定文件化的能源采购规范。

采购是通过使用高效的产品和服务以改进能源绩效的机会，同时还可以借此影响供应链合作伙伴改善能源行为。能源采购规范的使用可根据市场的变化来调整，能源

采购规范的要求可参考能源质量、可获得性、成本结构、环境影响和可再生能源等。组织可适当考虑使用能源供应商所建议的规范。

第四节　企业能源检查

一、监视、测量与分析

组织应确保对其运行中的决定能源绩效的关键特性进行定期监视、测量和分析，关键特性至少应包括：主要能源使用和能源评审的输出；与主要能源使用相关的变量；能源绩效参数；能源管理实施方案在实现能源目标、指标方面的有效性；实际能源消耗与预期的对比评价。

组织应保存监视、测量关键特性的记录；应制订和实施测量计划，且测量计划应与组织的规模、复杂程度及监视和测量设备相适应。测量方式可以只用公用设施计量方式（如对小型组织），若干个与应用软件相连、能汇总数据和进行自动分析的完整的监视和测量系统。测量的方式和方法由组织自行决定。

组织应确定并定期评审测量需求。组织应确保用于监视和测量关键特性的设备提供的数据是准确、可重现的，并应保存标准记录和采取其他方式以确立准确度和可重复性。组织应调查能源绩效中的重大偏差，并采取应对措施。

二、合规性评价

组织应定期评价组织与能源使用和消耗相关的法律法规和其他要求的遵守情况。组织应保存合规性评价结果的记录。

三、能源管理体系的内部审核

组织应定期进行内部审核，确保能源管理体系：符合预定能源管理体系的安排，包括符合能源管理体系标准的要求；符合建立的能源目标和指标；得到了有效的实施与保持，并改进了能源绩效。

组织应考虑审核的过程、区域的状态和重要性，以及以往审核的结果，制订内审方案和计划。审核员的选择和审核的实施应确保审核过程的客观性和公正性。组织应记录内部审核的结果并向最高管理者汇报。

能源管理体系的内部审核可由组织的内部人员进行或者由组织挑选的外部人员进行。无论何种情况，审核员都应能胜任工作，并公正、客观地进行审核。在小型组织中,可通过将审核员与被审核项目的责任分离来保持审核员的独立性。如果组织希望将其能源管理体系的内部审核与其他内部审核相结合,应明确规定每项内容的目的和范围。

四、不符合、纠正、纠正措施和预防措施

组织应通过纠正、纠正措施和预防措施来识别和处理实际的或潜在的不符合,包括:评审不符合或潜在的不符合;确定不符合或潜在不符合的原因;评估采取措施的需求,确保不符合不重复发生或不会发生;制定和实施所需的适宜的措施;保留纠正措施和预防措施的记录;评审所采取的纠正措施和(或)预防措施的有效性。纠正措施和预防措施应与实际的或潜在问题的严重程度以及能源绩效结果相适应。组织应确保在必要时对能源管理体系进行改进。

五、记录控制

组织应根据需要,建立并保持记录,以证实符合能源管理体系和能源管理体系标准的要求以及所取得的能源绩效成果。组织应对记录的识别、检索和留存进行规定,并实施控制。相关活动的记录应清楚、标识明确、具有可追溯性。

第五节 企业能源管理评审

一、能源管理评审总则

最高管理者应按策划或计划的时间间隔对组织的能源管理体系进行评审,以确保其持续的适宜性、充分性和有效性。组织应保存管理评审的记录。

管理评审应覆盖能源管理体系的所有范围,但并非需要一次完成所有要素的评审工作,评审工作可以在一段时间内分次进行。

二、管理评审的输入

管理评审的输入应包括:以往管理评审的后续措施;能源方针的评审;能源绩效和相关能源绩效参数的评审;合规性评价的结果以及组织应遵循的法律法规和其他要求的变化;能源目标和指标的实现程度;能源管理体系的审核结果;纠正措施和预防措施的实施情况;对下一阶段能源绩效的规划;改进建议。

三、管理评审的输出

管理评审的输出应包括与下列事项相关的决定和措施:组织能源绩效的变化;能源方针的变化;能源绩效参数的变化;基于持续改进的承诺,组织对能源管理体系的目标、指标和其他要素的调整;资源分配的变化。

展望篇

第十二章　节能管理

第一节　节能管理概述

一、节能管理的目标

国家通过制定节能法律、政策和标准体系，实施必要的管理行为和节能措施，而用能单位注重提高节能管理水平，运用现代化的管理方法，减少能源利用过程中的各项损失和浪费。节能管理目标就是杜绝各行各业中存在的能源管理无制度、能源使用无计量、能源消耗无定额、能源节约奖励制度不落实等现象，从管理方面做好节能工作，实现节能降耗的目的。

[**例 12－1**]

20世纪80年代初，中国政府将节能工作提上了重要的议事日程，1980年提出了“开发与节约并重，近期把节能放在优先地位”的能源发展方针。为保证节能工作取得成效，建立了节能管理体系，提供节能资金支持和技术服务、信息咨询。节能管理工作经过多年的努力，取得了很大成绩。

当前，世界范围内的能源局势呈现持续紧张的趋势：能源消费强劲增长，能源供应关系总体紧张；新能源要取得实质性进展尚需时日。虽然中国能源储存总量位于世界前列，但人均拥有量却远远低于世界平均水平，在能源领域将面临不可避免的挑战。一是资源的可持续供应面临较大压力；二是中国的经济社会发展对能源的依赖程度比发达国家大。

节能可以缓解能源瓶颈制约，促进中国经济社会可持续发展。建设节能型社会是中国经济和社会发展的一项长远战略方针，也是当前一项极为紧迫的任务。节能管理是做好节能工作、实现节能目标的基础，对其深入研究具有重要的现实意义。节能管理包括政府对各级节能监测中心、节能技术服务中心、节能信息传播中心、节能产品认证中心及耗能企业的管理，还包括耗能企业对企业自身节能工作的管理。节能管理是一项系统工程，是运用管理、技术、经济等手段进行科学的组织、指挥、协调和监督，使有限资源得到经济、合理、有效的使用，实现经济效益、环境效益和社会效益的全面提高。

我国过去对节能重要性缺乏足够的认识，节能优先的方针没有落到实处，经过多年的发展，中国的节能工作与国外发达国家相比，无论技术还是管理，都处于比较落后的状态。节能管理是节能工作的基础，做好节能管理工作，才能将节能工作落到实处，需要节能工作者学习和借鉴国外先进的管理方法和经验，建立适合中国国情的节能管理方法。

中国节能管理主要是行政命令式的管理，由上级政府向下级政府和政府向企业以行政命令的方式下达节能目标，企业内部也是采用这种命令式的管理，所以节能管理基本上采用计划经济体制下的做法。虽然经济体制改革后，节能管理从微观的具体行政管理向市场化宏观管理转变，在计划经济体制下形成的节能管理体系已不适应新形势的要求，但目前尚未建立适应市场经济体制要求的节能管理新机制。

中国的节能管理正在发生着转变，一些节能管理的新方法不断被提出，国外的先进管理方法正在被引进，有的新方法已经在试点。国外普遍采用的综合资源规划、电力需求侧管理、能效标识管理、节能自愿协议、合同能源管理等机制及方法，在中国还没有广泛推行，有的还处于探索阶段。需求侧管理和合同能源管理目前在中国应用得较多，发展很快。

二、节能意义

节能是确保国家能源安全和经济科学发展的必然选择；节能是保护环境、实施可持续发展战略的重要途径；节能是转变发展方式、增强企业竞争力的重要措施；节能是和谐社会与生态文明建设的重要手段。政府推动和市场调节是促进企业节能的重要动力，企业需要政府和社会在节能信息、技术服务、政策激励等方面给予支持。因此，有必要形成以政府为导向、以市场为调节、以企业为主体、以提高能源效率为核心、以技术进步和科学管理为关键措施的企业节能促进机制。在企业节能管理中，还要做好能量平衡、设备效率监测、节能项目管理、能源审计等工作，推动企业节能管理新机制的形成和管理手段现代化。

第二节　节能项目管理

实施节能重点工程，加快节能新技术、新产品、新工艺的运用，降低单位产品综合能耗，是促进企业节能降耗最直接有效的措施。湖北省在国家节能政策引导和节能资金支持下，加强节能项目管理，按照严格项目筛选入库关、审查关、上报关，实施与后评价关的总体要求，确保每个项目切实得到实施，确保国家节能资金得到安全高效利用。

一、节能项目的基础

（一）基本理论

项目是指在特定的资源和环境等约束条件下，具有特定目标的一次性任务。项目的特征：一是约束性，项目要在预算范围内完成，且项目资源有限，项目有质量标准、竣工验收、施工期限、成本效益等约束条件，且要在一定的资源限制下完成；二是目标性，项目的目标有成果性目标、约束性目标两类；三是一次性，项目作为一次性任务，其生产过程具有明显的单件性，这是区别于其他非项目活动的关键特征；四是整体及复杂性，每一个工程项目都是一个复杂的系统工程，除了工程本身结构的独特性，涉及技术的复杂性之外，工程项目建设的时间周期、地点、条件等会有差异，均有标新立异之处，建设过程中也会因情况突变而出现各类风险因素。

（二）项目管理应用

在工程的启动、工程的计划、工程的实施、工程的收尾等项目运作过程中所遇到的进度拖延、费用超支、质量难以保证等问题往往不一定是技术原因造成的，而是源于僵化的管理习惯和错误的管理方式。正因为如此，基于项目的科学的管理方法——项目管理，正受到各国政府的重视。项目管理首先被应用于建筑行业和美国的军工行业，取得了很大的成功，并逐步得到推广。世界许多大的集团和机构均已全面采用项目管理进行运作和管理。目前世界银行贷款项目也要求投标企业的项目管理资质。随着中国项目管理教育和认证的蓬勃发展，越来越多的企业已逐渐认识到项目管理的重要性。

随着计算机技术和信息产业的发展，项目管理也进入了一个崭新的发展阶段。我们在重视学习世界先进技术的同时，更应重视学习世界先进的管理方法。越来越多的领域逐步采用项目管理的方法，由此产生的效率和效益也是可以预见的。

（三）模式变迁

世界各国的节能管理模式不尽相同，这与经济发展水平、社会发展阶段、技术实力、政治体制甚至文化传统等都有密切的联系。一般来说,市场经济国家大多采用市场机制手段为主,辅以行政干预(例如澳大利亚);少数国家以行政干预为主,辅以市场机制(例如日本)。

变迁是一个逐步的过程。20 世纪 70 年代中期以前,人们对能源消耗的担忧主要表现在对不可再生的常规能源的资源枯竭上,节能仅限于个别行业和企业。两次石油危机出现后,出现了一系列节能评估、标准和规范。企业界开始逐渐掌握并采用 PDCA 循环的系统化方法开展节能,同时,政府也认识到节能的重要性,开始出台法律法规来规范和促进节能工作,尤其意识到能源消耗对于气候变化后果的严重影响,制定并实施国际性协议。未来的节能管理趋势是逐渐纳入社会心理学因素,实现全社会节能机制。

二、实施要点

实施节能重点工程,加快节能新技术、新产品、新工艺的运用,降低单位产品综合能耗,是促进企业节能降耗最直接有效的措施。在国家节能政策引导和节能资金支持下,加强节能项目管理,按照严格项目筛选入库关、审查关、上报关、实施与后评价关的总体要求,确保每个项目切实得到实施,确保国家节能资金得到安全高效利用。

(1)搭建信息平台,提高行政效率。政府为使重点耗能企业及时、准确了解和掌握国家节能政策,方便企业在线咨询,先后建立了节能环保、合同能源管理、节能监察等网络信息平台,及时发布国家在节能减排等方面出台的政策,实现了节能主管部门与重点耗能企业的双向沟通,受到企业的普遍欢迎。同时,还设立节能宣传周、行风热线、电视专题、报刊专栏以宣传解读国家政策。针对节能项目申报时间紧、任务重的特点,利用电子邮箱和短信平台,在国家申报项目的通知到达当天即将通知挂到网上,各市当天就能看到并下载国家的通知,为企业申报项目节约了时间。

(2)加强宣传培训,解读节能政策。由于大部分企业是第一次申报节能项目,对项目申报的程序、方法、步骤、内容要求等方面都不是很熟悉,为了不影响项目申报的质量,政府根据国家有关节能项目的政策文件组织编写了节能项目培训教材,对各市管理人员、重点耗能企业技术人员以及化工、建材、机电、轻工等研究咨询机构的相关人员进行了系统培训,详细介绍了国家各地区节能项目范围、申报程序和项目管理等要求,就企业如何组织筛选节能项目和编制项目申报材料进行了解释说明,结合已经实施的重点示范工程和重大项目进行了案例分析。

(3)超前谋划项目,做好项目准备。政府建立了节能项目库,为加强节能项目储备,每年组织各地收集上报一批节能项目并及时充实和更新。在每年的节能监察工作上明确要求,既要摸清企业能源利用的基本情况,理清企业节能工作的思路和目标,更要找出节能工作存在的主要问题，提出有针对性的整改措施，每个企业都要规划、储备1～3个节能项目。同时，政府充分利用行业协会、节能协会、各科研机构的资源力量，对化工、建材、纺织、石化、有色等高耗能行业企业在运用节能新技术、新产品、新工艺方面进行指导，策划节能项目，对节能潜力大、应用面广的水泥行业纯低温余热发电技术、余热回收利用等节能先进技术进行重点推广。

(4)严把项目审查关，确保项目质量。一是熟悉和掌握国家节能项目申报条件，在对企业申报项目初选时，就把企业规模小、经济效益差、节能效果不明显、不符合产业政策的项目筛掉。二是严把项目评审关。项目上报后，政府组织有关行业专家对项目可行性研究报告或项目资金申请报告进行严格评审，重点审核项目所采取工艺技术是否先进、适用和经济，项目节能量的确定原则、确定方法和监测方法是否符合要求，项目节能量的计算方法和过程是否科学合理，并提出修改意见和建议。未通过专家评审的项目，及时向企业说明原因。三是严把现场考察关。将通过专家评审的项目在网上进行公示，并委托相关行业专家或第三方机构组成专家组赴企业对项目进行实地考察，把人情项目、虚报项目和其他不符合申报原则的项目筛掉。四是把好项目修改完善关。根据专家评审和实地考察的结论，对需要修改完善的项目，企业根据专家提出的意见修改后，政府再次委托专家进行单项审查。五是严把项目上报关。政府上报国家的节能项目都要在办公会上进行集中讨论后行文上报。通过上述严格把关，提高了申报项目的质量。

(5)认真整理汇总项目资料，确保资料齐备翔实。申报节能项目的上报文件是项目汇总的最终体现，项目建设内容是否清晰、各项材料是否完整都应在汇总文件中加以标注，以方便查询。因此，在设计项目汇总表时，政府将项目单位、隶属关系、项目类型、项目建设内容、可研编制单位、评估单位、总投资、项目核准和备案号、申请资金额度、银行承诺出具单位及编号、资本金和自筹资金证明单位、环保批复及文号、用地证明等重要信息都一并录入，以方便管理。为便于保存项目纸质材料，也为了方便专家评审，对企业申报材料的装订顺序、装订大小、装订方式都提出了明确的要求，确保项目申报纸质材料整齐统一、方便保存。为保证电子申报材料能够满足国家要求，也对项目电子材料的目录建立、文档格式作了明确规定，针对中央投资、财政奖励的项目编报进行系统的培训。

(6)发挥主管部门作用，做好部门协调工作。一是加强与财政部门的衔接沟通。在项目组织申报过程中，政府注重发挥熟悉国家产业政策、了解企业和行业情况的优势，在项目选择、评审、确定等过程中发挥主导作用，同时积极主动地联系同级财政部门，加强沟通，确保项目组织申报工作顺利开展。国家节能项目资金计划到账后，督促财政部门尽早将资金拨付到企业，加强资金管理，加快项目实施进度。二是加强与环保部门的衔接沟通，为了做好节能项目环评工作，积极协调环保部门简化环评程序，创建节能项目“绿色通道”。环保部门将需要审批的申报节能、节水、循环经济、综合利用、污染法制等方面项目环评一律委托项目所在市级环保部门负责审批。市级环保部门明确将节能项目纳入重点项目管理，简化程序，优先安排评估，优先审批。

(7)搭建融资平台，破解项目资金难题。长期以来，融资难问题已成为制约中小企业节能项目改造的首要瓶颈。为此，政府积极与金融机构探索解决节能项目融资难的办法，每年组织兴业银行、中国进出口银行、国家开发银行等金融机构与重点企业对接会，及时将有关信息通报相关银行、企业，对节能项目开展能效贷款，加大对节能技术改造项目的信贷支持，为节能项目提供了资金保障，取得了良好效果。

(8)加强项目日常监督管理，确保项目质量。为确保已获得国家支持项目严格按照国家批复内容建设，政府严格规范项目的实施，要求项目实施单位根据项目批复，进一步落实项目有关实施条件，土建、安装、监理和材料、设备采购按照国家有关规定实行招标投标，项目实施要做到质量、投资和工期“三包干”。建立了项目进展情况定期报送制度，要求各项目实施单位要按季度报送项目投资完成情况、项目建设进展情况等内容。各市发改部门加强对项目的跟踪管理，定期不定期地对项目实施进度、资金投入情况、企业领导重视程度、技术人员等方面进行监督抽查，发现问题及时报告、纠正。

(9)探索项目后评价和后激励机制，总结项目成果。政府对已经完工的部分节能项目进行了现场后评价，对项目目标、执行过程、效益、作用和影响进行系统客观的分析。确定预期节能目标是否达到，主要效益指标是否实现，通过分析评价找出成败的原因，总结经验教训，为来年谋划项目提供重要依据，同时也为被评项目实施运营中出现的问题提出改进建议，从而达到提高节能效益的目的。政府还利用节能专项资金，对节能效果明显的项目，按获得国家资金的一定比例进行激励，有力地推动企业实施项目的积极性。

企业节能项目管理是一项系统的工程，是运用管理、技术、经济等手段进行科学的组织、指挥、协调和监督，使有限资源得到经济、合理、有效的使用，实现经济效益、环境效益和社会效益的全面提高。

第三节　合同能源管理

一、合同能源管理概述

合同能源管理(Energy Performance Contracting，EPC；在中国又称 Energy Management Contract，EMC）发源于 20 世纪 70 年代中期的美国，是一种基于市场的节能新机制，即由专业的节能服务公司（在国外为 Energy Services Company，ESCo；在国内为 Energy Management Company，EMCo）与用能单位签订合同，为其提供节能项目用能状况的诊断、设计、融资、改造、施工、设备采购、安装调试、运行管理、人员培训、节能量测量和验证等服务并保证节能量或节能率，用能单位保证以节能效益向节能服务公司支付项目投资和合理利润的市场化节能机制。合同能源管理作为一种先进的能源管理模式，在国外的发展只有 20 多年的历史，但发展迅速，特别是在美国、加拿大、欧洲和日本等国家或地区，EPC 已发展成为一种新兴的节能产业。

合同能源管理公司（EMC 公司）即国外简称能源服务公司 ESCo（Energy Service Companies），是基于合同能源管理 EMC 机制运作、以营利为直接目的的专业化“节能服务公司”。在美国、加拿大和欧洲，ESCo 已发展成为一种新兴的节能产业。根据中华人民共和国国家标准合同能源管理技术通则，合同能源管理是以减少的能源费用来支付节能项目成本的一种市场化运作的节能机制。节能服务公司与用户签订能源管理合同、约定节能目标，为用户提供节能诊断、融资、改造等服务，并以节能效益分享方式回收投资和获得合理利润，可以显著降低用能单位节能改造的资金和技术风险，充分调动用能单位节能改造的积极性，是行之有效的节能措施。

合同能源管理是 EMC 公司通过与客户签订节能服务合同，为客户提供包括能源审计、项目设计、项目融资、设备采购、工程施工、设备安装调试、人员培训、节能量确认和保证等一整套的节能服务，并从客户进行节能改造后获得的节能效益中收回投资和取得利润的一种商业运作模式。EMC 公司服务的客户不需要承担节能实施的资金、技术及风险，并且可以更快地降低能源成本，获得实施节能后带来的收益，合同到期后可以获得 EMC 公司提供的设备。EMC 项目具有节能效率高、客户零投资、节能有保证、节能更专业、技术更先进等特点。

二、基本模式

（一）运作模式

EMC 公司以营利为目的，与愿意进行节能改造的用户签订节能服务合同，为用户的节能项目进行投资或融资，向用户提供能源效率审计、节能项目设计、原材料和设备采购、施工、监测、培训、运行管理等服务，并通过与用户分享项目实施后产生的节能效益来赢利和滚动发展。按照 EMC 模式运作的节能项目，在节能改造之后，客户企业原先单纯用于支付能源费用的资金，可同时支付改造后的能源费用和 EMC 的费用。合同期满后，客户享有全部的节能效益，会产生正的现金流。节能改造之后公司所需要支付的能源费用远远小于改造前的费用。通过节能改造，达到社会效用的最大化。

EMC 的模式实现了节能设备生产企业和用能单位的利益捆绑。在没有实行 EMC 模式的市场环境中,节能设备提供商只负责设备的质量而不负责企业的节能效果。在实行 EMC 的市场环境中,节能设备生产企业不仅对设备负责,而且要对节能效果负责,真正做到节能减排(见图 12—1)。

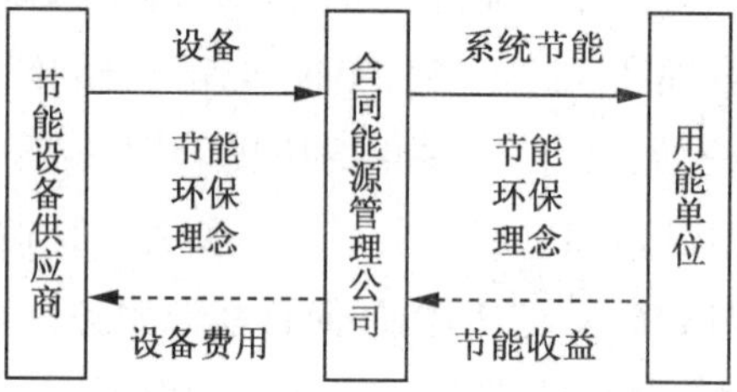

图 12—1　有合同能源管理情况下的节能模式

(二)模式分类

结合国内外合同能源管理的实践,可以把合同能源管理划分为以下五种模式:

(1)节能量保证支付模式。节能改造工程的全部投入和风险由 EPC 公司承担,在项目合同期内,EPC 公司向企业承诺某一比例的节能量,用于支付工程成本;达不到承诺节能量的部分,由 EPC 公司负担;超出承诺节能量的部分,双方分享;直至 EPC 公司收回全部节能项目投资后,项目合同结束,先进高效节能设备无偿移交给企业使用以后所产生的节能收益全归企业享有。该模式适用于诚信度较高、节能意识一般的企业。

(2)节能效益分享模式。节能改造工程的全部投入和风险由 EMC 公司承担,项目实施完毕,经双方共同确认节能率后,在项目合同期内,双方按比例分享节能效益。项目合同结束后,先进高效节能设备无偿移交给企业使用,以后所产生的节能收益全归企业享受。该模式适用于诚信度很高的企业。

(3)能源费用托管模式。EPC 公司负责改造企业的高耗能设备,并管理其用能设备。在项目合同期内,双方按约定的能源费用和管理费用承包企业的能源消耗和设备维护。项目合同结束后,先进高效节能设备无偿移交给企业使用,以后所产生的节能收益全归企业享有。该模式适用于诚信度较低、没有节能意识的企业。

(4)改造工程施工模式。企业委托 EPC 公司做能源审计、节能整体方案设计、节能改造工程施工,按普通工程施工的方式,支付工程前的预付款、工程中的进度款和工程后的竣工款。该模式适用于节能意识很强、懂得节能技术与节能效益的企业。运用该模式运作的 EPC 公司的效益是最低的,因为合同规定不能分享项目节能的巨大效益。

(5)能源管理服务模式。EPC公司不仅提供节能服务业务，还提供能源管理业务。对许多经营者而言，能源及其管理不是企业核心能力的一个部分，自我管理和自我服务的方式是低效率、高成本的方式。通过使用EPC公司提供的专业服务，实现企业能源管理的外包，将有助于企业聚焦到核心业务和核心竞争能力的提升方面。能源管理的服务模式有两种形态：能源费用比例承包方式和用能设备分类收费方式。

三、项目线的介绍

节能服务公司项目线是指可以为节能服务公司带来较好的投资收益，同时在节能服务公司目标市场的潜在客户群众具有较大的推广复制潜力、有利于节能服务公司业务成长的节能项目类型。通过中国节能项目的实践，挑选出对能源效率提高显著、有益于改善地区环境、实施潜力较大的项目。下面仅介绍具有代表性的几种节能改造技术。

(1)电机拖动系统节能改造。这条项目线的内容是使用适当形式的调速装置，对可变负荷的风机、泵类及其他电机拖动的机器设备速度进行调节，以满足负荷变化的需要。变频技术和变频器在各种电机调速技术中属于功能最佳者；可控硅调压技术调节电机速度的效果也很好，虽然它的设备造价较高，但使用范围依然广阔。该项目线节约的是电能，节能幅度随着负荷变化幅度与频繁程度而异，在0～40%，投资可在2～3年回收。

(2)照明设备节能改造。采用高效节能实用的新光源(如紧凑型荧光灯、细管型荧光灯、高压钠灯、金属卤化物灯等)、高效节能的灯用电器附件(如电子镇流器、环形电感镇流器等)、高效优质的照明灯具(如高效优质反射灯罩等)、先进的节能控制器(如调光装置、声控、光控、时控、感控及智能照明节电器等)、科学的维护管理(如定期清洗照明灯具、定期更换老旧灯管、养成随手关灯的习惯等)。

(3)地温水源热泵/地源热泵空调系统。主要包括空气源热泵技术、水源热泵技术和地源热泵技术。热泵机组以空间大气、自然水源、大地土壤为空调机组的制冷制热的载体。冬季借助热泵系统，通过消耗部分电能，采集空气、水源、地源中的低品位热能，供给室内取暖；夏季把室内的热量取出，释放到空气、水源、地源中，以达到夏季制冷的目的。该技术具有高效节能、一机多用的特点。这种供暖系统是利用地温，常用的是浅层地下井水，也有用河、湖、海水和城市中水的。热量提取设备是水源热泵。由于此类热泵的效能系数很高，除电能外不需要消耗其他能源，所以这种节能改造项目的环境效益是很好的。由于这套系统还可用于夏季供冷，冷源也是上述各类水，还可制备生活热水，所以节能及环境效益更好一些。

(4)实施蓄冷空调系统。在原常规空调系统中，加入适当蓄冷能力的蓄冷装置，由于负荷冷量由制冷机组和蓄冷装置共同供给，能适当减少制冷机组容量，这样的系统可促使制冷机组经常处于满负荷高效运行状态，可以取得节能及环境效益。

冰蓄冷空调技术是利用夜间廉价的谷段电力将建筑物所需的空调冷量部分或全部制备好，并以冰的形式储存起来，在白天用电高峰时将冰融化而提供空调用冷的一种空调系统。

(5)中央空调余热回收。该项目利用空调制冷过程中产生的热量，通过热交换器将余热回收，产生50～60摄氏度的热水，将热水贮存后供客房及各个区域使用。空调在制冷时，排放掉的热量约为制冷量的120%以上。空调经过余热回收，明显降低了冷凝器的热负荷，使冷凝温度和压力降低。在增大单位制冷量的同时，减少了压缩功率，使制冷主机功率下降，也相应减少了冷却水的用量。此系统不仅代替了原来产生热水的锅炉，直接节约了燃油，而且使整个制冷系统的电耗也有一定幅度(5%～20%)的降低，使能源得到了充分利用。

(6)冷热电联产技术。该系统将发电和空调系统合为一个系统，集成和优化了多种设备，解决了建筑物电、冷、热等全部需要，系统可实现终端能源的梯级利用和高效转换，以避免远距离输电和分配损失，使得能源利用总效率由发电25%～35%，提高到70%～90%以上，大幅度降低建筑能耗；有效解决了燃气公司夏季气源过剩、冬季供气不足，而电力公司夏季电力供应不足、冬季过剩的矛盾。

(7)自动扶梯相控节能装置(红外感应＋相控节能控制器)。相控节能控制器能自动判断电机所处运行负荷和效率状态，通过优化运算适时调节加于电机的电压和电流大小，以调整对电机功率的输入，实现“所供即所需”，使电机处于高效节能状态。

红外感应装置，增加自动扶梯自动感应开停的功能，达到自动扶梯“人来扶梯自动开启，人去扶梯自动停止”。北京各地铁站的自动扶梯已加装此感应装置。

四、经营优势

合同能源管理是市场经济条件下的一种节能新机制、新模式，它不仅适应现代企业经营专业化、服务社会化的需要，而且适应建设节约型社会的潮流。

(1)经营机制的优势。EMC是推销一种减少能源成本的管理方法。EMC公司的经营机制是一种节能投资服务管理，客户见到节能效益后，EMC公司才与客户一起共同分享节能成果，取得双赢的效果。EMC公司服务的客户不需要承担节能实施的资金、技术及风险，并且可以更快地降低能源成本，获得实施节能后带来的收益和EMC公司提供的设备。EMC机制的实质是一种以减少的能源费用支出来支付节能项目全部成本的节能投资方式，这种节能投资方式允许用户使用未来的节能收益为企业的设备升级，降低目前的运行成本，提高能源利用效率。

(2)服务管理的优势。EMC公司提供一条龙服务，不仅可以形成节能项目的效益保障机制、降低成本和风险，而且能促进节能服务产业化，从而为建立节能产业提供具体途径。EMC可以解决耗能企业开展节能项目缺乏资金、技术、人员、管理经验等问题，实现节能零投资、零风险、持久受益，从而提高其节能积极性，并使企业有更多精力发展主营业务。EMC的节能服务不仅具有经济效益，更具有节能环保的社会价值。

(3)节能效果的优势。EMC的节能效果不只是一个节能设备的参数度量，更是一个时间度量。由于节能设备生产企业只负责销售节能设备给用能单位，买卖结束后，节能设备生产企业难以保证节能设备能够达到预期的节能效果，而EMC的节能服务正是要帮助企业发挥出节能设备的最佳效果。EMC作为节能设备生产企业与用能单位之间的一种节能效果契约，以节能服务为手段，以节能效果收益为盈利模式，能保证节能项目的节能效果。EMC将加强节能设备生产企业与用能单位之间对节能环保的认识，促进节能设备产业和节能服务产业发展。

第四节　节能自愿协议

一、节能自愿协议概述

自愿协议(Voluntary Agreement，VA)是目前国际上应用最多的一种非强制性节能措施，它的主要思路是在政府的引导下，更多地利用企业的积极性来促进节能减排，具有灵活性高、适用性强、低成本、兼顾节能和环保、有利于发展政府与企业之间关系等优点。

公众参与原则[①]中的公众不仅包括不特定的公民个人，也包括与特定利益相关的政府机构、企事业单位、社会团体或其他组织。从世界各国的实施情况来看，不同国家对自愿协议的名称、组织形式和具体措施有所差异，但本质上都是由政府进行引导，企业(行业)自愿做出在节约能源、提高能效、减排温室气体、改善环境方面的承诺。政府与企业在协商一致的基础上签订自愿协议，在实现过程中由第三方进行评估评审，并将评估结果向社会公布，由公众对其实施效果进行评价和监督。

一般情况下，节能自愿协议的参与主体主要是政府和企业，其中政府机构可以是国家或地方节能主管部门。此外，除了政府和企业，第三方机构也可以参与到节能自愿协议中。比如，在实施过程中，协议双方可以聘请第三方社团组织或服务机构，提供

---

① 在法律的意义上，公众特指对决策所涉及的特定利益做出反应的，或与决策的结果有法律上的利害关系的一定数量的人群或团体。

节能目标设定、节能计划编制等节能技术服务。这样,就形成了以政府为主导、企业为主体,全社会共同推进的节能减排工作格局。

二、节能自愿协议的性质

自愿协议是指工业界整体或单个企业与政府部门签订的一种协议,自愿承诺在一定时间内实现制定的节能减排目标。我国的节能自愿协议可以看作是外部环境行政合同的一种类型,政府和企业作为节能自愿协议的主要参与者,体现了共同分担环境责任的理念,体现了环境责任的普遍性。

环境行政合同最早产生于日本,是行政合同的一种。根据主体的不同,可以将环境行政合同分为内部环境行政合同和外部环境行政合同。我国的节能自愿协议是政府与用能单位或行业组织,为达到节能减排目标、提高能源利用效率而签订的协议,是外部环境行政合同的一种,是公法精神与契约自由的结合,具有行政性、自愿性、环境公益和经济效益双重性等特点。

(一)行政性

节能自愿协议确定、变更和消灭的是行政法上的法律关系,当事人之间的法律地位不平等,体现的是管理者与被管理者的关系。节能自愿协议的当事人有且只有一方是环境行政主体,这是节能自愿协议行政性的体现,也是区别于民事合同的一个重要特征。环境行政主体包括环境行政机关和法律法规授权的具有环境管理职能的组织。出于环境行政管理目的的需要,环境行政主体方往往享有一定的优益权。作为节能自愿协议的环境行政主体方,政府机构多为国家或地方的节能主管部门。

(二)自愿性

节能自愿协议可以看作是在法律规定之外,企业“自愿”承担的节能减排义务,最大限度地体现了政府和企业的自主参与权,是行政法和民法的有机结合,同时也体现了民法的自愿原则。节能自愿协议是一种双方行为,在签订协议的过程中,双方应就协议的内容在不与法律法规相抵触的范围内进行充分磋商,双方的意志都应该得到体现和尊重。

(三)环境—经济效益的双重性

节能自愿协议的直接目的是为了提高能源的利用效率,达到节能减排目标。节能自愿协议可以使政府和企业获取经济和环保的双重效益。对于政府而言,自愿协议是传统指令控制型环境管理手段的补充和创新,可以有效避免强制性节能减排措施的低效率和高社会成本,更好地实现节能减排目标,实现整个社会的环境公共利益。对于企业而言,节能自愿协议以其非强制性、灵活性易为企业所接受,使企业的管理理念发生变化,通过自主设立节能目标,提出与企业管理体系协调的节能计划,从而达到降低生产成本、提高资源利用效率的目的。

三、节能自愿协议的构成要件

节能自愿协议多表现为企业在政府的引导和鼓励下，就实现节能和环保目标，自愿与政府部门达成的协议。作为外部环境行政合同的一种，节能自愿协议具有合同的基本属性。政府和企业作为节能自愿协议的主要参与者，应该在协商一致的基础上，明确各方的权利和义务，并采取切实可行的措施，保证节能减排目标的实现。

（一）自愿协议的主体

政府和企业是节能自愿协议的主要参与者，在某些情况下第三方机构出于需要也可作为协议的一方当事人，参与到节能自愿协议的协商或履行过程中。这里，主要对政府和企业的主体地位进行分析。

1. 政府部门

政府部门作为节能自愿协议的重要主体，在节能减排过程中往往居于主导地位。环境作为一种公共物品，是人类赖以生存和发展的物质条件。环境保护问题涉及经济与社会发展的各个方面，是一项“公益性”十分突出的事业，这就决定了环境保护职能是政府职能的一项基本内容。政府以其权威性、不可更移性和强制性等特点，在环境保护中具有不可替代的重要作用。政府职能转变的核心是将政府的环境保护职能从传统的制定标准、强制性执行转向尊重企业和公众的环境保护主体地位，在协商的基础上与企业合作，推动并促进环境政策的实施。节能自愿协议是政府引用契约方式对环境进行行政管理的手段，目的是使环境行政机关更好地实现环境保护义务，有效实现环境管理目标。政府通过节能自愿协议进行环境管理比使用其他政策手段更节省成本。因为法律的制定和执行成本较高，且法律本身具有滞后性，所以政府更愿意把节能自愿协议作为环境管理的重要补充手段并大量应用，尤其是在法律执行困难或者空白的领域。

2. 企业

传统经济发展理念认为，经济责任是企业唯一需要承担的责任。企业的首要任务是从事经济活动以实现利润最大化，企业只要不违反强制性法律规定，就无须承担特别的社会环境责任。实际上，企业在生产经营过程中，常常会对环境造成各种各样的负面影响。企业社会责任包含三方面的内容：经济责任、社会责任和环境责任。环境合作原则和公众参与原则强调了环境责任的普遍性，即环境保护不仅仅是政府的责任，而且也是企业和公众的责任，需要由政府、企业和公众共同来承担环境保护的责任。企业既是自然资源的主要消耗者，也是环境污染的重要主体，环境问题与企业的生产经营活动紧密联系，企业应该承担一定的环境保护责任。节能自愿协议是企业履行环境责任的有效途径。节能自愿协议可以看作是企业在法律规定之外,自愿承担的环境保护义务。企业的环境责任要求企业超越把利润作为唯一目标的传统理念,强调再生产过程中对环境的关注。节能自愿协议使企业的经营目标和管理理念发生改变,在管理体系中自觉纳入对环境保护的考量,使企业的管理决策更具科学性。

(二)节能自愿协议的权利和义务

节能自愿协议作为外部环境行政合同的一种,具有合同的基本属性。节能自愿协议是一种双方行为,在签订协议的过程中,政府和企业应就协议内容在不与法律法规相抵触的范围内进行协商,双方的意志都应得到体现和尊重。从我国的实践情况来看,不同企业与政府所签订的协议内容各不相同,但一般都包括两方面的内容:企业承诺在一定时间内达到某一节能减排目标;政府给予企业以某种激励。

政府和企业作为我国节能自愿协议的主要参与者,其权利和义务是相互对应、相互联系的。在节能自愿协议中,如果政府以环境保护的名义对企业的行为进行过多的甚至全面的行政控制,往往会构成对企业生产经营活动的不适当干预,妨碍企业经济自由并因此而降低其活力特别是竞争力,违反"自由竞争"这一市场经济的基本原则。因此,在节能自愿协议法律关系中,政府的权力体现为对企业的指导和监督,其义务则是为企业提供相应的优惠政策或者奖励措施,如在财政、税收、融资、技术等方面为企业提供一定的激励措施。

企业作为"经济人",是在自身利益的驱动下参与节能自愿协议的。为了平衡企业的利益、鼓励企业的积极环境行为,节能自愿协议通常会赋予企业获得政府提供的激励措施的权利,这是企业主动参与节能减排活动的内在动力。同时,企业也需要承担一定的义务,如遵守国家节能减排的相关法律法规、以书面形式提交协议执行报告等,以配合政府的监督指导,保证节能自愿协议目标的实现和全面履行。

(三)节能自愿协议的客体

法律关系的客体是法律关系主体的权利和义务所指向的共同对象,它是将法律关系主体间的权利与义务联系在一起的中介,没有客体为中介,就不可能形成法律关系。一般认为,物、行为、智力成果和人身利益是法律关系客体的典型形态。我国的节能自愿协议是政府与用能单位或行业组织为提高能源利用效率、达到节能减排目标而签订的协议。在节能自愿协议这一法律关系中,政府、企业的权利和义务都是围绕节能减排这一客体设定的。

四、节能自愿协议的规范化

节能自愿协议作为一种非强制性节能减排措施,其可行性得到了充分的肯定。与一般的环境行政合同相比,节能自愿协议更具有灵活性。由于节能自愿协议目标制定与实现形式的多样化，为了避免实施过程中的不确定性、达到预期的节能减排效果，有必要对节能自愿协议的节能计划、技术通则、协议样本等进行探讨，以保证其规范实施。

（一）节能计划

节能计划是企业在节能自愿协议实施期间，为提高能效所制订的具体实施方案，包括实现协议期目标将要实施的措施及其时间表。一般在自愿协议中，只要求企业承诺在一定期限内达到某个节能减排目标，而对于企业实现这一目标的具体节能计划和节能措施并无特别的要求。但是，作为节能自愿协议效果评估的依据，对节能计划的基本内容进行规定，可以促进企业自觉实现预定的节能目标。

企业需要按照协议的要求，根据潜力评估的结果，制订详细的节能计划，包括实现中期和长远目标将要实施的措施。企业制订好初步的节能计划以后，通常由独立的第三方对该计划进行评估和批准，以确定该节能目标是否具有可行性、节能计划在时间进度和投资上是否切实可行。如果企业所处的外部环境或规划的节能项目发生了变化，节能计划应重新修改，并递交给第三方重新评估。节能计划是节能自愿协议的活动方案，其完整性和可操作性在一定程度上决定了企业实现节能目标的可行性，对企业节能计划的基本内容和方式提出要求，可以推动节能自愿协议实施过程的规范化。

（二）技术通则

节能自愿协议，只要是在法律法规许可的范围内，当事人都可对协议的内容和实施方式进行协商。为了减少自愿协议实施过程的不确定因素，需要制定一个系统的具有指南性质的手册或标准，对协议的实施程序、技术要求等基本内容进行规定。

（三）协议样本

协议文本作为节能自愿协议项目实施的载体，是协议当事人权利和义务的重要依据。从国外节能自愿协议的实践经验来看，虽然各国自愿协议的模式和内容有所不同，但一般都包括以下要素：明确协议的各参与方、明确各方职责和义务、描述节能目标、描述如何达到节能目标、描述所需的评估和监测过程、一致认可的修改和终止日期等。

协议样本的规定一般较为概括，对节能自愿协议实施主体仅起引导和示范的作用，并非对每个具体的协议主体都完全适用。在具体的实施过程中，政府和企业应该从自身利益的需求出发，根据不同的行业和产业特色，参照以上协议样本的格式，制定出专门的协议文本，使协议双方当事人的权利义务更加明确。

第十三章　能源风险管理

第一节　能源风险管理概述

一、能源风险

能源风险是指由能源供求、自然灾害、地缘政治、国际形势、国家战略以及人为市场操作等一系列不确定因素引起经济损失的可能性。能源与其他金融资产和物质资产一样，其风险来源也可以分为可以分散控制的非系统风险和不可分散的系统性风险。在这些风险中，能源风险又表现为两种类型。

（一）直接能源价格风险

直接划分为价格风险是由于市场上能源交易是以市场价格而非它的实际价值交易的，如原油价格的波动可达到其成本价格的几十倍。原油世界平均开采成本在2～15美元/桶，而在海湾地区平均成本不超过4美元/桶，但售价却可以高达60美元/桶以上。即这些风险直接造成了能源价格的波动，以及能源成本、利润的损失。价格风险主要来自利率风险、汇率风险、能源价格波动风险以及购买力风险。其中由于市场利率和银行利率变化引起的利率风险一般来讲与能源价格负向相关，利率上升时，能源价格往往下跌，而利率下降时，能源价格一般会上升。这与债券与利率的关系相似。其原因主要是因为能源不仅仅是一种物质资产，它还具有金融资产的特殊属性。同样，汇率的不稳定性影响到国际资本的流动，从而改变利率的走势，也间接影响着能源价格的变化。另外，特别是对于我国这样大部分能源依靠进口的国家来说，汇率影响着进口成本，也就直接影响到了能源价格。最后，由通胀率、消费价格指数等引起的购买力风险也会影响到能源最终消费者的需求，从而影响了能源商品的价格。

（二）间接影响能源价格的风险

此类风险因素并不直接改变能源商品的价格，但是它可以通过影响到市场上的利率变化、汇率变化、物价水平变化甚至预期变化而作用于能源的价格。其中，政府的宏观政策作用最大。正如后面分析中指出的，20 世纪 80 年代以前全球对能源价格的管制使得能源行业除了自然灾害风险以外，几乎没有任何价格风险，能源价格收益也稳定在一定水平上，但随着价格管制的解除，能源价格开始几十倍地波动。另外，政府的政策走向也会影响到公司的成本利润，从而改变商品的价格。再者，能源市场上还存在一些公司所独有的风险，这些风险往往可以由经营者更高的管理决策水平以及投资者更强的风险意识分散掉，如经营者自身的操作风险和公司流动性风险等。

二、能源风险分类

能源风险可以分为以下几类：

(1)价格风险(price risk)，能源价格风险比其他商品价格风险要复杂得多，且对地区十分敏感，能源价格具有较高的波动性，受自然灾害、气候条件、经济发展、人口数量、能源储量、金融操作、环境政策、政治因素等影响。

(2)现金流风险(cash risk)，现金流是企业正常运营的必要条件，如果现金流过于充足，那意味着资金使用效率不高，存在资金闲置的问题，若现金流经常处于紧张状态，那么一旦有突发事件发生，企业就会面临现金流中断的风险。

(3)汇率风险(exchange risk)，是指跨国公司在其经营活动中，因外汇汇率变动而使公司的负债和支出增加、资产和收入减少的可能性。

(4)利率风险(interest risk)，是指公司在资本的筹集和运用过程中，由于各种不确定因素引起的变化，直接或间接地造成公司投资贬值或收益损失的风险。

(5)基准风险(basis risk)，是指因为期货合约的价格变动与合约的基础金融工具或商品的价格变动不能保持完全一致而带来的风险。

(6)政治风险(politics risk)，是指由于区域性或全球性政治经济危机、经济封锁和物资禁运等经济制裁、经贸摩擦、全球性的自然灾害以及大规模的武装冲突和局部战争等事件使国际能源市场和能源价格产生巨大波动而带来的风险。

(7)其他风险，如交易量风险、跨国公司竞争的风险、法律风险、环保风险、替代性能源风险等。

三、能源风险管理

能源风险管理，是指利用金融衍生工具等技术手段，对电力、石油、天然气、煤炭、核能等能源生产、消费和流通企业的资本(包括有形资产、有形商品和衍生品等)在运营过程中的风险进行识别、评估、监控和控制，使风险化解到比较小的程度并能产生增值效益，从而使企业能有效地运作。能源风险管理在美国的电力、石油、天然气行业应用得比较早也比较成熟。美国在20世纪七八十年代的电力和天然气放松管制的政策直接导致了天然气价格的巨大波动，为能源风险管理提供了需求；90年代初，能源风险管理开始在美国天然气、石油和电力等能源行业中得到实际应用。随后，风险管理也应用到煤炭生产企业。能源风险管理除了能源企业之间可直接应用外，它还通过远期合约、价格指数、期货合约、期货期权等工具与金融市场中的期货市场和商品交易所等紧密相连。金融市场越发达，能源风险管理在企业中就越有应用范围，也就越能产生效益。

能源风险管理与金融工程有着极深的关系，以至于有些人把金融工程与风险管理等同起来。这种概念的等同一方面是因为金融工程师这一名称的来源所造成的。在20世纪80年代中期由伦敦银行业引入金融工程师概念。当时在伦敦的银行开始设立由专家小组组成的风险管理部门，这些专家为公司的风险暴露提供结构化的解决方案。这些专家小组采取新的策略研究风险管理，这种新的策略是要仔细地考察公司所承受的一切金融和财务的风险。与一般金融分析师不同，金融工程师除了要识别风险和衡量风险外，还需要向公司管理层提供结构化的解决方案以化解风险。另一方面是因为风险管理要用到大量的金融工程概念和工具，并且部分解决方案还必须通过金融市场才能实现。既然风险管理与金融工程有这么密切的联系，那么了解一些金融工程中与风险管理相关的金融衍生产品市场与工具就是十分必要的。

衍生品在原油、天然气行业的运用证明是成功的，并且运用衍生品来进行避险保值即风险管理将在更多的能源领域得到运用，如电力、钢铁、煤炭等。但是，衍生品用来避险保值也并非一帆风顺。首先，一些阶层的投资者会由于某些偏好而限制经理人运用衍生品避险的权利；其次，由于大多数市场上缺乏及时、可靠的现货价格和交易数据，交易者使用衍生品来管理风险就变得更加困难和昂贵；最后，现实资本市场中存在大量因为不恰当使用衍生品交易而导致财务困境甚至破产的案例。

第二节　能源风险管理方法

一、能源风险识别

能源风险识别是风险管理的第一步，也是从根本上决定能源风险管理过程是否充分有效的重要步骤。能源风险识别的方法根据风险分类、风险因素特点、危害程度、易识别程度等，应当选择不同的方法。常用的能源风险识别方法主要有：

（一）问询法

问询法又称专家调查法，其在能源风险识别阶段的主要任务是找出各种潜在的危险并作出对其后果的定性估量，不要求作定量的估计，因为有些危险很难在短时间内用统计的方法、实验分析的方法或因果关系论证得到证实。该方法主要有两种：集思广益法和德尔菲（Delphi）法。

（二）流程图分析法

流程图分析法是一种识别项目所面临潜在风险的动态分析法。首先，应根据能源项目的开发经营情况，编制反映能源项目开发经营过程的流程图；然后，通过对流程图的分析，有效地揭示项目开发经营过程中"瓶颈"分布及影响，找出影响全局的"瓶颈"，并识别可能存在的风险。流程图类型很多，有反映整个开发过程的总流程图，有专门反映某一阶段特别是"瓶颈"所在阶段的分支流程图，也有反映某一特定业务和部门活动的流程图。在能源风险识别时，可根据特定需要编制流程图，而后对每个环节、每个过程进行分析，以达到识别开发过程中所有风险的目的。

（三）故障树法

故障树法就是利用图解的形式将大的能源风险分解成各种小的风险，或对各种引起能源风险的原因进行分解，这是能源风险识别的有力工具。该法是利用树状图将能源风险由粗到细、由大到小，分层排列的方法，这样容易找出所有的风险因素。与故障树相似的还有概率树、决策树等。

（四）财务报表分析法

能源风险造成的损失以及进行能源风险管理的各种费用都会在财务报表上表现出来，财务报表分析法就是基于这一点来识别和分析各种风险的。财务报表主要包括资产负债表、损益表、财务状况变动表和利润分配表等。通过分析这些报表，可以发现项目未来所面临的风险。为此，能源风险管理者均应懂得会计知识。

二、能源风险评价

能源风险评价是指对可能导致损失的风险因素进行系统分析和权衡，并依据风险对项目的影响程度进行风险分级排序，综合评估项目风险的整体水平，以判断节能服务公司承担的节能项目是否合适。在风险识别的基础上，通过建立项目风险评价指标体系，对项目风险因素影响进行定性或定量判断，找到能源风险的关键因素，为如何解决这些风险提供科学依据。

能源风险评价方法一般分为定性、定量、定性与定量相结合三类，具体方法有多种，包括主观评价法、决策树法、层次分析法、模糊风险综合评价法、故障树分析法以及外推法、蒙托卡罗模拟法等。此处只介绍层次分析法和模糊风险综合评价法。

（一）层次分析法

层次分析法（Analytical Hierarchy Process，AHP）是美国匹兹堡大学的萨第教授提出的一种定性与定量相结合的系统分析方法。AHP方法通过把复杂的问题按照彼此之间关系分层次分解为若干个简化的问题,通过两两相比的易于判断的方式确定分层次中诸要素的相对重要性,然后综合各个层次的判断结果决定这些要素在整个复杂问题上的重要性排序。

其基本思想是:首先,根据能源风险问题的性质和达到的目标,将问题分解成不同的组成因素,按照各因素之间的相互影响和隶属关系将其分层聚类组合,形成一个有层次结构的模型;然后,对模型中每一层次因素的相对重要性,依据人们对客观现实的判断给予定量表示,再利用数学方法确定每一层次全部因素相对重要性的权重值;最后,通过综合计算各层次相对重要性的权重值,得到最底层(方案层)相对于最高层(总目标)重要性次序的组合权重值,以此作为评价和方案选择的依据。

AHP将人们的思维过程和客观判断数学化,简化了工作量计算,有助于决策者保持其思维过程和决策原则的一致性。利用此法分析难以全部量化处理的发电企业风险可得到比较满意的结果。

(二)模糊风险综合评价法

模糊风险综合评价法是指综合考虑能源风险的各个因素,通过模糊数学和模糊统计,科学评价优劣的一种方法。模糊数学是由美国控制论专家、数学家扎德(L. A. Zadeh)创建的。他在1965年发表的论文"Fuzzy set",标志着模糊集合理论的诞生。模糊集合理论的基本思想是通过隶属函数来对差异的中间过程进行描述,从而达到用精确性逼近模糊性的目的。隶属函数的引入是对模糊性进行描述的关键。我们在对能源管理的风险评价指标进行评价时,因为各指标存在的模糊性和不确定性,很难使用精确的数学工具和方法,因此这些方法存在很大的局限性。如若采用精确的数学方法和数据对能源管理的风险进行分析,往往会得出事与愿违的结果,结论与实际情况相去甚远,从而对客观准确地分析能源管理的风险产生影响。这是因为能源管理风险评价问题本身是具有模糊性和不确定性的,因此,需要采用模糊综合评价法进行处理。

模糊综合评价法在全面评价受多种因素影响的事物时是十分有效,是一种多因素决策方法。既有严格的定量刻画,又通过主观的定性描述难以定量分析的模糊现象是该方法的显著特点。通过紧密结合定性描述和定量分析两种方式,具有同时适用于主观和客观指标、适用面广泛的优势。对现象模糊性的处理,用数字反映人的经验和主观判断,综合不同因素对总体的影响,这些特点保证了可以用模糊综合评价法来处理问题本身带有模糊性的多因素的综合判断问题。

第三节 能源风险源界定与关系

一、能源风险源

能源风险管理主要考虑七个内生风险和五个外源风险，包括：道德风险、信息传递风险、生产（供给）风险、采购风险、物流风险、财务风险、企业文化差异，经济周期风险、制度/法律风险、市场（需求）风险、政策风险以及意外灾害。且外源风险可通过系统间接影响内生风险。

（一）内生风险

内生风险包括道德风险、信息传递风险、生产（供给）风险、采购风险、物流风险、财务风险以及企业文化差异。

(1)道德风险，是指在能源交易过程中，由于存在信息不对称和监督成本过高，能源交易的某一节点企业通过采取机会主义行为，对其他节点企业的利益造成损失，甚至承受更大的风险，最终导致整条能源供应链产生危机。

(2)信息传递风险，是指在能源供应链的共享信息过程中，由于各个节点企业均为产权相对明确、经营管理相对独立的经济实体企业，能源供应链形成了一个结构上较为松散的节点企业合作联盟；随着能源供应链的合作日益深入、规模逐渐扩大，能源供应链结构就会变得日趋复杂，但是由于组织沟通能力无法及时得到巩固和加强，造成供应链信息流传递受阻，信息发生错误的机会和概率也随之增多增大，最终导企业管理者的决策失误。

(3)生产（供给）风险，是指能源供应链节点企业生产组织过于集成、重视效率，导致能源生产过程出现“刚性有余、柔性不足”的现象；在生产供给过程中，若某个环节上出现问题，易于导致能源供应链整体运营过程的停滞。随着能源供应链节点企业生产、合作、利润共享等经济活动的开展，由于企业在生产工艺、生产设备、原料燃料、员工能力以及组织架构等方面均存在相应的障碍，造成在能源力提供过程中出现了无效供给，使得供应链能源流的单向传递受阻。

(4)采购风险，是指在供应链管理协作和交易边界选择的过程中，不合理的供应企业选择会产生相应的采购风险；在采购过程中，也会出现一系列的不确定性情况，包括人为性的、经济性的和自然性的。例如：在能源供应链中，若对供应企业的选择不当，将会导致发电企业市场竞争不足，致使能源供应链的协调水平下降，最终影响供应链中发电企业的采购环节；采购量预测不准确，将产生燃料无法满足预期要求或产生预算成本过多等现象,最终导致采购调整时间相对过长、预期运输延迟失去平衡。

(5)物流风险,是指在能源供应链的实际运营过程中,纽带性物流活动出现不确定波动,使得供应链资金流转速度减缓,无法有效地实现生产即时化和管理柔性化;能源链条物流系统的运作低效,导致在供给、运输、缓存、电力生产、电力输配和电力销售等环节中出现衔接失误,最终造成能源供应链物流不畅通进而产生相应的危机和风险。

(6)财务风险,是指能源供应链中的节点企业因其融资方式不适当、财务结构不合理、资金管理不科学等原因,而造成节点企业的资金不足、预期收益下降、企业盈利的不确定性增强,进而为财务管理环节甚至整个煤电能源供应链系统带来不可完全消除的风险和损失。例如:供应链中若存在财务风险,将会导致应收账款收款期延长,甚至因逾期未收而形成呆账或坏账;由于赊销比例和赊购比例的不合理,造成发电企业的现金流入和现金流出存在失衡。

(7)企业文化差异风险,是指由于能源供应链节点企业内外部发展环境存在差异,致使不同的企业在市场地位、产品质量、经营理念、管理方式、文化制度、员工素养和核心价值观等方面存在一定的不同,最终形成了适合于自身企业发展但互相之间有待协调的相对独立的企业文化,节点企业之间不相容的文化差异会导致能源供应链的运营出现阻碍。

(二)外源风险

外源风险包括经济周期风险、制度/法律风险、市场(需求)风险、政策风险以及意外灾害。

(1)经济周期风险,是指在非集权市场经济正常运行时,其运行轨迹出现"繁荣和衰退交替"的周期性波动,宏观经济周期性变化规律会导致能源供应链的运营难度加大、系统风险增强。在宏观经济相对景气的时期,能源供应链在电力终端市场的电力需求量不断增加,企业对固定资产投资会增加以进行企业扩大再生产,同时企业现金流出量相应增加;在宏观经济相对不景气的时期,能源供应链整体的销售收入将会下降,市场筹资环境不理想、筹资成本增加,企业现金的流入量相对减少、流入速率相对变缓,但是由于建设投资的持续性,使得现金流出并未出现明显的减少。由于经济的衰退,造成资金流动性较差,最终导致能源供应链的运营风险增强。

(2)制度/法律风险,是指能源供应链所生存的制度环境和所面临的法律体系将会随着经济社会的发展而产生制度变迁和法律变更,进而会诱发能源供应链的运营产生不确定性。制度是一个逐渐变迁的过程,法律是一个逐渐完善的过程,任何制度的引导和安排、法律的调整和修订都会导致不确定性,不可预知的风险将可能对能源供应链的运营产生负面的影响;但由于经济社会系统对制度和法律的作用效果进行反馈需要相对较长的时间,所以制度/法律风险可视为一种外源风险。

(3)市场(需求)风险,是指以终端能源市场需求为导向的能源供应链在运营过程中,能源生产、能源输配、能源供给和能源销售等经济活动均建立在对煤炭市场需求和电力终端市场需求的准确预测基础之上,若无法获得必要、及时、准确的市场信息,电网公司的年度发电量规划将无法反映市场趋势和电力用户偏好的变化趋势;能源供应链也将因为无法根据动态调整的需求改变而进行能源流和资金流的动态协调,最终使得发电企业丧失市场机会,失去结构优势,产生供应链风险。

(4)政策风险,是指为了保证新制度的顺利实施,国家相应的产业发展政策会随之发生变化,政策框架的设计、政策组合的调整以及新政策的制定会对能源供应链中节点企业的融资、投资以及其他运营管理活动产生相应的影响,其中的负面效应将会增加能源供应链的运营风险。当制度性问题发生时(如产业结构升级、产业结构调整、企业组织革新、企业生产研发、市场设计等),以社会经济发展为导向,政府将出台一系列相应的支持性政策和措施,保障制度实施、促进产业发展、鼓励企业进步、维护市场繁荣,为能源供应链中的节点企业的投资、生产和管控等活动提供必要参考并指明方向;但是限制性和约束性的政策和措施也会使能源供应链原有的投资、生产和管控等活动面临风险。政策风险的存在也是产生其他供应链风险的重要原因。

(5)意外灾害风险,是指由于气候变化、环境恶化、地震出现、火灾发生、政治动荡、意外战争等不可抗力而产生并引起的非常规性的破坏。不确定性的外部性效果会带来相应的损失,主要表现为煤电能源供应链的某个节点企业受到负面影响,从而引起整个能源供应链的波动,供应链运营稳定性的降低将导致供应链中节点企业的物资流动过程、资金流动过程和信息流动过程面临受阻或中断的威胁,无法实现既定的运营目标、合作效果以及社会责任,进而影响供应链中节点企业的生产经营活动,使其遭受损失。

二、风险源传递关系

(1)能源供应链的管理应以能源市场的需求为导向。理想状态下,生产、运输、配置和销售都应建立在能源需求完全信息的基础上。但是,政策工具及市场环境作用于宏观经济后,同时也增强了消费者偏好的不确定性,使需求预测的难度加大,从而导致能源供应链的经营风险增加。有效的能源供应链管理,不仅应反映能源资源类产品价格的联动关系,而且应反馈市场变化趋势和消费者偏好。

(2)2004 年,国资委将经济增加值(EVA)纳入中央企业的考核体系,每年对其进行测算;并从 2010 年起,以 EVA 取代净资产收益率(ROE),作为年度绩效考核指标。在价值度量上,与传统绩效度量指标(净利润和股东权益回报率等)相比,EVA 可体现风险与价值的联系,因此,以经济资本计量为基础的 EVA 是风险与价值驱动型管理合理的考核维度。

(3)在供应链风险管理中，将 EVA 作为 VBM(value-based management)普遍的中期性价值化绩效度量标准。由于 EVA 受到相互依存的多种因素的影响，所以价值驱动树(Value Driver Tree，VDT)可作为一般性框架来说明运营杠杆与价值性绩效指标(如 EVA)之间的因果关系。VDT 的作用包括：①将顶级绩效分解到运营杠杆层面，如图 13－1(a)所示；②通过风险调整资本成本和风险调整绩效指标(Risk-Adjusted Performance Metrics，RAPM)，将风险因子纳入绩效指标，如图 13－1(b)所示。从中期规划角度定义了三个运营性价值驱动因子：营业利润率(供应链销售量的增加和协同)；资产利用率(改进生产管理可提高成本效率)；经营性现金流(运营资本管理可缩短现金周转周期)。

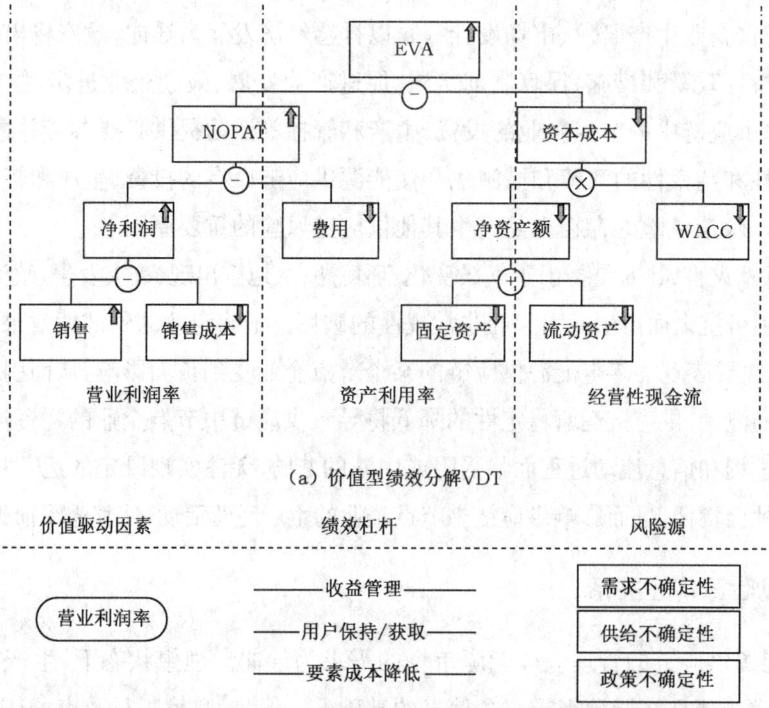

(a) 价值型绩效分解VDT

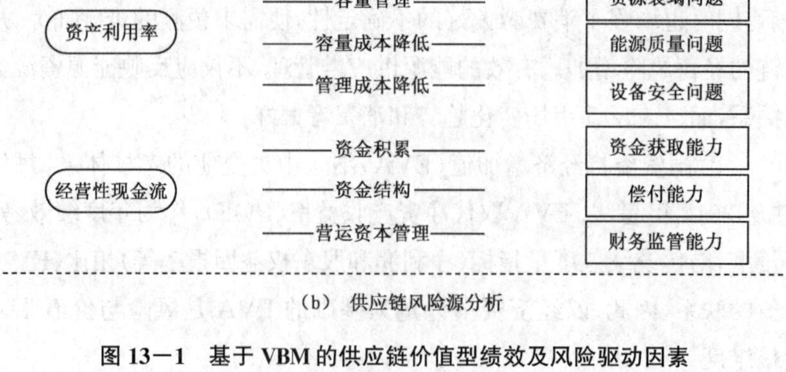

(b) 供应链风险源分析

图 13－1　基于 VBM 的供应链价值型绩效及风险驱动因素

第四节　能源风险管理策略

一、风险规避

规避风险是指改变项目计划，以排除风险或条件，或者保护项目目标，使其不受影响，或对受到威胁的一些目标放松要求。规避风险策略，是项目风险潜在威胁发生可能性太大、不利后果也太严重、又无其他策略可用时，主动放弃项目或改变项目目标与行动方案，从而规避风险。规避风险包含主动预防风险和完全放弃两种。主动预防风险是从风险源入手，将风险的来源彻底消除。例如，在公路大修项目中，为了彻底消除交通事故风险，可以申请禁止道路通行等措施。完全放弃是最彻底的回避风险的方法，例如项目前期可行性研究结果表明风险极大而放弃项目实施，从而避免项目失败的风险，但彻底放弃也意味着失去了发展和机遇。因此，采取规避策略，最好在能源项目活动尚未实施时，放弃或改变正在进行的项目一般要付出高昂的代价。

规避风险的另一个重要的策略是排除风险的起源，即利用分隔将风险源隔离于项目进行的路径之外。事先评估或筛选适合于本身能力的风险环境进入经营，包括细分市场的选择、供货商的筛选等，或选择放弃某个环境领域，以准确预见并有效防范完全消除风险的威胁。

二、风险减轻

减轻风险策略，通过缓和或预知等手段来减轻风险，降低风险发生的可能性或减缓风险带来的不利后果，以达到风险减少的目的。减轻风险是存在风险优势时使用的一种风险决策，其有效性在很大程度上要看风险是已知风险、可测风险还是不可测风险。对于已知风险，项目管理者可以在很大程度上加以控制，可以动用项目现有资源降低风险的严重后果和风险发生的频率。例如，可以通过压缩关键工序时间、加班或采取“快速跟进”来减轻项目进度风险。对于可测风险或不可测风险，这是项目管理者很难或根本不能控制的风险，因此有必要采取迂回策略。例如，政府投资的公共工程，其预算不在项目管理者直接控制之中，存在政府在项目进行中削减项目预算的风险。为了减轻这类风险，直接动用项目资源一般无济于事，必须进行深入细致的调查研究，降低其不确定性。例如，在决定开发一个新产品之前，应先进行市场调查，了解顾客使用需求、偏好以及价格倾向等，在这样的基础上提出项目，才有较大的成功机会。

三、风险转移

风险转移，是指借用合同或协议，在风险事件发生时将损失的部分或全部转移到项目以外的第三方身上。风险转移是水电开发工程项目风险管理中非常重要并广泛应用的对策。

采取这种方法时要注意：必须让风险承受者得到一定的好处，并且对于准备转移出去的风险，尽量让最有能力的承受者分担。否则，也许会给项目管理者带来一些意外损失。风险转移主要有两种方式：保险风险转移和非保险风险转移。

转移风险是指设法将风险的后果连同应对的责任转移到他方身上。转移风险实际只是把风险损失的部分或全部以正当理由让他方承担，而并非将其拔除。对于金融风险而言，风险转移策略很有效。风险转移策略几乎总需要向风险承担者支付风险费用。转移工具丰富多样，包括但不限于利用保险、履约保证书、担保书和保证书。将自己不擅长的或自己开展风险较大的一部分业务委托他人帮助开展，集中力量在自己的核心业务上，能有效地转移风险。同时，可以利用合同将具体风险的责任转移给另一方。在多数情况下，使用费用加到合同中，可将费用风险转给买方，如果项目的设计是稳定的，可以用固定总价合同把风险转移给卖方。有条件的企业可运用一些定量化的风险决策分析方法和工具，来优化保险方案。

四、风险控制

风险控制是使风险趋于控制，以降低风险发生的概率或避免风险发生，从而减少潜在损失的一种风险防范手段。风险的控制应该做到积极主动，以预防为主，防控结合。

风险损失控制根据其阶段和目的不同，可以分为两类：一是在风险事件发生前，为了降低风险事件发生的可能性，称为损失预防。例如：项目施工现场，规定所有工作人员必须佩戴安全帽，减少安全事故的发生；项目引进的设备在生产过程中发现与生产工艺匹配度不够，为避免重新购置设备而增加支出，由技术人员进行技术改造。二是在风险事件发生后，为了减少损失额度，称为损失控制。损失控制是一种主动的风险管理策略，也是最为常用的风险管理策略，能有效减少风险的发生及风险损失。但不论是损失预防还是损失控制都需要付出相应的成本，所以采用损失控制策略前，应当将损失控制的成本与潜在损失进行比较，当成本低于损失时，方能选用。损失控制方法按其特点可划分为工程和行为两种方法。工程法以工程技术为手段，消除物质性风险威胁，与有形的工程技术设施相联系，较为直观，效果也是最有效的；行为方法则是对人的行为进行管理，很多风险损失都是人员不安全行为直接造成的，所以必须加强相关人员的风险和风险管理教育。

第十四章　能源人才管理

第一节　能源行业的人力资源规划

一、能源人才的定义

能源人才，是具有一定的专业知识或专门技能，在能源勘探与开发、加工与转化、运输与利用、技术研发与装备制造、节能减排、管理服务、国际合作、统计审计等领域从事创造性劳动并对社会做出贡献的人，是能源领域人力资源中能力和素质较高的劳动者。能源人才主要分布在政府能源管理部门，能源研究、技术服务和地质勘查机构，也包括高等院校能源专业、能源企业、能源学会和协会的人才资源。综观能源行业，两大类人才是目前能源行业最迫切需要的：一是技术人才，尤其是有过大型工程项目经验、可独立设计大型系统综合节能项目的专业技术人才；二是节能管理人才，那些对节能产业中某个专项领域有深刻认识，又具有市场运作经验和一定管理能力的高端人才一直是各个能源企业追捧的对象。现阶段，能源行业这两类人才缺额严重，必须通过合理的人力资源规划来弥补不足。

二、人才引进工作体系

人才引进是人力资源管理的首要工作，也被称为“一号”工作，可见其重要性。企业要想招聘到合适的人才，必须要有一套健全的人才引进体系，从制度上保障人才引进的科学性。人才引进工作是人力资源管理工作中风险量较高的工作。人才质量直接影响企业人力资源的整体绩效，轻者重复投入、浪费成本，加大企业负担，不利于帮助企业渡过难关；重者影响企业的正常经营。因此，在构建人才引进工作体系时，能源行业需要做好以下几个方面：

(1)人才引进与人力资源规划相结合。人才的储备和培养是企业战略发展必需的,人才引进仅是人力资源规划的短期实现方案,必须与未来的人才规划相匹配,不能让人才引进变成孤立的工作内容,与企业未来的发展规划失去配合。

(2)明确岗位能力要求。招聘要做到科学有效,要了解能源岗位需要什么样的人才,分类明确各个岗位的能力要求。

(3)科学有效的评估。为保证评估的客观、有效,必须要有全面的评价方法,可设定一般能力测试、专业能力测试、心理能力测试、价值体现测试等。

(4)做好人职匹配。在人员的选择上,不仅要挑选出具备胜任岗位所需知识、技能素质的人,还要对其存在的潜能进行综合考虑,对可培养性进行评估;还可通过预测优秀绩效的方法,在同等条件的应聘者中进行选拔,挑选出能够在工作中取得高绩效的人,而不是仅仅执行工作、完成任务的人。

(5)负责招聘的工作人员选择上要高要求。在招聘工作人员的选择上,要尽量选择政治素质高、业务能力强、对企业的历史及发展有充分了解、对企业的文化有充分认识的人员。

(6)应聘者的选择上要高要求。应聘者表现所体现出的文化背景及价值观,要引起招聘人员的重视。一是要观察应聘人员对企业文化是否认同,能否理解企业的核心价值观;二是要观察企业能否满足应聘者因文化背景而产生的需求,能够将其匹配到适合的岗位中去。

三、多元培训体系

培训工作是能源人才队伍建设的重要内容。不断创新机制,加强人才队伍建设和培养,是企业平稳发展的有力保障。目前,能源企业的培训体系,或多或少都存在着一些问题,没有认识到通过培训激发员工工作潜能的重要性,重生产轻培养的现象普遍。例如,培训的方式方法单一、缺乏企业文化培训、培训缺乏针对性等。解决这些问题,需要企业建立多类型、多层次、多方位的培训体系,通过对现有人力资源的培养开发和有效利用,达到节约成本、创造最大效益的目标。

为能源人才提供多元化的培训体系,一是在岗位培训方面,应该针对能源管理人员和专业技术人员,按专业进行分类,按岗位进行分层,根据核心、骨干、高级、中级、初级制定适合每类人员的培训内容;并对每位员工做好职业生涯跟踪,根据员工的成长,适时安排和调整培训计划。二是要加强新理念、新技术、新工艺培训,提高新技能,以适应不断变化的竞争环境。三是要加大复合型人才培训力度,培养一专多能的人才队伍,为能源企业在新形势下的战略转型做好充分的人才储备。四是要利用好企业的专家资源,做好"师带徒"。能源企业中往往有工作多年、既熟悉业务又了解企业价值的老员工，他们的忠诚度高，熟悉企业内部的人情世故、流程等，也是企业不可或缺的一笔财富。企业应该利用好这种资源优势，在企业中建立一种依靠内部人才资源快速培养公司发展需要的各类人才的培养机制，有计划、有目的地培养具有良好职业道德和职业素养的员工队伍。

四、人力资源的优化配置

企业既需要对人力资源进行补充和培养，更要重视管理机构的科学构建以及人力资源的优化配置，理清工作流程，划清工作界面，把合适的人安排到适合的岗位。目前，人浮于事、企业没有活力的现象很普遍，尤其是在能源行业，人才缺口严重的很大原因在于人员结构不合理、配置不科学，没有做到专业对口、工作对路。能源行业要想提高生产力，必须从根本上解决人员结构问题。

精干高效设置职能部门和岗位。一是通过组织机构改革，压缩管理层级，实现企业的扁平化管理。二是对比同行业优秀企业劳动定员标准，分析岗位劳动定员差距，查找自身短板，进行工作分析，改进操作方式。三是对岗位进行优化整合，减少不必要的岗位，合并职责相似岗位，精简岗位和定员，建设高效性企业。四是通过工作流程再造和界面清理，解决责、权、利不明晰的问题，避免职能之间的缺失、交叉和重叠，防止有的事情没人做、有的事情多人管，实现总部与分支机构职责清晰、管理通畅，企业工作效率得到有效提高。

盘点人员存量，规划未来人才，进一步优化能源管理、专业技术、技能操作的三支队伍结构。经营管理队伍按照机构编制管理要求，严格控制人员数量，突出精干高效；专业技术队伍根据业务发展需要，按照一定比例进行配比，突出科学合理；技能操作队伍按照生产装置定员标准优化人员配备，剥离非主体工种岗位人员，突出结构调整，提升主业的高素质人才比例。通过盘点和规划，理清各支队伍现状，发现人才储备和发展中存在的问题，根据企业战略发展目标研究和确定未来几年人才建设的思路和策略，对企业队伍建设进行前瞻谋划，为今后工作安排提供人员保障。

根据岗位要求进行员工配置。首先，要做好岗位分析和评价，明确各岗位的工作职责、任职条件、岗位责任。其次，做好选人用人，特别是一些骨干岗位的选择，严格选聘程序和标准。否则，不但不能起到承上启下的带头作用，还会造成企业内部矛盾的滋生，不利于企业的和谐发展。在选聘时，要建立基于“能力素质”的用人标准体系，通过竞争性选拔的手段来完成。

第二节 能源行业的工作分析与岗位设计

一、工作分析

工作分析又称岗位分析、职务分析，是指对各种工作的性质、任务、责任、相互关系以及任职工作人员的知识、技能、条件进行系统调查和研究分析，以科学系统的描述并做出规范化记录的过程。工作分析是现代人力资源所有职能即人力资源获取、整合、激励、控制调整和开发的基础和前提，只有做好了工作分析，才能据此完成人力资源规划、招聘甄选、绩效评估、薪酬设计、激励等工作。

工作分析的主要内容就是确定工作的具体特征和基本要求。其中，工作的具体内容包括：

(1)工作名称。即指是什么工作。

(2)工作活动和程序。包括所要完成的工作任务，工作职责，完成工作所需要的资料、机器设备与材料，工作流程，工作中与其他工作人员的正式联系以及上下级关系。

(3)工作条件和物理环境。包括适当的温度、适当的光照度、通风设备、安全措施、建筑条件，甚至工作的地理位置。

(4)社会环境。包括工作团体的情况、社会心理气氛、同事的特征及相互关系、各部门之间的关系等。此外，应该说明企业和组织内以及附近的文化和生活设施。

(5)职业条件。由于人们常常根据职业条件来判断和解释职务描述中的其他内容，因而这部分内容特别重要。职业条件说明了工作的各方面特点，如工资报酬、奖金制度、工作时间、工作季节性、晋级机会、进修和提高的机会、该工作在本组织中的地位以及与其他工作的关系等。

工作要求说明了从事某项工作的人所必须具备的知识、技能、能力、兴趣、体格和行为特点等心理及生理要求。制定工作要求的目的是决定重要的个体特征，以此作为人员筛选、任用和调配的基础。工作要求的主要内容包括有关工作程序和技术的要求、工作技能、独立判断与思考能力、记忆力、注意力、知觉能力、警觉性、操作能力、准确性和协调性、工作态度和各种特殊能力要求。职务要求还包括文化程度、工作经验、生活经历和健康状况等。工作要求可以用经验判断的方法获得，也可以通过统计分析方式来确定。

能源行业的主要工作可以分为能源计量工作、能源统计工作、相关技术研发工作以及能源管理工作。

能源计量是在能源生产、存储、转化、利用、管理和研究中，实现单位统一、量值准确可靠的活动。能源计量工作是通过准确计量优化能源消耗体系实现经济运行管理，杜绝跑、冒、滴、漏，提高设备运行可靠性和经济性，进而达到全面节能降耗的管理目标。因此，能源计量工作可以说是通过计量手段确保用能的准确性，并以此为依据进行的能源管理，是能源管理的一部分，并且是重要组成部分。国家将通过能源计量得到的准确能源数据作为能源统计调查、统计分析的基础，对各类能源消耗实行分类计量、统计，为政府部门宏观决策提供依据。

能源统计是在能源系统经济指标体系下，通过特有的计量形式和科学的统计分析，对能源的各个过程进行研究，并揭示其内部规律和平衡状况的专门统计。能源统计可以反映能源各运行环节之间的特征和相互联系，反映制约和平衡状况。能源统计的基本任务，一是为国家制定与确定能源政策，为国家制订能源计划和保证能源供需平衡提供依据；二是加强企业的能源管理，为节约能源、发展生产、提高企业能源的利用率和改善环境等提供重要的信息依据；三是对企业执行国家能源计划和政策进行调查监督和统计分析，如发现问题要及时调查原因，做出改进。能源统计分析可以有效对能源使用进行预测。统计人员通过到车间具体调查了解，掌握能源的产出、消耗等信息；通过对统计资料进行分析，分析能源变化的原因，发现企业生产和能源消耗的薄弱环节，判断高耗能和高污染产品，从而进行更新和淘汰，为企业提高经济效益提出有效建议。

能源企业中能源管理工作的主要内容有：

(1)传达和宣传国家节约能源法律法规及上级政府的节能文件和精神，并开展节能宣传教育，提高广大职工节能意识，组织培训，对节能员工作进行指导。

(2)组织编制企业中、长期节能规划和年度节能实施计划。

(3)根据国家及地方能源法律规范制定企业能源管理制度、能耗考核制度。

(4)负责制定和修订能耗考核经济指标。

(5)负责组织新建、扩建、改建、修改项目和设备的节能性评定工作。

(6)负责能源消耗定额的制定、分析与考核。

(7)负责制定、审定企业节能奖金的分配方法和方案。

(8)负责节能合理化建议的征集及审定工作。

(9)负责组织企业内重点用能设备的效率测试工作和能量平衡、能源审计。

(10)负责企业车间之间能源计量的采录、平衡和统计工作，及能源消耗数据的报出工作。

(11)定期向统计部门上报能源统计报表、能源消耗分析及定期能源消耗总结。

(12)负责企业内现场用能合理性的检查工作。

(13)定期召开节能分析会议，对节能经济指标和节能工作的完成情况进行系统的分析评价，出具分析报告，找出存在的问题，提出改进措施，并进行相应的考核评比工作。

二、岗位设计

岗位设计，又称工作设计，是指根据组织需要，并兼顾个人的需要，规定每个岗位的任务、责任、权力以及组织中与其他岗位关系的过程。它是把工作的内容、工作的资格条件和报酬结合起来，目的是满足员工和组织的需要。岗位设计问题主要是组织向其员工分配工作任务和职责的方式问题。岗位设计是否得当对于激发员工的积极性、增强员工的满意感以及提高工作绩效都有重大影响。企业每一个部门都需要岗位设计，岗位设计得如何会直接影响企业的生产经营成本。

能源行业中岗位的设计具有饱满性，对于临时性、间歇性节能管理工作一般不设专门岗位，且每个已设岗位都有明确的职责边界。能源行业中的相关企业设立以下四个岗位比较适宜：能源计量岗位、能源统计岗位、能源技术岗位和能源综合管理岗位。

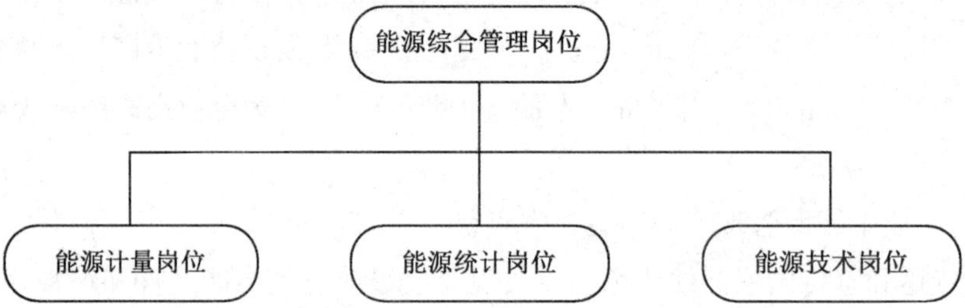

图 14—1 能源行业岗位构成

(一)能源计量岗位

能源计量岗位负责企业能源购进、输送、加工、转换、消耗过程的计量工作。其主要有以下五个方面的职责：

(1)管理能源计量器具，负责能源计量器具的申购、配备、使用、检定、维修、报废等工作。

(2)编制能源计量器具台账，列出能源计量器具一切相关资料。

(3)严格执行检定规程，管好、用好标准装置，确保量值传递的准确可靠。

(4)做好能源计量器具的周期检定和抽检工作，对检定合格的计量器具进行标识，表明其使用的有效状态，保存好检定原始记录。

(5)加强对检定证书、铅封钳、封笺的管理，做到齐全、规范、完整、有效。

（二）能源统计岗位

能源统计岗位负责企业能源购进、输送、加工、转换、消耗及产品（服务）产出过程的统计工作。其主要有以下四个方面的职责：

（1）统计企业能源消耗数据，计算能耗指标，统计能源消耗的品种、总量，计算产品、产值单位能耗，通过翔实数据为企业宏观决策和管理提供统计信息和依据。

（2）编制能源数据报表，运用采集的能耗数据，根据企业节能管理需要、节能法律法规规定，编制能源统计报表，报送企业主管领导、平行部门和政府统计部门、节能主管部门等。

（3）分析能耗指标变化情况，提出降低能耗、提高能效的建议措施。

（4）根据能源消费反映出来的情况和问题，查找改进节能工作、降低能耗、提高能效的管理措施和技术措施。

（三）能源技术岗位

能源技术岗位负责企业节能技术的研究。其主要有以下四个方面的职责：

（1）组织协调企业节能技术创新、技术改造相关工作，收集节能技术、工艺、产品等，收集国家和各级政府节能技术政策、推广的节能技术目录、淘汰的落后技术与工艺等，提出采用节能新技术、淘汰落后技术与工艺的建议，制订节能技术推广计划，经相关领导批准后，组织实施。

（2）能源技术岗位人员应当将本企业能耗指标与国内外先进水平进行比较，查找浪费能源的差距，采用对标工具，挖掘节能潜力，拟订节能技术改造方案，提交企业相关领导审定。

（3）向有关部门推荐节能技术、产品，申报节能项目。能源技术岗位人员要按照国家和地方政府节能主管部门、工业主管部门等的部署，向这些部门推荐本企业先进的节能技术、节能产品，扩大使用范围，为全社会节能做出贡献，同时也可争取国家政策支持。

（4）能源技术岗位人员还要负责向有关政府部门申报节能项目，编报技术方案、项目建议书等，争取资金、政策支持。

（四）能源综合管理岗位

能源综合管理岗位是全面负责企业能源管理工作的岗位，与上述三个岗位相比，负责的工作更多、担负的责任更大，有指导其他岗位完成本年度管理工作的责任，有时还要承担其他岗位的工作。其主要有以下六个方面的职责：

（1）贯彻执行节能法律、法规、规章、标准，拟订企业节能管理制度，组织编写企业中长期节能规划和年度节能工作计划，组织拟订企业节能规划、计划草案，报能源管理负责人审核和企业最高负责人审定。

(2)组织运行能源管理体系,保证能源管理体系的有效运行,实现持续改进目标。

(3)组织相关人员依法依规编制能源利用状况报告,按照当地政府及节能主管部门要求编制节能目标完成情况自查报告,在企业完成内部审核审定后,报送节能主管部门。

(4)组织开展能源审计、组织企业内部和外部机构对企业进行全部和单项能源审计,根据审计结果制定改进措施。

(5)组织开展节能宣传教育和岗位培训,组织企业内部的节能宣传教育和岗位培训工作,加强企业节能文化建设,提高用能岗位操作人员业务水平。

(6)办理企业固定资产投资项目节能评估审查手续。

第三节 能源行业的人力资源绩效管理

一、绩效管理概述

绩效管理,是一套系统的管理活动和过程,用来建立组织与个人对目标以及如何完成目标的共识。绩效管理是人力资源管理的核心内容,它的目的是持续提升个人、部门和组织的绩效。它是以目标为导向,管理者与员工在确立目标、任务要求及努力方向上达成共识,并形成利益与责任共同体,共同推动组织与个人努力创造高业绩,成功实现目标的程序方法。

无论是基于挖掘企业内部人员潜力、促进企业人力资源开发、提升企业核心竞争力的角度,还是从队伍管理、人力资源优化配置的角度,建立一个富有竞争、激励、约束和活力的绩效管理体系都具有重要的现实意义。一方面,绩效管理能充分激励员工,为执行员工激励约束机制提供了工具。企业管理的核心在于企业人员的管理,员工管理的核心在于有效的激励和约束。绩效管理能通过合理的绩效指标,甄别员工的工作能力,量化分析个人和部门对企业的贡献度。员工各司其职,通过绩效管理体系认识到自己的长处和不足。能源企业人力资源经过优胜劣汰后能展现出新的竞争态势,员工也有途径通过自身的努力得到回报。另一方面,绩效管理能实现企业战略蓝图,不断细化企业宏观的营运目标。企业在不同的发展阶段往往有不同的战略目标。这要求企业管理者不仅要立足眼前,又要高瞻远瞩、放眼未来。企业管理者通过分析当前市场状况和未来经营环境可能出现的变化,审时度势地制定适合企业发展的战略目标。相应地,企业通过科学的数据指标确定不同阶段的绩效标准,不断细化企业宏观的经营目标,来实现跨时段、跨部门的绩效追踪。

二、能源人才的绩效考评

对于能源行业人才的绩效管理依据主要是岗位职责，把主要工作、重点工作以及完成该工作需要的核心要求作为考评的中心内容，合理运用考评结果，真正做到对考绩优秀的人才进行奖励，奖励以正面激励（晋级、加薪、培训等）为主，以负面激励（考核、通报批评等）为辅，建立人才激励保障机制。能源企业合理绩效管理体系的实施，有助于充分调动能源人才的积极性和创造性，为企业快速发展提供保证。绩效指标就是按照一定的标准，采用科学的方法，对企业员工的品德、工作绩效、能力和态度进行综合的检查和评定。在能源行业，对管理人才和技术人才进行绩效管理时，绩效考评指标往往分为四类：关键业绩指标（KPI）、工作态度指标、工作能力指标和防范性指标。

（一）关键业绩指标（KPI）

KPI 指标包括以下四个方面：一是财务类 KPI，是体现企业价值创造的直接财务指标，全面衡量能源人才创造股东投资者价值的能力。典型的财务类 KPI 包括两类：资产盈利效率指标，如净资产收益率；盈利水平指标，如净利润。二是运营类 KPI，是实现公司价值增长的重要营运结果与控制变量，体现为完成战略及财务目标运用各种营运手段的能力，包括三类：营运规模指标，如销售收入、发电量、产煤量；成本费用控制指标，如管理费用；进度管理指标，如工程计划完成率。三是客户类 KPI，如客户满意度。四是学习与创新类 KPI，主要包括全员培训率、员工满意度、关键人员流失率、员工创新提案率等。

（二）工作态度指标

工作态度指标主要指主动性、服从性等方面的指标。员工良好的工作态度，是形成优秀的企业文化的要求。不同层级员工的工作态度指标可以有所不同。

（三）工作能力指标

工作能力指标是对员工知识、智能、技能、体能状况的评价指标。工作能力考评结果可以作为员工职位升迁的重要依据。不同层级员工的工作能力指标有所不同，在上下级进行沟通、确定各岗位任职者的能力指标时，应体现“需要什么，考什么；缺什么，考什么”。

（四）防范性指标

防范性指标是描述由于工作失误给企业造成巨大损失，比如重大工程质量事故、重大安全事故等的指标。防范性指标在考评指标体系中不占有权重，但当防范性指标所描述的情况发生时，被考评者此次考评记为 0 分。

为公正、客观地评价工作绩效，并保持考评工作的效率，能源技术岗位、能源计量岗位和能源统计岗位绩效考评的主体为直接上级，能源综合管理类岗位的考评主体是董事会。各类岗位的考评周期、考评内容及权重可以参考表14－1，考评实行100分制。

表14－1 能源企业各类岗位的考评周期、考评内容及权重

岗位	考评周期	考评时间	考评指标及权重
管理岗	年度	1月中旬	KPI(80%)、工作态度(10%)、工作能力(10%)、防范性指标
技术岗	半年度	1月中旬	KPI(60%)、工作态度(10%)、工作能力(30%)、防范性指标
计量岗	半年度	7月中旬	KPI(30%)、工作态度(40%)、工作能力(30%)、防范性指标
统计岗	年度	1月中旬	KPI(30%)、工作态度(40%)、工作能力(30%)、防范性指标

按照考评分数确定考评等级，具体分数区间与对应等级可参考表14－2。

表14－2 绩效考评分数对应等级

考评等级	A	B	C	D
分数区间	$S \geqslant 90$	$90 \geqslant S \geqslant 80$	$80 \geqslant S \geqslant 60$	$60 \geqslant S$

三、绩效反馈

向员工本人反馈绩效考评的结果，是为了让员工了解自己的工作情况，并通过这种反馈为员工的能力开发、培训、职业生涯设计、绩效薪酬的发放等工作提供指导依据。绩效反馈可以使员工的个人发展与组织目标结合起来，达到组织与个人共同发展的目的。绩效反馈程序是绩效管理体系中的一个重要环节。反馈是一个系统不断自我修正、不断提高的环节。反馈促使系统不断自我优化，反馈体现了绩效管理不仅是对过去的评价，而且更多地关注未来。

对上述能源人才考评的结果主要应用于以下几个方面：

(1)考评结果与薪酬。考评结果与薪酬挂钩部分将在第四节做详细说明。

(2)考评结果与职位升降。连续两个考评年度考评等级为“A”的岗位任职者将被列入公司“晋升候选人名单”，在上级职位出现空缺时将被优先考虑。连续两个考评年度考评等级为“C”或某一年度考评等级为“D”的岗位任职者，即可被认定为不能胜任该岗位要求，普通员工将由部门经理决定是否予以辞退或调离该岗位，管理类岗位职工将由董事会决定是否予以辞退或调离该岗位。

(3)教育培训。人力资源管理人员要对绩效考评成绩为“C”和“D”者的专业技术能力的培训需求进行调查统计，作为确定培训内容和方式的重要参考资料；员工通过考评也应积极发现自身不足，主动进行自我提升；员工在申请参加外部培训时，年度考评成绩为“A”的员工优先得到公司资助。

第四节　能源行业的薪酬与福利

一、薪酬福利概述

薪酬有狭义和广义之分。狭义的薪酬是指付给能源人才货币形式的报酬；广义的薪酬从内涵上讲，包括能源人才因被雇用而获得的各种形式的经济收入与非经济的获得。薪酬的实质是一种公平的交易或交换关系，是能源人才在向能源企业让渡其劳动或劳务使用权后获得的报偿。在这个交换关系中，企业承担的是劳动或劳务购买者的角色，能源人才承担的是劳动智力体力或劳务出卖者的角色，薪酬则是劳动或劳务的价格表现。

薪酬福利制度是现代人力资源管理体系中的重要的人才激励制度。科学化的薪酬福利管理体系的构建，可以让能源人才在日常工作中实现自身的自我价值。从能源企业自身的发展情况入手，对薪酬福利管理体系进行优化创新，在对能源人才的内在潜力进行充分挖掘的基础上，能够提升企业的经济效益。无论是从能源人才个人的利益出发，还是从企业的发展前景来看，合理的薪酬福利制度在能源行业都是至关重要的一个环节。公平合理的薪酬福利体系能有效促进和激发能源人才的工作积极性，也可以让能源人才产生对企业的依赖性与归属感。企业薪酬福利的制定工作对能源人才的工作稳定性有着至关重要的影响。

薪酬设计的基本原则包括公平原则、经济原则、激励原则和合法原则。

（一）公平原则

薪酬的公平原则包括内在公平和外在公平两个方面含义。内在公平是指企业内部能源人才的一种心理感受，企业的薪酬制度制定以后，首先要让企业内部的能源人才认可，让他们觉得与企业内部其他员工相比，其所得薪酬是公平的。因此，采取一种透明、竞争、公平的薪酬体系设计标准，对于激发能源人才的积极性具有重要的作用。外在公平是指企业在人才市场加强竞争力的需要，它是指与同行业内其他企业特别是带有竞争性质的企业相比，企业所提供的薪酬是具有竞争力的，只有这样才能保证在人才市场上招聘到优秀的人才，也才能留住现有的优秀员工。

（二）经济原则

薪酬设计的经济性原则强调企业设计薪酬时必须充分考虑企业自身发展的特点和支付能力。薪酬水平与公司的经营收入及经营业绩紧密联系，薪酬总额的增长应与公司承受能力、利润积累等情况相联系，同时应考虑劳动力资源的合理配置。从短期来看，企业的销售收入扣除各项非人力资源费用和成本后，要能够支付得起企业所有员工的薪酬；从长期来看，企业在支付所有员工的薪酬及补偿所有非人力资源费用和成本后，要有盈余。这样才能支撑企业追加和扩大投资，获得企业的可持续发展。

（三）激励原则

每个人的能力是有差别的，因而对企业的贡献也就不一样，如果贡献大者与贡献小者得到的报酬一样，表面上看是平等的，但实质上是不公平的。因此，要真正解决企业内在公平问题，就要根据能源人才的能力和贡献大小适当拉开差距，让贡献大者获得较高的薪酬，以充分调动他们的积极性。

（四）合法原则

薪酬设计要遵循国家法律和政策。这是最基本的要求，特别是国家有关的强制性规定，在薪酬设计中企业是不能违反的，比如国家有关最低工资的规定等。

二、能源行业薪酬福利体系

在能源行业，通常对于薪酬体系的划分可以分成四大部分，即工资、奖金、福利和津贴，如图 14－2 所示。工资是企业薪酬的主要形式，是能源人才劳动收入的主体部分，也是确定其他劳动报酬和福利待遇的基础。奖金是企业对能源人才超额劳动部分或工作绩效突出部分所支付的奖励性报酬，是企业为了鼓励能源人才提高工作效率和工作质量而给予的货币奖励。津贴是一种补充性劳动报酬，也称为附加薪酬，主要指对一些有特殊贡献的能源人才或一些特殊的岗位发放的企业津贴。福利是指为吸引优秀的能源人才到企业工作，或为维持企业核心能源人才的稳定而支付的作为基本薪酬的补充的若干项目。对它们的价值因素、薪酬的性质和激励效果说明可以参考表 14－3。

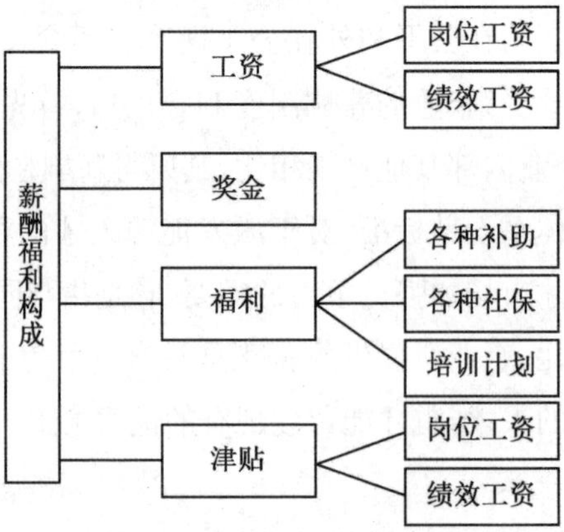

图 14－2 薪酬体系的构成

表 14－3 能源行业薪酬构成与价值因素、性质、激励效果分析

项目明细		构成	价值因素	性质	激励效果
薪酬总额	工资	岗位工资	岗位、能力	固定、定期评价	短期
		绩效工资	绩效	浮动，绩效考核	短期
	奖金	企业特别奖	绩效	浮动	短期与长期
	福利	各种补助	岗位	固定	长期
		各种社保	法律规定	固定	长期
		培训计划	绩效与能力	浮动	长期
	津贴	学历津贴	学历	固定	长期
		年功津贴	服务年限	固定	长期

（一）岗位工资

重点反映岗位在公司内的相对价值。由于各岗位任职者在同一个岗位上的表现不同且任职资格的达成情况不同，同一级岗位工资分为若干档，某一任职者的岗位工资可在各档之间灵活调整。当某岗位任职者在年终绩效考评结果为“A”时，下一年度岗位工资在岗位所属等级内上调一档。当岗位任职者岗位工资已为岗位所在等级内的最高档时，不再上调。当某岗位任职者在年终绩效考评结果为“C”时，下一年度岗位工资在岗位所属等级内下调一档。当岗位任职者岗位工资已为岗位所在等级内的最低档时，不再下调。当某岗位任职者在年终绩效考评结果为“D”时，下一年度岗位工资在岗位所属等级内下调两档。当岗位任职者岗位工资已为岗位所在等级内的最低档时，不再下调。岗位工资按月度发放，岗位工资月度发放额＝岗位工资总额/12。

（二）绩效工资

绩效工资是绩效考评结果的运用，是基于能源人才完成绩效的多少和相对重要性程度所评定出来的业绩价值而发放的工资。绩效考评结果与岗位任职者当期的绩效工资直接挂钩。根据员工绩效考评结果确定考评系数，用考评系数 α 乘以岗位任职者的绩效工资基数 P_0，即为岗位任职者当期的绩效工资数额 P，且 $P=P_0 \cdot \alpha$。

设定考评系数与考评等级对照关系时可以参考表 14－4。各岗位任职者的绩效工资在年终考评结束后根据岗位任职者的考评等级一次性发放。

表 14－4 绩效考评系数与等级对照

考评等级	A	B	C	D
考评系数 α	1.2	1.0	0.6	0

（三）企业特别奖

企业特别奖是在能源管理工作中，由于能源管理或技术工作的有效开展，超额完成相关规定一定程度的利润指标，从而给企业带来额外利润的情况下，根据岗位重要程度和绩效考评系数对各岗位能源人才一种经济上的奖励。

（四）福利与津贴

福利属于差异化最小的薪酬类型，它的评价因素要综合能源人才的岗位、能力和绩效等因素，福利的激励效果主要是长期的，起到长期稳定和留住人才的作用。津贴包括学历津贴和年功津贴，为鼓励相关能源人才努力提高自身素质和长期投身能源事业而设置。

第十五章　绿色建筑

第一节　节能建筑与绿色建筑

一、基本概念

（一）节能建筑

节能建筑是指遵循气候设计和节能的基本方法，对建筑规划分区、群体和单体、建筑朝向、间距、太阳辐射、风向以及外部空间环境进行研究后，设计出的低能耗建筑。

主要特征包括：少消耗资源（设计、建造、使用要减少资源消耗）、高性能品质（结构用材要足够强度、耐久性、围护结构、保温、防水等）、减少环境污染（采用低污染材料，利用清洁能源）、长生命周期、多回收利用等。

主要指标包括：建筑规划和平面布局要有利于自然通风，绿化率不低于 35%；建筑间距应保证每户至少有一个居住空间在大寒日能获得满窗日照 2 小时等。

主要的问题包括：建筑的环境问题（地形、地貌利用问题，绿化问题，水体问题，环境小品问题）、建筑的朝向问题、建筑的体型问题（体型系数，空间利用，构架与飘板等）、建筑的面积问题（适度的消费观念）、建筑的物理环境问题（声、光、热、日照与通风等问题，应尽量采用自然采光与通风）、建筑的节水问题（选择节水型器具，还有中水利用问题）、建筑的节地问题（加大住宅进深，缩小面宽；尽可能采用条形住宅；选择合适的建筑层数）、建筑的太阳能利用问题（主动式太阳能住宅、被动式太阳能住宅）、建筑的装修问题（以简约为主，能够体现家的感觉）。

主要的原则包括："因地制宜"的设计原则、热工设计超前性原则①、履行社会责任

① "热工设计超前性原则"主要指提高建筑外围护结构热工性能，提高规定性指标和水平。

原则。

［例 15－1］

中国的建筑节能起步于20世纪80年代。建筑行业在墙体改革及新型墙体材料方面有了进展，同时出现了一批高能耗的高档旅馆、公寓和商场。

1986年，建设部颁布了《民用建筑节能设计标准》，要求新建居住建筑，在1980年当地通用设计能耗水平基础上节能30％。该标准是中国第一部建筑节能设计标准和目标，并开启了中国建筑节能新阶段。自此，建筑节能的设计、节能技术相继得到发展，一系列的标准和法规先后制定。

1990年，建设部提出"节能、节水、节材、节地"的战略目标，建筑节能的地位进一步提高，节能工作有效开展。

1994年在《中国21世纪议程》中，建筑节能作为项目之一被郑重提出；从1994年起，国家对北方节能建筑实施免征固定资产投资方向调节税，一批节能小区相继建成。

1995年《民用建筑节能设计标准》修订并于1996年执行。修订后的《民用建筑节能设计标准》将第二阶段建筑节能指标提高到50％。

1995年，建设部发布《建筑节能"九五"计划和2010年规划》，该规划以及1996年9月建设部发布的《建筑节能技术政策》和《市政公用事业节能技术政策》，为其后建筑节能的发展明确了方向，同时也表明建筑节能地位的空前提高。

1998年1月1日实施的《中华人民共和国节约能源法》将建筑节能的战略地位最终确定下来，"建筑节能"成为该法律中明确规定的内容。

21世纪，在科学发展观的指引下，建设领域明确了必须走资源节约型、环境友好型的新型工业化道路，建设科技工作将"四节—环保"（节能、节地、节水、节材和环境保护）作为科技攻关的主要方向。目前中国已初步建立起了以节能50％为目标的建筑节能设计标准体系，部分地区执行更高的65％节能标准。2008年《民用建筑能效测评标识管理暂行办法》《民用建筑节能条例》等施行，《民用建筑节能条例》的颁布，标志着中国民用建筑节能标准体系已基本形成，基本实现对民用建筑领域的全面覆盖。在国务院办公厅《2009年节能减排工作安排》中规定，2009年年底施工阶段执行节能强制性标准比例提高到90％以上。除新建建筑外，既有建筑的节能改造也有效开展起来，并取得了一批成果。而兼顾土地资源节约、室内环境优化、居住人的健康、节能节水节材等方面的目标绿色建筑，成为21世纪建筑节能发展的亮点。

（二）绿色建筑

目前，国内外对于绿色建筑的定义存在差异：一种理解，绿色建筑即为能够达到节能减排目的的建筑物，绿色并非指一般意义的立体绿化、屋顶花园，而是代表一种概念或象征，是指对环境无害，能充分利用环境自然资源，并且在不破坏环境基本生态平衡条件下建造的一种建筑。另一种理解，绿色建筑即为可持续性建筑物，又称为生态建筑、回归大自然建筑、节能环保建筑等，其主要是指一种结构，以及其在建筑的全寿命周期（规划→设计→建造→使用→维护→翻新→拆除）内通过环境保护有效使用资源的过程。

［例 15－2］

1. 世界范围

20 世纪 60 年代，美国建筑师保罗·索勒瑞提出了生态建筑的新理念。1969 年，美国建筑师伊安·麦克哈格所著的《设计结合自然》一书，标志着生态建筑学的正式诞生。20 世纪 70 年代，石油危机使得太阳能、地热、风能等各种建筑节能技术应运而生，节能建筑成为建筑发展的先导。1980 年，世界自然保护组织首次提出"可持续发展"口号，同时节能建筑体系逐渐完善，并在德、英、法、加拿大等发达国家广泛应用。1987 年，联合国环境署发表《我们共同的未来》报告，确立了可持续发展的思想。

1990 年，世界首个绿色建筑标准在英国发布。1992 年联合国环境与发展大会使可持续发展思想得到推广，绿色建筑逐渐成为发展方向。1993 年，美国创建绿色建筑协会。2000 年，加拿大推出绿色建筑标准。

2. 中国范围

1992 年巴西里约热内卢联合国环境与发展大会以来，中国政府相继颁布了若干相关纲要、导则和法规，大力推动绿色建筑的发展。1996 年，香港地区推出自己的标准。1999 年，台湾地区推出自己的标准。2004 年 9 月建设部"全国绿色建筑创新奖"的启动，标志着中国的绿色建筑发展进入了全面发展阶段。2005 年 3 月召开的首届国际智能与绿色建筑技术研讨会暨技术与产品展览会（每年一次），公布"全国绿色建筑创新奖"获奖项目及单位，同年发布了《建设部关于推进节能省地型建筑发展的指导意见》。2006 年，住房和城乡建设部颁布《绿色建筑评价标准》。2006 年 3 月，国家科技部和建设部签署"绿色建筑科技行动"合作协议，为绿色建筑技术发展和科技成果产业化奠定基础。2007 年 8 月，住房和城乡建设部又出台了《绿色建筑评价技术细则（试行）》和《绿色建筑评价标识管理办法》，逐步完善适合中国国情的绿色建筑评价体系。2008 年，住房和城乡建设部组织推动绿色建筑评价标识和绿色建筑示范工程建设等一系列措施。2008 年 3 月，成立中国城市科学研究会节能与绿色建筑专业委员会，对外以中国绿色建筑委员会的名义开展工作。2009 年 8 月 27 日，中国政府发布《关于积极应对气候变化的决议》，提出要立足国情发展绿色经济、低碳经济。2009 年 11 月底，在积极迎接哥本哈根气候变化会议召开之前，中国政府做出决定，到 2020 年单位国内生产总值二氧化碳排放将比 2005 年下降 40%～45%，作为约束性指标纳入国民经济和社会发展中长期规划，并制定相应的国内统计、监测、考核。2009 年，中国建筑科学研究院环境测控优化研究中心成立，协助地方政府和业主方申请绿色建筑标识。2009 年、2010 年分别启动了《绿色工业建筑评价标准》《绿色办公建筑评价标准》编制工作。2011 年中国绿色建筑评价标识项目数量得到了大幅度增长，绿色建筑技术水平不断提高，呈现良性发展的态势。2012 年 5 月，国家财政部发布《关于加快推动中国绿色建筑发展的实施意见》。2013 年 1 月 6 日，国务院办公厅《关于转发发展改革委、住房城乡建设部绿色建筑行动方案的通知》提出，“十二五”期间完成新建绿色建筑 10 亿平方米；到 2015 年年末，20%的城镇新建建筑达到绿色建筑标准要求，同时还对“十二五”期间绿色建筑的方案、政策支持等予以明确。

1. 绿色建筑室内环境

绿色建筑强调室内环境。由于空调行业的主流思想是想在内外部环境之间争取一个平衡的关系，而对内部环境，即对健康、舒适及建筑用户的生产效率，表现出不同的需求。在绿色建筑室内环境问题上，主要考虑三方面的因素即室内温度、照明与噪音、空气质量，如表 15—1 所示。

表 15—1　绿色建筑室内环境考量因素

序号	因素	因素解释
1	室内温度	室内的空调系统能够维持室内温度，但室内达到绝对舒适将容易引发出“空调病”问题，且消耗大量能源，增加氟利昂对臭氧层的破坏。而绿色建筑要求除保证人体总体热平衡外，应注意身体个别部位如头部和足部对温度的特殊要求，并善于应用自然能源。另外，常采用的极大玻璃面建筑在夏季能发生温室效应，而在冬季发生来自冷玻璃面的低温辐射效应。因此，除了冬夏空调设计条件外，要分析当地气候及建筑内部负荷变化对室内环境舒适性的影响，最好分析每个月甚至每小时的变化对空调负荷及舒适性的影响
2	照明与噪音	室内光环境直接影响到工作效率和室内气氛。绿色建筑中引进无污染、光色好的日光作为光源是绿色光环境的一部分。舒适健康的光环境同时应包括易于观看、安全美观的亮度分布、眩光控制和照度均匀控制等，因此应根据不同的时间、地点调节强光从而不影响阳光的高品质。另外，健康舒适的声环境有利于人体身心健康。绿色声环境要求不损伤听力并尽量减少噪声源。这样，设计时通常将产生噪音的设备单独布置在远离使用房间部位，并控制室外噪声等级
3	空气质量	空气质量的好坏反映了满足人们对环境要求的程度。通常影响空气质量的因素包括空气流动、空气的洁净程度等。根据不同的环境调节适当的新风量，控制空气的洁净度、流速，使得空气质量达到较优状态。同时，对室内空气污染物的有效控制也是室内环境改善的主要途径之一。影响室内空气品质的污染物有成千上万种。绿色建筑认为不仅要使空气中的污染物浓度达到公认的有害浓度指标以下，并且要使处于室内的绝大多数人对室内空气品质指标表示满意

2. 绿色建筑室外环境

绿色建筑创造的室外环境，既包括人工环境，也包括自然环境。在进行绿色环境规划时，不仅重视创造景观，同时重视环境融合生态，做到整体绿化，以整体的观点考虑持续化、自然化。可持续的应用，除了建筑本身外还包括所需的周围自然环境、生活用水的有效(生态)利用、废水处理及还原、所在地的气候条件等。在绿色建筑室外环境问题上，主要考虑两方面的因素，即地域特点、自然通风，如表15—2所示。

表15—2　　绿色建筑室外环境考量因素

序号	因素	因素解释
1	地域特点	绿色建筑要考虑如何与所在地的气候特征、经济条件、文化传统观念互相配合，从而成为周围社区不可分离的整体部分。绿色建筑作为一个次级系统依存于一定的地域范围内的自然环境，与绿色房地产都不能脱离生物环境的地域性而独立存在。绿色建筑的实现与每一个地域的独特气候条件、自然资源、现存人类建筑、社会水平及文化环境有关
2	自然通风	自然通风最容易满足建筑绿化的要求，它一般都不用外来不可再生资源，且常常能节省可观的全年空调负荷而达到节能以及绿化的目的。但要充分利用自然通风必须考虑建筑朝向、间距和布局。另外，建筑高度对自然通风也有很大的影响，一般高层建筑对其自身的室内自然通风有利。而在不同高度的房屋组合时，高低建筑错列布置有利于低层建筑的通风，处于高层建筑风景区内的低矮建筑受到高层背风区回旋涡流的作用，室内通风良好

二、发展背景

对于目前的中国而言，建筑能耗占据了社会总能耗的30%～40%。发展初期由于缺乏相关的行业规范和技术标准的约束，且缺乏节能建筑和绿色建筑的认识，导致中国早期建筑大部分为高耗能建筑。据调查：相近环境下同等室内舒适度，中国的单位面积建筑能耗约为发达国家的2～3倍。因此，为了建设节约型社会、控制能源消耗总量、减少能源消耗，中国必须重视绿色建筑的建设和发展，降低建筑能耗；实现绿色低能耗建筑是解决建筑高能耗问题的重要途径，对节能减排、发展绿色城市具有重要的现实意义。

建筑的全寿命周期需要经历规划→设计→建造→使用→维护→翻新→拆除等一系列过程，在寿命周期的各个阶段都会消耗能量。其中，建筑在使用过程中的能源消耗约占建筑生命周期内总能耗的80%，且这一部分能耗管理具有较大节能潜力和很强可操作性。

第二节　绿色建筑能源管理系统设计

一、管理系统总体设计

绿色建筑能源循环利用管理系统采用B/S结构(Browser/Server，浏览器/服务器模式)，主要有 4 层结构，即设备层、网络层、数据层、应用层，如图 15－1 所示。

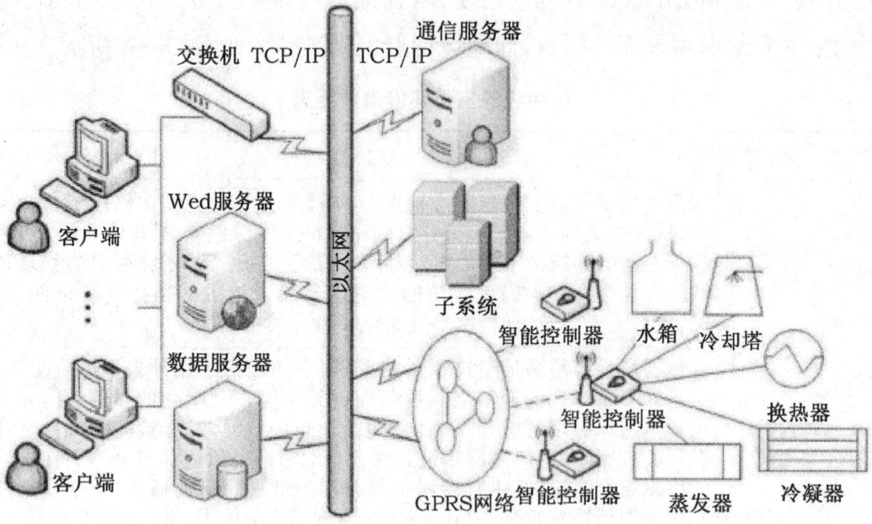

图 15－1　绿色建筑能源管理系统作用原理

(1)设备层采用一种智能型的控制器，主要通过控制器对被控设备进行数据采集和执行控制命令，同时驱动设备按既定的节能优化控制算法运行。

(2)网络层以通信服务器①的形式存在，包括内部通信和外部通信两部分。内部通信是指设备层与上层能源管理系统之间的通信，是信息采集和控制命令下发的通信路径；外部通信是指为能源管理系统预留接口，可以对现有的子系统进行集成，增加其扩展性。该接口采用通用的信息处理方式，适应主流的通信协议，并尽量减少与能源管理系统的耦合，提高系统的稳定性。

(3)数据层主要对采集到的设备信息进行处理、显示、存储等操作。

(4)应用层以 Web 服务的形式存在，主要进行人机交互，以数据、图表、画面的形式分析和展示能源管理系统中各设备的节能效果，并可以对设备进行配置，设置其运行参数。

在绿色建筑能源管理系统的 B/S 结构基础上，4 层结构需要分别实现相应的功能。功能结构如图 15－2 所示。

(1)设备层功能：设备层采用一种智能型的控制器，其 I/O 端口具有可配置性，可以根据现场设备的具体参数信息，选择相应的 I/O 模式；智能控制器采用 GPRS 方式进行数据的接收和发送，与通信服务器之间采用 TCP/IP 协议进行数据通信。

(2)网络层功能：通信服务器主要担负一下过渡的职能，其内部通信是接收智能控

① 通信服务器还担负着节能优化控制算法的实现，并对采集到的设备参数进行节能优化运算。

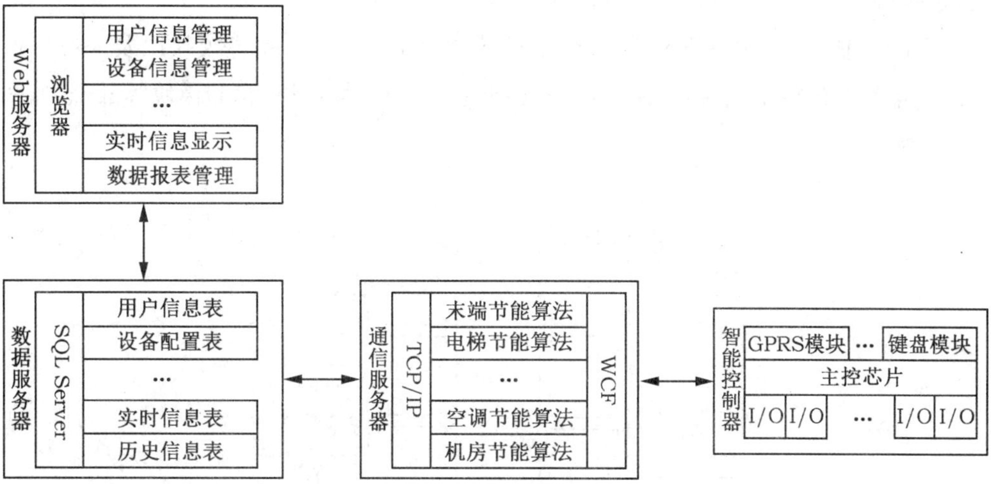

图 15—2　绿色建筑能源管理系统功能结构

制器采集到的设备信息，并将设备信息处理后，进一步传递给数据服务器，进行数据优化运算、显示和存储；同时通信服务器接收数据服务器的控制命令，将命令封装成命令数据包，发送给相应的智能控制器，对设备进行节能优化控制，通信服务器的外部通信采用 WCF 方式进行端口设计，以 XML 作为通信数据格式，提高系统的跨平台能力。

(3)数据层功能：数据服务器采用 SQL Server 作为数据库，进行实时数据和历史数据的存储，以多个数据表的形式存在，用于存储用户信息、设备信息、管理信息等。由于系统内设备类型和数量的不确定性，拟采用可变长度的数据类型对设备信息进行存储，保证数据库的精简。

(4)应用层功能：应用层采用 Web 的形式进行展示，分为两个部分，即系统管理部分和绿色建筑机电设备能源管理部分。系统管理部分主要进行系统本身的维护操作和对数据的分析管理，功能与数据库中的数据表对应，主要包括对用户、设备、数据等的管理；机电设备能源管理部分主要是将智能控制器采集到的设备信息、节能优化控制的结果等信息存储到数据表中，并显示在 Web 界面上，并且具有设备控制信息的设置功能。

二、智能控制器设计

智能控制器用于对建筑内的机电设备进行参数检测及控制。由于建筑内的机电设备子系统较多，需要测控的设备数量和类型也较多，不同类型的设备需要检测的参数种类不确定，造成了系统集成的困难。针对上述问题，开发一套智能控制器，其智能主要体现在对 I/O 的控制上，根据现场设备的具体参数信息，通过键盘对端口进行配置，选择端口的信号类型、单位、名称等。

智能控制器主要由 ARM 处理器、I/O 模块、GPRS 模块、键盘模块以及一些确保系统正常运行的模块，包括电源模块、时钟模块、故障报警模块、存储模块等部分，如图 15－3 所示。

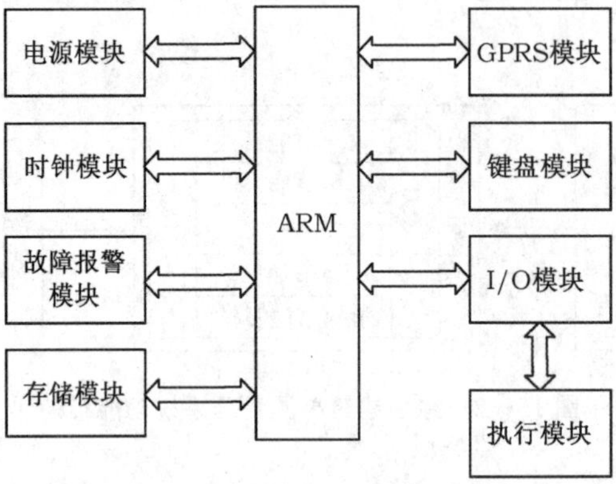

图 15－3 智能控制器功能结构

I/O 模块是控制器的主要功能，分为模拟量输入(AI)、数字量输入(DI)、模拟量输出(AO)、数字量输出(DO)，具体分为 6 个 AI、4 个 DI、3 个 AO 和 3 个 DO。其中，AI 作为通用输入接口，通过键盘选择传感器的输出为标准信号 0～10V 和 4～20mA 等，这些参数预设在 ARM 处理器程序中，根据所要测量的具体参数选择预设的模式，具有通用性，使其可以应用于各种被控对象。

智能控制器将采集到的设备数据，通过 A/D 转换、滤波等处理后，对各端口采集到的数据进行组合，形成一个数据包；通信服务器具有一个固定的外网 IP 地址，GPRS 模块通过 AT 指令查找这个 IP，并向通信服务器请求连接；建立连接后，AT 指令数据包进行封装，将最终数据包发送至通信服务器。数据包的格式如表 15－3 所示。

表 15－3 数据包格式/Byte

控制器 ID	数据包长度	数据包类型	ID1	Value1	…	ID10	Value10	校验
4	1	1	1	4		1	4	1

其中，控制器 ID 由 32 位的字符串组成，管理系统以该 ID 进行区分，其地址具有唯一性，ID1 表示数据采集的端口号，Value1 表示参数值，用 4 个字节表示浮点类型，校验采用 CRC，以保证数据的正确性(见表 15－4)。

表 15—4　　数据包类型

数据包类型	说　明	上/下行
01H	校时数据包，每小时对控制器进行时间校准	下行
02H	设备参数数据包	上行
03H	控制命令数据包，包含对设备的控制信息	下行
04H	报警信息数据包，控制器的报警信息	上行
05H	配置信息数据包，对控制器进行配置	下行

智能控制器的软件程序采用C语言进行编写，利用模块化的编程方法，将程序分为多个模块，包括主程序、GPRS程序、数据发送程序、数据接收程序、I/O初始化程序等，其程序流程如图15—4所示。

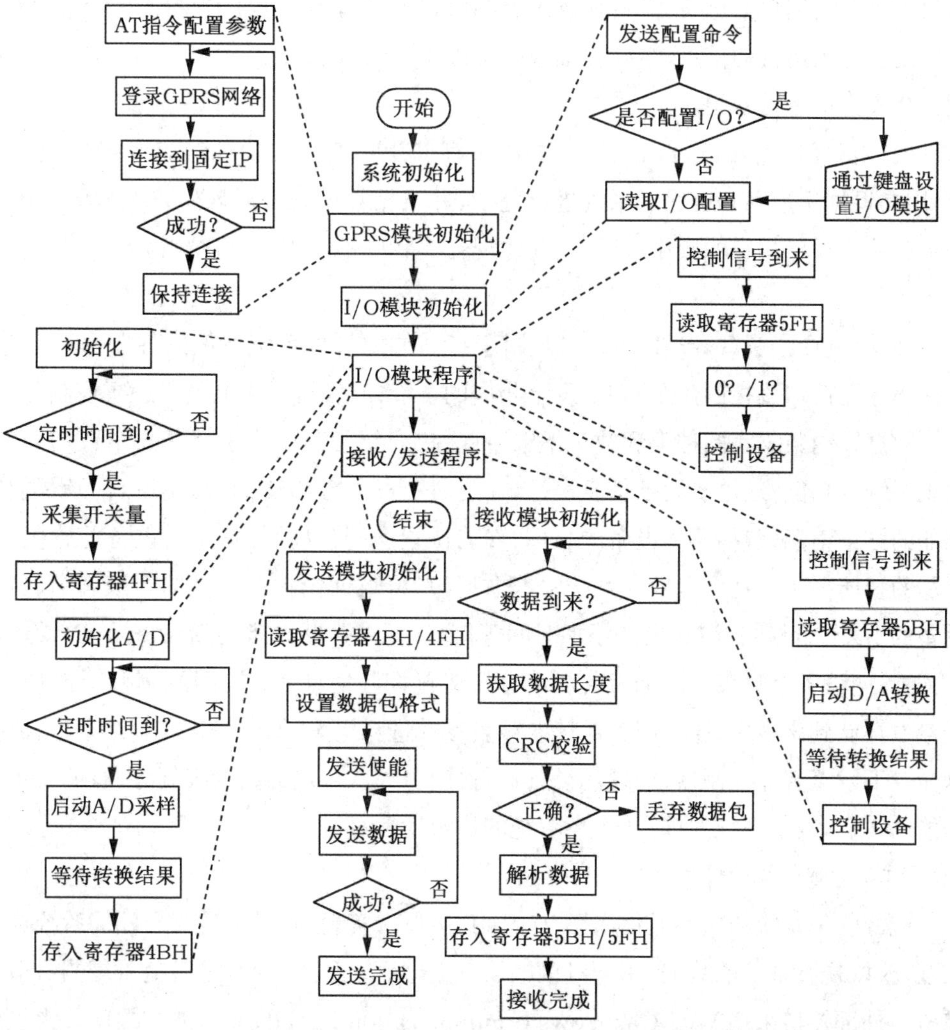

图 15—4　绿色建筑能源管理系统程序流程

三、数据及通信服务器设计

(一)数据格式设计

通信服务器主要进行数据的采集、处理。针对智能控制器的特点,根据I/O的数量确定控制器的数据格式,以结构体的形式对其进行封装。该结构体主要用于接收智能控制器采集的设备信息,包括模拟量和数字量,每个模拟量参数都定义为单精度浮点型类型,数字量参数定义为无符号字符。

系统中有关能源的参数是缓慢变化的,时效要求是秒级,甚至更高,数据服务器采用关系数据库即可满足系统对时间的要求。针对能源管理系统的功能及数据特点,将数据库中的数据表分为系统数据表、实时数据表、历史信息表三种类型。其中,系统数据表主要包括用户信息表、设备信息表、控制命令表等,主要用于存储维护系统以及智能控制器正常运行的信息,需要直接或间接由人工进行录入。下面以用户信息表和控制命令表为例进行介绍。

(1)用户信息表(User Info),主要用于存储用户的身份验证信息和操作权限信息,用户根据用户名和密码对系统进行登录,并根据数据表中对该用户的权限分配在登录成功后显示相应的操作权限,以此体现在实际中不同用户对建筑物内不同功能区域的控制。

(2)控制命令表(Cmd Info),主要用于存储能源管理系统下发的控制命令信息,通信服务器读取该控制命令,并下发至相应的智能控制器,对机电设备进行控制。

数据库内数据表的种类和数量不限于此,仅介绍了其中代表性的几个数据表,要实现系统的功能,还需要设备信息表(以控制命令表中的Ctrl+D为主键,记录智能控制器的详细信息,包括所控设备的名称、安装位置、安装时间等信息)、设备配置表(新添加的智能控制器在上电后向系统发送数据包,将数据包解析后存储到该表中,包括设备的ID、I/O端口参数、设备添加时间等信息,系统判断设备为新设备后,对设备进行配置,向设备信息表中添加设备的信息)、优化控制信息表(应用层将优化控制算法的参数存储到该表中,通信服务器读取该表参数进行运算,得出优化控制结果,组成控制命令下发至智能控制器,对现场设备进行控制)等。合理的数据表划分,有助于系统功能的实现,减少系统的耦合,提高系统的稳定性和可操作性。

(二)数据接口设计

能源管理系统的内部通信采用TCP/IP接口来实现,同时也需要与外部系统进行交互,获取现有系统的数据,用于对机电设备更全面地分析,同时也避免重复测量造成浪费。外部接口采用WCF(Windows Communication Foundation)的方式向外提供服务和获取服务,WCF支持SOAP的通信机制,该通信技术基于XML,可以实现系统之间的互操作和跨平台通信。根据能源管理系统的数据特点，对 WCF 的服务进行细粒度的划分，每一个功能对应一个服务现实。

四、管理系统软件设计

系统采用 Microsoft. Net Framwork 平台来实现，Microsoft Visual Studio 2008 是. Net Framwork 的集成开发环境，它集成了一套完整的应用程序开发工具集，系统基于该工具集开发一套 Web 应用程序，VS2008 提供了 Web 应用程序框架，对基础功能进行了封装，使得程序开发非常容易实现，开发人员只需关注具体的功能实现即可，如图 15—5 所示。

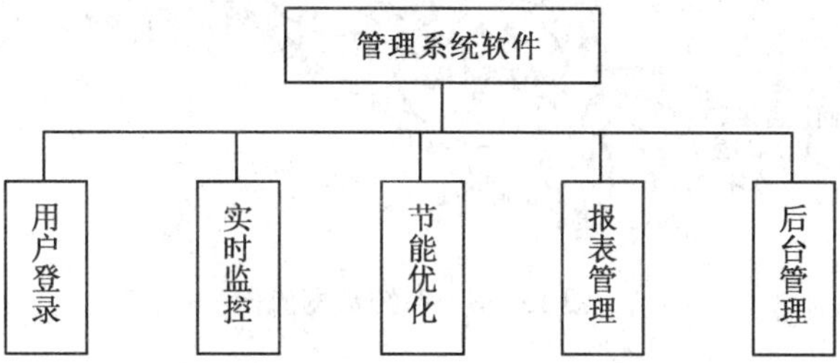

图 15—5　管理系统功能结构

(1)用户登录模块是根据 User Info 数据表的结构进行设计的，在用户登录时判断其权限，显示相应的功能界面。

(2)实时监控模块包括实时显示机房参数、空调系统参数、电梯系统参数等，并根据实际需求，设置控制要求及参数。

(3)节能优化模块是对各系统的优化控制策略进行的设置，调整不同工况下的运行策略。

(4)报表管理模块是对建筑内各系统的信息根据条件进行报表生成，实现设备信息按天、月、年等统计的功能。

(5)后台管理模块实现了对系统管理，包括对用户的管理、设备的管理、日志的管理等功能。

第三节　绿色建筑能源管理系统应用

一、中央空调系统控制流程

在中央空调系统中通过智能控制器采集水箱的温度、送风温度、回风温度、阀门的开度等信息，并对参数进行滤波处理，剔除明显不符合系统运行规律的参数，把参数封装成一个数据包，通过 GPRS 模块将数据包发送到通信服务器，通信服务器接收设备参数，对设备参数进行压缩存储、节能运算等操作，将结果一方面下发至智能控制器，去控制现场设备，另一方面上传至数据服务器，存储至相应的数据表中，应用层读取数据库中的信息，并显示在界面上；同时用户可以在界面上直接输入参数对现场设备进行自动或手动操作，数据的流动过程同上述设备信息的采集显示过程相反（见图 15－6）。

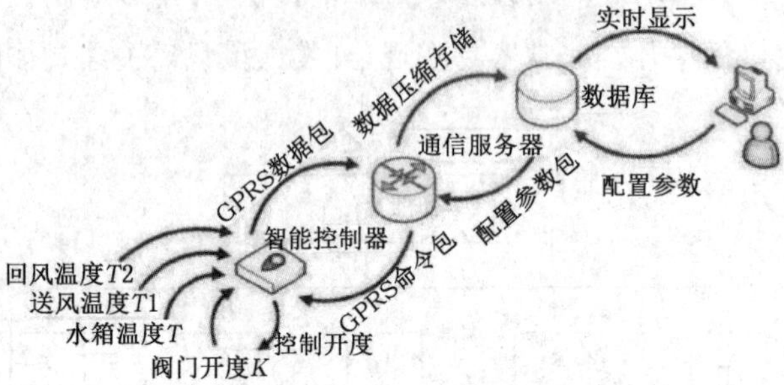

图 15－6 系统数据流向

二、系统优化控制实现

对中央空调系统节能优化控制主要包括两个方面：一是对中央空调子系统进行参数设定，使系统在设定的温度、湿度等参数下进行自动调节；二是结合建筑内的人员检测、节假日等信息进行智能控制。

绿色建筑能源管理系统对中央空调子系统进行集成，利用智能控制器对空调系统中的温度、湿度、流量、压力、液位等传感器以及继电器信号（检测开关信号）进行数据采集，并显示在空调系统的实时监控界面中，在该界面可设定系统的温度值和湿度值，通过 PID 运算实现空调机组的变频控制，实现自动运行。

绿色建筑能源管理系统通过设备层实现分区域对建筑物内人员、环境等信息的采集，通过在通信服务器预设的控制逻辑，可以结合现有参数对空调机组实时分区域变频控制，对机组进行智能启停，实现系统的智能化控制。

第十六章　能源管理信息化

第一节　能源管理信息系统概述

一、能源管理信息系统定义

能源管理信息系统，是指采用自动化、信息化技术，对企业能源的生产、储存、输配和消耗等环节实施集中扁平化的动态监控和数字化管理，从而实现能源预测、平衡、优化和系统节能降耗的管控一体化系统。它是对企业能源使用的全过程（包括能源购进、存储、加工、转换、运输、消耗、相应、交易等环节）进行监控、信息管理、优化调度为一体的综合信息化平台，对企业所产生的实际耗能情况进行实时监测，综合分析和科学处理以保证对耗能的全方位监控和管理功能，为企业提供最合理运行方案，使可持续发展成为现实，同时节能潜力也不断被挖掘，最终企业将达到节能增效和环保的目的。

二、能源管理信息系统建设的必要性

高耗能企业往往忽视了对于能源的管理，能源数据缺乏完整性、可靠性及持续性。因此，建立智能化、信息化、可持续化的能源管理信息系统是大势所趋。而企业之所以需要能源管理信息系统，具体原因如下：

(1)能源计划。能源计划缺乏完整性，对耗能指标只做一般性的分析和评价，对能耗情况的预测只通过经验主义来定夺。

(2)能源实绩。主要问题包括：①完整、科学和客观的能源消耗数据体系极度缺乏，在恶劣的工作环境下，计量器具的故障率会升高，导致原始数据的不准确、偏差大。②由于客观数据的缺失，导致客观考评体系缺失，实绩分析的系统性缺乏，以至于能源

绩效管理指标在相关的一系列执行上出现困难，绩效考核执行难。③能源数据采集流程缺乏可靠性。某些数据仅凭人工操作，数据的及时性、准确性、透明度、权威性较差，工作效率低。

(3)能源生产调度管理。主要问题包括：①管控不集中，造成执行有偏差，信息沟通的不完整性影响调度指挥的及时性、准确性及调控能力。②传统的能源调度方式(如电话沟通)导致调度直接掌握的信息量少、及时性差，影响处理事故的速度和效果；实时监控调度所下达指令的执行情况难以保证，缺乏对事故处理结果的确认和上报信息真实性的监控手段。③经验型调度通常会用经验主义来平衡方案定型描述，缺乏科学定量的数据支撑，造成能源利用效率低。④预警系统欠缺，调度人员对能源消耗的异常情况掌握不及时，导致对突发事件反应不及时。⑤事故预案不完善，由于调度人员自身素质差异，导致处理事故的水平高低不同，在实行过程中缺乏执行力。

(4)能源计量管理。主要问题包括：①在能源计量基础设施装备方面，计量装置安装水平低，计量数据人工抄录，这些问题的存在会导致不及时和出错现象。②能源计量点盲点过多，能源介质计量仪表配置率低，尤其是重点能耗设备，缺乏整体性和规范性。③能源计量仪表的维护与管理职责分散且相互交叉，责任不清晰，易产生矛盾。

(5)能源设备管理。设备基础管理有待加强，在设备基础管理中缺乏精准化、精益化、合理性和可操作性的要求。

三、能源管理信息系统对企业发展的作用

(1)降低用能企业各项成本。①通过能源管理信息系统可以明显降低企业对各种能源的消耗，再加上国家、地方对节能减排的政策补贴，企业直接收益可观。②减少未来额外增加的用能成本，如碳税和差别电价等。③减少人力、检修等运维成本。传统企业都是以人工为主，对企业耗能情况多以人工检测与预测相结合，对于机器的运行情况和维护保养计划大多凭借经验，缺乏科学性、严谨性和精准性。通过能源管理信息系统的介入，就可以实现运营的信息自动化，对耗能的数据随时进行科学分析、合理分配、优化利用，减少一部分人工工作，降低人力运营成本。

(2)针对性突出。①针对企业的生产用电需求有针对性地定制服务，提高企业用电的可靠性和经济性。②通过对企业用能数据的分析，为企业用能设备、工艺建设和技改提供有针对性的数据决策支撑，在更大范围为企业提供技改渠道。③在企业单位能耗降低的前提下，协助用户开展大用户自购电申请，为企业享受优惠的能源价格提供基础。④定期为企业提供全面用能诊断报告，持续关注企业节能状况。

(3)安全性增强。①能源管理信息系统可以对运转的机器进行实时监测，运转情况发生变化会及时做出反应，必要时会自动报警，以避免不必要的生产安全隐患和问

题；②通过能源管理信息系统对机器日常工作数据的分析，提供可靠的数据，以保障及时进行维护保养，预防对机器的损伤，减少投入。

（4）环保效益明显。“打好节能减排和环境治理攻坚战。森林草原、江河湿地是大自然赐予人类的绿色财富，必须倍加珍惜。能源生产和消费革命，关乎发展与民生。积极发展循环经济，大力推进工业废物和生活垃圾资源化利用。我国节能环保市场潜力巨大，要把节能环保产业打造成新兴的支柱产业。”这是李克强总理在谈到“持续推进民生改善和社会建设”时强调的。随着环保意识的不断增强，国家对企业的环保标准也在不断强化。对于企业来说，单纯地去做环保必然会增加运营成本，削弱企业的市场竞争力。能源管理信息系统有效解决了这个矛盾。节能和环保是辩证统一、相辅相成、相互促进的。环保的要求促进节能减排的发展，而节能减排的发展又能达到环保的要求，一举两得，利国利民。企业在降低运营成本的同时也提升了市场竞争力，还能还社会一片蓝天，何乐而不为。

第二节　能源管理信息系统的架构

一、功能架构

功能分析矩阵是进行系统功能架构设计时常采用的一种分析方法。表 16－1 描述了系统功能与管理目标之间的对应关系，表 16－2 描述了管理目标及其属性之间的对应关系。

表 16－1　　系统功能与管理目标的对应关系

	耗能单元	耗能工序	能源设备	能量系统	节能项目	人	计量仪表	环境
管理	√	√	√	√	√	√	√	√
监控	√	√	√	√	√	√	√	√
评估	√	√	√	√	√	√	√	√
诊断	√	√	√	√	×	×	×	×
优化	√	√	√	√	×	×	×	×

表 16－2　　系统管理目标及其属性对应关系

	能源	耗能工质	物料	产品	费用	文件	指标	工况
耗能单元	√	√	√	√	√	√	√	×

续表

	能源	耗能工质	物料	产品	费用	文件	指标	工况
耗能工序	√	√	√	√	√	√	√	√
能源设备	√	√	√	√	√	√	√	√
能量系统	√	√	×	×	√	√	√	√
节能项目	√	√	×	×	√	√	√	×
人	×	×	×	×	√	√	√	×
计量仪表	×	×	×	×	√	√	√	×
环境	×	×	×	×	√	√	√	×

根据矩阵的分析结果，将 EMIS 整体按功能需求设计成由如下三个模块构成的信息平台（见图 16－1），各个模块下的详细功能项与表 16－1 和表 16－2 的分析内容相对应。

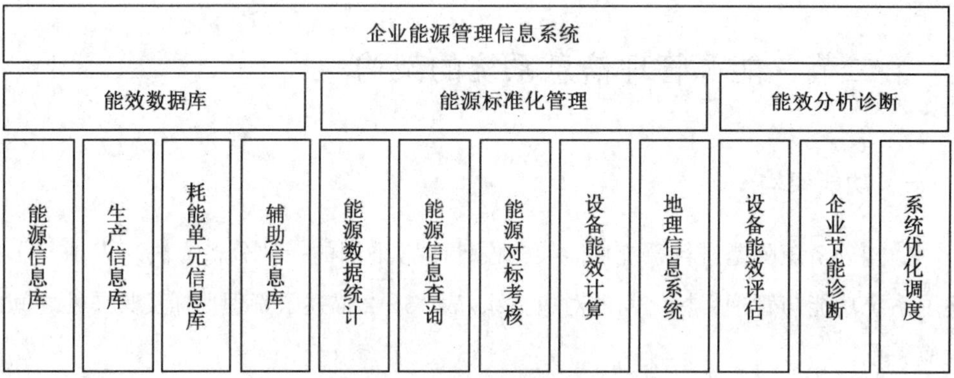

图 16－1　系统功能架构设计

二、软件架构

软件架构将基于完全的 B/S 体系结构和中间件技术，实现了业务和数据的集中管理，降低了系统维护和升级成本。架构实现了内容展现（图形界面）和业务逻辑（业务流程），以及业务逻辑与数据存储之间的分离。这样可以根据系统的需求以及业务规模，方便快捷地搭建系统平台，实现具体业务，且系统在安全性、可重用性、可扩展性等方面都有较好的表现。

系统采用分层的 B/S 架构模式，包括浏览器客户端（瘦客户端层）、应用服务器（业务层）、数据库服务器及其他外部系统（数据层）。用户通过浏览器访问业务系统的应用，发起查询和编辑请求，在服务器端的应用逻辑处理请求后将结果返回给浏览器。

应用逻辑运行在应用服务器的J2EE容器内。

业务系统在客户端使用HTML和Javascript技术进行交互,并且兼容Internet Explorer7.0以上浏览器。在服务器端,业务系统应用构建在标准的J2EE平台之上,并且与外部系统进行数据同步和集成完成相应的业务逻辑。

基于MVC的设计思想,将业务系统技术架构划分为表现层、业务层(细分为业务控制层、业务逻辑层和业务模型层)、数据访问/集成层、公共/基础层。

(1)表现层(Presentation Tier)对应于MVC的V(View),负责系统的表示逻辑,主要响应前台用户的操作和提供适当的数据的表现形式。具体地,表现层处理接收到的HTTP请求,从中抽取业务数据,进行合法性校验,调用对应的业务逻辑层的业务逻辑,根据返回结果,决定画面迁移,产生HTTP响应。包括控件的封装(如文本框的处理、数值框的处理等)和数据交互的处理。

(2)业务层(Business Tier)体现系统的业务逻辑,是一组Stateless Session Bean。业务层起到了Business Delegate的作用,屏蔽了表示层,有利于重用业务模型。业务层可以进一步细分为:①业务控制层,主要包括各类业务过程控制组件,负责封装业务过程逻辑,组装业务服务组件,并对事务进行控制和管理。对应于系统技术架构的Service层。②业务逻辑层,主要封装了业务逻辑,搜集客户传来的参数、封装模型对象、进行数据校验等。③业务模型层,包括各种业务对象和值对象。业务对象根据业务领域知识和经验定义,包括属性、关系和相关的业务方法。在建模的时候,使用了组件化和面向对象的设计思想。

(3)数据访问/集成层(Data Access/Integration Tier)负责进行数据访问及系统间交互操作。数据访问组件负责与关系型数据库打交道,进行具体的增删改查操作。

(4)公共/基础层(Foundation Tier)为整个应用的公共需求(多为质量属性)提供统一的、重用的服务。公共/基础层包括:①基类,如公共的数据结构模型、异常处理、常量定义等。②工具类,如日期、数值计算、布尔运算等。③公共服务,如日志管理、异常管理、事务、安全、校验、缓存管理、主键管理、数据库链接管理(缓冲池)等。

三、数据库设计

EMIS涉及的数据类别至少包括计量单位、能源、耗能工质、物料、产品、指标、设备、工序、耗能单元、文件、人、组织、计量器具等内容。

(1)计量单位:包括质量单位、体积单位、长度单位、面积单位、比例单位、数量单位、货币单位、功率单位、电力、热量、综合能耗单位、其他单位等。计量单位数据库建立时应设有基准单位和拓展单位,并预先设置好之间的换算系数。

(2)能源:包括煤(还可以细分为无烟煤、烟煤、褐煤等下级分类)、电、油(如原油、汽油、柴油、燃料油等)、气(如甲烷、液化石油气等)、蒸汽(可以按不同温度和压力等级进行下级分类)以及其他能源种类等。

(3)耗能工质:由能源经过一次或多次转换而成的非热性属性的载能体,包括工业水、压缩空气、氧气、氮气、氢气、保护气等。消耗这些物质也间接地消耗了能源。

(4)物料、产品:企业生产过程中所消耗的原材料或辅料、生产加工产出的产品或半成品。

(5)能源设备:主要包括能源加工转化设备和重点耗能设备。

(6)工序:企业生产过程中消耗或加工转化能源的工艺段。

(7)计量器具:计量能源消费数量或生产工况参数的仪表。

(8)指标:描述能耗、能效、设备运行、节能效果、成本费用等内容的能效指标。

(9)耗能单元:用于被考核评估的耗能的单元划分,包括企业级、分厂级、部门级、车间级等多个级别。

(10)组织、人员:企业管理过程中的组织划分,例如集团办、生产部、技术部以及各级组织的负责人信息。

(11)文件:存储企业的能源管理制度、标准、作业指导书、装置说明书及图纸、法律法规、政策文件、通知、节能案例等文档。

(12)其他:存储用户需求的其他信息。

第三节 能源管理决策支持系统

一、决策支持实现的关键技术

(一)数据仓库技术

在数据仓库的发展过程中,许多人对此做出了贡献。其中,Dvelni 和 Murphy 在 1988 年发表了一篇关于数据仓库论述的最早论文,直到 1992 年,号称“数据仓库之父”的 Willian H. Inmon 在其论著 *Building the Data Warehouse* 一书中,首次系统地阐述了数据仓库的思想及相关理论,为数据仓库的发展奠定了基石。他将数据仓库定义为:“一个面向主题的、集成的、不可更新的、随时间变化的数据集合,用于支持管理决策。”与传统的事物处理系统不同的是,数据仓库不是一种可以购买的产品,而是一种过程,它是对分布在组织或企业内部各处的业务数据进行整合、加工和分析的过程。

由上可见,数据仓库有以下特征:面向主题;集成;不可更新;随时间变化;稳定的支持管理决策的制定过程。

数据仓库系统的基本功能是:数据获取、数据存储和管理、信息的访问。其最终目的是把分散的、不利于访问的数据转换成集中、统一、随时可用的信息,即为了决策目标将不同形式的数据集合成为一种特殊的格式,建立起一种新数据存储体系,使数据操作环境与数据分析环境相互分离。

一个典型的数据仓库系统通常包含数据源、数据存储与管理、OLAP 服务器以及前端工具四个部分。建立体系化数据存储环境是建立能源数据仓库的目的,将分析决策所需要的大量数据从传统的操作环境中分离出来,使分散的、不一致的操作数据转换成集成的、统一的信息。能源企业内部的不同管理人员都可以基于此数据存储环境,通过运用中间的数据与信息,发现全新的视角和新的问题、新的分析及新想法,进而发展出制度化的决策系统,并获取更大的利益。

OLAP 是对数据仓库中的数据使用数据聚集和多位数据集技术,进行组织与汇总,然后使用联机分析和可视化工具评价数据。OLAP 将数据仓库中的数据表示成多维结构,然后创建用于对数据进行组织、汇总的立方体,以满足用户对于复杂查询的需求。数据仓库的结构直接影响设计、构建出立方体,以此来影响 OLAP 的工作效率。考虑到 OLAP 的效率,设计数据仓库时应注意以下一些因素:①尽量使用星型结构,如果使用的是雪花结构,需要使用最小化事实表、底层维度表以后的维度表数量。②设计包含事实表的维度表,里面应该包含用户需要了解的有意义的信息。③采用通常意义上的约束范式设计维度表,其中不要出现不相关的数据。④汇总数据不要出现在事实表中,但是事实表中用户需要访问的数据应具有必需的粒度,此类数据应是同一层次的。⑤必须对事实表、维度表中的关键字创建索引,同一种数据尽可能地使用同一个事实表。⑥保证数据参考性的完整,保证事实表的所有数据都在所有的维度表中出现,避免事实表中的某些数据行没有参与立方体的聚集运算。

(二)OLAP 技术

OLAP 的设计专门用于支持复杂的分析操作,只要是对高层管理人员和分析人员的辅助决策支持,可以根据分析人员的要求,灵活、迅速地对大量数据进行复杂查询并处理,并且将提供给决策制定者一种直观通俗易懂的查询结果,使他们能够准确及时掌握企业的现时状况,从而进行科学决策。

OLAP 使用三层的体系结构,即数据仓库服务器、OLAP 服务器和客户端工具,如图 16－2 所示。第一层是数据仓库服务器,它是通过实现与基层运营的数据库系统的连接,进而完成企业级数据一致和数据共享的工作。第二层是 OLAP 服务器,它根据最终用户的请求实现分解成 OLAP 分析的各种动作,并使用数据仓库中的数据完成这些动作。第三层是前端的展现工具,用于将OLAP服务器处理得到的结果用直观的方式,如多维报表、饼图、柱状图、三维图形等展现给最终客户。

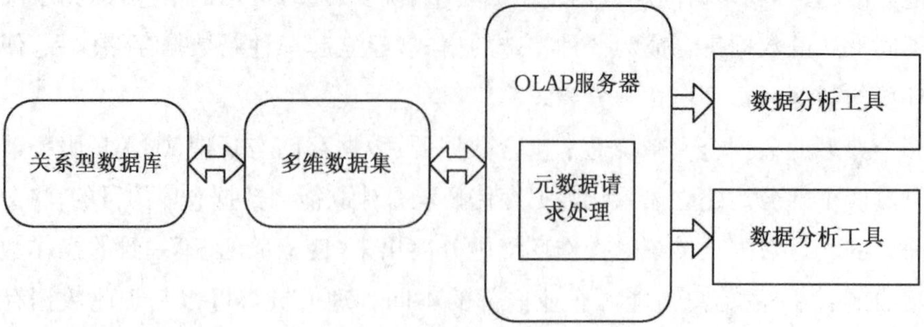

图16-2　OLAP的体系结构

这种三层体系结构更有效地把数据、应用逻辑和客户的应用分离开,有利于系统的维护和升级。当系统需要修改或者增加功能时,只修改其中的关键部分就可以了,而不用像两层的客户/服务器体系一样去做整体的修改。

OLAP的目的是通过一种灵活的多维数据分析手段,为决策管理人员提供辅助决策信息。基本的多维数据分析操作包括切片、切块、旋转、钻取等。随着OLAP的深入发展,OLAP也逐渐具有了计算和智能的功能。

(三)数据挖掘技术

数据挖掘的概念最初是从"数据库中发现知识"(Knowledge Discovery in Databases,KDD)发展而来的。数据挖掘是KDD过程中的一个特定步骤,它是应用具体计算算法从数据中提取模式和知识。具体来说,数据挖掘就是应用一系列技术从大型数据库或数据仓库的数据中提取出人们感兴趣的信息和知识。这些知识或信息是隐含的、事先未知而潜在有用的,提取的知识,以概念(Concepts)、规则(Rules)、规律(Regularities)、模式(Patterns)等为表现形式。

数据挖掘的一般过程可分为四个阶段:

(1)目标确定:了解应用的范围,预先准备相关的知识,清晰地定义出业务问题,确定数据挖掘的目的,了解最终用户的目标。

(2)数据准备:数据准备阶段为模式发现阶段提供高质量的输入数据。其主要包括以下步骤:①数据选择,在大型数据库和数据仓库目标中提取数据挖掘的目标数据集;②数据净化和预处理,进行数据再加工,剔除或修正错误数据,统一数据量纲,提取时间序列信息;③数据变换和压缩,依据将要使用的分析方法,转换数据格式,提取数据特征来表示数据,降低数据的维数。

(3)模式发现:模式发现是数据挖掘过程的核心阶段,该阶段根据数据功能的类型和数据的特点选择相应的各种数据挖掘算法，通过对历史数据的分析，得到供决策使用的各种模式与规则，在净化和转换过的数据集上进行数据挖掘。

（4）知识表示和评价：将数据挖掘的结果进行解释和评价，并以直观、容易理解的方式呈现给用户。评价和筛选挖掘出来的模式与规则，将所得到的知识集成到业务信息系统的组织结构中。

二、能源管理决策支持系统

随着企业信息化建设的进一步深入，企业内部积累了很多与能源使用相关的原始数据，但是这些数据非常零散、杂乱，缺乏有效的组织归纳。如何从这些海量数据中提取对决策分析有用的信息成为企业管理人员所面临的重要难题。大部分企业管理人员只对这些数据做一些简单的、局部的查询操作，缺少对这些数据的深入分析。如何对这些数据进行更有效的利用，从中挖掘出深层次的有价值的节能信息，成为我国耗能企业现阶段面临的一大问题。

数据仓库从多个同构或异构的传统数据库中获取原始数据，先按辅助决策的主题要求形成当前基本数据层，再按综合决策的要求形成综合数据层，实现了操作型数据与决策环境的分离，为决策支持系统提供了理想的数据组织形式，解决了决策支持系统发展中的一大难题。

OLAP（On-Line Analytical processing，联机分析处理）与数据挖掘技术（Data Mining）作为数据分析工具，与数据仓库进行有效结合，构成了新型的决策支持系统的基本框架。数据仓库从数据处理技术发展而来，它解决了数据格式不统一的问题。它的核心在于从底层收集大量事务级数据，并对这些数据进行抽取、转换和综合，从而形成面向全局的数据视图和整个决策支持系统的基础数据组织，即数据仓库是直接面向决策支持目标，经过提炼、加工后的数据集合。

数据仓库用于数据的存储和组织，它从事务应用系统中抽取出数据，并对其进行综合、集成与转换，提供面向全局的数据视图；OLAP 则致力于数据的分析；数据挖掘专注于知识的自动发现。

在数据仓库化的决策支持系统中，应将数据仓库、OLAP、数据挖掘进行有机结合，因为三者都是以解决决策支持分析问题为目的发展起来的数据处理技术，它们之间存在着必然的内在联系性和互补性，三者的有机结合有助于完善数据仓库化决策支持系统的体系结构。

第四节 能源管控中心建设

一、能源管控中心架构及功能

能源管控中心系统架构采用高速工业以太网为节点的三层主网结构，分别为通信主干环网、过程控制网、系统运行主网。通信主干环网为集团通信主干网，担负着各子站系统到能源管控中心的通信工作。过程控制网是将地理位置较近的控制系统连接到通信管理机上形成局部网络。系统运行主网采用双网架构，能源管控中心系统各节点之间通过双网实现各节点之间的数据交互。主网与主干网之间的通信通过前置集群系统来完成，同时主干网上还通过防火墙实现 Web 发布和培训仿真功能等。

系统功能主要包括能源综合监控、能源优化调度和基础能源管理三个主要部分；另外，系统还包含培训仿真系统、与 ERP/MES/OA 系统接口等功能。

（一）能源综合监控

能源管控中心系统采集的 I/O 信号点超过 10 万个，采集的数据包括水、电、气（汽）各种介质的计量数据、运行数据，动力公辅系统状态和故障信息，与能源调度相关的各生产厂主体生产单元信息等。

采集数据的管控能源介质有高炉煤气、转炉煤气、氧气、氮气、氩气、天然气、压缩空气、蒸汽、生活水、工业净环水、工业浊环水、软化水、电力等动力能源。采集介质的物理信号有压力、流量、温度、阀门的开闭、调节阀的开度、开关信号、动力设备的运行状态、主生产线设备的运行状态等。供配电系统包括功率、电量、设备运行状态等。

能源综合监控不仅实现了各类能源的一体化管控，同时还实现了煤气站、净水站、空压站、变电所的远程控制与无人值守，改变了传统分散的能源控制方式。

（二）能源优化调度

能源优化调度是能源管控中心系统的高级应用功能之一，分为动力和电力两个方向。能源优化调度是利用能源管控系统（EMS）采集的水、电、气（汽）等能源介质的实时传输数据，结合综合能耗和工序能耗模型，综合分析生产系统和能源转换系统水、电、气能源介质的产生、传输、转化和消耗，优化调度能源介质使用策略，包括煤气的优化、水的优化、氧氩氮的优化、电压无功自动控制系统（AVC）优化、自动发电优化等，保证各种能源介质的供给和平衡，提高能源利用效率。

（三）基础能源管理

基础能源管理系统在能源管控中心系统中处于中间环节，既要与能源管控系统进行数据通信，又要从 ERP 系统中采集实时数据，利用用能设备、系统设置、分析预测、统计报表、能源质量、调度运行、计划实绩、平衡计算、接口管理等模块功能及时了解能源介质的运行情况，同时将自动生成的各类统计报表上传至 ERP/OA 系统，生成查询报表，从全局角度分析能源使用效率，达到能源的动态平衡。

（四）培训仿真系统

培训仿真系统用于调度员培训考核、反事故演习以及运行方式分析，能够模拟水、电、气（汽）的正常状态、紧急状态、事故状态和系统恢复过程，使调度员能在与实际能源管控中心完全相同的调度环境中进行正常操作、事故处理及系统恢复的训练。

二、能源管理体系与能源管控中心建设有机结合

“十一五”以来，国家有关部门和地区积极引入能源管理系统方法，开展企业能源体系建设和评价认证试点工作，国家颁布了《能源管理体系要求》(GB/T23331)，推动企业建立能源管理体系，取得了积极成效。试点企业通过建立实施能源管理体系，节能工作机制不断完善，能源管理水平大幅提高。实践证明，能源管理体系建设能够有效地促进企业提高能源利用效率。

能源管理体系运用系统理论，发挥整体优势，达到系统节能的目标；采用 PDCA 运行模式，有助于企业提高能源管理水平；应用过程方法，使所有过程有机地结合；注重协调与融合性，以达到相互兼容、相互协调；而企业能源管控中心采用先进的信息化技术，对企业各个能源系统的能源利用和转换进行全过程管理，具有过程控制自动化、数据采集实时化、统计分析智能化、管理流程程序化的特点。能源管理体系和能源管控中心最终的控制的对象都是能源和能源的利用过程。但是，能源管理体系更侧重于规范人的管理行为，能源管控中心更侧重于监控能源流的状态。

为做到能源管理体系与能源管控中心建设的结合，有必要采取以下方法：

(1)依据 GB/T23331《能源管理体系要求》规定中的 12 项要素，重新设计能源管控中心的应用功能模块，使设计依据和功能结构更加符合能源管理体系相关规定的要求。

(2)在能源管控中心中增加能源管理体系模块：一是强化了主要能源使用识别的数据调用；二是将能源评审输出中的数据性结果作为系统运行的比对标准；三是将能源管理体系文件的编制修改、传递流转、公开发布、保管存档等程序化。

能源管理体系模块利用系统中采集的各类能源数据，为策划—实施—检查—改进(PDCA)等过程提供依据和支持，使其在能源使用和主要能源使用识别、基准与标杆的确定和对标、目标指标的确定与完成评价、运行控制等各方面，更加准确快捷有效。此模块融合了能源管理体系中能源策划、实施、检查和改进四个重要阶段，PDCA 和检

查与改进两个主要循环，数据与文本两种类型资料，实现了能源管理体系主要流程和能源管控中心功能的有机衔接。

在实施与运行阶段落实能源管理实施方案的过程中，能源管控中心按照预设的时间节点将能效参数完成情况与目标指标值进行分析比对，有差距时以短信提示、系统报警等方式将结果反馈给负责能源管理体系运行的人员，以便进行内部审核，分析情况，制定和采取纠正预防措施。

能源管理体系文档管理子模块按照能源管理体系的要求，进行文档和资料的分类管理，实现编辑修改方便、检索查阅快捷、发布规范。把能源管理体系作为能源管控中心系统功能设计的理论基础和依据，将能源管控中心实现的功能与能源管理体系的管理思想和要求相结合，使先进的管理理念与先进的技术手段融为一体，做到优势互补，实现了企业能源管理一体化。在能源管理体系先进的管理思想和方法指导下，使企业能源管控中心更好地发挥作用，为企业能源管理体系建立与运行提供一个智能工具平台。

第十七章　“互联网+”智慧能源

第一节　“互联网+”智慧能源概述

一、基本概念

(一)“互联网+”智慧能源

“互联网+”智慧能源就是能源生产“终端”将变得更为多元化、小型化和智能化，交易主体数量更为庞大，竞争更为充分和透明。通过分布式能源和能源信息通信技术的飞跃进步，特别是交易市场平台的搭建，最终形成庞大的能源市场，能源流如信息流一样顺畅自由配置。

“互联网+”智慧能源将经历能源本身互联、信息互联网与能源行业相互促进、能源与信息深度融合三个阶段。首先，能源本身的互联阶段，以电力系统为核心枢纽的多种能源物理互联网络，实现了横向多源互补。其次，信息互联网与能源行业相互促进，信息指导能量，能量提升价值。一方面，互联网催生了能源领域新的商业模式；另一方面，信息的高效流动使分散决策的帕累托最优替代了集中决策的整体优化，实现资源配置更加优化。最后，能源与信息深度融合，能源生产和消费达到高度定制化、自动化、智能化，形成一体化的全新能源产业形态。

“互联网+”智慧能源涵盖两个层面的含义：一是能源互联网，重点在“网络”本身；二是智慧能源，重点在“智慧”。能源互联网是以电力系统为核心与纽带，多类型能源网络和交通运输网络的高度整合，具有“横向多能源体互补，纵向源—网—荷—储协调”和能量流与信息流双向流动特性的新型能源供用体系。其中，“源”是指煤炭、石油、天然气、太阳能、风能、地热能等一次能源和电力、汽油等二次能源；“网”是指涵盖天然气和石油管道网、电力网络等能源传输网络；“荷”和“储”是指代表各种能源需求和存储设施。实施“源—网—荷—储”的协调互动，实现最大限度消纳利用可再生能源，实现整个能源网络的“清洁替代”与“电能替代”，推动整个能源产业的变革与发展。智慧能源的核心在于信息化与自动化的深度融合，其定位是为售电公司、电网公司等提供智能化的支撑，支持其为用户提供更好的能源服务的解决方案。智慧能源就是要通过互联网或者其他通信设施，将人的智慧传递到传统的能源设施上，实现智能化，提高效率。由此可以理解为能源互联网是“互联网＋”能源的重要组成部分。

（二）能源互联网

能源互联网是一种在现有配电网基础上通过先进的电力电子技术和信息技术，融合了大量分布式可再生能源发电装置和分布式储能装置，能够实现能量和信息流动的新型高效电网结构。它是一个能将大型集中式发电机组、分布式可再生能源发电端、储能设备、各类终端用电机器通过自动化、智能化软硬件连接起来的信息物理系统。

美国学者 Jeremy Rifkin（2008）在 *The Third Industrial Revolution*（2011）中提出能源互联网（Energy Internet），认为能源互联网应具有以下四大特征：①以可再生能源为主要一次能源；②支持超大规模分布式发电系统与分布式储能系统接入；③基于互联网技术实现广域能源共享；④支持交通系统的电气化，即由燃油汽车向电动汽车转变。由此可见，Rifkin 所倡导的能源互联网的内涵主要是利用互联网技术实现广域内的电源、储能设备与负荷的协调。

能源互联网是以电力系统为核心，以互联网及其他前沿信息技术为基础，以分布式可再生能源为主要一次能源，与天然气网络、交通网络等其他系统紧密耦合而形成的复杂多网流系统。在图 17－1 中，分别以黑色、浅灰色和白色箭头表示能量流、信息流和交通流。

从技术层面上，根据融合方式的不同，对能源互联网的定义有以下三种观点：

（1）侧重信息互联网：借助互联网收集信息，分析决策后指导能源网络的运行调度，信息网络可以认为是能源网络的支持决策网络，其本质与当前的智能电网类似，以欧洲的 E-energy 为典型代表。

（2）侧重能源网络结构：借鉴互联网开放对等的理念和体系架构，形成包括骨干网（大电网）、局域网（微网）及其连接网络的新型能源网，采用自治或中心控制的方法实现能源的供给平衡，其实质为一种分布式的能源网络，以美国的 FREEDM 为典型代表。

（3）革新性能源互联网：互联网技术和能源网络的深度融合，结构上难以区分能源网络和信息网络；在运行模式上采用区域自治和骨干管控相结合的方式，能源和信息双向通信，信息流支撑能源调度，能源流引导用户决策，最大限度地利用可再生能源，以日本的数字电网、电力路由器为代表。

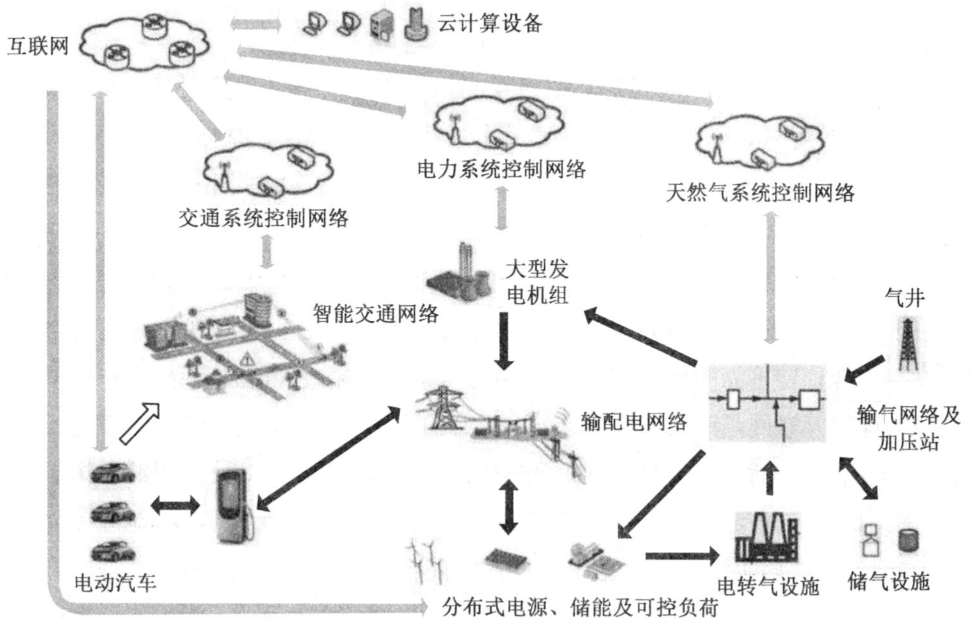

图 17－1 能源互联网的基本架构与组成元素

从信息网的角度来看，能源互联网的主要特征是能源基础设施相关信息的采集、交换以及决策控制，属于“物联网”的特性；从能源网的角度来看，能源互联网从根本上是对能源流的精细化管理控制，改变传统单向的能源流流向为双向的流向，在能源网络中对电源、负荷或储能容量等进行分组，构成能源子网，分区域、分层次地实现能量交换的管理控制；从信息与能量协调的角度看，能量交换是本质，信息交换是支撑和外延；从电网层面来看，包括从用户侧的角度建设家庭、楼宇和社区能源互联网，从配网层面建设区域能源互联网，也包括从主网的角度去建设互联式的大电网；从“互联的方面”看，区域能源互联网一般包括分布式能源、微网风光储、需求侧响应和管理、配电网等多方面的互联。

二、意义和作用

(1)能源互联网为现实意义下能源可持续发展提供切实可行的道路。能源可持续发展是当前摆在人类面前最重要的难题，可再生能源的发展虽然提供了彻底解决能源可持续发展的希望，但可再生能源的利用方面仍然存在问题。能源互联网在现实意义下提供了一条切实可行的发展道路。

(2)能源互联网适应和支持分布式可再生能源的接入。风、光等大部分可再生能源的间歇不稳定性决定了现在的集中式电网结构无法适应如此规模的可再生能源接入。能源互联网通过局域自治消纳和广域对等互联，最大限度地适应可再生能源接入的动态性，通过分散协同的管理和调度实现动态平衡。

(3)能源互联网在安全、可靠稳定以及利用率等方面技术优势明显。互联网体系架构决定了其鲜有安全稳定性问题，通过大量冗余等方式保证整体上的可靠性，同时通过分散路由等方式实现设备和线路的动态备用，保持一定的利用率。能源互联网可以借鉴其中的机制，但能量和信息的交换和传输有本质不同。相比现在集中式电网自上而下的紧耦合模式，能源互联网是局域自治，在广域互联中可以通过储能缓冲、直流输电等方式实现解耦，同时局域不稳定问题可以通过广泛互联实现广域的动态互备用，达到安全稳定可靠的目标，而不是依靠过大的安全裕度而降低了系统利用率。

(4)能源互联网是源用混合场景下对现有输配网的有益补充。能源互联网不是取代现有电网架构，而是着重在分布式可再生能源接入越来越广泛、源用混合场景越来越普遍的形势下，借鉴互联网理念提供一种自下而上的新型组网方式，能源互联网通过局域自治和广域能量交换最大限度地消纳源—用的动态性，减少对大电网的影响，明显降低大电网的安全稳定性风险，是对现有大电网的有益补充。这跟智能电网基于现有网架结构，通过提升信息通信以及控制能力来实现优化调度以提升安全稳定可靠性有本质的不同。

第二节 “互联网＋”智慧能源的结构特点

“互联网＋”智慧能源(以下简称能源互联网)是一种互联网与能源生产、传输、存储、消费以及能源市场深度融合的能源产业发展新形态，是新型电力电子技术、信息技术、分布式发电、可再生能源发电技术和储能技术的有机结合，具有设备智能、多能协同、信息对称、供需分散、系统扁平、交易开放等主要特征。

图 17－2 表示能源互联网典型架构。能源互联网是在搭建有能源互联开放平台的基础上，以电网为核心的基础网络设施，形成一个涉及智能电网、智能气网、智能热网和电气化交通网的复杂多网流系统。能源互联开放平台是一个具备完善安全策略且具有互联开放特性的综合信息处理平台。在此平台下，互联信息网络通过在电网、燃气网、热网、交通网等能源系统范围内装设海量信息采集和传感设备，采集各种能源设备运行状态及各能源系统的实时运转状况等海量信息，并通过云计算和大数据技术对海量信息进行分析处理，进而搭建能源交易平台支持各项能源交易。多能源协调管理系统根据气、热、电等能源行业的运转情况，从系统安全运行、能源价值最大化、多能源交易准则和法规的角度对多种能源交易和能源资源配置进行协调管理，保障能源的

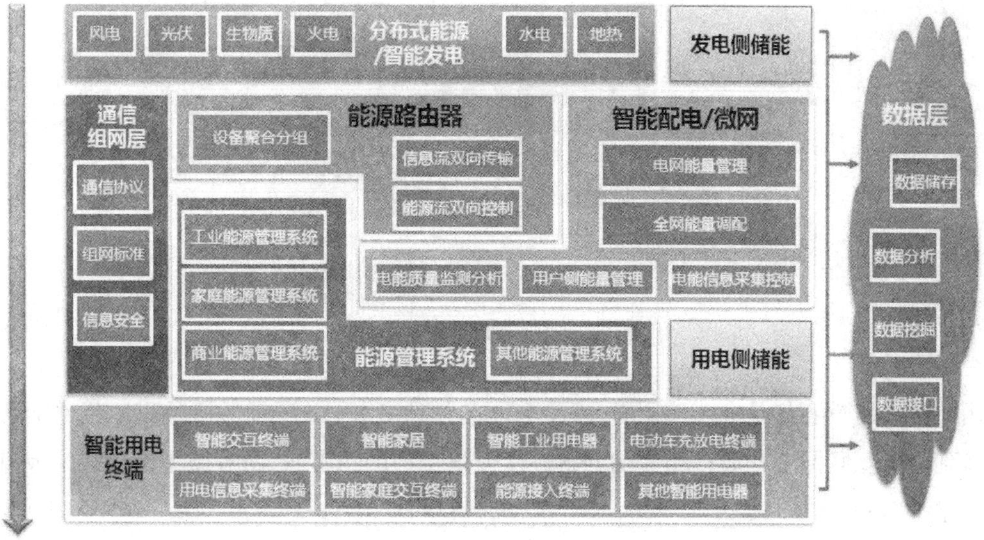

图 17—2 能源互联网典型架构

安全高效供应以及能源互联网的健康发展。能源互联网中集中式与分布式可再生能源发电、大容量储能系统的接入，实现了能源供用关系的灵活转换，同时也形成了多元市场主体并通过能源交易平台完成电能交易、可再生能源配额交易等业务。在能源互联网中，用户可借助能源互联网清晰地了解需求侧能源需求状况，并借助系统控制网络实现能源储备和能源需求的匹配，同时用户也可参与供电供热环节，借助能源交易平台与分布式能源储能开展能源在线交易、转售等业务。

一、动态开放性

能源互联网的内涵主要是利用互联网技术实现广域内的电源、储能设备与负荷的协调（见图 17—3）。发电设备、电网设备、用电设备和用户连接到能源互联网后，进行实时的信息交换，从而实现对整个系统的效率优化和安全调度。基于信息技术的大规模应用，目前被动的、弱信息化的、单向传输的、静态的、封闭式的电网，将进化为市场导向的、服务化的、分布式和集中式相结合的、动态的、开放式的系统。

能源互联网是以互联网理念构建的新型信息能源融合“广域网”，它以大电网为“主干网”，以微网、分布式能源等能量自治单元为“局域网”，以开放对等的“信息—能源”一体化架构真正实现能源的双向按需传输和动态平衡使用，因此可以最大限度地适应新能源的接入。

能源互联网不仅具备传统电网的供电功能，还提供能源共享的公共平台，系统支持小容量可再生能源发电、智能家电、电动汽车等随时接入和切出，真正做到即插即

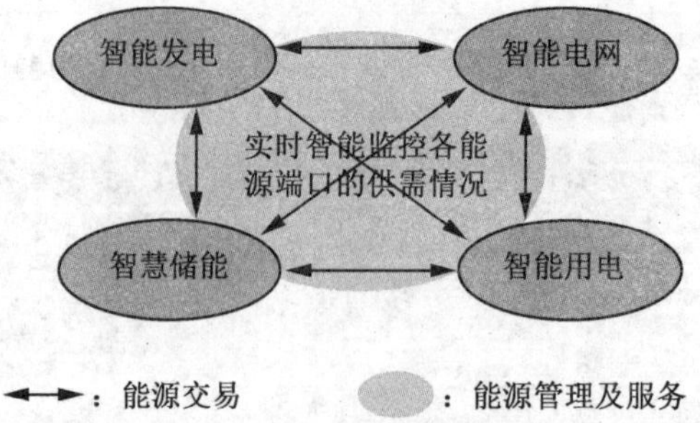

图 17－3 能源互联网协调

用。传统用户不仅是电能使用者，还是电能的创造者，可以没有任何阻碍地将电能传送到能源互联网上并取得相应的回报。从能量交换的角度看，所有微型能量网络节点都是平等的。

二、多能互补性

能源互联网发电体系包括常规能源、大规模新能源和大容量储能，以可再生能源发电的广泛应用为基础，包容多种不同类型的发电形式。可再生能源是能源互联网的主要能量供应来源。然而，可再生能源发电具有间歇性、波动性，其大规模接入对电网的稳定性产生冲击，从而促使传统的能源网络转型为能源互联网。

能源互联网是以大规模分布式电源应用为基础，然而大部分微型能源网络并不能保证自给自足，因此，需要将每个微型能源网络互联起来进行能量交换。能源互联网是在传统电网的基础上将分布式发电、储能、智能变电和智能用电组成的微型能源网络互联起来。

三、供需分散性

传统电网中已有的骨干网络投资大。为此，在能源互联网的结构中应该充分考虑对传统电网的基础网络设施进行改造，并将微型能源网络融入传统电网中，形成新型的大范围分布式能源共享互联网络。而可再生能源具有较强的地域性特点，来源分散，不易输送。为了最高效地收集和使用可再生能源，需要建立就地收集、存储和使用能源的网络，这些能源网络单个规模小、分布范围广，每个微型能源网络构成能源互联网的一个节点。

四、安全可靠性

安全可靠是能源互联网的必要特征。相比传统的能源传输，能源互联网不需要大型的管道运输、交通运输，只需要建立可靠的电气网络。同时，能源互联网具有高标准的信息安全和隐私保护。能源互联网物理系统和信息网络系统具有抵御外部攻击的能力，能够把存在问题的单元从系统中隔离出来，使电力系统具有自愈机制。电力系统自愈机制主要是指当电网出现故障时，无需或仅需少量的人为干预，即可实现自动隔离电网中存在危险或潜在危险的器件，使供电中断最小化或恢复其业务的一种机制。能源互联网系统在出现故障时，能够主动隔离故障，实现系统自愈功能，必要时允许孤岛运行。具有自愈特性的能源互联网具备在线评估预测、实时测量故障、实时应急分析、自动控制恢复等功能。能源互联网通过智能代理终端实现发电端与用户设备之间行为的交互，引入最先进的 IT 和监控技术，既可以对电网运行状态进行精确估计，也可以对负荷、发电端、储能装置等进行实时监控和管理，合理分配电网资源，提高单个资产的利用效率，降低运行成本。

五、单元对等性

同传统电网自顶向下的树状结构相比，能源互联网的形成是能量自治单元之间的对等互联。任意单元之间的连接是逻辑上的，真正的实现必须建立在分散路由的基础之上。能量的传输应该是多次路由的结果，路由之间是解耦的，从而可以避免一系列安全稳定性问题；同时，传输路由的路径之间可以是动态互为备用的，在保证冗余和可靠性的同时不降低系统的利用率。能源互联网的形成是能量自治单元之间的对等互联。任意单元之间的连接是逻辑上的，真正的实现必须建立在分散路由的基础之上。

六、系统智能性

能源互联网中能源的产生、传输、转换和使用都具备一定的智能。能源互联网依托物联网技术与信息通信技术，实现信息物理的深度融合，通过分布式能量管理系统，实现对能源的智能化管理。智能风电、智能光伏设施的建立，实现可再生能源的智能化生产的核心，就是实现能源互联网上各个元节点的智能化。

第三节 “互联网+”智慧能源的商业模式

商业模式创新是“互联网+”智慧能源建设的关键环节。能源互联网必须摆脱以往依靠政府投资拉动基础设施建设的旧思路，而要依靠产业创新—盈利—盈利支持再创新这一闭环正反馈。脱离了这个根本逻辑，能源互联网就失去了活力，能源互联网创造的效益也将大打折扣。

能源互联网商业模式的本质就是应用互联网技术和金融工具等手段，解决能源系统内信息不对称导致的低效率问题，对传统能源产业核心要素的再分配，也是生产关系的重构，并以此来提升整体系统效率。商业模式创新将首先在电力交易、新能源汽车等信息化基础良好、市场率先开放的领域取得突破，并不断延展到能源系统其他环节。随着"互联网+"智慧能源的推进，能源互联网衍生出更多的商业模式，包括但不限于：综合能源服务提供商的售电公司；分布式能源管理创新模式的虚拟电厂；具有互联网"卡位"[①]功能的充电设施、智能表计；以及从事能源产品交易与资产服务的能源交易平台出现。在构建能源互联网商业模式的过程中，互联网产业诸多成熟模式将提供重要启示。

一、关键产业链

能源互联网关键产业链中涉及电力及周边各类行业，并辐射到互联网产业，主要包括新能源发电、微电网、移动终端、电动汽车、储能、电力市场、输配电产业等。其中，互联网产业与云中心关系密切。云中心是基于互联网的交易与分析中心，除提供交易服务外，提供大数据运行支持，同时包含了需求预测、设备管理、电力期货等。交易中心是电力市场重要平台、电力改革的重点方向之一，能否形成自由电能交易市场也是能源互联网的关键环节之一。输配电网关乎能源互联的重要输送通道建设，以主动配电网架构为核心，目标是构建高度可靠、坚强安全的配电网。电动汽车是能源互联网的移动储能设备，与其他储能设备搭配使用，起到平滑系统出力、提高电能质量的作用。新能源产业中包含分布式发电和虚拟电厂。即插即用的微电网和分布式项目，是一种柔性电源，是应用与服务弱耦合的重要体现；虚拟电厂是需求侧管理的重要手段，可结合节能等手段改变末端用能环节。

二、数据服务产业

云中心覆盖的商业模式包括运行数据分析、金融支持业务、智慧用能服务、能效监控评估等。在数据挖掘和应用上，出现了一批基于能源大数据分析的能源咨询公司，也有企业开发与天气预报相结合的可再生能源管理系统。数据服务产业模块是能源互联网与大数据背景下共同催生的一个新型模块，通过积累高质量和有价值的数据，形成数据资产，在管理决策中致力于数据价值的发现，构建海量数据计算系统，提供生产级数据应用，在数据运营基础上与伙伴、客户分享数据价值，提升获取数据的能力和效率。

---

① 卡位是指提前占据有利位置。

能源大数据在政府、发电、电网和用户四个主体均有所价值体现：在政府层面，进行社会经济状况分析与预测，以及相关政策制定与决策支持；在发电层面，实现新能源发电功率预测与智能控制，提高发电层最优运行效率，核算发电与储能最优经济配比，制订最优发电计划；在电网层面，实现电网资产精细化管理，新能源并网控制与智能电网调度，管理含分布式能源的双向电网运行，以及对配电网设计与发展规划的制定；在用户层面，分析用户用电行为和能量预测，制订有针对性的用户精细化个性营销方案。

三、电力交易部门

电力交易部门是能源互联网核心模块之一，电能作为能源互换的标准类型，电力交易产业链的完整性关乎整个能源互联网的发展。在交易平台方面，大用户直购电等B2B平台，一系列光伏发电、电动车充电桩等领域的O2O平台日益兴起。

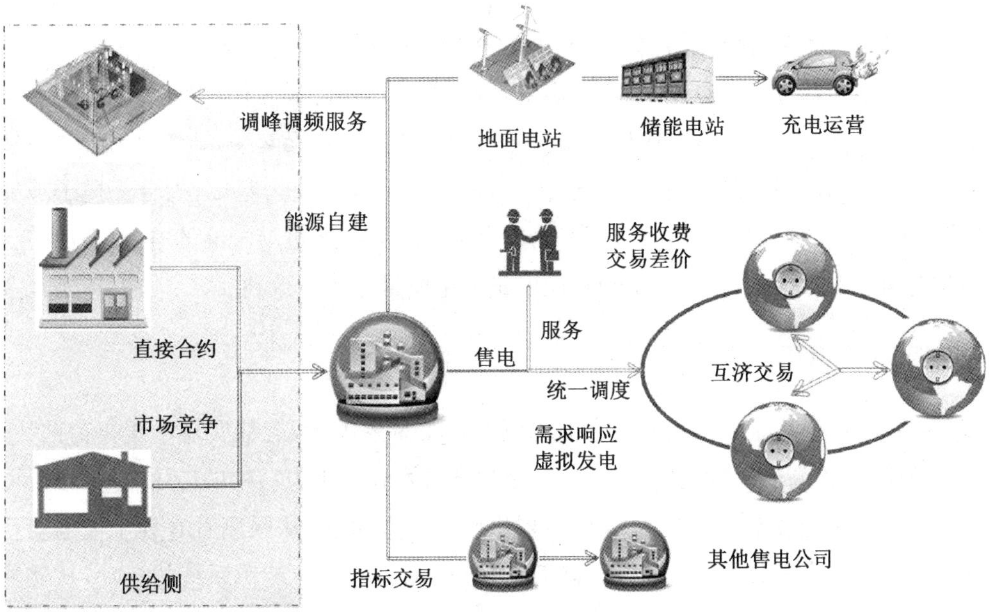

图 17—4 电力交易产业模块

图 17—4 显示的是电力交易模块，电力交易中心涉及的商业模式包括电能销售业务、需求响应结算、个人信用评估等。以电力交易为核心，在能源供给侧和需求侧均采用市场竞争的方式，提高供给侧效率和需求侧效率。其中，需求侧管理产业涉及设备制造基础产业和节能服务配套产业。交易模式打破以往常规的电网公司是唯一的购售载体(不考虑地电[①])，多种交易模式出现，尤其是独立售电商出现，例如批发市场中

① 地电，也称作大地电流，是指在地下或者海洋中流通电流的现象。

的双边交易和集中交易、零售市场中的售电商之间的交易、分布式电源用户参与市场交易等。

在终端用户方面，存在部分提供与手机通信费用相似的、面向居民用户的电力供应商。能源互联网中用户侧将是一个重要市场，也是最具创新力、增长潜力最大的一个市场。可以预见的是，随着市场化改革不断深入，终端用户需要一个利益代言人参与到能源交易中，与上游的一系列“巨无霸”能源供应商讨价还价，这将给这些“代言人”谋利空间。在竞争中，满足用户差异化的需求和大范围铺设量测设备将是主要难点，这也恰恰是“代言人”抢夺市场的机遇。在硬件上，抢占智能电表、智能燃气表等量测终端的所有权和使用权，通过掌握能源消费数据占领战略制高点；在软件上，为基于大数据分析的用户提供定制化服务，并据此抢夺客户。同时，考虑到能源互联网多能融合的趋势，预计未来可能会出现以电力交易为中心、包含多种能源交易的跨界综合性能源服务商。

一些新电力交易模式的出现为相关主体提供了商机。第一，基于实时电价机制的电力交易体系，会推动用户主动参与需求管理，将用户利益最大化，因此放开电力交易是需求管理的基础；第二，在区域用户实施自由已购电能指标交易，结合电力现货与期货市场自我调剂，实现电力供需平衡；第三，以用户需求响应为基础，配合一揽子节能规划，有效形成规模化节电，实现调峰与发电能力；第四，通过与配网的电能信息交互，参与电网的削峰填谷，以电价差与响应电量为主要目标实现盈利。

四、虚拟电厂

虚拟电厂模块是能源互联网在需求侧的一个重要手段，能够实现平缓负荷曲线，提高负荷率，提高能源利用效率。例如，区块链技术在虚拟电厂中的应用，从源端看可建立基于区块链技术的调度系统，同时提供电力辅助服务，从网侧看有利于传输能量的准确计量和合理分布，从荷端看能够促进负荷侧深度参与能源系统的互动，从储能侧看能充分调动储能设备参与调度的积极性。

虚拟电厂设计有四个层次：第一，智能微网层，将本地发电与负荷预测结果上报云端，按照分布式能源自身特点制定本地策略，并将根据大数据行为分析与特殊情况的专家经验作为辅助；第二，电网调度层，构建输配电网能量管理体系，核定虚拟电厂(Virtual Power Plant，VPP)交易边界与成本，确定交易电量，按照发电计划考核 VPP 并计算惩罚系数；第三，电力交易层，提供可交易电量与调峰调频辅助，着重电力交易日前市场；第四，云中心层，利用节点发电与负荷预测汇总与优化，交易量申报与电价核准，形成可用发电计划并提交电网调度中心。

随着市场的逐步开放，许多金融衍生品将参与到能源交易中来。在上游，能源价格的波动使期权、期货、做市等模式在电力、石油等领域有更大的应用空间，相关工具将对冲大量由能源价格波动引起的风险；在下游终端环节，光伏、储能等的众筹、租赁等市场的开发也将给新能源投资带来新模式。

能源互联网催生新的商业模式为证券市场带来更多的投资机会：分布式电源作为新能源供给端，体现了能源互联网的绿色精神；以售电公司为代表的能源综合服务商，成长潜力极大；特高压是电力资源广域传输的重要载体，也是能源互联网的物联基础之一；作为兼具负荷响应及储能特性的新能源汽车行业，高度景气；数据接口带来的云数据平台，如充电设施、智能表计；能源互联网信息安全保障的相关软件公司；综合能源服务带来的衍生机会，如节能服务；等等。

参考文献

1. 安海忠，钟维琼，何波等. 全球能源管理体制分析[J]. 资源与产业，2013，15(6)：1－6.

2. 曹军威，杨明博，张德华等. 能源互联网——信息与能源的基础设施一体化[J]. 南方电网技术，2014，8(4)：1－10.

3. 陈晶. 对统计分析方法的探析[J]. 经营管理者，2013(9)：231－231.

4. 陈磊. 产业集群与城市化互动发展研究[D]. 山东财经大学，2012.

5. 陈柳钦. 新世纪中国能源安全面临的挑战及其战略应付[J]. 决策咨询，2011，26(3)：15－22.

6. 陈莹. 构建企业新节能机制的初研究[D]. 上海师范大学，2009.

7. 崔惠民. 反垄断目标指向：垄断势力抑或垄断份额——基于 SCP-R 框架的分析[J]. 中国城市经济，2011(2)：71－72.

8. 崔庆发，刘海滨. 国家计量技术机构如何促进企业能源计量发展[J]. 科技风，2013(14)：258.

9. 邓玉勇. 能源管理学[M]. 山西经济出版社，2016.

10. 丁重. 产业组织理论演进及后现代特征分析[J]. 产业与科技论坛，2012(15)：25－27.

11. 都妮. 新形势下能源企业人力资源管理探析[J]. 煤炭经济研究，2016，36(8)：49－52.

12. 杜祥琬. 对我国《能源生产和消费革命战略(2016—2030)》的解读和思考[J]. 中国经贸导刊，2017(15)：6－7.

13. 杜祥琬. 构建清洁低碳新体系[J]. 中国战略新兴产业，2017(13)：95.

14. 高华. 浅谈政府治理与市场调节[J]. 现代企业教育，2012(10)：1－2.

15. 耿勤. 能源统计工作手册[M]. 中国统计出版社，2010.

16. 郭红光，张军. 能源互联网的认识与分析[J]. 现代建筑电气，2016，7(10)：1－4.

17. 郭婷. B能源公司中高层绩效与薪酬管理体系设计[D]. 山西大学，2010.

18. 韩献珑. 成品油质量规制研究[D]. 深圳大学，2016.

19. 胡郴龙，张煜，谢庆华等. 基于能源管理体系的园区行政用电研究[J]. 资源节约与环保，2014(12)：100.

20. 胡萍. 能源统计知识简介[J]. 统计与咨询，2011(4)：14.

21. 姜波，刘长滨. 我国建筑节能管理制度策略研究[J]. 中国流通经济，2011，25(3)：59－63.

22. 李瑞军. 国有林场能源统计分析[J]. 中国林业，2012(3)：39.

23. 李姝. 能源法制建设之发展路径研究[J]. 时代金融，2017(11)：318－322.

24. 李婷，王超，张纪海. 我国能源管理体制改革探讨[J]. 天然气技术与经济，2011，5(5)：8－11.

25. 李旭. 加强标准化管理 提升能源计量管理水平[J]. 中国计量，2012(10)：39－41.

26. 李义. 化工企业能源管理体系的建立探讨[J]. 无线互联科技，2014(8)：204.

27. 李在卿. GB/T23331-2009《能源管理体系要求》的理解实施与审核[M]. 中国标准出版社，2010.

28. 梁仁彩. 试论能源基地的类型及其综合发展[J]. 地理研究，1985，4(2)：9－17.

29. 廖建. 未来我国新增能源需求主要依靠清洁低碳能源满足[J]. 石油石化绿色低碳，2017，2(3)：60－60.

30. 刘东刚. 中国能源监管体制改革研究[D]. 中国政法大学，2011.

31. 刘艳慧. 决策支持在能源管理系统中的应用与研究[D]. 河南理工大学，2010.

32. 刘振亚. 全球能源互联网[M]. 中国电力出版社，2015.

33. 卢文刚，刘鸿燕. 完善我国能源政策的对策[J]. 经济纵横，2013(2)：56－59.

34. 马坤，郎立术，周亮等. 能源管理初始能源评审分析[J]. 石油石化节能，2015(9)：31－32.

35. 邱大雄，孙永广，施祖麟. 能源规划与系统分析[M]. 清华大学社出版社，1995.

36. 申晓刚. 我国合同能源管理的研究及发展建议[D]. 华北电力大学(北京)，2008.

37. 沈洲，周建华，袁晓冬等. 能源互联网的发展现状[J]. 电力工程技术，2014，33(1)：81－84.

38. 慎先进，王海琴. 国际能源管理体制及其对我国的启迪[J]. 经济研究导刊，2013(20)：228－230.

39. 宋奇. 山东省在"蓝"、"黄"战略背景下的产业集群研究[D]. 青岛理工大学，2014.

40. 宋小磊. 工业企业能源管理信息系统研发与应用研究[D]. 大连理工大学，2012.

41. 孙鸿昌，张绿原，单悦等. 绿色建筑能源管理系统的开发与应用[J]. 山东建筑大学学报，2017，32(1)：78－85.

42. 孙鸿昌. 绿色建筑能源循环利用优化设计方法研究[D]. 山东大学，2015.

43. 谭忠富，刘平阔. 中国煤电能源供应链风险关系及风险评价测度研究[J]. 工业技术经济，2015(1)：132－144.

44. 谭忠富，刘平阔，刘文彦. 煤电能源供应链风险递展动因分析及风险控制模拟模型研究[M]. 科学出版社，2017.

45. 唐行锋. 石化企业节能减排审计研究[D]. 中国海洋大学，2009.

46. 陶堃. 企业能源审计及规范化[J]. 节能与环保，2011(2)：58－61.

47. 王晶. 天津能源发展转型的法律制度研究[J]. 办公室业务，2015(4)：31－32.

48. 王丽娜. 青海省资源型产业转型问题研究[D]. 青海大学，2013.

49. 王屾，刘燕灵，段新. 公路水路运输能耗统计现状分析及核算思路建议[J]. 中国水运(下半月)，2017，17(9)：76－78.

50. 魏巍贤，马喜立. 能源结构调整与雾霾治理的最优政策选择[J]. 中国人口·资源与环境，2015，25(7)：6－14.

51. 文大化. 能源标准体系[J]. 节能，1981(2)：9－16.

52. 吴磊. 中国能源安全面临的战略形势与对策[J]. 国际安全研究，2013(5)：62－75.

53. 武艳杰. 能源风险研究——电力风险管理[D]. 山西财经大学,2010.

54. 夏少敏,贾玉玉. 谈节能自愿协议[J]. 中国高新技术企业,2010(9):93－96.

55. 许正烨. 基于 ESA 的工业企业能源管理体系构建研究[D]. 青岛科技大学,2013.

56. 杨金亮. 中国能源发展进入提质增效新阶段[J]. 中国招标,2017(19):13－14.

57. 杨来,曾少军,曾凯超. 能源外交与中国面临的全球形势[J]. 中国能源,2013,35(1):20－23.

58. 杨庆舟. 我国能源管理体制变革模式研究[J]. 煤炭经济研究,2007(4):15－19.

59. 尤振来,刘应宗. 西方产业集群理论综述[J]. 西北农林科技大学学报(社会科学版),2008,8(2):62－67.

60. 郁增基. 能源管理人员手册[M]. 中国标准出版社,1992.

61. 张强. 基于开放复杂巨系统理论的能源安全及预警研究[J]. 中国科技论坛,2011(2):95－99.

62. 张世良. 公共机构能源资源消费统计工作手册[M]. 科学出版社,2016.

63. 张学贵. 工业园区产业离散化形成机理、问题及对策[D]. 重庆大学,2009.

64. 赵越. 我国工业企业能源管理岗位研究和建议[J]. 中国能源,2013,35(8):42－44.

65. 周励志. 企业能源管理手册[M]. 辽宁科学技术出版社,1991.